Gundel Schümer · Klaus-Jürgen Tillmann · Manfred Weiß (Hrsg.)

Die Institution Schule und die Lebenswelt der Schüler

Gundel Schümer · Klaus-Jürgen Tillmann
Manfred Weiß (Hrsg.)

Die Institution Schule und die Lebenswelt der Schüler

Vertiefende Analysen der PISA-2000-Daten zum Kontext von Schülerleistungen

VS VERLAG FÜR SOZIALWISSENSCHAFTEN

VS Verlag für Sozialwissenschaften
Entstanden mit Beginn des Jahres 2004 aus den beiden Häusern
Leske+Budrich und Westdeutscher Verlag.
Die breite Basis für sozialwissenschaftliches Publizieren

Bibliografische Information Der Deutschen Bibliothek
Die Deutsche Bibliothek verzeichnet diese Publikation in der Deutschen Nationalbibliografie; detaillierte bibliografische Daten sind im Internet über <http://dnb.ddb.de> abrufbar.

1. Auflage August 2004

Der VS Verlag für Sozialwissenschaften ist ein Unternehmen von Springer Science+Business Media.
www.vs-verlag.de

Umschlaggestaltung: KünkelLopka Medienentwicklung, Heidelberg
Druck und buchbinderische Verarbeitung: MercedesDruck, Berlin
Gedruckt auf säurefreiem und chlorfrei gebleichtem Papier
Printed in Germany

ISBN 3-531-14305-0

Inhalt

Einführung **7**

Schulsystem und Schulentwicklung

Helmut Fend

1 Was stimmt mit den deutschen Bildungssystemen nicht? Wege zur Erklärung von Leistungsunterschieden zwischen Bildungssystemen **15**

1.1 Modelle zur Darstellung von Bildungssystemen 16

1.2 Der institutionelle Akteur „Bildungswesen" in gesellschaftlichen Kontexten: Erklärung von Bildungsleistungen durch Kontextfaktoren 19

1.3 Wege zum Verständnis der Funktionsweise der deutschen Bildungssysteme 21

1.4 Vom Verständnis der Funktionsweise von Bildungssystemen zu ihrer Veränderung 30

1.5 Von institutionellen Regelungen zur Schulkultur und Lehrkultur 35

Manfred Weiß und Corinna Preuschoff

2 Schülerleistungen in staatlichen und privaten Schulen im Vergleich **39**

2.1 Wissenschaftsexterne und wissenschaftsinterne Relevanz der Untersuchung 39

2.2 Forschungsbefunde komparativer Schulleistungsuntersuchungen 40

2.3 Vergleich der Leistungen von Schülerinnen und Schülern privater und staatlicher Schulen 42

2.4 Worin unterscheiden sich staatliche und private Schulen in Deutschland? 57

2.5 Fazit 66

Gundel Schümer

3 Zur doppelten Benachteiligung von Schülern aus unterprivilegierten Gesellschaftsschichten im deutschen Schulwesen **73**

3.1 Einleitung 73

3.2 Forschungsstand 78

3.3 Anlage und Durchführung der Untersuchung 81

3.4 Auswirkungen der Zusammensetzung der Schülerschaft auf die individuellen Leseleistungen I: Lineare Effekte 85

3.5 Auswirkungen der Zusammensetzung der Schülerschaft auf die individuellen Leseleistungen II: Nichtlineare Effekte 94
3.6 Schluss 103

Schüleralltag

Julia Ann Krohne und Ulrich Meier
4 Sitzenbleiben, Geschlecht und Migration 117
4.1 Problemstellung 117
4.2 Sitzenbleiben und Geschlecht 119
4.3 Sitzenbleiben und Migration 131
4.4 Fazit 142

Klaus-Jürgen Tillmann und Ulrich Meier
5 Wenn Schülerinnen und Schüler „jobben": Rahmenbedingungen und Auswirkungen von Schülerarbeit 149
5.1 Problemstellung 149
5.2 Arbeit familiär: Im Haushalt helfen 150
5.3 Arbeit außer Haus: Jobben gegen Entgelt 154

Nicole Hollenbach und Ulrich Meier
6 Lernen am Nachmittag – Häusliche Unterstützung und bezahlte Nachhilfe von 15-Jährigen 165
6.1 Problemstellung 165
6.2 Familiäre Unterstützung: Hausaufgabenhilfe am Küchentisch 166
6.3 Kommerzielle Unterstützung: Bezahlte Nachhilfe am Nachmittag 177
6.4 Diskussion der Ergebnisse 183

Ulrich Meier
7 Familie, Freundesgruppe, Schülerverhalten und Kompetenzerwerb 187
7.1 Problemstellung 187
7.2 Familienklima und Kompetenzerwerb 189
7.3 Freundesgruppe und Kompetenzerwerb 193
7.4 Gewalt, Schuldistanz und Kompetenzerwerb 202
7.5 Vergleichende Betrachtung 207
7.6 Fazit 211

Abbildungsverzeichnis 217

Tabellenverzeichnis 219

Gundel Schümer, Klaus-Jürgen Tillmann und Manfred Weiß

Einführung

PISA 2000 bietet in seinen Ergebnissen weit mehr als ein Länderranking von Leistungsergebnissen. Das ist bereits in den bisherigen PISA-Veröffentlichungen deutlich geworden, in denen zum einen die deutschen Ergebnisse im internationalen Vergleich (vgl. Baumert u.a., 2001), zum anderen die Resultate der deutschen Länder präsentiert wurden (vgl. Baumert u.a., 2002, 2003). In umfassender Weise wurden dabei spezifische Analysen zu den drei Kompetenzbereichen (Lesen, Mathematik, Naturwissenschaften), zu den jeweiligen inhaltlichen Bestimmungen des *Literacy*- Konzepts und zu den Ausprägungen der verschiedenen Teilkompetenzen vorgelegt. Darüber hinaus wurde systematisch der Einfluss schulischer und außerschulischer Kontextfaktoren auf den Kompetenzerwerb ermittelt. Dies bezieht sich vor allem auf den Einfluss der sozialen Herkunft (vgl. Baumert & Schümer, 2001), auf die Bedeutung des Migrationshintergrunds (vgl. Stanat, 2003) und auf die Relevanz der Familienstruktur (vgl. Tillmann & Meier, 2003). Insgesamt haben diese Analysen die hohe Bedeutung gerade der außerschulischen Lern- und Sozialisationsbedingungen für Kompetenzerwerb und Schulerfolg deutlich gemacht. Dies verbindet sich mit der Feststellung, dass das deutsche Schulwesen familiäre Privilegierungen und Nichtprivilegierungen relativ ungebrochen fortschreibt und auf diese Weise sozial ganz besonders selektiv wirkt.

Der vorliegende Band knüpft bei diesen Analysen an, um sie sowohl empirisch wie auch theoretisch zu erweitern. Dabei ist allen Beiträgen gemeinsam, dass sie danach fragen, ob und in welchem Maße die Schülerleistungen durch Kontextfaktoren beeinflusst werden. Die erste Gruppe von Beiträgen nimmt dabei stärker eine schultheoretische Perspektive ein, indem die Merkmale des Schulsystems – und seiner Steuerung – im Hinblick auf ihre Relevanz für den Kompetenzerwerb der Heranwachsenden betrachtet werden. Die zweite Gruppe von Beiträgen ist stärker sozialisationstheoretisch orientiert: Sie nimmt vor allem die außerschulische Lebenswelt der Heranwachsenden in den Blick und fragt nach deren Bedeutung für die fachlichen Lernergebnisse. Gemeinsam ist all diesen Analysen, dass sie auf einen einmaligen Datenpool – auf die PISA-E-Stichprobe von knapp 34.000 15-Jährigen in 1.450 Sekundarschulen – zurückgreifen können (vgl. im Detail Baumert & Artelt, 2003).

Der *erste Teil* dieses Bandes ist mit „Schulsystem und Schulentwicklung" überschrieben und enthält drei Beiträge:

Helmut Fend stellt vor dem Hintergrund der enttäuschenden deutschen PISA-Ergebnisse die Frage: „Was stimmt mit den deutschen Bildungssystemen nicht?" Er sucht eine Antwort, indem er zunächst einige schultheoretische Klärungen vornimmt: Zur angemessenen Interpretation des Leistungsoutputs eines Schulsystems empfiehlt er das „Angebots-Nutzungs-Modell", darauf bezogen beschreibt er die jeweiligen nationalen Bildungssysteme als „institutionelle Akteure", um anschließend in einer historischen und einer international-vergleichenden Analyse die Besonderheiten des deutschen Schulsystems herauszuarbeiten. Gestützt durch PISA-Daten arbeitet er sodann die „Schwachstellen" heraus, die im deutschen Schulsystem im Bereich der Qualitätssicherung bestehen. Damit identifiziert er zugleich „Handlungsfelder" sowohl für die Bildungspolitik als auch für die Lehrerarbeit.

Manfred Weiß und *Corinna Preuschoff* nutzen den PISA-Datensatz, um erstmals anhand einer umfassenden Schülerstichprobe die Leistungen von 15-Jährigen in staatlichen und privaten Schulen miteinander zu vergleichen. Sie nehmen damit die gern vertretene These auf, die „Staatsschule" sei in der Krise, deshalb müsse der Sektor der Schulen in „freier Trägerschaft" ausgeweitet werden. Der Beitrag zeigt zunächst einmal, in welcher Weise in den Privatschulen eine sozial und geschlechterspezifisch selegierte Schülerschaft vertreten ist. Die dann folgende Analyse der Daten, bei der die soziale Zusammensetzung der jeweiligen Schülerschaft berücksichtigt wird, belegt, dass weder das staatliche noch das private Schulsystem durchgängige Leistungsvorteile aufweist. Dabei erweist sich insbesondere die These vom Leistungsvorsprung privater Gymnasien als Mythos.

Gundel Schümer befasst sich mit Konsequenzen der gegliederten Schulorganisation, die entweder nicht genügend bedacht oder aber billigend in Kauf genommen werden. In einer komplexen Mehrebenenanalyse weist sie nach, dass viele Schülerinnen und Schüler, die unter günstigen Bedingungen aufwachsen, auch in der Schule unter günstigen Bedingungen lernen; zugleich kommt es für andere Heranwachsende, die schon aufgrund ihrer Schichtzugehörigkeit benachteiligt sind, aufgrund des Lernmilieus ihrer Schule zu weiteren Nachteilen. Dies gilt insbesondere für die 15-Jährigen, die in solchen Hauptschulen lernen müssen, in denen sich eine sozial besonders problematische Schülerschaft konzentriert. Die Analyse verdeutlicht, dass es nicht ausreicht, weitere Möglichkeiten zur Korrektur bereits getroffener Schulwahlentscheidungen bereitzustellen. Vielmehr wird klar, dass hier durch Strukturvorgaben und Selektionsprozesse Lernmilieus geschaffen werden, die sich gerade für „schwache" Schülerinnen und Schüler nachteilig auswirken. Damit stellt sich die bildungspolitische Frage, ob und wie solche selektiven Lernmilieus künftig verhindert werden können.

Der zweite Themenblock des Bandes ist mit der knappen Überschrift „Schüleralltag" versehen. Er enthält vier Beiträge, die sich in einer sozialisationstheoretischen Perspektive vor allem mit dem Verhältnis von außerschulischen Lebensmilieus und schulischen Leistungserfolgen befassen:

Julia Krohne und *Ulrich Meier* greifen erneut das Thema „Sitzenbleiben“ auf, sie erweitern damit die hierzu bereits vorliegenden Analysen der PISA-Daten (vgl. Schümer, Tillmann, & Weiß, 2002; Tillmann & Meier, 2001). Dabei geht es in dieser neuen Analyse vor allem darum, geschlechter- und migrationsspezifische Einflüsse auf das Schulversagen gleichzeitig zu betrachten. Auffällig bei den Ergebnissen ist vor allem, dass gerade in der Grundschule die Kinder nichtdeutscher Herkunft vom „Sitzenbleiben“ besonders stark betroffen sind – und dass dabei die geschlechterspezifischen Differenzen bei Migranten und Nichtmigranten sehr unterschiedlich ausgeprägt sind. Mit den Ergebnissen dieser Analyse stellt sich erneut die Frage nach der Sinnhaftigkeit des „Sitzenbleibens“.

Nicole Hollenbach und *Ulrich Meier* fragen nach der häuslichen Lernunterstützung, die die 15-Jährigen erhalten – entweder als Hausaufgabenhilfe durch die Eltern oder auch als bezahlte Nachhilfe durch „professionelle“ Kräfte. Es zeigt sich zunächst, wie stark auch 15-Jährige noch die elterliche Unterstützung – insbesondere die der Mutter – in Anspruch nehmen. Dabei gilt: Je schlechter die fachlichen Leistungen, desto häufiger die mütterliche Unterstützung. Bezahlte Nachhilfe findet sich vor allem in der Mathematik; etwa 10 Prozent der 15-Jährigen erhalten eine solche Form der Lernunterstützung: Mädchen häufiger als Jungen, Lernende in Realschulen und Gymnasien häufiger als die Schülerinnen und Schüler in den anderen Schulformen. Auch hier lassen sich Strukturen sozialer Benachteiligung identifizieren. So erhalten versetzungsgefährdete Mittelschichtkinder weit häufiger Nachhilfe als die vergleichbare Gruppe der Arbeiterkinder.

Klaus-Jürgen Tillmann und *Ulrich Meier* beschäftigen sich mit einem Thema, das in jüngerer Zeit auch in der Kindheits- und Jugendforschung stark diskutiert wurde, und zwar mit der bezahlten Arbeit von Heranwachsenden neben der Schule. Die PISA-Daten zeigen, dass bei den 15-Jährigen etwa ein Drittel in dieser Weise „jobbt“, dass es hierbei aber eine große Streuung gibt: Jungen „jobben“ häufiger als Mädchen, Jugendliche in Hauptschulen häufiger als Jugendliche in Gymnasien, Westdeutsche häufiger als Ostdeutsche. Ein signifikanter Zusammenhang zwischen der Häufigkeit des „Jobbens“ und den schulischen Leistungen findet sich nicht – mit einer Ausnahme: Viel jobbende Jungen weisen eher schlechte Leistungswerte auf. Somit haben wir es auch hier mit einem geschlechterspezifischen Effekt zu tun.

Schließlich wendet sich *Ulrich Meier* in einer jugendtheoretisch angelegten Analyse den kommunikativen Einbindungen der 15-Jährigen in Familie und Peergroup zu, um von dort den Blick auf die schulische Kommunikation und den schulischen Leistungserwerb zu werfen. Im Ergebnis zeigt sich ein kumulativer Effekt risikobehafteter Lebensbedingungen in Familie, Freundesgruppe und Schule. Davon betroffen sind vor allem die Jungen aus Haupt- und Realschulen, die zu Hause ein restriktives Familienklima erfahren und die in aggressiven Cliquen eingebunden sind. Sie zeigen in der Schule besonders häufig Formen des abweichenden Verhaltens, zugleich findet sich bei ihnen ein unterdurchschnittlicher Kompetenzerwerb. Hier stellt sich die Frage, ob die Schule nicht durch ein spezifisches Angebot gerade für diese Gruppe männlicher Schüler auch kompensatorische Lernmöglichkeiten bieten kann.

Es wird deutlich, dass mit diesen Aufsätzen insgesamt ein breites thematisches Spektrum aufgefächert wird. Dabei liegt die Gemeinsamkeit dieser Beiträge in ihrem Blick auf die begünstigenden bzw. beschränkenden Rahmenbedingungen für den schulischen Kompetenzerwerb – und in der sorgfältigen empirischen Bearbeitung der damit verbundenen Fragestellungen. Die hier vorgelegten Analysen zeigen unseres Erachtens, dass eine Leistungsvergleichsstudie, wenn sie so komplex wie PISA angelegt ist, auch differenzierte Erkenntnisse über das schulische Wirkgeflecht liefern kann. Wir setzen darauf, dass diese Ergebnisse nicht nur in den erziehungswissenschaftlichen Diskurs einfließen, sondern dass sie auch von den Akteuren der schulpolitischen Debatten zur Kenntnis genommen und kritisch verarbeitet werden.

Literatur

Baumert, J., & Artelt, C. (2003). Konzeption und technische Grundlage der Studie. In J. Baumert, C. Artelt, M. Neubrand, M. Prenzel, U. Schiefele, W. Schneider, K.-J. Tillmann, & M. Weiß. (Hrsg.), *PISA 2000. Ein differenzierter Blick auf die Länder der Bundesrepublik* (S. 11–50). Opladen: Leske + Budrich.

Baumert, J., Artelt, C., Neubrand, M., Prenzel, M., Schiefele, U., Schneider, W., Tillmann, K.-J., & Weiß, M. (Hrsg.). (2002). *PISA 2000. Die Länder der Bundesrepublik Deutschland im Vergleich.* Opladen: Leske + Budrich.

Baumert, J., Artelt, C., Neubrand, M., Prenzel, M., Schiefele, U., Schneider, W., Tillmann, K.-J., & Weiß, M. (Hrsg.). (2003). *PISA 2000. Ein differenzierter Blick auf die Länder der Bundesrepublik.* Opladen: Leske + Budrich.

Baumert, J., Klieme, E., Neubrand, M., Prenzel, M., Schiefele, U., Schneider, W., Stanat, P., Tillmann, K.-J., & Weiß, M. (Hrsg.). (2001). *PISA 2000. Basiskompetenzen von Schülerinnen und Schülern im internationalen Vergleich.* Opladen: Leske + Budrich.

Baumert, J., & Schümer, G. (2001). Familiäre Lebensverhältnisse, Bildungsbeteiligung und Kompetenzerwerb. In J. Baumert, E. Klieme, M. Neubrand, M., Prenzel, U. Schiefele, W. Schneider, P. Stanat, K.-J. Tillmann, & M. Weiß (Hrsg.), *PISA 2000. Basiskompetenzen von Schülerinnen und Schülern im internationalen Vergleich* (S. 323–407). Opladen: Leske + Budrich.

Schümer, G., Tillmann, K.-J., & Weiß, M. (2002). Institutionelle und soziale Bedingungen schulischen Lernens. In J. Baumert, C. Artelt, M. Neubrand, M. Prenzel, U. Schiefele, W. Schneider, K.-J. Tillmann, & M. Weiß (Hrsg.), *PISA 2000. Die Länder der Bundesrepublik Deutschland im Vergleich* (S. 203–218). Opladen: Leske + Budrich.

Stanat, P. (2003). Schulleistungen von Jugendlichen mit Migrationshintergrund. Differenzierung deskriptiver Befunde aus PISA und PISA-E. In J. Baumert, C. Artelt, M. Neubrand, M. Prenzel, U. Schiefele, W. Schneider, K.-J. Tillmann, & M. Weiß. (Hrsg.), *PISA 2000. Ein differenzierter Blick auf die Länder der Bundesrepublik* (S. 243–260). Opladen: Leske + Budrich.

Tillmann, K.-J., & Meier, U. (2001). Schule, Familie und Freunde – Erfahrungen von Schülerinnen und Schülern in Deutschland. In J. Baumert, C. Artelt, M. Neubrand, M. Prenzel, U. Schiefele, W. Schneider, K.-J. Tillmann, & M. Weiß. (Hrsg.), *PISA 2000. Basiskompetenzen von Schülerinnen und Schülern im internationalen Vergleich* (S. 468–509). Opladen: Leske + Budrich.

Tillmann, K.-J., & Meier, U. (2003). Familienstruktur, Bildungslaufbahn und Kompetenzerwerb. In J. Baumert, C. Artelt, M. Neubrand, M. Prenzel, U. Schiefele, W. Schneider, K.-J. Tillmann, & M. Weiß (Hrsg.), *PISA 2000. Ein differenzierter Blick auf die Länder der Bundesrepublik* (S. 361–392). Opladen: Leske + Budrich.

Schulsystem und Schulentwicklung

Helmut Fend

Was stimmt mit den deutschen Bildungssystemen nicht? Wege zur Erklärung von Leistungsunterschieden zwischen Bildungssystemen

Die seit den 1970er Jahren mehrmals gefundenen problematischen Leistungsergebnisse (van Ackeren, 2002) der deutschen Bildungssysteme, die erst seit den TIMSS- und PISA-Studien auf breiter Basis zur Kenntnis genommen wurden, fordern die Wissenschaft mit immer größerem Nachdruck auf, solide Ursachenanalysen vorzulegen. Dieser Erkenntniswunsch wird von politischer Seite unterstützt, wenn sie nach Antworten auf die Frage sucht, welche Rolle bildungspolitische Maßnahmen zur Gestaltung der Bildungssysteme dabei gespielt haben. Die politische Seite geht selbstverständlich davon aus, dass deren Defizite *auch* auf die Besonderheiten der deutschen Bildungssysteme zurückzuführen sind, die von der Politik verantwortet werden und deshalb zu gestalten sind. Die Öffentlichkeit geht ebenfalls davon aus, dass es Erklärungsmöglichkeiten für unterschiedlich effektive Bildungssysteme geben muss, in denen der Stellenwert jener Gestaltungskräfte sichtbar wird, die in der Verfügung von Bildungspolitik und der im Bildungswesen arbeitenden Personen liegen. Ansonsten trügen weder Bildungspolitiker, Verwaltungsbeamte noch Lehrer eine Verantwortung für schwache oder gute Leistungsergebnisse. Diese Erwartungen sollen im Folgenden aufgenommen und zum Kern der Modelle werden, in deren Rahmen Effektivitätsunterschiede von Bildungssystemen erklärbar werden. Mit „deutschen Bildungssystemen“ sind die Bildungssysteme der Länder der Bundesrepublik Deutschland gemeint, die laut Gesetz für die Gestaltung des schulischen Lernangebots im Rahmen gemeinsamer Vereinbarungen primär verantwortlich sind.

Die Besonderheiten von Bildungssystemen als Ursachen für Leistungsunterschiede ernst zu nehmen, ist nicht selbstverständlich. Wer der Forschungsliteratur zur Erklärung von Schulleistungen erstmals begegnet, der wird mit Überraschung feststellen, dass Rahmenbedingungen des Lehrens und Lernens wenig zur Aufdeckung von unterschiedlichen Schulleistungen beitragen (siehe z.B. Helmke, 1992; Schümer, 2001). In der Regel wird darauf hingewiesen, dass von der Bildungspolitik zu verantwortende Merkmale des organisierten Lehrens und Lernens als einzelne relativ bedeutungslos sind und wenig

Varianz der Schulleistungen erklären können. Dies würde bedeuten, dass bildungspolitische Maßnahmen in Bezug auf die Effektivität des Bildungswesens relativ spurlos verpuffen. Große bildungspolitische Programme müssten demnach an einer markanten Diskrepanz zwischen den hochrangig definierten Zielen und den faktischen Wirkungen leiden.

Wenn man die Entwicklung der Bildungspolitik der letzten Jahrzehnte mit den durch die internationalen Leistungsstudien aufgedeckten Erfolgen bzw. Misserfolgen vergleicht, dann wird eine solche Diskrepanz zwischen Intentionen und Ergebnissen tatsächlich sichtbar. Fast alle Erwartungen wurden enttäuscht. Die Erwartung, dass ein früh selegierendes Bildungswesen wie jenes in Deutschland international sehr gut abschneiden müsste, hat sich ebenso wenig erfüllt wie die Hoffnung vieler Bildungsreformen, die in den letzten 40 Jahren intensiv bemüht waren, die Bildungsverhältnisse zu bessern. Gerade die Länder der Bundesrepublik Deutschland mit intensiver Schulentwicklungsarbeit haben nicht besser abgeschnitten als jene, die konservative Strukturen gepflegt haben. Noch dramatischer ist die Diskrepanz zwischen bildungspolitischen Anstrengungen zur Steigerung der Chancengerechtigkeit und den Ergebnissen hinsichtlich der Fähigkeit der deutschen Bildungssysteme, die Kinder unterschiedlicher sozialer Herkunft fair zu fördern. Dies ist nicht nur international nicht der Fall, sondern auch national zeigen die Länder der Bundesrepublik Deutschland kontraintentionale Ergebnisse. Nach Jahrzehnten bildungspolitischer Reformen haben gerade sozialdemokratisch regierte Länder keine größere Chancengleichheit erzielen können als konservative.

So steht man vor einem Paradoxon. Es gibt unübersehbar unterschiedlich effektive Bildungssysteme, man kann aber nicht erklären, warum dies so ist. Gleichzeitig findet man für Deutschland, dass die guten Absichten nicht zu Veränderungen geführt haben, die ein international konkurrenzfähiges Bildungswesen zur Folge gehabt hätten. Im Folgenden sollen Konzepte und Hypothesen entwickelt werden, die aus diesem Dilemma herausführen könnten. Sie bauen auf einem neuen theoretischen Ansatz zur Darstellung von Bildungssystemen und ihren Wirkungen auf.

1.1 Modelle zur Darstellung von Bildungssystemen

Dass Bildungssysteme ungeheuer komplex sind oder – wie es von Hentig nannte – ein komplexes Ungeheuer, ist eine Plattitüde. Modelle, die Vereinfachungen ermöglichen, sind deshalb sehr willkommen. Dies bietet unter anderen das Modell der OECD (siehe

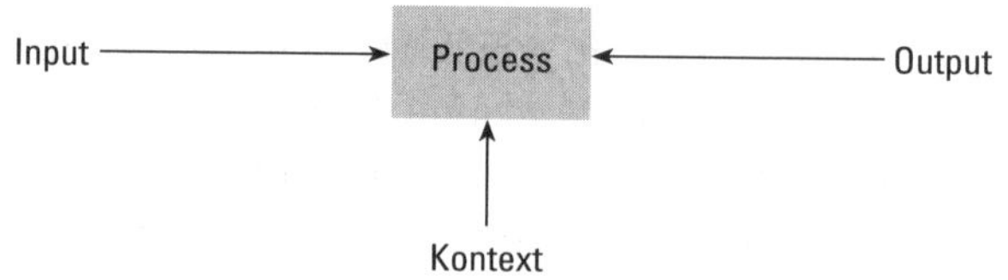

Abbildung 1.1 OECD-Modell von Beschreibungsbereichen des Bildungswesens

Abb. 1.1). Das Bildungswesen wird als *Input-Process-Output*-Struktur konzipiert, die im Rahmen des jeweiligen gesellschaftlichen Kontextes steht. Dieses Modell erlaubt somit die Unterscheidung zwischen Inputfaktoren, Prozessfaktoren und Kontextfaktoren und eine Ordnung der Qualitätsmerkmale eines Bildungswesens als Kontextqualitäten, Inputqualitäten, Prozessqualitäten und Outputqualitäten (siehe z.B. Ständige Konferenz der Kultusminister der Länder in der Bundesrepublik Deutschland, 2004). Zu Inputfaktoren werden vor allem Ressourcen gezählt, die dem Bildungswesen zur Verfügung gestellt werden. Die Prozessfaktoren umfassen Merkmale des Schulgeschehens und des Unterrichtsgeschehens, Kompetenzen und Ausbildung der Lehrkräfte, Anzahl gehaltener Unterrichtsstunden und Praktiken des Unterrichtens. Die Outputfaktoren sind in der Form von Abschlüssen, Übergängen, Leistungsprofilen und fachübergreifenden Wirkungen operationalisiert.

Dieses Modell hat somit eine wichtige Ordnungsfunktion als Taxonomie möglicher Faktoren, die die Qualität eines Bildungswesens bestimmen können. Seine Grenzen liegen einmal dort, wo versucht wird zu verstehen, wie ein Bildungswesen funktioniert, wer die verantwortlichen Akteure sind und wie es deshalb verändert werden könnte. Zum anderen steht es für sich und enthält keine Hinweise auf die Adressaten und deren Reaktion auf den schulischen Bildungsprozess.

Deshalb wird hier ein handlungstheoretisches Modell vorgeschlagen, das beiden Anliegen in zwei Schritten entgegenkommt.

(1) Im ersten Schritt wird ein *Angebot-Nutzungs-Modell* propagiert, das den Prozess der Beschulung als ein in sich hoch strukturiertes Angebot konzipiert und von diesem die Nutzung durch die Adressaten klar abgrenzt (siehe Abb. 1.2). Das beste Angebot kann zu suboptimalen Effekten führen, wenn die Bedingungen der Nutzung defizitär sind oder nicht beachtet werden. Schulleistungen sind in diesem Rahmen das Ergebnis von Qualität und Quantität des Angebots. Allerdings kommt die Nutzungsseite hinzu. Da das Angebot nicht schlicht aufgezwungen oder mechanisch vermittelt werden kann, bestimmen die Nutzungsfaktoren wie kognitive Lernvoraussetzungen und Motivation mit, welcher „Ertrag“ letztlich im Bildungswesen erzielt wird.

(2) In einem zweiten Schritt soll das *Angebot* in seiner inneren Funktionsweise dargestellt werden. Das Konzept des „institutionellen Akteurs“ soll helfen, Verantwortlichkeiten, Akteure und Handlungsbedingungen sichtbar zu machen. An der Gestaltung des Angebots sind Akteure beteiligt, die auf mehreren Ebenen tätig sind und deren Handlungen durch Gesetze und Regelungen miteinander verbunden sind. Ein solcher Akteur, der eine personenübergreifende Handlungsintention verfolgt, diese aber nur durch das normativ regulierte Zusammenwirken mehrerer individueller Akteure realisieren kann, wird *institutioneller Akteur*. Darunter soll das normativ strukturierte Zusammenhandeln zur Bewältigung gesellschaftlich definierter Aufgaben verstanden werden, das sich zu einem einheitlichen Handlungssinn zusammenfügt. Der institutionelle Akteur weist eine innere Struktur auf, die in Entscheidungsinstanzen und Entscheidungswegen für Organe mit bestimmten Kompetenzen und Verfahrensvorschriften besteht. Das Bildungswesen eines Landes repräsentiert dadurch eine je besondere Gestalt des schu-

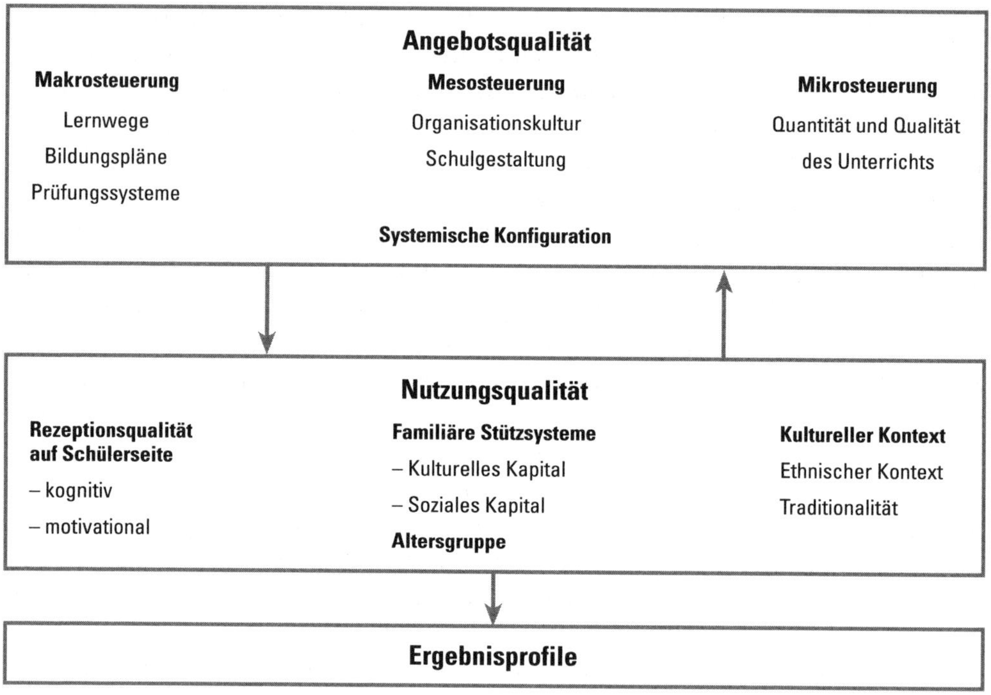

Abbildung 1.2 Das Bildungswesen als Angebots-Nutzungs-Konfiguration

lischen Lernangebots. Dieses Angebot ist keine additive Versammlung von schulischen Faktoren, sondern ein geregelter Wirklichkeitsbereich. Diese Regelungen leiten die Handlungen realer Akteure, die ihre Aufgaben mehr oder weniger gut erledigen können. Sie agieren nicht als „Privatpersonen", sondern im Kontext von Regelungen, die die Qualität ihrer Arbeit mitbestimmen. Zu diesen Regelungen gesellen sich Ressourcen materieller und immaterieller Art, die die Qualität des schulischen Lernangebots zusätzlich mitgestalten. Dieses Zusammenspiel von Regelungen, Ressourcen und Akteuren führt zu einer Redeweise wie der: „Das Bildungswesen hat versagt" oder „Das finnische Bildungswesen erzielt bessere Leistungen". Wenn diese Redeweise einen Sinn haben soll, aber nicht unterstellt wird, dass damit ein überindividuelles Handlungssubjekt gemeint ist, dann ist dies nur im obigen Sinne möglich. Ein institutioneller Akteur repräsentiert die Gesamtheit von Handlungsmustern in einem Handlungsnetz, das entsteht, wenn Akteure in einem normativen Rahmen mit spezifischen Ressourcen handeln. Dieser normative Rahmen besteht im komplexen Gefüge von rechtlichen Regelungen. Die Ressourcen materieller Art umfassen die finanziellen Ausstattungen, jene immaterieller Art die Werte und Weltsichten sowie die Kompetenzen der das Bildungswesen tragenden Akteure. An der Spitze dieses institutionellen Akteurs stehen benennbare Personen, die durch benennbare Verfahren Kompetenzen der Regulierung des Bildungswesens haben. Die Chancen der Umsetzung ihrer Intentionen sind auf mehreren Ebenen reguliert, auf der der einzelnen Schulen, derjenigen der einzelnen Lehrkräfte und schließlich auf der Ebene des Nutzungsverhaltens von Schülerinnen und Schülern.

Ein solches theoretisches Modell erlaubt es, das Bildungswesen als verantwortlichen Gestalter und damit „Verursacher" von Leistungsprofilen zu beschreiben. Es werden aber nicht schlicht Personen und ihre Handlungsweisen verantwortlich gemacht, sondern das aktuelle Schulgeschehen wird als Ausdruck der institutionellen Regelungen und des durch sie angeleiteten Regelspiels des „Schulehaltens" verstanden. Unterschiedliche institutionelle Strukturen, die hier somit in den Vordergrund treten, provozieren unterschiedliche Regelspiele. Die Suche nach den Besonderheiten und den Unterschieden in institutionellen Strukturen sowie den durch sie in Gang gesetzten Regelspielen leitet die folgenden Ausführungen. Diese Regelspiele erfassen sowohl die Angebots- als auch die Nutzungsseite eines Bildungswesens und führen zu differenziellen Leistungserfolgen. Verfolgt man diese Konzeptualisierung konsequent, dann führt sie zur Suche nach den Besonderheiten des institutionellen Akteurs „Bildungswesen" in verschiedenen Ländern. Die normativen Regulierungen in Form von Gesetzen, Erlassen, Verordnungen und Anweisungen bekommen dadurch ein besonderes Gewicht.

Im Folgenden wird gezeigt, dass man die institutionellen Besonderheiten nur durch die historische Rekonstruktion und durch den Vergleich verschiedener Bildungssysteme entdecken kann. Das „System" ist sich selber gegenüber ohne diese Differenzerfahrungen *intransparent*. Es ist zwar operativ wirksam, ohne dabei die Besonderheit der operativen Wirksamkeit zu erkennen.

Der institutionelle Akteur „Bildungswesen" in gesellschaftlichen Kontexten: Erklärung von Bildungsleistungen durch Kontextfaktoren

Die Vorstellung von einem institutionellen Akteur bedarf einer Erweiterung. Es ist zu berücksichtigen, dass er immer in einem Umfeld „handelt". Er wird aus ihm „versorgt" und er speist „Erträge" zurück. Der jeweilige historische und gesellschaftliche Kontext mit seinen kulturellen, politischen, wirtschaftlichen und sozialstrukturellen Besonderheiten repräsentiert aber auch die Handlungsbedingungen für die Wirksamkeit des Akteurs. Gleichzeitig strukturiert die Gestalt des Angebots auch die Nutzungschancen vor, etwa durch die regionale Erreichbarkeit von Bildungsangeboten oder durch die Regulierung von Eintrittsbedingungen und Übertrittsregelungen zwischen Schulformen.

Ein bekanntes Beispiel für kulturelle Nutzungsvoraussetzungen ist die Wertschätzung von Lehren und Lernen, die in den ostasiatischen Ländern deutlich höher ist als etwa in Deutschland. Dort treffen die schulischen Lehrprozesse auf eine Nutzungsseite, die Lernen sehr intensiv stützt. Die Familie lebt gewissermaßen für die Schule, sie trainiert für optimale Nutzung schulischer Lernchancen, ja sie gibt die Kinder beinahe an die Schule ab. Aber auch die Angebotsseite „lebt" von den Kontextbedingungen, und dies nicht nur in Bezug auf die materiellen Ressourcen, sondern auch in Bezug auf die Wertschätzung und die daraus resultierende Motivation der Lehrerschaft. In gesellschaftlichen Kontexten, in denen diese hoch ist, sollte auch die Arbeitsqualität der operativen Akteure hoch sein.

Die Erklärung von Länderunterschieden durch Kontextfaktoren ist demgemäß auch in internationalen und nationalen Vergleichen anzutreffen. Der PISA-Bericht zu den Unterschieden zwischen den Ländern der Bundesrepublik Deutschland (Baumert u.a., 2002, S. 231 ff.) konzentriert sich bei seinem Erklärungsversuch im Kern auf wirtschaftliche und sozialstrukturelle *Kontextbedingungen*, etwa auf den Anteil von Familien mit Migrationsgeschichte, die Arbeitslosenquote, die Sozialhilfeempfängerquote und die Frauenerwerbsquote. Sie alle haben einen deutlichen Anteil an der Aufklärung von Unterschieden in den Leistungsprofilen verschiedener Länder. Dazu kommen kulturelle Faktoren der „Traditionalität", in deren Rahmen Leistungen, sorgfältige Aufgabenerfüllung, Fleiß und Genauigkeit hoch bewertet werden. Sie führen zu einer starken Identifikation der Elternschaft mit der Schule und zu einer intensiven Unterstützung des Schulverhaltens der Kinder. Hausaufgaben werden genau beobachtet und gestützt, eine positive Zuwendung der Kinder zur Schule wird gefördert. Daraus resultiert auch eine Verstärkung des elterlichen Drucks auf die Schule, gute Arbeit zu leisten. Diese Kontextfaktoren sind in den Ländern der Bundesrepublik Deutschland mit guten Leistungsprofilen stärker ausgeprägt. In jüngster Zeit werden durch flächendeckende Intelligenzstudien im Rahmen der Bundeswehr sogar Argumente zu unterschiedlichen Begabungspools in verschiedenen Bundesländern vorgetragen. Selektive Migration von den Ostländern in den Westen und von den nördlichen Ländern der Bundesrepublik Deutschlands in den Süden hätten zu einem Schüler *brain-drain* geführt, der sich nun in entsprechenden Leistungsprofilen wieder zeige (siehe Bertram, 2003). Bei aller Vorsicht, diese Zusammenhänge kausal zu interpretieren, weisen sie darauf hin, dass Kontextfaktoren von entscheidender Bedeutung sein könnten. Dies verstärken internationale Beobachtungen, etwa durch Vergleiche nationaler Erziehungskulturen in den skandinavischen Ländern bzw. in Ostasien.

Zusammenfassend ergeben sich hier die folgenden kontextrelativen Erklärungsmuster:

(1) Länderunterschiede sind das Ergebnis nationaler Kontexte, die aus der *historisch und politisch zu erklärenden besonderen Situation eines jeden Landes* resultieren. Für Finnland ist dies die Situation eines flächenmäßig großen, von der Einwohnerzahl her aber kleinen Landes in einer schwierigen Randposition Europas. Historische Ereignisse haben dieses Land nur aufgrund eines großen inneren Zusammenhalts überlebensfähig gemacht. Dies verlangte von der Bevölkerung immer eine außerordentliche Binnenkohäsion. Sie wird durch das Bildungswesen mitgeprägt, das auf diesem Wege auch eine große Bedeutung erhält.

(2) Mit der jeweiligen historischen Situation hängt auch eine *kulturelle Tradition* zusammen, in der der Stellenwert von Lernen und Bildung zum Ausdruck kommt. Sie ist in die jeweiligen Deutungssysteme, Umgangsformen und Praktiken einer Nation eingelassen und führt zu einer nationenspezifischen Praxis der Schulgestaltung. Im Bil-

dungswesen kommt sie darin zum Ausdruck, dass größere oder geringere Anstrengungen im Umkreis des Lernens als selbstverständlich gelten und eine ausgeprägte oder eher geringe Sorge um jedes Kind zum kulturellen Hintergrund des Lernens gehören.

An historischen Beispielen lässt sich die kulturell unterschiedliche Wertung von Bildung einleuchtend illustrieren. So waren im 17. und 18. Jahrhundert in protestantischen Ländern die Alphabetisierungsraten deutlich höher als in katholischen Gebieten. Bekanntlich spielte der selbstständige Zugang zur Bibel über die eigene Lektüre in den reformierten Religionen eine viel größere Rolle als im Katholizismus, der die über die Kirche zu vermittelnden Gnadenakte stärker betonte. Die unterschiedliche Wertung von Bildung auf religiösem Hintergrund war bekanntlich auch der Ausgangspunkt für Max Weber, um die wirtschaftliche Bedeutung der protestantischen Ethik zu diskutieren.

(3) Die beiden obigen Punkte erklären unterschiedliche Schulleistungen durch Kontextfaktoren, die ihren Ursprung *außerhalb* des Bildungswesens haben und durch Veränderungen des Bildungswesens auch nur sekundär veränderbar sind. Rekurse auf *ökonomische Kontextbedingungen*, indiziert durch Merkmale wie Anzahl von Migranten, Anzahl von Arbeitslosen oder Höhe des Bruttosozialprodukts, tun dies ebenfalls (Baumert u.a., 2002). Das Leistungsniveau, das ein Land durch sein Bildungswesen „erzeugt", wird hier zu einer Wohlstandsfunktion. Je besser die ökonomischen Rahmenbedingungen, umso besser sind die Schulleistungen.

Wege zum Verständnis der Funktionsweise der deutschen Bildungssysteme

Die genannten Befunde könnten als Belege interpretiert werden, dass es auf die jeweilige Gestalt des Bildungswesens nicht ankommt. Von seiner Reform wären deshalb auch keine nachhaltigen Wirkungen zu erwarten. Einem solchen institutionellen Fatalismus widerspricht die Alltagserfahrung und die an allen Orten demonstrierte Ernsthaftigkeit der Gestaltung einer optimalen Qualität schulischen Lernens. Eine Suche nach den Besonderheiten des institutionellen Akteurs „Bildungswesen in Deutschland" bzw. der Bildungssysteme in den Ländern der Bundesrepublik Deutschland erscheint deshalb dringend notwendig. Dabei müssen wir historisch und vergleichend vorgehen, da sie nur dadurch sichtbar werden. Der historische Weg ist nicht nur aus erkenntnistheoretischen Gründen bedeutsam, sondern auch deshalb wichtig, weil die Veränderungen von Bildungssystemen an die bestehenden Wirklichkeiten anknüpfen müssen, sollen sie nicht als Kunstprodukte abgestoßen werden. Der komparatistische Ansatz eröffnet die Möglichkeit zu sehen, dass unterschiedliche Konfigurationen von Regelungen, Akteuren und Ressourcen zu gleichen Zielen – hier hoher Effektivität – führen können. Gleichzeitig ermöglicht der Vergleich Erkenntnisse dazu, wo Schwachstellen in den historisch entstandenen Konfigurationen deutscher Bildungssysteme bestehen[1].

1.3.1 Der historische Zugang

Am klarsten kommt die Besonderheit des institutionellen Akteurs „Bildungswesen" zum Vorschein, wenn man seine Genese herausarbeitet. Da unter einem institutionellen Akteur normativ strukturiertes Zusammenhandeln verstanden wird, gilt es, die Entstehungsgeschichte der normativen Strukturen, also der rechtlichen Regulierungen, herauszuarbeiten. Dann erscheint plastisch am Horizont, wie sich das moderne Bildungswesen als „institutioneller Akteur" entwickelt hat, wie ein System institutioneller Regelungen mit unterschiedlich verantwortlichen Akteuren entstanden ist. Was sind vor diesem Hintergrund die Besonderheiten des deutschen Entwicklungsweges? Im Folgenden stehen in einem ersten Schritt die Gemeinsamkeiten zwischen den Bildungssystemen der Länder im Vordergrund, sodass abkürzend vom „deutschen Bildungssystem" gesprochen wird. Auf die Differenzen wird in einem zweiten Schritt eingegangen.

Nach einer konfliktreichen politischen Geschichte wurde im Verlauf des 19. Jahrhunderts das Bildungswesen zu einem Kernbereich der sich entwickelnden staatlichen Strukturen ausgebaut. Auf der Makroebene ist dabei eine Konfiguration des institutionellen Akteurs entstanden, dessen Besonderheiten im Folgenden erläutert, hier vorerst so zusammengefasst werden können:

- Überwiegend staatliche Trägerschaft und staatliche Detailplanung – Verfahrensorientierung als Rechtsgrundlage,
- Einbau des Bildungswesens in die staatliche Bürokratie – Lehrer als Letztinstanz der Auftragserfüllung,
- Systembildung im Sinne einer zunehmenden Verrechtlichung der Zugangsbedingungen, der Angebotsmerkmale und der Berechtigungen,
- streng hierarchische Kontrolle der Zielvorgaben, der Programmsteuerung über Inhalte, Prüfungsanforderungen und Ressourcenzuteilung,
- universale Bindung von Bildungsgängen an Leistungskriterien,
- Entwicklung eines flächendeckenden Versorgungssystems mit dem Anspruch der qualitativen Gleichversorgung,
- Ressourcensteuerung auf flächendeckende Gleichversorgung ausgerichtet,
- Ausbau terminaler Systeme, das heißt, die interne Leistungskontrolle bildet die Grundlage für die Verleihung von Berechtigungen zum Besuch weiterführender Institutionen,
- die Qualitätskontrolle erfolgt intern durch eine Fachaufsicht, die sich aus der Lehrerschaft rekrutiert.

Diese historisch entstandenen Merkmale des deutschen Bildungswesens geben sowohl die Chancen und Probleme als auch die Rahmenbedingungen für Gestaltungsprozesse des Bildungswesens in der Gegenwart vor. Die diskutierten Veränderungen sind vielfach Abarbeitungen der Strukturchancen und Strukturprobleme des Bildungswesens, das im 19. Jahrhundert entstanden und im 20. Jahrhundert systematisch ausgestaltet worden ist. Als ein Kernmerkmal dieser Konfigurationen ragt heraus, dass das Bildungssystem in staatlicher Verantwortung steht und seine Träger in eine *hierarchisch gestaltete Beam-*

tenstruktur eingebunden sind. Das deutsche Bildungswesen ist eine Bürokratie im Sinne der klassischen Formulierung von Max Weber. Danach stehen Hierarchiestufen und Aufstiegskanäle, die intern selbst verwaltet werden, im Mittelpunkt. Alle Vorgänge gilt es rechtlich abzusichern, sie schriftlich zu dokumentieren und damit justiziabel zu machen. Diese Bildungssysteme sind vor allem verfahrensorientiert; das richtige Vorgehen steht im Vordergrund. Kennzeichnend ist dabei die hochgradige *Verrechtlichung* aller Vorgänge. Um die Akteure gegen Ansprüche und Widersprüche durch die Nutzer abzusichern, ist das Unterrichtsgeschehen hochgradig reguliert (wie z.B. Hausaufgaben zu geben sind, wie Prüfungen zu gestalten sind, wie zu benoten ist, wie Jahreszeugnisse zu Stande kommen).

Im Mittelpunkt dieser Verrechtlichung steht die Steuerung des Bildungswesens über Prüfungen. Im deutschsprachigen Raum hat sich dabei eine *terminale Struktur* herausgebildet. Gemeint ist damit, dass die abgebende Schule die Berechtigungen erteilt, in aufnehmende Bildungsgänge einzutreten. Wer die Matura bzw. das Abitur hat, der hat die Berechtigung zum Hochschulbesuch. Ähnliche Schnittstellen gibt es auch zwischen der Grundstufe und der weiterführenden Stufe und am Ende der Pflichtschulzeit.

Die Festlegung der Standards an diesen Schnittstellen erfolgt – mit nicht unwesentlichen Varianten in einzelnen Ländern – in der Regel intern, im Rahmen der Schulklassen und der einzelnen Schulen. Das System ist damit hochgradig anfällig für den Verlust von Bewusstsein für Standards. Lehrer und Lehrerinnen mit hohen Erwartungen geraten in den Verdacht der persönlichen Härte und in die Gefahr der Ausgrenzung im Kollegium. Eine nüchterne Abwägung von Nutzen und Kosten strenger Notengebung würde auf der Lehrerebene nachgiebige, die Erwartungen der Schüler und Schülerinnen und Eltern einbeziehende Haltungen nahe legen.

Risiken und Anreizstrukturen im deutschen Bildungswesen

In der Summe ergeben sich aus dieser Gestalt des öffentlichen Bildungswesens die im Folgenden diskutierten Konsequenzen, die oft ungewollte Nebenwirkungen der durch die Strukturvorgaben in Gang gesetzten Prozesse sind.

(1) Das deutsche Bildungswesen ist ein *hochgradig selektives Bildungssystem*, das allerdings auch den Vorzug aufweist, durch die klare Vorgabe von Bildungs*gängen* ein herausragendes Instrument der Lebensplanung zu sein. Damit sind zwei Gefahren verbunden: Einmal verführt intern die Strukturierung von mehr oder weniger anspruchsvollen Bildungsgängen dazu, die Homogenisierung der Lerngruppen nach Leistungsfähigkeiten zu betonen und die anspruchsvollen Bildungsgänge von weniger geeigneten Schülerinnen und Schülern zu „reinigen". Es entsteht damit eine gewisse *Entsorgungsmentalität*, die zu einem Abschieben in andere Schulformen und zu einem gehäuften Sitzenbleiben führt.

Da die Bildungsgänge sehr früh (in Deutschland im Verlauf des 4. Schuljahres) entschieden werden, steigt der Druck nach unten, auf die frühe Bildungsentscheidung möglichst optimal vorbereitet zu sein. Dies führt zu einer Tendenz, die Kinder relativ spät einzuschulen, um durch den Gewinn eines zusätzlichen Lebensjahres auch einen Leistungsvorsprung zu erzielen. Diese Neigung von Eltern aus höheren Schichten ist begleitet von den Bemühungen der Institutionen selber, den Grad der Eignung von Kindern möglichst früh zu erfassen und möglichst hoch anzusetzen. Auch aus diesem Grund werden Kinder häufiger zurückgestellt.

Diese belastenden Begleiterscheinungen der Karriereplanung im Bildungswesen sind in der Reformdiskussion seit den 1960er Jahren immer wieder in den Blickpunkt getreten. Sie sind also nicht neu und haben an vielen Stellen zu Versuchen geführt, das bestehende Laufbahnsystem im Bildungswesen zu flexibilisieren. So wurden durch entsprechende Ausgleichsregelungen die Quoten der Klassenwiederholung in der Grundschule drastisch gesenkt. Verschiedene Länder haben den Übergang nach der 4. Klasse der Grundschule allein auf den Elternwillen bezogen, also das realisiert, was die Betriebspsychologen in der Betonung der freien Schulwahl häufig fordern.

Die konsequentesten Lösungen haben in den letzten Jahren dort stattgefunden, wo Gesamtschulen eingerichtet wurden. Durch ein flexibles Kern-Kurs-System sollte das Sitzenbleiben bei Problemen in einzelnen Fächern reduziert bis aufgehoben werden. Gleichzeitig sollte die Entscheidung für weiterführende Bildungswege auf die Zeit um das 9. bzw. 10. Schuljahr verschoben werden. In Österreich ist die ehemalige Hauptschule konsequent nach diesem Muster reorganisiert worden. Daneben blieb aber das Gymnasium als selbstständige Schulform bestehen. In der Bundesrepublik hat sich das Organisationsmodell der Gesamtschule nicht durchsetzen können.

(2) Das deutsche Bildungswesen ist vor allem durch inhaltliche Vorgaben, die sich in *Lehrplänen, Lehrbüchern und Prüfungsnormen* niederschlagen, gesteuert. Diese Programmsteuerung hat lange historische Wurzeln. Im Verbund mit den Inhalten steuern Prüfungssysteme die Lerngänge, Unterrichtsformen und Lernformen. Der Kampf um die Schule war in den letzten Jahrzehnten deshalb immer auch ein Kampf um neue Inhalte. Er wurde in der Regel durch Addition, in gemäßigter Form durch Profilbildung gelöst. Die Vielfalt der Inhaltsbereiche und der Ansprüche sowie die Steuerung der Lehrgänge über Inhalte enthält die Versuchung, immer mehr Stoff auf kurze Zeiträume zu verteilen.

Gleichzeitig werden *Noten und Berechtigungen in diesem System eng an die Erfüllung der jeweiligen Stoffvorgaben* gebunden. Lehrer sind dabei gleichzeitig die Niveaufestlegenden und die Lehrenden. Die Berechtigungen ergeben sich ausschließlich aus der Kumulation dieser Detailprüfungen. Dies führt zu einem atemlosen Lernen von Prüfung zu Prüfung, sodass auf die Festigung grundlegender Wissensstrukturen und Fähigkeiten weniger geachtet werden kann. Das mehr Zeit erfordernde eigenständige Lernen tritt in einem solchen Kumulationskonzept in den Hintergrund. Gleichzeitig kommt der Lehrer in eine schwierige Situation: Er ist gleichzeitig Lehrender und Prüfender und kann deshalb die Rolle der bestmöglichen Förderung jedes einzelnen Schülers, wie dies bei externen Prüfungen leichter möglich ist, nur beschränkt spielen.

Auch diese Thematik stand in den letzten Jahrzehnten mehrmals im Mittelpunkt von Reformbestrebungen. Sie schlugen sich darin nieder, dass immer wieder auf den exemplarischen Charakter des Lernens verwiesen und gefordert wurde, den Stoff zu reduzieren, auf das Wesentliche zu beschränken. Dies alles sollte natürlich nicht dazu führen, das Niveau zu senken, es sollte vielmehr ein grundlegendes Übersichtswissen und die Kompetenz, sich Wissen selbstständig anzueignen, erworben werden. Gleichzeitig wurde über externe Prüfungen versucht, ein vom einzelnen Lehrer unabhängiges Niveau zu stabilisieren. In Ländern mit zentralen Prüfungen wurde dies an strategischen Punkten der Schullaufbahn (z.B. beim Übergang in die Hochschule) realisiert.

(3) Die *Zuweisung von Sach- und Personalressourcen erfolgt im deutschen Bildungswesen oberhalb der Verfügungsgewalt einzelner Schulen* und hier nach dem Prinzip der Gleichverteilung an einzelne Schulen. Die ressourcenbezogene Qualitätssicherung ist somit inputgesteuert und nicht abhängig von den erbrachten Leistungen einzelner Lehrer oder Schulen. Damit wird eine zentrale Norm der Chancengleichheit zu realisieren versucht, nämlich die der Gleichheit des Angebots. Alle Schülerinnen und Schüler und alle Eltern dürfen erwarten, dass sie in allen Schulen eines Landes, einer Region oder eines Ortes ein vergleichbares Angebot erhalten. Die optimale oder suboptimale Nutzung dieses Angebots liegt dann in der Verantwortung des Schülers und der Eltern.

Ein Kernmerkmal der deutschen Konfiguration liegt also darin, dass die administrative und bildungsplanerische Gestaltung vom Anspruch geleitet ist, allen Bevölkerungskreisen unabhängig von Ort und Herkunft ein möglichst *gleichwertiges Bildungsangebot* zur Verfügung zu stellen. Diese flächendeckende Gleichversorgung besteht in einer *ausschließlich bedarfsorientierten Verteilung von Lehrerinnen und Lehrern* und einer einheitlichen Festlegung von Deputaten, Entlastungen und Sachausstattung. Die personellen und sächlichen Rahmenbedingungen werden also alle auf einer Ebene entschieden, die der der einzelnen Schulen übergeordnet ist. Als unerwünschte Folge ist damit die Versuchung verbunden, alle Probleme der Qualitätssicherung vor Ort auf eine übergeordnete Ebene zu verschieben. Diese Strategie hat von den Regularien her eine sachliche Grundlage, reduziert aber das mögliche Maß an Eigeninitiative und Eigenanstrengung zum Ausgleich von Versorgungsproblemen.

Auch diese Problematik war in den letzten Jahren Bezugspunkt für viele Reformvorschläge. Die Bemühungen, Schulen mit Globalbudgets auszustatten, ihnen organisatorische, curriculare und auch teilweise personale Autonomie zuzugestehen, sind vor diesem Hintergrund zu sehen. Bei konsequenter Durchführung würde dies dazu führen, dass Schulen je nach der Initiative der Lehrerinnen und Lehrer und der Leitungspersonen vor Ort unterschiedlich attraktiv werden könnten. Sie könnten mit einem ungleich großen Andrang rechnen.

Bei ungünstigen Rahmenregelungen kann diese Attraktivität jedoch zur Strafe werden. Wenn die stark nachgefragten Schulen alle Schülerinnen und Schüler im Umfang der vorhandenen Raum- und Personalressourcen aufnehmen müssen und sie nicht nach Leistungsfähigkeit und Schulmotivation auslesen dürfen, dann sind sie in der schwierigen Situation, Schüler begründet abweisen zu müssen. Sie werden für ihre Attraktivität mit hohen Abweisungskosten „bestraft".

(4) Als ein weiteres Kernmerkmal des bürokratischen Charakters des Bildungswesens gilt eine *geringe Beteiligung der Öffentlichkeit an der Qualitätskontrolle*. Das deutsche Bil-

dungswesen weist nur eine sehr dünne Fachaufsicht auf, Regelbesuche erfolgen oft nur alle vier Jahre, meist gibt es nur eine anlassbezogene Dienstaufsicht (und Dienstbeurteilung), also Besuche durch Fachaufsichtsbeamte bei Problemen und Beförderungen. Die Aufsicht ist zudem intern kontrolliert, und die Ergebnisse werden nicht im Sinne von Lernprozess fördernden Rückmeldungen behandelt. Auffallend für Deutschland ist damit die *geschlossene interne Steuerung des Bildungswesens durch den Staat und seine Beauftragten*. Sie regulieren die Makrostrukturen und sie stellen intern Qualität und Erfolg fest. Die Öffentlichkeit ist daran nur indirekt, über die Wahl der regierenden Parteien, beteiligt. Wir finden also relativ geschlossene Regelkreise von Politik, Administration, Fachaufsicht und Durchführung von Unterricht durch Lehrende. Der Grundzug der deutschen Bildungssysteme, dass die Regelkreise der Rückmeldung und Kontrolle ausschließlich intern ablaufen, ist in den letzten Jahren nicht unerkannt geblieben. So stand sehr häufig die Bemühung, den öffentlichen Charakter des Bildungswesens zu stärken, im Mittelpunkt der Diskussion.

(5) Ein weiteres Merkmal des deutschen Bildungswesens kann in der Tendenz gesehen werden, die *Unterrichtszeiten auf Vormittage und kurze Schulwochen, unterbrochen von relativ langen Ferienzeiten, zu „komprimieren“*. Es fehlt damit Muße und Zeit, sich außerhalb der stringenten Unterrichtsplanung mit Schülerinnen und Schülern, Eltern und Kollegen zu treffen. Dadurch wird der außerunterrichtliche Kontakt mit den Schülern minimiert, sodass die Bedeutung des Elternhauses für die vernünftige Organisation des Alltagslebens von Kindern sehr groß ist. Auch dies ist ein altes Thema, die Einrichtung von Ganztagsschulen ist unter anderem von diesen Einschätzungen inspiriert.

1.3.2 Der komparatistische Ansatz: Systemische Konfigurationen im internationalen Vergleich

Die Besonderheit der Steuerungsform des Bildungswesens eines Landes lässt sich neben der historisch-vergleichenden Darstellung durch internationale Vergleiche herausarbeiten. Dabei sollen im Folgenden erfolgreiche Konfigurationen der Gestaltung schulischer Lernangebote im Mittelpunkt stehen. Solche Vergleiche können hier naturgemäß nicht mehr als komparatistische Hypothesen sein. Die Funktionsweise anderer Bildungssysteme zu verstehen, ist ein hochkomplexes Unterfangen. Dies gilt nicht nur für die Kenntnis ihrer institutionellen Strukturen (siehe z.B. Döbert u.a., 2002) und deren faktische Ausstattung (siehe den Bericht der OECD, 2001a), sondern verstärkt für die faktische Funktionsweise im schulischen Alltag[2]. Erst im Zusammenspiel zwischen institutionellen Vorgaben und dem schulischen Handlungsgeschehen auf verschiedenen Ebenen ergibt sich die Besonderheit eines Landes. Bloßes Hinschauen und Berichterstattung durch Vertreter anderer Länder haben sich dabei als wenig hilfreich erwiesen. Beides ist versucht worden. Die Besuche in anderen Ländern boten wenig Überraschendes, vieles schien aus dem eigenen Land vertraut. Die Berichte von Experten bei Tagungen, die zum Ziel hatten, innere Strukturen besonders erfolgreicher Schulsysteme *(best practice)* kennen zu lernen, bestätigten das Problem, dass das jeweils eigene Bildungssystem den in ihm Handelnden intransparent ist, dass sie seine Besonderheit trotz operativer Beherrschung nicht verstehen (Larcher & Oelkers, 2003). Angesichts dieser Komplexität können die folgenden Vergleiche erfolgreicher Konfigurationen institutioneller Faktoren bei effizienten Bildungssystemen nur hypothetischen Charakter haben.

Vergleich Deutschland und Schweiz

Ein Vergleich der Schweiz mit Deutschland soll hier am Anfang stehen. Ein oberflächlicher Blick legt eine große Ähnlichkeit zwischen der Steuerung des Bildungswesens in Deutschland und der Steuerung des Bildungswesens in der Schweiz nahe. Eine genauere Inspektion enthüllt aber sehr bedeutsame Unterschiede. Zwar erfolgt auch in der Schweiz auf kantonaler Ebene eine Inputsteuerung in Bezug auf Lehrerbesoldung und sachliche Ressourcen. Auch die Steuerung durch Lehrpläne, Lektionstafeln und Lehrwerke ist kantonal verankert. Ein erster fundamentaler Unterschied besteht jedoch in Bezug auf die Qualitätskontrolle des Lehrens. Die demokratische Kontrolle auf Gemeinde- und Bezirksebene, die im Volksschulwesen etabliert ist, schließt das Bildungswesen dicht an Außenkontrollen an. Hier werden Lehrerinnen und Lehrer von der Laienaufsicht mindestens zweimal im Jahr besucht und – heute lohnwirksam – evaluiert. Bei den Gymnasien übernehmen schulspezifische Aufsichtskommissionen, die nicht rein schulintern besetzt sind, diese Aufgaben. Damit ist das Schweizer Bildungswesen stärker *öffentlich* orientiert und nicht ausschließlich staatlich-administrativ. Der ausschließlich verwaltungsintern organisierte Kreislauf von Erfolgs- und Problemrückmeldungen ist hier durchbrochen durch eine stärkere Verantwortlichkeit der Lehrerinnen und Lehrer gegenüber den „Abnehmern" von Bildungsangeboten. Dies schafft eine andere Grundlage für das Vertrauen der Öffentlichkeit in die Qualität des schulischen Angebots, ein Vertrauen, das sich immer klarer als Existenzvoraussetzung für ein staatlich organisiertes Bildungswesen herauskristallisiert.

Auch beim Vergleich der emotionalen „Innenausstattung" des Bildungswesens zeigen sich gravierende Unterschiede. Die Binnensicht deutscher Schülerinnen und Schüler ist häufig von Fremdheit, von Desinteresse, ja von Ablehnung gekennzeichnet. Das Lernen selber ist von wenig positiven Emotionen begleitet; es wird mit zunehmenden Schuljahren immer häufiger von abnehmender Schulfreude besetzt. In den Schweizer Schulen wird die Schule positiver gesehen. In Deutschland gehen doppelt so viele Schülerinnen und Schüler ungern zur Schule wie in der Schweiz (Fend, 1997, S. 156 ff.). Erste Ergebnisse vergleichender Videostudien zum Unterricht in Deutschland und der Schweiz zeigen einerseits ein disziplinierteres Verhalten der Schweizer Schülerinnen und Schüler und andererseits auf Lehrerseite einen strukturierteren Unterricht sowie einen freundlicheren Umgang mit den Schülern (Clausen, Reusser, mündliche Kommunikation).

Das Lehrer-Schüler-Verhältnis scheint sich in deutschen Schulen auf einem mehr oder weniger expliziten Kampfniveau um Anforderungen, Noten und Disziplin stabilisiert zu haben. Schüler und Lehrer ziehen nicht an einem Strick. Verletzender und störender Umgang der Schüler mit den Lehrern bringt häufig Ansehen in den Augen von

Mitschülern. Dieses Kampfverhältnis kommt Jahr für Jahr in oft verletzenden „Abrechnungen“ in Abiturzeitungen zum Ausdruck. Das Lehrer-Schüler-Verhältnis ist in der Schweiz signifikant partnerschaftlicher und entspannter, obwohl die Disziplinerwartungen größer sind. In Deutschland fühlen sich die Schülerinnen und Schüler mehr unter Leistungsdruck; entsprechend höher ist ihre Leistungsangst (Fend, 1997, S. 239).

Der Umgang der Schüler untereinander wird häufig von Konkurrenz und Übertrumpfung geprägt. So wird Lerneinsatz zu hohen Prozentsätzen negativ als „Strebertum“ sanktioniert (in Gymnasien bis zu 40 %). Dies ist jedoch auch in der Schweiz der Fall. Hier sehen die Schülerinnen und Schüler ihr Verhältnis zueinander aber deutlich positiver.

Insgesamt ist der Eindruck schwer zu vermeiden, dass das deutsche Bildungswesen, sowohl was die Leistungsergebnisse, als auch was die kulturelle Innenausstattung, das heißt den menschlichen Umgang miteinander und zwischen unterschiedlichen Gruppen angeht, suboptimal organisiert und realisiert ist (Fend, 2001). Damit legen auch diese Daten nahe, über internationale Vergleiche verstärkt nach Schwachstellen des deutschen Bildungswesens zu suchen.

Ostasiatische Konfigurationen

Im internationalen Vergleich repräsentieren die asiatischen Länder Korea und Japan eine hocheffiziente Konfiguration (OECD, 2001b). In früheren Studien erwiesen sich Singapur, Taiwan und teilweise auch China als sehr ähnlich (Stevenson, Chen, & Lee, 1993). Vergleiche zwischen Nordvietnam und Bayern (Helmke & Tuyet, 1999) belegen ebenfalls eine deutliche Überlegenheit Südostasiens. Diese Konfiguration besteht einerseits aus streng regulierter Instruktion, wobei die Unterrichtsstunden häufig kollektiv von Lehrerkollegen vorbereitet werden (siehe besonders Roeder, 2001; Schümer, 1999). Die Unterrichtsführung ist autoritativ, das Schülerverhalten diszipliniert[3] und gemeinschaftlich zu erreichende Lernziele stehen im Mittelpunkt. Daneben gibt es ein strenges, extern administriertes Prüfungssystem (jedenfalls in Japan und Südkorea), das die Besten in meist gleichzeitig abgehaltenen Aufnahmeprüfungen eruiert. Auf Schülerseite sind damit ein hoher Leistungsdruck und ein hoher außerschulischer Lernaufwand, häufig in speziellen Zusatzschulen, verbunden, gekoppelt mit einem emotional sehr belastenden Hinarbeiten auf die lebensentscheidenden Aufnahmeprüfungen (Son, 2003). Die intensive, kulturell getragene familiäre Unterstützung durch Unterricht außerhalb des Bildungswesens ist ein wesentlicher Bestandteil dieser Konfiguration. Bildung hat in diesen Gesellschaften und Kulturen insgesamt einen herausragenden Stellenwert.

Skandinavische Konfigurationen

Eine zweite Konfiguration repräsentieren die skandinavischen Länder, insbesondere Finnland und Schweden. Diese Länder haben zwar ähnlich wie die asiatischen eine gesamtschulähnliche Organisation bis zum 8. oder 9. Schuljahr, sie unterscheiden sich jedoch von der pädagogischen Kultur und von der Leistungsüberprüfung her grundlegend von der asiatischen Kultur. Die Kinder werden relativ spät in eine genau fixierte Leistungsrangfolge gebracht, und das Erreichen von Grundkompetenzen steht bei allen Schülerinnen und Schülern über viele Jahre im Vordergrund. Die äußere Aufgliederung von Bildungswegen erfolgt spät, meist erst aber der Sekundarstufe II. Schulen sind im hohen Maße förderungsorientiert und stark kommunal verankert. Durch die enge Zusammenarbeit zwischen Elternhaus und Schule, die häufig in Zusammenarbeitsverträgen festgehalten wird, tritt das Anliegen in den Vordergrund, möglichst viele Schülerinnen und Schüler möglichst lange gemeinsam zu unterrichten und insbesondere am Anfang ihrer Schulkarriere motivational zu unterstützen und niemanden zurückzulassen. Der Lehrer ist weniger leistungsorientierter Belehrer als Helfer für die bestmögliche Entwicklung des Kindes. Dafür wird er auf Universitäten in langen Studiengängen ausgebildet. Die Standardsicherung erfolgt auch in diesen Ländern zu einem großen Teil extern mittels schulübergreifender Prüfungen. Die Zulassung zur Hochschule ist vom Ergebnis von Aufnahmeprüfungen abhängig. Hochschulen sind je nach Andrang unterschiedlich selektiv. Einzelne Hochschulen nehmen nur 50 Prozent der Bewerberinnen und Bewerber auf, pädagogische Ausbildungsgänge gar nur 20 Prozent.

Angelsächsische Konfigurationen

Unübersehbare Fortschritte in der Sicherung eines hohen Leistungsniveaus haben einige englischsprachige Länder, vor allem Kanada, Australien, Neuseeland und nicht zuletzt England selber vorzuweisen – möglicherweise als Reaktion auf frühere schlechte Ergebnisse. Hier gibt es vor allem Entwicklungen, die eine neue Kombination von externem Monitoring durch schulübergreifende Tests und intensiven Förderungsprogrammen nahe legen, insbesondere im Bereich der Frühförderung und der Grundstufe des Bildungswesens. Die Tests dienen dabei als Qualitätssicherungsinstrumente und intern der Standardbildung in Bezug auf das Niveau, das innerhalb einzelner Schulen erreicht werden soll. Diese *policies* werden ergänzt durch große Investitionen in die Betreuung von Kindern bei ihren ersten Schritten im Bildungswesen. Dazu werden die Gruppen klein gehalten, die Lehrerinnen und Lehrer speziell geschult und die Lernprogramme zeitlich ausgedehnt. Gerade in diesen frühen Lernphasen wird zudem die Elternarbeit in den Mittelpunkt gestellt.

Der Vergleich der in den PISA-Studien besonders erfolgreichen Länder mit der historisch beleuchteten Gestalt der deutschen Bildungssysteme wirft die Frage auf, ob Letztere nicht fundamentale Konstruktionsprobleme haben, die sie auch in Zukunft nicht mehr konkurrenzfähig sein lassen. Brauchen wir nicht eine grundlegende Umgestaltung der Art und Weise, wie unsere Bildungssysteme funktionieren, ohne die alle Detailreformen vergeblich bleiben? Welches sind die nötigen Strukturreformen und inneren Entwicklungsprozesse im Bildungswesen, die das deutsche Bildungssystem auf einen produktiven Zukunftsweg führen könnten? Wie kann man in diesem Suchprozess verhindern, in die falsche Richtung zu gehen und mehr zu zerstören als produktiv zu entwickeln? Was bewahrt uns vor Irrtümern und was bietet uns eine vernünftige Chance, richtig zu empfehlen und zu handeln?

Intranationale Vergleiche von Bildungssystemen

Bevor voreilige Schlüsse gezogen werden, sollte die Chance genutzt werden, innerstaatliche Unterschiede in der Funktionsweise von Bildungssystemen, jene zwischen den Ländern der Bundesrepublik Deutschland, genau zu studieren. Die PISA-Studie ermöglicht dies erstmals auf repräsentativer Basis (Baumert u.a., 2003). In Deutschland gibt es, wie bereits erwähnt, keinen institutionellen Akteur „deutsches Bildungswesen", sondern infolge ihrer Kultushoheit sind die Länder der Bundesrepublik Deutschland die verantwortlichen institutionellen Akteure.

Gibt es hier mehr oder weniger erfolgreiche Varianten?

Dies ist unübersehbar der Fall. Die Bildungssysteme von Baden-Württemberg und Bayern sind in vielen Leistungsbereichen klar besser als die anderer Länder. Somit scheint der Weg vorgezeichnet: Man suche nach Merkmalen jener Bildungssysteme, die diese von den weniger erfolgreichen abheben.

Doch auch dieser Weg ist nicht einfach. Einmal zeigt sich sehr schnell, dass es eine auffällige Parallelität zwischen dem ökonomischen Wohlstand eines Landes der Bundesrepublik Deutschlands und den Leistungsergebnissen der Schülerinnen und Schüler des jeweiligen Landes gibt (Baumert u.a., 2002). Sind also nur Kontextfaktoren bedeutsam und besagt die interne Organisation des jeweiligen Bildungswesens wenig bis nichts? Sind also unterschiedliche politische Ansätze zur Gestaltung des Schulsystems in verschiedenen Ländern bedeutungslos?

Es wäre doch überraschend, wenn dies der Fall wäre, da es in der letzten Konsequenz bedeuten würde, dass bildungspolitische Maßnahmen folgenlos bleiben. Damit würden sich aber auch bildungspolitische Maßnahmen zur Verbesserung des derzeitigen Zustands als nutzlos erweisen. Diese Selbstlähmung infolge unzureichender Analysen muss vermieden werden.

Wir halten den Weg, nach Hinweisen zu suchen, worin sich die eher erfolgreichen und die eher belasteten Bildungssysteme der verschiedenen Länder der Bundesrepublik Deutschland unterscheiden, für unabweisbar. Zusammen mit den internationalen Vergleichen und der historischen Perspektive kann er helfen, die *Schwachstellen* der weniger erfolgreichen deutschen Bildungssysteme sichtbar zu machen.

1.4 Vom Verständnis der Funktionsweise von Bildungssystemen zu ihrer Veränderung

Bei einer Schwachstellenanalyse stellt sich die Kernfrage, auf welche Weise man zu handlungsrelevanten Erkenntnissen kommen könnte. Fünf Wege sollen diskutiert werden:

- die Nachahmung von *best countries,* also der besonders erfolgreichen Länder,
- die Suche nach guten Organisationskulturen in anderen gesellschaftlichen Bereichen,
- die Entwicklung eines Gegenentwurfs zum historisch entstandenen Bildungssystem,

- die Untersuchung der Binnenvarianz von Leistungsfähigkeiten in Bildungssystemen ähnlicher Rahmenstruktur,
- die empirisch geleitete Analyse von Schwachstellen, verbunden mit der Suche nach empirisch geprüften Alternativen.

Die Nachahmung besonders erfolgreicher Länder

Ein erster Handlungsweg wird durch den Sachverhalt nahe gelegt, dass es sehr erfolgreiche Länder gibt. Was liegt näher, als diese Länder genauer anzuschauen, hinzufahren, Experten einzuladen? Es wäre sträflich, dies nicht zu tun. Die Strategie scheint damit vorgezeichnet: Man untersuche diese Länder und übertrage dann die vorgefundenen Besonderheiten auf das deutsche Bildungswesen, etwa eine frühe Einschulung, die Organisation der Schulen als Gesamtschulen, die Administration zentraler Prüfungen.

Diese Absicht hat den wissenschaftlichen und bildungspolitischen Tourismus in die nordischen Länder beflügelt. Als Folge davon sind Vorschläge formuliert worden, die in der Regel die Einführung von Einzelmaßnahmen beinhalteten.

Zwei Schwierigkeiten dieses Suchprozesses sind in der Zwischenzeit gut belegt. Einmal ist sichtbar geworden, dass die Übertragung von *einzelnen* Elementen aus einem anderen nationalen und institutionellen Kontext in den eigenen problematisch, ja gefährlich ist. In erfolgreichen Ländern sind einzelne Organisationsmerkmale immer abgestimmt auf Regelungen, die die positiven Wirkungen eines Strukturmerkmals steigern und die ungünstigen Nebenwirkungen auffangen helfen. Ohne diese Zusatzregelungen wäre eine isolierte Maßnahme kontraproduktiv. Empirisch dokumentiert kommt diese Problematik darin zum Ausdruck, dass beinahe jede für wichtig gehaltene Maßnahme für sich in den einen Ländern positive, in den anderen negative und wieder in anderen gar keine Auswirkungen auf das Leistungsniveau hat. Der Erklärungsversuch der OECD (2001b, Anhang B1) selber hat sichtbar gemacht, dass die Erklärungsanteile von schulischen Merkmalen an Schulleistungen von Land zu Land sehr unterschiedlich sind.

Als Beleg dafür sei exemplarisch auf die in Tabelle 1.1 enthaltenen Schulfaktoren verwiesen, die dort mit dem Kompetenzniveau in Lesen in Beziehung gesetzt sind. Dabei wird sichtbar, dass – wie oben erwähnt – einzelne Faktoren in einem Land positiv, in einem anderen sogar negativ mit guten Leistungsniveaus zusammenhängen. Dies trifft zum Beispiel für die von Schulleitern erfragte Autonomie der einzelnen Schulen in zentralen Entscheidungen zu (siehe Tab. 1.1). Der erste Auswertungsbericht der OECD, „Lernen für das Leben“, präsentiert damit eine breite, aber auch ungemein verwirrende Ergebnisstruktur, da in verschiedenen Ländern sehr unterschiedliche Faktoren von Bedeutung sind, sieht man von der bekannten durchschlagenden Bedeutung des soziokulturellen Hintergrunds des Elternhauses ab. In der Tabelle 1.1 sind die Punktezuwächse in der Lesekompetenz aufgeführt, die durch eine Verbesserung der bezeichneten Prädiktoren um jeweils eine Standardabweichung erreicht werden. Der Einfluss schulischer Merkmale ist insgesamt im Vergleich zur Bedeutung des sozioökonomischen Status des Elternhauses, der die Lesekompetenz um 67 Punkte anhebt, relativ bescheiden.

Länder	Schulklima[1]	Arbeitshaltung und Stimmung der Lehrer[1]	Lehrerautonomie[2]	Schulautonomie[2]	Schüler-Lehrer-Verhältnis[3]	Schuldisziplin[3]	Leistungsdruck[3]
Australien	8	7	–6	14	8	19	–6
Kanada	4	2	2	18	18	10	–3
Finnland	–3	8	6	–4	11	6	–13
Deutschland	4	1	–11	–8	32	1	0
Schweiz	–8	4	–2	9	11	10	–11
Verein. Königreich	17	5	–2	1	19	15	–8

[1] Einschätzung des Engagements des Lehrkörpers durch *Schulleiter.*
[2] Summierung von Entscheidungsmöglichkeiten aus den Angaben der *Schulleitung.*
[3] Einschätzung der Schüler.

Tabelle 1.1 Schulische Faktoren und ihr Einfluss auf die Lesekompetenz in verschiedenen Ländern. Zuwachs an Kompetenzpunkten (gerundet) bei der Veränderung der Prädiktoren um eine Standardabweichung

Eine zweite Schwierigkeit liegt auf der Hand, wenn man die historischen und nationalen Besonderheiten von Bildungssystemen ernst nimmt. Dann ist zu bedenken, dass Veränderungen an die historisch gewachsenen Strukturen anschlussfähig bleiben müssen, wenn sie die für produktive Entwicklungen erforderliche Akzeptanz erzielen wollen. Das Maß an zumutbarer Leidensfähigkeit durch ungewohnte und anfangs aufwändige Strukturänderungen bemisst sich dabei aber am Ausmaß der Probleme, die in herkömmlichen Strukturen nicht mehr zu bewältigen sind.

1.4.2 Staatliche Bildungssysteme und moderne Unternehmenskultur: Entbürokratisierung und Privatisierung

Ein zweiter Weg zur Identifizierung von Handlungsmöglichkeiten besteht in der Suche nach Organisationsformen erfolgreicher Institutionen. Die Inspektion hocheffektiver Wirtschaftsunternehmen bietet sich dabei an.

Die moderne Betriebspsychologie betont schon seit einiger Zeit, dass die staatlichen Schulsysteme nicht mehr zeitgemäß seien. Das bestehende Bildungswesen wird als hochgradig bürokratisiert und reguliert eingeschätzt. Die neuen Managementtheorien betonen die Nachteile einer hierarchisch strukturierten Führung, die alles von oben nach unten bestimmt. An ihre Stelle sind in modernen Betrieben kleinere Einheiten mit Eigenverantwortung und eigener Qualitätskontrolle getreten. Das bestehende Bildungssystem wird vergleichsweise als hochgradig zentralisiert wahrgenommen, als eine von der Spitze aus durch Ämter und Verfahren regulierte Bürokratie. Dabei stünden nicht Kompetenz, Verantwortung und Führungsfähigkeit im Mittelpunkt, sondern parteipolitische Zielsetzungen. Schließlich bestünden an der Basis wenig Leistungsanreize für gute Lehrerleistungen und gute Lernleistungen der Schülerinnen und Schüler. Es gebe weder eine vernünftige Qualitätskontrolle noch eine leistungsbezogene Beurteilung. Die Einschätzung der Lehrerkompetenz erfolge über eine sporadische und willkürliche Beurteilung durch eine Schulaufsicht. Die Bezahlung innerhalb der staatlichen Bürokratie richte sich nach dem Ausbildungsabschluss und nicht nach der tatsächlichen Leistung. Alle diese Punkte enthalten eine Kernaussage: Die Leistungsanreize für erfolgreiches Arbeiten seien sehr gering und sie seien nicht auf ein bestmögliches „Produkt" im Sinne von Lernleistungen und somit auch nicht auf die bestmögliche Förderung jedes Schülers ausgerichtet.

Diese Einschätzung ist sicher einseitig und an einem Bild des Staates orientiert, das diesen als großes Unternehmen sieht und nicht als Resultat der gemeinsamen Regelungen der Lebensverhältnisse. Sie hat auch nicht die Besonderheiten im Auge, die Bildungssysteme auszeichnen, die nicht wie marktorientierte Unternehmen an der technischen Herstellung und individuellen Verwertung von Produkten auf einem Markt orientiert sein können. Dennoch machen sie auf Bedingungen motivierten Einsatzes von Lehrkräften in Schulen aufmerksam, die nicht unbeachtet bleiben sollten.

Eine ähnliche Strategie wie jene der Suche nach wirksamen Institutionen schlägt jene Position ein, die sich konkret auf die Merkmale des historisch gewachsenen Bildungswesens konzentriert und eine konsequente Alternative entwickelt. Wenn das gewachsene und heute offensichtlich ineffiziente Bildungswesen die zentralen Merkmale aufweist, dass es staatsgetragen, bürokratisiert, von einer Beamtenhierarchie geführt, stofforientiert und früh selegierend ist, dann wäre die nahe liegende Lösung in der Konstruktion eines Bildungswesens zu suchen, das sich in allen diesen Merkmalen vom gegenwärtigen Bildungswesen unterscheidet. Es wäre also nicht staatsgetragen, sondern in privater Hand. Es müsste sich wie in der Wirtschaft auf dem Markt bewähren. In Konkurrenz zueinander müssten die Schulen um Kunden werben, um zu überleben. Damit wäre es auch entbürokratisiert, es könnte eine Unternehmenskultur pflegen, die an der Effektivität des Handelns orientiert ist. Die Träger eines solchen Bildungswesens wären natürlich keine Beamten, sondern Selbstständige und Angestellte. Ein solches Bildungswesen würde Inhalte anbieten, die sich an der Auffassung der Kunden orientieren, was diese als nützlich und wertvoll für die Lebensbewältigung ansehen. Standesinteressen, nicht zuletzt solche eines historisch obsoleten Bildungsbürgertums, hätten einen geringen Stellenwert. Der Unterricht würde sich an Fähigkeiten der Kinder orientieren und er würde, um als kundenfreundlich wahrgenommen zu werden, die individuelle Persönlichkeit der Schülerinnen und Schüler sorgsam pflegen. Schließlich müsste eine solches Bildungssystem nicht früh auslesen. Es könnte Kinder aufnehmen, die sich dann in jeweils neuen und höheren Schulen bewerben müssten. Diese Schulen könnten dann selber bestimmen, welche Schülerinnen und Schüler sie wollen, und sie könnten über die Eintrittskosten ihre Schülerschaft auswählen.

Mit der oben beschriebenen Umstellung des Bildungswesens in eine private Rechtsform wären allerdings viele Risiken verbunden, die in der pädagogischen Profession in den letzten Jahren intensiv diskutiert wurden. Diese Diskussion kann hier nicht repräsentativ wiedergegeben werden (siehe z.B. Wolter, 2001). Da die obige Lösung politisch auch nicht durchsetzbar wäre, sei sie hier lediglich genannt. Ihr stünden auch gewichtige moralische Bedenken entgegen. Der Staat hat als Organisation des Willens der Bevölkerung auf eine gerechte Verteilung von Bildungschancen für alle zu achten, hat moralische Pflichten der Fürsorge für die Schwachen zu erfüllen sowie erzieherische Aufgaben zu bewältigen, die nicht in Leistungsergebnissen messbar sind und auf einem freien Markt schwer zu sichern wären.

1.4.3 Schwachstellenanalyse: Konkrete Handlungsfelder

Denkt man die historische Analyse und die vergleichende Analyse von Schulsystemen verschiedener Staaten und Länder der Bundesrepublik Deutschlands zusammen, dann schärft sich die Einsicht für potenzielle Schwachstellen. An ihnen kann dann angesetzt werden, um bildungspolitische Maßnahmen zu ergreifen. Nach den obigen Analysen sind es die im Folgenden zusammengefassten.

(1) Einmal ist sichtbar, dass die deutschen Bildungssysteme eine schwache Qualitätssicherung haben. Sie sind weitgehend *evaluationsfreie* Räume. Am sichtbarsten ist dies bei der Evaluation der Lehrerarbeit, die nur sehr sporadisch erfolgt. Damit ist das *Vertrauen* der Öffentlichkeit in die Qualität des unterrichtlichen Handelns von Lehrerinnen und Lehrern immer in Gefahr, beeinträchtigt zu werden.

(2) Die deutschen Lehrerinnen und Lehrer sind in der Schule in einer schwierigen Situation. Sie müssen gleichzeitig lehren und prüfen, sie müssen die Standards definieren und die Schüler und Schülerinnen zu diesen Standards führen. Die Sicherung von Leistungsstandards ruht weitgehend auf ihren Schultern. Dies schürt die Gefahr eines „Feindverhältnisses" der Schüler zu den Lehrern. Die Ursache dafür ist im *terminalen* Charakter des Bildungswesens zu suchen. Wer in der Schule gute Noten und damit verbundene Berechtigungen bekommt, der hat auch das Recht auf weiterführende Bildungswege. In einem *aufnehmenden* System würden die aufnehmenden Institutionen bestimmen, welche Schülerinnen und Schüler mit welchen Leistungen aufgenommen werden. Das macht es wahrscheinlicher, dass Schüler die Leistungsanforderungen ihrer Lehrer als Hilfe empfinden. Der Lehrer wird so zum Verbündeten, um externe Prüfungen gut zu bestehen. Tabelle 1.2 macht auf die unterschiedlichen Organisationsformen von Lehren und Prüfen aufmerksam.

Es gibt grundsätzlich zwei Entlastungsmöglichkeiten für Lehrer. Die eine besteht in der klassen- und schulübergreifenden Festlegung von Standards und Prüfungsanforderungen. Zusammen mit einer schulübergreifenden Bewertung der Ergebnisse führt dies dazu, dass die Lehrkraft ihre Rolle als Lehrende in den Vordergrund stellen kann und dabei zum Helfer für die bestmögliche Entwicklung der Kompetenzen von Schülern wird. Ein zweiter Entlastungsweg von der Richterfunktion der Lehrerrolle besteht in einer Stärkung von Aufnahmerechten von Institutionen, wenn sie über Aufnahmeprüfungen ihre Schülerinnen und Schüler auswählen dürfen.

Als strategische Handlungsfelder drängen sich damit auf:

– Eine Überarbeitung der rein verwaltungsinternen Qualitätskontrolle durch eine Stärkung von schulübergreifenden Verfahren der Standardsicherung. Dies würde bedeu-

Ort der Aufgabenstellung und Kontrolle	Instanz der Regulierung von Zugangsberechtigungen	
	Abgebende (terminal)	Aufnehmende (elektiv)
Lehrerbasiert und curriculumnah	Klasseninterne Prüfungen	Schulspezifische Aufnahmeregelungen
Extern und am *common curriculum* orientiert	Schulübergreifende Prüfungen	Standardisierte Zugangsregelungen

Tabelle 1.2 Typologie von Prüfungsregelungen

ten, dass auch in jenen Ländern, in denen bisher keine schulübergreifenden Prüfungen durchgeführt werden, dieser Modus von Prüfungen gestärkt wird.
- Eine Verstärkung der Rückmeldekultur im Bildungswesen in dem Sinne, dass die ausschließlich schulaufsichtlichen Rückmeldungen durch schulexterne und schulübergreifende ergänzt werden.

Von institutionellen Regelungen zur Schulkultur und Lehrkultur

Die Veränderungen von standardsichernden Rahmenbedingungen sowohl auf der Schülerseite als auch auf der Lehrerseite werden jedoch nicht von selbst zu einer Verbesserung von Schule und Unterricht, zu intensiverem Lernverhalten der Schülerinnen und Schüler und damit zu verbesserten Leistungsprofilen führen. Es müssen zusätzlich die Erkenntnisse der Unterrichtsforschung und der Bildungsforschung berücksichtigt werden, die darüber Aufschluss geben, welche Faktoren für den Aufbau von Kompetenzen förderlich sind (Fend, 1982, S. 187–306; Helmke & Weinert, 1997). Eine „schärfere Gangart" allein ist nicht ausreichend, möglicherweise sogar kontraproduktiv, wenn sie nicht begleitet wird von einer intensiven Stützung der Qualität konkreter Lehr- und Lernbedingungen.

Zwei schlichte Ergebnisse dieser Forschungen drängen sich dabei in den Vordergrund:
- Lernen ist zeitbudgetabhängig,
- Lernen ist altersabhängig.

Kinder und Jugendliche lernen umso mehr, je mehr Zeit ihnen dafür eingeräumt wird, und sie erwerben bestimmte Kompetenzen in frühem Alter besser, andere zu einem späteren Zeitpunkt.

Diese Sachverhalte bedingen, dass die von der öffentlichen Hand zur Verfügung gestellten Lernbudgets für erwünschte Kompetenzen überdacht werden. Darauf zu setzen, dass über bessere Methoden gravierende Unterschiede in gewährten Zeitbudgets ausgeglichen werden könnten, hat sich als trügerisch erwiesen. Reduktionen in der Lernzeit führen zu Reduktionen im Gelernten. Die bestmögliche inhaltliche Planung von „Lerngefäßen" im Sinne von Lernbudgets und Lehrgängen hat sich dagegen als strategisch bedeutsam herausgestellt. Die Lehrgangsgestaltung hat damit einen hohen Stellenwert.

Aber auch diese Programmplanungen schaffen letztlich erst den Rahmen, der mit konkretem Unterricht zu füllen ist, in dem die Qualität des alltäglichen Lehr-Lern-Prozesses zum Ausdruck kommen kann. Damit öffnet sich hier das große Feld der Unterrichtsforschung und der bestmöglichen Ausbildung der Lehrer für ihren Beruf. Dieses weite Feld kann hier naturgemäß nicht mehr expliziert werden.

Es ist aber wichtig zu betonen, dass die oben genannten Handlungsfelder nicht gegenseitig substituierbar sind, dass etwa ein anderes Prüfungssystem die Förderung der Qualität des Lehrerhandelns durch eine bestmögliche Aus- und Fortbildung überflüssig macht. Schulqualität wird sich auch in Zukunft als eine optimale Konfiguration von Investitionen auf der Makro-, der Meso- und der Mikroebene erweisen. Die Chancen einer produktiven Entwicklung steigen dabei, je genauer Vorschläge an die Realitäten im Bildungswesen anschlussfähig sind. Dafür bedarf es einer dichten Datenlage, die für die deutschen Bildungssysteme in den letzten Jahren sehr verbessert worden ist (Avenarius u.a., 2003; Baumert, 2002; Baumert u.a., 2002, 2003; Baumert, Watermann, & Schümer, 2003; Cortina u.a., 2003; OECD, 2001b). Sie gewährleistet, dass Reformen mit realen Verhältnissen kompatibel bleiben und die Erkenntnisse über Bedingungen einer exzellenten Leistungsqualität von Bildungssystemen berücksichtigt werden.

Anmerkungen

1 Einen ähnlichen Weg der Analyse schlägt Blossfeld (in Vorb.) beim Vergleich arbeitsmarktpolitischer und wohlfahrtsstaatlicher Reaktionen auf die Globalisierung in verschiedenen Ländern der OECD ein. Er präferiert dabei den Ansatz, dass jedes Land einem eigenen historischen Pfad der Bewältigung globaler Probleme folgt, der durch seine Geschichte und die in ihrem Gefolge entstandenen institutionellen Strukturen vorstrukturiert ist. Bei der Erarbeitung dieser Pfade beschreibt er Ähnlichkeiten zwischen Ländern (z.B. das liberale Cluster, das sozialdemokratische Cluster, das konservative Cluster), die mit je eigenen institutionellen Strategien auf die Globalisierung reagieren. Dieser historische und komparatistische Ansatz leitet auch hier die Analysen. Diese nachträglich gefundene Konvergenz des eigenen Ansatzes mit jenem von Blossfeld bestätigt deren Fruchtbarkeit.

2 Siehe für das finnische Schulwesen z.B. Freymann (2003a, 2003b, 2003c); siehe für Fallstudien Roeder (2001); siehe für Japan Schümer (1998, 1999); siehe für eine Studie zu Korea Son (2003); siehe für einen Vergleich der Lehrerarbeit in den USA, Japan und Deutschland LeTendre u.a. (2001).

3 Von Kennern des japanischen Bildungswesens, die längere Zeit in Japan verbracht haben, hört man allerdings, dass es im Unterricht unerwartet viel Unruhe und Lärm gibt, jedenfalls mehr als Lehrer in Deutschland vertragen würden. Ob diese persönlichen und punktuellen Eindrücke repräsentativ sind, müsste untersucht werden.

Literatur

van Ackeren, I. (2002). Von FIMS und FISS bis TIMSS und PISA. *Die Deutsche Schule, 94* (2), 157–175.

Avenarius, H., Ditton, H., Döbert, H., Klemm, K., Klieme, E., Rürup, M., Tenorth, H.-E., Weishaupt, H., & Weiß, M. (2003). *Bildungsbericht für Deutschland.* Opladen: Leske + Budrich.

Baumert, J. (2002). Deutschland im internationalen Bildungsvergleich. In N. Killius, J. Kluge, & L. Reisch (Hrsg.), *Zukunft der Bildung* (S. 100–150). Frankfurt a.M.: Suhrkamp.

Baumert, J., Artelt, C., Klieme, E., Neubrand, M., Prenzel, M., Schiefele, U., Schneider, W., Tillmann, K.-J., & Weiß, M. (2002). *PISA 2000. Die Länder der Bundesrepublik Deutschland im Vergleich.* Opladen: Leske + Budrich.

Baumert, J., Artelt, C., Klieme, E., Neubrand, M., Prenzel, M., Schiefele, U., Schneider, W., Tillmann, K.-J., & Weiß, M. (2003). *PISA 2000. Ein differenzierter Blick auf die Länder der Bundesrepublik Deutschland.* Opladen: Leske + Budrich.

Baumert, J., Watermann, R., & Schümer, G. (2003). Disparitäten der Bildungsbeteiligung und des Kompetenzerwerbs. *Zeitschrift für Erziehungswissenschaft, 6* (1), 46–72.

Bertram, H. (2003). *Demografische Entwicklung, regionale Disparitäten und Bildungschancen.* Vortrag auf der Konferenz der Kultusminister der Länder der Bundesrepublik Deutschland, Darmstadt.

Blossfeld, H.-P., & Mills, M. (Eds.). (forthcoming). *The winners of globalization: Mid-career men in uncertain times.* London: Routledge Advances in Sociology Series.

Cortina, K. S., Baumert, J., Leschinsky, A., Mayer, K. U., & Trommer, L. (Hrsg.). (2003). *Das Bildungswesen der Bundesrepublik Deutschland. Strukturen und Entwicklungen im Überblick.* Reinbek: Rowohlt.

Döbert, H., Hörner, W., von Kopp, B., & Weiß, M. (Hrsg.). (2002). *Die Schulsysteme Europas.* Baltmannsweiler: Schneider Verlag Hohengehren.

Fend, H. (1982). *Gesamtschule im Vergleich.* Weinheim: Beltz.

Fend, H. (1997). *Entwicklungspsychologie der Adoleszenz in der Moderne: Bd. 4. Der Umgang mit Schule in der Adoleszenz. Aufbau und Verlust von Motivation, Selbstachtung und Empathie.* Bern: Huber.

Fend, H. (2001). *Qualität im Bildungswesen. Schulforschung zu Systembedingungen, Schulprofilen und Lehrerleistung* (2. Aufl.). Weinheim: Juventa.

von Freymann, T. (2003a). Die Binnenstruktur des finnischen Schulwesens (Teil 1). *Profil – Das Magazin für Gymnasium und Gesellschaft, 4,* 14–15.

von Freymann, T. (2003b). Die Binnenstruktur des finnischen Schulwesens (Teil 2). *Profil – Das Magazin für Gymnasium und Gesellschaft, 5–6,* 21–22.

von Freymann, T. (2003c). Die Binnenstruktur des finnischen Schulwesens (Teil 3). *Profil – Das Magazin für Gymnasium und Gesellschaft, 11,* 14–15.

Helmke, A. (1992). Determinanten der Schulleistung: Forschungsstand und Forschungsdefizit. In G. Nold (Hrsg.), *Lernbedingungen und Lernstrategien. Welche Rolle spielen kognitive Verstehensstrukturen?* (S. 23–34). Tübingen: Narr.

Helmke, A., & Tuyet, V. T. A. (1999). Do Asian and Western students learn in a different way? An empirical study on motivation, study time, and learning strategies of German and Vietnamese university students. *Asia Pacific Journal of Education, 19*, 30–44.

Helmke, A., & Weinert, F. E. (1997). Bedingungsfaktoren schulischer Leistungen. In F. E. Weinert (Hrsg.), *Enzyklopädie der Psychologie: Bd. 3. Psychologie des Unterrichts und der Schule* (S. 71–176). Göttingen: Hogrefe.

Larcher, S., & Oelkers, J. (2003). *Die besten Ausbildungssysteme. Thematischer Bericht der Erhebung PISA 2000.* Neuchâtel: Bundesamt für Statistik/Schweizerische Konferenz der kantonalen Erziehungsdirektoren/Bildungsmonitoring Schweiz.

LeTendre, G. K., Baker, D. P., Akiba, M., Goesling, B., & Wiseman, A. (2001). Teachers' work: Institutional isomorphism and cultural variation in the U.S., Germany, and Japan. *Educational Researcher, 30*, 3–15.

OECD – Organisation for Economic Co-operation and Development. (2001a). *Education at a glance.* Paris: OECD.

OECD – Organisation for Economic Co-operation and Development. (2001). *Knowledge and skills for life: First results from the OECD Programme for International Student Assessment (PISA).* Paris: OECD [In deutscher Sprache: OECD. (2001). Lernen für das Leben: Erste Ergebnisse der internationalen Schulleistungsstudie PISA 2000. Paris: OECD].

Roeder, P. M. (2001). Vergleichende ethnographische Studien zu Bildungssystemen: USA, Japan, Deutschland. *Zeitschrift für Pädagogik, 47* (2), 201–215.

Schümer, G. (1998). Mathematikunterricht in Japan. Ein Überblick über den Unterricht in öffentlichen Grund- und Mittelschulen und privaten Ergänzungsschulen. *Unterrichtswissenschaft, 26* (3), 195–228.

Schümer, G. (1999). Lehrer in Japan. Arbeitsbedingungen und Arbeitsethos. *Pädagogik, 6*, 30–35.

Schümer, G. (2001). Institutionelle Bedingungen schulischen Lernens im internationalen Vergleich. In J. Baumert, E. Klieme, M. Neubrand, M. Prenzel, U. Schiefele, W. Schneider, P. Stanat, K.-J. Tillmann, & M. Weiß (Hrsg.), *PISA 2000. Basiskompetenzen von Schülerinnen und Schülern im internationalen Vergleich* (S. 411–427). Opladen: Leske + Budrich.

Son, S.-N. (2003). Leistungsforderungen und Leistungsbewertung im Vergleich zwischen der Bundesrepublik Deutschland und Südkorea. *Zeitschrift für internationale Bildungsforschung und Entwicklungspädagogik, 26* (1), 17–22.

Ständige Konferenz der Kultusminister der Länder in der Bundesrepublik Deutschland. (2004). *Bildungsbericht für Deutschland. Erste Befunde.* Opladen: Leske + Budrich.

Stevenson, H. W., Chen, C., & Lee, S. (1993). Motivation and achievement of gifted children in East Asia and the United States. *Journal for the Education of the Gifted, 16* (3), 223–250.

Wolter, S. C. (2001). *Bildungsfinanzierung zwischen Markt und Staat* (Bd. 1). Chur: Rüegger.

Manfred Weiß und Corinna Preuschoff

Schülerleistungen in staatlichen und privaten Schulen im Vergleich

Wissenschaftsexterne und wissenschaftsinterne Relevanz der Untersuchung

Weltweit ist eine Tendenz zu einer stärkeren Privatisierung öffentlicher Aufgabenbereiche zu beobachten. Auch das Bildungswesen scheint dagegen nicht mehr gefeit zu sein. Die Verschärfung der staatlichen Finanzkrise leistet Privatisierungsbestrebungen ebenso Vorschub wie die massiver gewordene Kritik am staatlichen Bildungsmonopol sowie die Klage über die geringe Effizienz des öffentlichen Bildungswesens und seine unzureichende Fähigkeit, auf die veränderten Anforderungen von Wirtschaft und Gesellschaft angemessen zu reagieren. Beim internationalen Vergleich der Entwicklung der Privatschüleranteile zeigt sich zwar kein einheitlicher Trend in Richtung einer stärkeren Privatisierung (Weiß & Steinert, 2002); doch gibt es in vielen Ländern unzweifelhafte Indizien für eine wachsende politische Bereitschaft, den „Dritten Sektor“[1] im Bildungsbereich zu stärken. Auch in Deutschland war – schon vor dem Erscheinen der PISA-Studie – ein steigendes Interesse an privaten Bildungsangeboten zu beobachten. Einer früheren Umfrage des Instituts für Schulentwicklungsforschung zufolge (Rolff, Bauer, & Klemm, 1994) wünschen sich fast 20 Prozent der Eltern in den alten Bundesländern für ihre Kinder den Besuch einer Privatschule. Dass das gestiegene Interesse an privaten Bildungseinrichtungen offensichtlich auch zu „realisierter Bildungsnachfrage“ geführt hat, zeigt ein Rückblick auf die 1990er Jahre: Bei den Gymnasien erhöhte sich der Privatschüleranteil von 9,8 (1992) auf 10,5 Prozent (2000), bei den Realschulen im selben Zeitraum von 7,0 auf 7,5 Prozent. Die sich nach Einschätzung weiter Kreise in den PISA-Befunden manifestierende „Krise der Staatsschule“ könnte privaten Bildungsangeboten zu einem weiteren Bedeutungszuwachs verhelfen.

Im Blick auf die den Privatschulen vielfach zugeschriebene Vorbildfunktion für das staatliche Schulwesen ist es erstaunlich, dass ihnen in der deutschen Schulforschung kaum Aufmerksamkeit geschenkt wird. An den schon 1986 von Holtappels und Rösner beklagten „Defiziten im Kenntnisstand über Privatschulen“ hat sich im Prinzip bis heute wenig geändert. Insbesondere fehlen aussagekräftige Schulleistungsvergleiche zwischen staatlichen und privaten Schulen. Dieses Manko lässt sich durch den Rekurs auf angloamerikanische Forschungsbefunde nicht kompensieren, beziehen sich diese doch – was oft übersehen wird – auf ein Privatschulsystem, das sich von dem hiesigen strukturell und funktional grundlegend unterscheidet, hinter dem ein anderes Konzept des „Dritten Sektors“ im Schulbereich steht (Weiß, 2001). Das Stichprobendesign in PISA 2000 erlaubt zwar keine generalisierbaren Aussagen über die relative Leistungsfähigkeit von Privatschulen; doch ermöglicht die nationale Erweiterung (PISA-E) in Deutschland erstmals einen differenzierten Vergleich staatlicher und privater Schulen auf einer breiteren empirischen Basis. Die Datenlage bietet dabei hinreichende Voraussetzungen dafür, die Belastbarkeit zumindest einiger der in der Forschungsliteratur der USA entwickelten und im dortigen Schulsystem empirisch getesteten Hypothesen zur Begründung eines Leistungsvorteils privater Schulen unter anderen institutionellen Rahmenbedingungen zu überprüfen.

2.2 Forschungsbefunde komparativer Schulleistungsuntersuchungen

2.2.1 Untersuchungen in Deutschland

Die Charakterisierung des Privatschulbereichs in Deutschland aus erfahrungswissenschaftlicher Sicht als „Terra incognita“ bedeutet nicht, dass empirische Forschungsbefunde völlig fehlen. Immerhin liegen seit Ende der 1990er Jahre drei Studien vor, in denen ein Vergleich der Schülerleistungen an öffentlichen und privaten Schulen vorgenommen wurde. So haben Dronkers und Hemsing (1999) die Leistungen von 3.240 Schülerinnen und Schülern an 68 Gymnasien in staatlicher und privater Trägerschaft in Nordrhein-Westfalen anhand ihrer Noten von 1970 an im Längsschnitt verglichen. Gleichzeitig wurden die Schülerinnen und Schüler zu den Testzeitpunkten einem Intelligenztest unterzogen und interviewt, um Bildungs- und Berufskarrieren genauer analysieren zu können. Als Ergebnis zeigt sich, dass die Schüler und Schülerinnen der katholischen Privatschulen am Ende ihrer Gymnasialzeit bessere Noten aufweisen und die der evangelischen Privatschulen später im Studium erfolgreicher sind als vergleichbare Schülerinnen und Schüler der staatlichen Gymnasien[2]. Für einen objektiven Leistungsvergleich zwischen staatlichen und privaten Schulen bietet die Studie jedoch keine tragfähige Basis. Auf die hinreichend bekannte Problematik von Schulnoten als Leistungsindikatoren ist erst kürzlich in den Auswertungen der nationalen Erweiterung von PISA 2000 hingewiesen worden (Baumert, Trautwein, & Artelt, 2003).

In den beiden anderen Studien (Dronkers, Baumert, & Schwippert, 1999, 2001) wurde ein Vergleich der Leistungen von Schülerinnen und Schülern staatlicher und privater Schulen anhand von TIMSS- und BIJU-Daten (Bildungsverläufe und psychosoziale Entwicklung im Jugend- und jungen Erwachsenenaltern) vorgenommen. In beiden Fällen umfasst die Stichprobe fünf konfessionelle Privatschulen. Die Autoren können im

Rahmen der Reanalyse von TIMSS-Daten keinen Leistungsvorteil der Schülerinnen und Schüler konfessioneller Privatschulen in Mathematik und Naturwissenschaften feststellen. In der zweiten Studie fallen die Testergebnisse in Englisch und Biologie an konfessionellen Privatschulen besser aus als an den staatlichen Schulen; ein umgekehrtes Bild zeigt sich in Mathematik. Aufgrund der sehr kleinen Privatschulstichprobe ist der Aussagegehalt beider Studien jedoch stark eingeschränkt. Festzuhalten bleibt gleichwohl, dass die – in der Öffentlichkeit weit verbreitete – These einer generellen und bedeutsamen Leistungsüberlegenheit privater Schulen keine Bestätigung findet.

Untersuchungen in den USA

Von den im Ausland durchgeführten komparativen Schulleistungsstudien verdienen die einflussreichen Untersuchungen von Coleman und Mitarbeitern in den USA besondere Beachtung. Aus diesen Untersuchungen sind zwei Teilstudien hervorgegangen, deren wichtigste Ergebnisse in zwei Buchpublikationen dokumentiert sind (Coleman & Hoffer, 1987; Coleman, Hoffer, & Kilgore, 1982). Die den beiden Studien zu Grunde liegende Datenbasis stammt aus dem Projekt *High School and Beyond*, einer Längsschnittuntersuchung an staatlichen und privaten Sekundarschulen, die Daten von fast 60.000 Schülern der 10. und 12. Klasse und von über 1.000 Schulen (893 staatlichen, 84 katholischen und 27 anderen Privatschulen) umfasst. Den Ergebnissen der ersten Studie zufolge sind die privaten Schulen den staatlichen Schulen leistungsmäßig deutlich überlegen: Die Testleistungen (Leseverständnis, Wortschatz, Mathematik) der Schülerinnen und Schüler der 10. Klasse im privaten Sektor entsprechen in etwa denen der Schülerinnen und Schüler der 12. Klasse im staatlichen Schulwesen. Werden in der ersten Studie binnenschulische Faktoren (Leistungsorientierung der Schule, Disziplin) zur Erklärung der nach statistischer Kontrolle von Statusmerkmalen verbleibenden Effektivitätsunterschiede herangezogen, so wird in der zweiten Studie die besondere Bedeutung des Schulkontextes für die dort im Mittelpunkt stehende Leistungsüberlegenheit katholischer Privatschulen herausgestellt: ihre bessere Ausstattung mit „sozialem Kapital“, repräsentiert durch die sie umgebende religiös geprägte „funktionale Gemeinschaft“, von der sie Unterstützung bei der Durchsetzung von (Leistungs-)Normen erhalten. Diese Interpretation ist allerdings aus den empirischen Analysen, in denen auf eine Operationalisierung des Sozialkapitals verzichtet wurde, nicht zu erschließen. In einer auf der Basis von Daten der *National Educational Longitudinal Study* durchgeführten neueren Leistungsvergleichsstudie konnten Morgan und Sørensen (1999) die Sozialkapitalhypothese für katholische Schulen nicht bestätigen.

Eine andere Erklärung für die Leistungsüberlegenheit des amerikanischen Privatschulsektors liefern Chubb und Moe (1990) in ihrer publizistisch viel beachteten Studie *Politics, Markets, and America's Schools*. Sie basiert in ihrem empirischen Teil auf Daten des Projekts *High School and Beyond* und einer ergänzend vorgenommenen Schulleiter- und Lehrerbefragung. Danach weisen private Bildungseinrichtungen aufgrund ihrer größeren Autonomie in zentralen Handlungsfeldern (Ressourcen, Personal, Curriculum) eher die Merkmale leistungswirksamer Schulen auf als staatliche Institutionen, was wiederum mit Unterschieden im Steuerungssystem erklärt wird: der „Marktsteuerung“ im Privatschulsektor. „Bureaucratic autonomy and effective school organization“, so das Resümee der Autoren, „are natural products of the basic institutional forces at work on schools in a marketplace. They are products of school competition and parental choice.“ (Chubb & Moe, 1990, S. 182 f.)

2.3 Vergleich der Leistungen von Schülerinnen und Schülern privater und staatlicher Schulen

2.3.1 Hypothesen und Untersuchungsansatz

Bleiben zunächst einmal unterschiedliche institutionelle Rahmenbedingungen unberücksichtigt, dann lassen sich verschiedene Hypothesen formulieren, mit denen die Erwartung eines Vorteils von Privatschulen im Leistungsbereich und in anderen Dimensionen der Schulqualität begründet werden kann:

- Die besondere Wettbewerbssituation im Privatschulsektor zwingt die Schulen zu größerer Innovationsbereitschaft und zur Erfüllung anspruchvollerer Leistungsstandards.
- Der höhere Autonomiegrad der Privatschulen sichert ihnen über positive motivationale Effekte sowie einen Informations- und Expertisevorsprung der schulischen Akteure Effektivitätsvorteile.
- Engere *Principal-Agent*-Beziehungen[3] sowie die gezielte Schulwahl von Eltern und Schülern sorgen für eine größere Kompatibilität von schulischem Angebot und Nachfragerpräferenzen, was zu einer höheren Schulzufriedenheit von Eltern und Schülern führt.
- Selektivität und Selbstselektivität begünstigen an Privatschulen die Entstehung von leistungsfördernden Lernmilieus und „Wertgemeinschaften“, was sich positiv auf deren Leistungsniveau und Klima auswirkt.
- Privatschulen gelingt es besser als staatlichen Schulen, „soziales Kapital“ als institutionelle Handlungsressource zu mobilisieren und leistungswirksam zu nutzen.

Schon das uneinheitliche Bild, das die skizzierten Leistungsvergleichsstudien vermitteln, verweist darauf, dass diese Hypothesen keine generelle Gültigkeit beanspruchen können. Ob sich die vermuteten Wirkungszusammenhänge zeigen, dürfte entscheidend von den jeweils vorliegenden institutionellen Gegebenheiten abhängen, beispielsweise der Organisation des Schulsystems, der Rolle und Größe des Privatschulsektors oder den Finanzierungs- und Regulierungsmodalitäten. Beim internationalen Vergleich von Privatschulsystemen zeigen sich diesbezüglich erhebliche Unterschiede (vgl. Eurydice, 2000[4]; Kober, 1999[5]). In diesen Unterschieden manifestieren sich differente wohlfahrtsstaatliche Konzepte mit je spezifischen Ausgestaltungen des „Dritten Sektors“ in öffentlichen Aufgabenbereichen (vgl. Anheier & Salamon, 1997). Das deutsche Privatschulsystem lässt sich danach als korporatistisches Modell charakterisieren, das heißt, private Bildungseinrichtungen (genauer: Ersatzschulen) sind integraler Bestandteil des staatlichen Schulwesens und werden zu einem erheblichen Teil staatlich finanziert und umfassend kontrolliert. Dieses Modell ist in Art. 7 des Grundgesetzes festgelegt. Die dort in Abs. 4 für die Anerkennung von Privatschulen als Ersatzschulen definierten Gleichwertigkeitsbedingungen sorgen für eine weitgehende Angleichung der institutionellen Rahmenbedingungen der Schulen in staatlicher und freier Trägerschaft. Dies lässt erwarten, dass sich in unseren Analysen die in den Hypothesen formulierten Effekte – wenn überhaupt – weniger ausgeprägt zeigen als unter den Bedingungen eines liberalen Modells des „Dritten Sektors", wie es zum Beispiel in den USA anzutreffen ist. Konstitutives Merkmal dieses Modells ist es, dass Privatschulen kaum staatlicher Regulierung und Kontrolle unterliegen und nahezu ausschließlich auf private Finanzierungsquellen angewiesen sind.

Die im internationalen PISA-Bericht „Lernen für das Leben" (OECD, 2001) dokumentierten Schülerleistungen im staatlichen und privaten Schulsektor sind scheinbar eindeutig: In 14 von 17 Ländern sind die Leistungsniveaus der Schulen in privater Trägerschaft höher als die der öffentlichen Schulen. Mit 83 Punkten auf der Gesamtskala Lesen weist Deutschland dabei die höchste Differenz auf (OECD, 2001, S. 212). Zwar wird relativierend darauf hingewiesen, dass sich in Deutschland staatliche und private Schulen auch im sozioökonomischen Status der Schülerschaft am stärksten unterscheiden; keine Erwähnung findet indes die Schulformabhängigkeit der Ergebnisse. Die Stichprobenschulen in privater Trägerschaft gehören ausschließlich den leistungsstärkeren Schulformen an[6]. Damit wird einer Fehleinschätzung der Leistungsfähigkeit des Privatschulsektors Vorschub geleistet. Diese Kritik trifft gleichermaßen für die Interpretation der OECD-Befunde durch Klein und Hüchtermann (2003, S. 164) zu. Sinnvoll ist nur ein Leistungsvergleich innerhalb der einzelnen Schulformen, der zugleich angemessen berücksichtigt, dass sich die Schülerpopulationen staatlicher und privater Schulen aufgrund einer differenten Eingangsselektivität voneinander unterscheiden.

2 Datenbasis

Unter den rund 1.500 in PISA-E gezogenen Schulen befinden sich 36 Schulen in freier Trägerschaft (keine Waldorfschulen), darunter 14 Realschulen und 18 Gymnasien. Wegen zu geringer Fallzahlen wurden die privaten Hauptschulen (N = 2) und die privaten Schulen mit mehreren Bildungsgängen (N = 2) aus der Untersuchung ausgeschlossen. In PISA-E wurden in jeder Schule (Ausnahme: Berufsschulen und Integrierte Gesamtschulen) 28 15-Jährige zufällig ausgewählt. Die Schülerstichprobe des Privatschulsektors umfasst 354 Realschülerinnen und -schüler und 441 Gymnasiastinnen und Gymnasiasten.

Die Rechtsform (staatlich/privat) war in PISA 2000 kein Stratifizierungskriterium bei der Stichprobenziehung; eine Übertragung der Analyseergebnisse auf die Grundgesamtheit ist deshalb nicht möglich[7].

Da es hier vor allem darum geht, die durch die Rechtsform bzw. Trägerschaft bestimmten institutionellen Unterschiede in ihrer Bedeutung für Schülerleistungen zu untersuchen, ist es methodisch sinnvoll, Vergleichbarkeit der Privatschulstichprobe und der Stichprobe der staatlichen Schulen bei wichtigen Leistungsprädiktoren herzustellen. Dazu wurden von den 253 staatlichen Realschulen und 317 staatlichen Gymnasien der Stichprobe aus PISA-E 14 bzw. 18 Schulen nach einem *Matching*-Verfahren ausgewählt. Jeder Schule aus der Stichprobe der privaten Schulen wurde eine staatliche Schule zugeordnet, die bei ausgewählten Variablen (*Matching*-Kriterien) vergleichbare Werte aufweist und aus demselben Bundesland stammt. Als *Matching*-Kriterien wurden der durchschnittliche sozioökonomische Status der Eltern[8], die durchschnittliche Punktzahl der Schülerinnen und Schüler im kognitiven Fähigkeitstest und der Anteil der 15-Jährigen mit Migrationshintergrund[9] an allen Schülerinnen und Schülern der einzelnen Schulen ausgewählt[10]. Diesen drei Variablen kommt als Leistungsprädiktoren besondere Bedeutung zu. Wer den genuinen Beitrag der Privatschulen zur Leistungsentwicklung von Schülerinnen und Schülern feststellen möchte, kann die Zusammensetzung ihrer Schülerschaft nicht unberücksichtigt lassen.

Als Effekt einer größeren Selektivität der Privatschulen kann das in Tabelle 2.1 dokumentierte Ergebnis angesehen werden, dass sowohl der durchschnittliche Sozialschichtindex als auch die durchschnittliche Punktzahl im kognitiven Fähigkeitstest bei den privaten Gymnasien und Realschulen höher ist als bei den staatlichen Schulen der Gesamtstichprobe. Erwartungskonform weisen die staatlichen Realschulen einen höheren Migrantenanteil auf als die privaten Schulen. Dies gilt jedoch nicht für die Gymnasien. Bei allen drei leistungsrelevanten Kriterien sind die Unterschiede zwischen staatlichen und privaten Schulen nicht signifikant. Die starke Vorselektion der Schülerinnen und Schüler durch die Schulform hat offenbar zur Folge, dass private und staatliche Schulen hinsichtlich wesentlicher Merkmale der Schülerpopulation weniger differieren als allgemein angenommen wird. Durch das *Matching*-Verfahren werden die Differenzen zwischen staatlichen und privaten Schulen bei den drei Kriterien minimiert. Die in der Stichprobe berücksichtigten staatlichen Schulen entsprechen weitgehend den privaten Schulen bei diesen Kriterien.

		Sozioökonomischer Status der Eltern			Kognitive Grundfähigkeiten			Migrantenanteil		
		M	SE	SD	M	SE	SD	M	SE	SD
Realschule	staatlich (N = 239)	47	0,3	4,3	50	3,2	3,2	12	0,9	13,8
	privat (N = 14)	49	1,2	4,3	52	3,2	3,3	8	2,0	7,5
Gymnasium	staatlich (N = 299)	57	0,3	4,8	58	0,1	2,5	6	0,5	8,5
	privat (N = 18)	60	0,9	3,8	59	0,5	2,1	7	1,8	7,6

M = Mittelwert, N = Fallzahl, SD = Standardabweichung, SE = Standardfehler.

Tabelle 2.1 Unterschiede zwischen staatlichen und privaten Schulen in Merkmalen, die zum *Matching* herangezogen wurden

Zu klären ist an dieser Stelle noch, inwieweit die mit dem *Matching*-Verfahren identifizierten staatlichen Schulen repräsentativ für die übrigen staatlichen Schulen in der PISA-E-Stichprobe sind. Die 14 staatlichen Realschulen unserer Stichprobe unterscheiden sich nicht signifikant von den übrigen staatlichen Realschulen hinsichtlich der drei berücksichtigten Kriterien. Bei den Gymnasien zeigt sich insbesondere bei der sozialen Zusammensetzung der Schülerschaft ein Unterschied. Der durchschnittliche sozioökonomische Status der Eltern ist in den Schulen der *Matching*-Stichprobe um knapp drei Punkte höher als in den übrigen staatlichen Gymnasien; der Unterschied ist statistisch signifikant. Bei den durchschnittlichen kognitiven Grundfähigkeiten und beim Ausländeranteil entsprechen sich die beiden Gruppen in etwa.

Über die *Matching*-Kriterien hinaus muss berücksichtigt werden, dass Mädchen an weiterführenden Schulen in privater Trägerschaft traditionell überrepräsentiert sind. Das Leistungsergebnis dieser Schulen im Lesen wird dadurch positiv beeinflusst, das in Mathematik negativ. Auch bei anderen Variablen, wie zum Beispiel dem Schulklima oder dem Anteil an Wiederholern, schneiden Schulen mit einem höheren Mädchenanteil *(ceteris paribus)* besser ab. Mädchen wiederholen Klassen seltener als Jungen und sind weniger verhaltensauffällig (Stanat & Kunter, 2003, S. 213 f.). Der Mädchenanteil an den 15-Jährigen einer Schule differiert beträchtlich zwischen staatlichen und privaten Schulen. An den privaten Realschulen beläuft sich der Mädchenanteil im Mittel auf 71 Prozent, an den staatlichen Realschulen lediglich auf 54 Prozent. Dabei ist zu beachten, dass 6 der 14 privaten Realschulen reine Mädchenschulen sind. Auch an den privaten Gymnasien ist der mittlere Mädchenanteil mit 65 Prozent um 10 Prozentpunkte höher als an den staatlichen Schulen: 4 der 18 privaten Gymnasien sind Mädchengymnasien.

3 Leistungsvergleich

In einer ersten explorativen Untersuchung der mittleren Schülerleistungen im Lesen (Gesamtskala) mit einem T-Test für abhängige Stichproben zeigen sich nur geringe Unterschiede zwischen den staatlichen und privaten Schulen beider Schulformen. Private Realschulen erreichen einen um 10 Punkte höheren Mittelwert als staatliche Realschulen. Allerdings fällt der Median für die privaten Realschulen niedriger aus als für die staatlichen Realschulen, das heißt, das günstigere Ergebnis beim Mittelwert wird durch eine kleine, überdurchschnittlich leistungsstarke Gruppe von Schulen beeinflusst. Die beste unter den privaten Realschulen – es handelt sich um eine Mädchenschule – erreicht mit 579 Punkten einen um 29 Punkte höheren Mittelwert als die beste staatliche Realschule und weist damit ein Ergebnis auf, das in etwa von einem durchschnittlichen staatlichen Gymnasium in der Gesamtstichprobe erreicht wird. Insbesondere bei den komplexeren Leistungsanforderungen (textbezogenes Interpretieren, Reflektieren und Bewerten, Lesen von kontinuierlichen Texten) zeigen sich etwas günstigere Werte für die privaten Realschulen. 39 Prozent der Varianz der mittleren Leseleistungen können bei den Realschulen auf Unterschiede in den Mädchenanteilen der Schulen zurückgeführt werden. Betrachtet man die Verteilung der Leistungsmittelwerte der Realschulen innerhalb der Privatschulstichprobe, so fällt auf, dass die fünf hinsichtlich der Lesekompetenz leistungsstärksten Schulen Mädchenschulen sind.

Die Leseleistungen an staatlichen und privaten Gymnasien unterscheiden sich nicht. Im Mittel erreichen die Schülerinnen und Schüler der staatlichen Gymnasien 587, die der privaten Gymnasien 589 Punkte. Auch bei den Gymnasien ist die Schule mit dem höchsten Mittelwert in der Lesekompetenz eine Mädchenschule. Die anderen drei Mädchenschulen sind jedoch unauffällig.

Die *Matching*-Stichprobe bildet die Basis für weitere Analysen auf Individualebene. Zunächst wird in einer zweifaktoriellen Varianzanalyse (Faktoren: Geschlecht, Migrationshintergrund; Kovariate: sozioökonomische Stellung der Eltern, kognitive Grundfähigkeiten) geprüft, ob die Trägerschaft einen eigenständigen Einfluss auf den Kompetenzerwerb der 15-Jährigen in Lesen, Mathematik und den Naturwissenschaften hat. Ein solcher Einfluss kann nicht nachgewiesen werden. Einen durchgängig eigenständigen signifikanten Einfluss auf den Kompetenzerwerb haben im Fall der Leseleistungen nur die kognitiven Grundfähigkeiten sowie das Geschlecht. Für die Trägerschaft lässt sich ein Interaktionseffekt mit dem Geschlecht bei den Mathematikleistungen der 15-Jährigen der privaten Realschulen belegen. Das heißt, dass in diesem Fall der Einfluss des Geschlechts nur in Verbindung mit der Trägerschaft interpretiert werden kann[11].

Im Folgenden werden die Lesekompetenzen differenziert nach Geschlecht ausgewiesen, um auszuschließen, dass Geschlechtereffekte als Privatschuleffekte interpretiert werden. Die auf der Basis von Modell I vorgenommenen Rechnungen erfolgen ohne Kontrolle von Kovariaten. In Modell II werden sowohl die kognitiven Grundfähigkeiten als auch der sozioökonomische Status der Eltern kontrolliert.

Realschulen

Ein signifikanter Leistungsvorteil bestätigt sich für die privaten Realschulen insbesondere in der Lesekompetenz (ohne Kovariaten: 12 Punkte; unter Berücksichtigung von Kovariaten: 8 Punkte). Nach Kontrolle von sozioökonomischem Status der Eltern und kognitiven Grundfähigkeiten sind die privaten Realschulen den staatlichen Realschulen auch in Mathematik (9 Punkte) und Naturwissenschaften (9 Punkte) signifikant überlegen. Die differenzierte Betrachtung nach Geschlecht zeigt jedoch, dass der Vorteil der Privatschulen ausschließlich auf die Leistungen der Mädchen beschränkt ist. In den Leistungen der Jungen unterscheiden sich die staatlichen und die privaten Schulen nicht signifikant voneinander. Die Mädchen der privaten Realschulen erreichen im Mittel eine um 41 Punkte (Modell I) bzw. 14 Punkte (Modell II) höhere Lesekompetenz als Jungen. An den staatlichen Realschulen beträgt der Geschlechterunterschied nur 25 Punkte (Modell I) bzw. 5 Punkte (Modell II). In den Naturwissenschaften macht der Leistungsvorsprung der Mädchen der Privatschulen gegenüber den Jungen 14 Punkte (Modell I) bzw. 16 Punkte (Modell II) aus. An den staatlichen Realschulen erzielen die Mädchen in diesem Kompetenzbereich schlechtere Leistungen als die Jungen. Offensichtlich gelingt den privaten Realschulen eine bessere Leistungsförderung der Mädchen; die Jungen haben dagegen keinen in den Leistungen sichtbaren Vorteil vom Besuch einer privaten Realschule.

	Realschule	Geschlecht	Modell I Ohne Kontrolle von Kovariaten				Modell II Unter Kontrolle von Sozialschicht und kognitiven Grundfähigkeiten			
			N	M	SE	SD	N	M	SE	SD
Lesen	staatlich	männlich	165	502	4,5	57,3	165	514	3,2	40,9
	privat		99	497	3,6	55,3	99	515	3,7	36,7
	staatlich	weiblich	193	527	4,7	64,8	193	519	2,6	36,7
	privat		251	538	3,8	60,0	251	529	2,2	34,4
	staatlich	insgesamt	358	515	3,3	62,7	358	517	2,0	38,7
	privat		350	527	3,3	61,5	350	525	1,9	35,6
Mathematik	staatlich	männlich	92	524	5,8	55,0	92	510	4,7	44,7
	privat		60	512	9,4	72,6	60	516	5,1	39,8
	staatlich	weiblich	110	513	6,6	70,0	110	522	3,8	39,6
	privat		142	530	5,0	60,5	142	530	2,8	33,5
	staatlich	insgesamt	202	518	4,5	63,4	202	517	3,0	42,3
	privat		202	524	4,5	64,6	202	525	2,5	30,0
Naturwissenschaften	staatlich	männlich	89	519	7,5	71,2	89	514	5,0	47,0
	privat		60	514	9,4	72,6	60	512	5,5	42,3
	staatlich	weiblich	107	505	7,4	76,5	107	512	4,3	44,6
	privat		132	528	6,0	68,8	132	527	3,6	41,5
	staatlich	insgesamt	196	512	5,3	74,3	196	513	3,3	45,6
	privat		192	523	5,0	70,2	192	522	3,0	42,2

M = Mittelwert, N = Fallzahl, SD = Standardabweichung, SE = Standardfehler.

Tabelle 2.2 Leistungen von Schülerinnen und Schülern privater und staatlicher Realschulen in Lesen, Mathemathik und Naturwissenschaften

Bei einer differenzierten Betrachtung der Verteilung der Punktzahl im kognitiven Grundfähigkeitstest nach Geschlecht fällt die rechtsschiefe Verteilung für die Mädchen der privaten Realschulen auf (ohne Abbildung). Das heißt, Mädchen mit höheren kognitiven Grundfähigkeiten sind an den privaten Realschulen stärker vertreten als an den staatlichen Realschulen[12].

Detailliertere Leistungsinformationen liefert der Vergleich der von den Schülerinnen und Schülern der staatlichen und privaten Realschulen erreichten Kompetenzstufen (vgl. Abb. 2.1). Die dazu vorliegenden Ergebnisse vermitteln folgendes Bild: Während an den staatlichen Realschulen 28 Prozent der 15-Jährigen höchstens Kompetenzstufe II („Herstellen einfacher Verknüpfungen") erreichen, sind es an den privaten Realschulen 22 Prozent. In die Kompetenzstufen IV („Detailliertes Verständnis komplexer Texte") und V („Flexible Nutzung unvertrauter komplexer Texte") fallen die Leistungen von 28 Prozent der Schülerinnen und Schüler der staatlichen Realschulen. An den privaten Realschulen erreichen diese Kompetenzstufen dagegen 34 Prozent. Auch in Mathematik und in den Naturwissenschaften ist tendenziell ein geringerer Anteil der Schülerinnen und Schüler der staatlichen Realschulen auf den oberen Kompetenzstufen und ein höherer Anteil auf den niedrigeren Kompetenzstufen zu finden. In den Naturwissen-

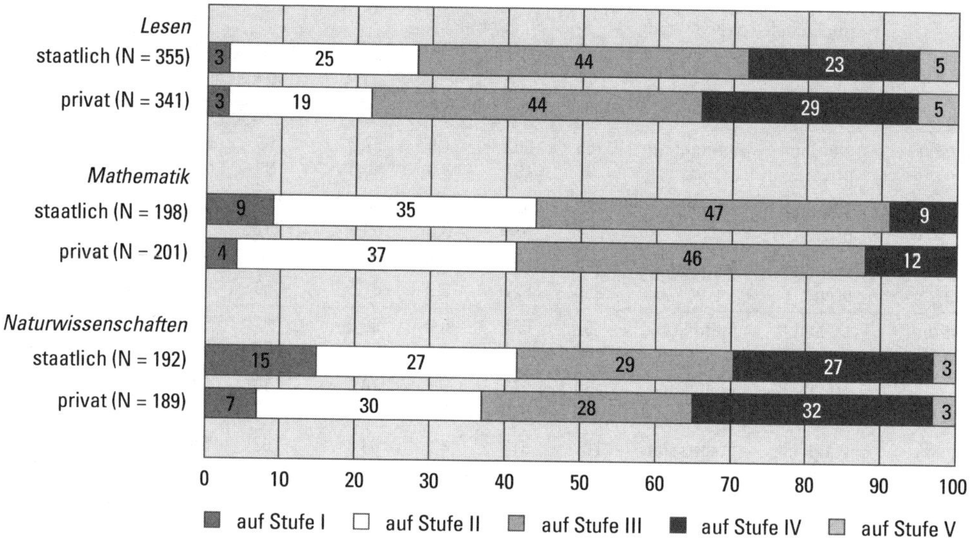

Lesen: χ^2 = 7,0, df = 5, n.s.; Mathematik: χ^2 = 4,8, df = 4, n.s.; Naturwissenschaften: χ^2 = 5,7, df = 4; n.s.

Abbildung 2.1 Prozentualer Anteil von 15-Jährigen auf den einzelnen Kompetenzstufen in staatlichen und privaten Realschulen

schaften weisen nur 7 Prozent der Schülerinnen und Schüler der privaten Realschulen ein Leistungsniveau unterhalb Kompetenzstufe II („Funktional-naturwissenschaftliches Alltagswissen") auf; an den staatlichen Realschulen sind es 15 Prozent. Die stärkere Besetzung der oberen Kompetenzstufen bei den privaten Realschulen ist vor allem auf die besseren Leistungen der Mädchen zurückzuführen.

Gymnasien

Ein differentes Bild zeigt sich beim Vergleich der Schülerleistungen zwischen staatlichen und privaten Gymnasien (vgl. Tab. 2.3). In Mathematik weisen die 15-Jährigen der staatlichen Gymnasien vor Kontrolle des sozioökonomischen Hintergrunds der Eltern und der kognitiven Grundfähigkeiten ein um 10 Punkte höheres Leistungsniveau als die der privaten Gymnasien auf. Dieser Leistungsvorteil ist jedoch nach Kontrolle der Kovariaten nicht mehr signifikant. Bei den anderen beiden Leistungsdomänen lassen sich keine signifikanten Unterschiede feststellen. Während sich bei den Realschulen deutliche geschlechterspezifische Leistungsunterschiede zeigen, sind solche Differenzen bei den Gymnasien nicht nachweisbar.

Die nach Kompetenzstufen differenzierten Leistungsergebnisse der Schülerinnen und Schüler der privaten und staatlichen Gymnasien sind in Abbildung 2.2 dargestellt. In der Lesekompetenz zeigen sich kaum Unterschiede in der prozentualen Verteilung auf die einzelnen Kompetenzstufen. Lediglich Kompetenzstufe V („Flexible Nutzung komplexer Texte") ist mit 29 Prozent der Schülerinnen und Schüler an privaten Gym-

	Gymnasium	Geschlecht	Modell I Ohne Kontrolle von Kovariaten				Modell II Unter Kontrolle von Sozialschicht und kognitiven Grundfähigkeiten			
			N	M	SE	SD	N	M	SE	SD
Lesen	staatlich	männlich	204	581	4,2	59,7	204	587	2,7	38,3
	privat		146	579	4,8	58,5	146	591	3,0	36,5
	staatlich	weiblich	240	591	3,4	52,3	240	587	2,0	31,6
	privat		287	596	3,5	58,9	287	588	2,0	33,3
	staatlich	insgesamt	444	586	2,7	55,9	444	587	1,7	34,8
	privat		433	590	2,8	59,2	433	589	1,7	34,4
Mathematik	staatlich	männlich	113	600	5,9	62,7	113	580	3,7	39,9
	privat		86	590	6,9	63,8	86	584	4,5	41,8
	staatlich	weiblich	132	574	5,1	58,2	132	582	3,0	35,0
	privat		157	568	5,0	62,5	157	580	2,7	33,5
	staatlich	insgesamt	245	586	3,9	61,6	245	581	2,4	37,3
	privat		243	576	4,1	63,6	243	581	2,4	36,7
Naturwissenschaften	staatlich	männlich	116	594	6,0	63,9	116	579	4,0	42,8
	privat		75	583	8,6	74,6	75	579	4,7	40,6
	staatlich	weiblich	131	572	5,2	60,0	131	578	2,9	32,9
	privat		161	573	5,1	64,4	161	581	2,8	35,4
	staatlich	insgesamt	247	583	4,0	62,7	247	578	2,4	37,8
	privat		236	576	4,4	67,8	236	580	2,4	37,0

M = Mittelwert, N = Fallzahl, SD = Standardabweichung, SE = Standardfehler.

Tabelle 2.3 Leistungen von Schülerinnen und Schülern privater und staatlicher Gymnasien in Lesen, Mathematik und Naturwissenschaften

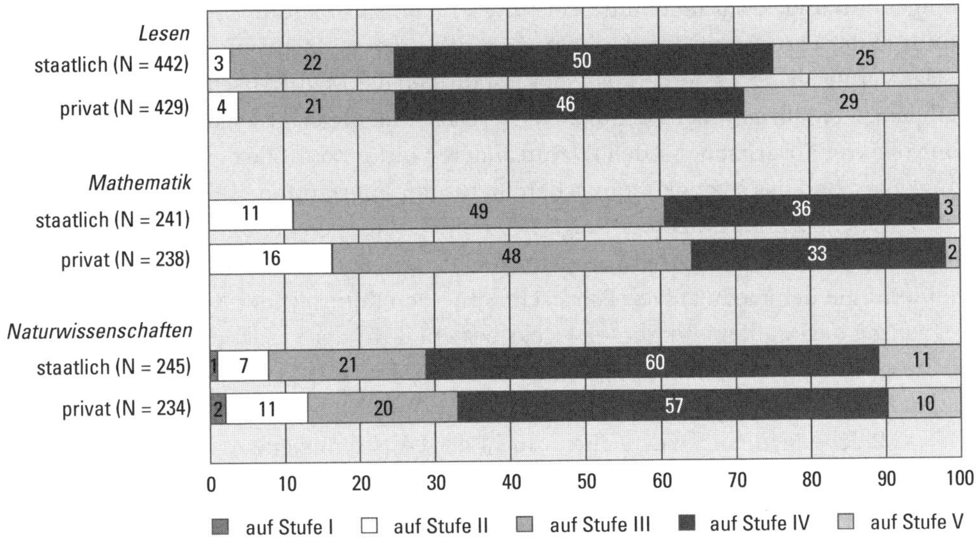

Lesen: χ^2 = 5,3, df = 5, n.s.; Mathematik: χ^2 = 3,3, df = 4, n.s.; Naturwissenschaften: χ^2 = 3,3, df = 4, n.s.

Abbildung 2.2 Prozentualer Anteil von 15-Jährigen auf den einzelnen Kompetenzstufen in staatlichen und privaten Gymnasien

nasien etwas stärker besetzt als an den staatlichen Gymnasien (25 %). Ein umgekehrtes Bild zeigt sich in Mathematik und in den Naturwissenschaften: Während 16 Prozent der Schülerinnen und Schüler der privaten Gymnasien mit ihren Leistungen unterhalb der Kompetenzstufe III („Modellieren und begriffliches Verknüpfen auf dem Niveau der Sekundarstufe") liegen, sind es an den staatlichen Gymnasien nur 11 Prozent. An den privaten Gymnasien erreichen 13 Prozent der Schülerinnen und Schüler in den Naturwissenschaften nicht einmal Kompetenzstufe III („Funktional-naturwissenschaftliches Wissen"); an den staatlichen Gymnasien trifft dies nur für 7 Prozent zu. Entsprechend stärker besetzt ist dort Kompetenzstufe IV („Konzeptuelles und prozedurales Wissen")[13].

Exkurs I: Mädchenschulen

Das überdurchschnittlich gute Abschneiden der privaten Mädchenschulen lässt es gerechtfertigt erscheinen, diese Schulen genauer zu betrachten. Dabei gilt das Interesse vor allem der Frage, ob sie auch dann bessere Ergebnisse aufweisen als die koedukativen Schulen, wenn man nur die Leistungen der Privatschülerinnen miteinander vergleicht. In der Privatschulstichprobe sind sechs Mädchenrealschulen und vier Mädchengymnasien. Ihre Leistungen sollen im Folgenden mit den Leistungen der Mädchen in koedukativen Privatschulen der gleichen Schulformen verglichen werden.

Ein *Ranking* der Schulmittelwerte verdeutlicht, dass die fünf hinsichtlich der Lesekompetenz besten privaten Realschulen ausschließlich Mädchenschulen sind. In den Naturwissenschaften liegen vier Mädchenschulen an der Spitze. In Mathematik erreicht eine koedukative private Realschule das höchste Leistungsniveau, gefolgt von vier Mädchenschulen. In der Stichprobe der privaten Gymnasien sind die vier Mädchenschulen weniger auffällig. Zwar fallen ihre Leistungsergebnisse überdurchschnittlich aus, doch ist nur in der Lesekompetenz das beste Gymnasium eine Mädchenschule.

Der Vergleich der Testergebnisse der 15-Jährigen der Mädchenschulen mit denen der weiblichen 15-Jährigen der koedukativen Privatschulen erfolgt wiederum einmal ohne Kontrolle von Kovariaten (Modell I), zum anderen unter Kontrolle der kognitiven Grundfähigkeiten und des sozioökonomischen Status der Eltern (Modell II).

Wie Tabelle 2.4 im Einzelnen zeigt, fallen die Leistungen der Schülerinnen der Mädchenrealschulen in allen drei Kompetenzbereichen signifikant besser aus als die der Schülerinnen der koedukativen Privatschulen. Nach Kontrolle der Kovariaten bleibt mit Ausnahme der Mathematik dieser Effekt bestehen. In der Lesekompetenz beträgt der Leistungsvorteil der Mädchenschulen 41 Punkte (Modell I) bzw. 13 Punkte (Modell II). In den Naturwissenschaften sind es 39 Punkte (Modell I) bzw. 18 Punkte (Modell II)[14].

Die Mädchengymnasien erreichen nur in der Lesekompetenz in Modell I eine signifikant höhere Punktzahl; in Modell II ist dieser Leistungsvorteil indes nicht mehr zufallskritisch abzusichern.

Die Verteilung auf die Kompetenzstufen in Lesen und in den Naturwissenschaften (Abb. 2.3) unterscheidet sich signifikant zwischen den Mädchenrealschulen und den koedukativen privaten Realschulen[15]. 54 Prozent der 15-Jährigen an den Mädchenschulen lesen auf den Kompetenzstufen IV („Detailliertes Verständnis komplexer Texte")

		Modell I Ohne Kontrolle von Kovariaten				Modell II Unter Kontrolle von Sozialschicht und kognitiven Grundfähigkeiten			
		N	M	SE	SD	N	M	SE	SD
Lesen	Mädchen-realschule	155	554	4,4	54,7	155	534	2,6	32,8
	Koedukative Realschule	96	513	6,1	59,5	96	521	3,6	35,6
Mathematik	Mädchen-realschule	89	536	6,5	61,0	89	532	3,0	28,5
	Koedukative Realschule	53	519	8,1	58,9	53	525	5,6	40,6
Naturwissen-schaften	Mädchen-realschule	85	541	9,6	65,7	85	533	4,2	38,5
	Koedukative Realschule	47	502	7,5	66,9	47	515	6,5	44,4

M = Mittelwert, N = Fallzahl, SD = Standardabweichung, SE = Standardfehler.

Tabelle 2.4 Leistungen von Schülerinnen privater koedukativer Realschulen und privater Mädchenrealschulen in Lesen, Mathematik und Naturwissenschaften

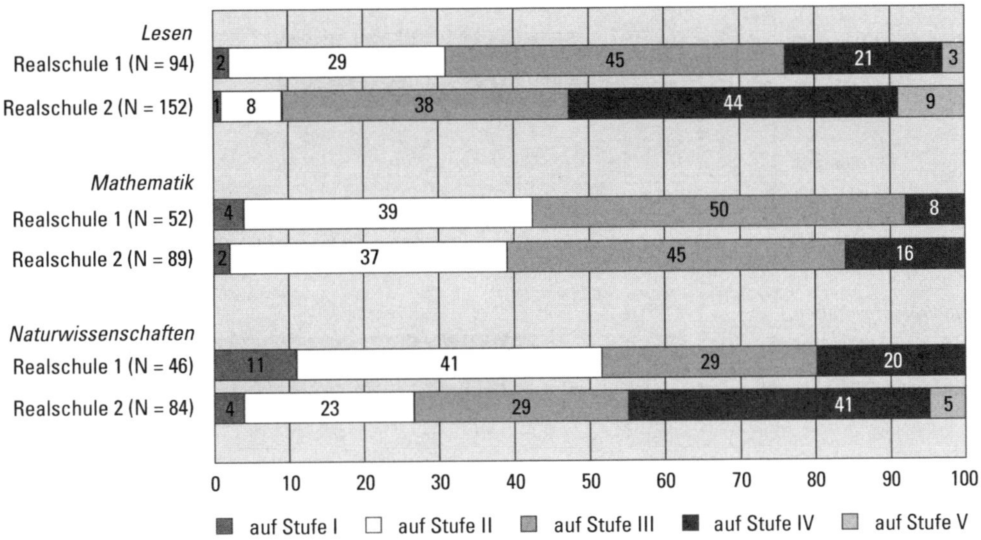

Realschule 1 = Private koedukative Realschule, Realschule 2 = Private Mädchenrealschule.
Lesen: $\chi^2 = 29{,}1$, df = 4, $p \leq .001$; Mathematik: $\chi^2 = 2{,}2$, df = 3, n.s.; Naturwissenschaften: $\chi^2 = 12{,}2$, df = 4, $p \leq .05$.

Abbildung 2.3 Prozentualer Anteil von Schülerinnen auf den einzelnen Kompetenzstufen in privaten koedukativen Realschulen und privaten Mädchenrealschulen

		Modell I Ohne Kontrolle von Kovariaten				Modell II Unter Kontrolle von Sozialschicht und kognitiven Grundfähigkeiten			
		N	M	SE	SD	N	M	SE	SD
Lesen	Mädchen-gymnasien	97	604	5,4	53,2	97	585	3,5	34,1
	Koedukative Gymnasien	190	592	4,5	61,3	190	590	2,4	32,8
Mathematik	Mädchen-gymnasien	53	573	8,5	61,3	53	574	4,4	32,1
	Koedukative Gymnasien	104	566	6,1	62,8	104	583	3,3	34,0
Naturwissen-schaften	Mädchen-gymnasien	53	576	9,6	69,8	53	579	5,3	38,8
	Koedukative Gymnasien	108	571	5,9	61,8	108	582	3,2	33,7

M = Mittelwert, N = Fallzahl, SD = Standardabweichung, SE = Standardfehler.

Tabelle 2.5 Leistungen von Schülerinnen privater koedukativer Gymnasien und privater Mädchengymnasien in Lesen, Mathematik und Naturwissenschaften

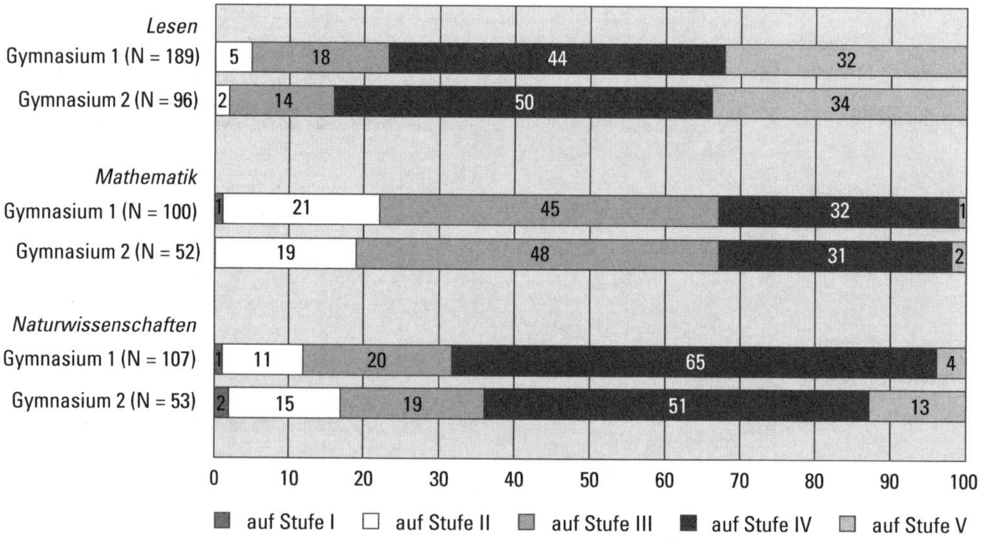

Gymnasium 1 = Privates koedukatives Gymnasium, Gymnasium 2 = Privates Mädchengymnasium.
Lesen: χ^2 = 2,8, df = 3, n.s.; Mathematik: χ^2 = 0,8, df = 4, n.s.; Naturwissenschaften: χ^2 = 6,4, df = 4, n.s.

Abbildung 2.4 Prozentualer Anteil von Schülerinnen auf den einzelnen Kompetenzstufen in privaten koedukativen Gymnasien und privaten Mädchengymnasien

und V („Flexible Nutzung unvertrauter komplexer Texte"). Dieses Niveau erreichen nur 24 Prozent der Schülerinnen der gemischten Schulen. Entsprechend ist dort Kompetenzstufe II („Herstellen einfacher Verknüpfungen") sehr viel stärker besetzt. In der naturwissenschaftlichen Grundbildung liegen die Leistungen von 46 Prozent der 15-Jährigen der Mädchenschulen auf den Kompetenzstufen IV und V. Auch in diesem Leistungsbereich sind die unteren Kompetenzstufen an Mädchenschulen schwächer besetzt als an koedukativen privaten Realschulen.

Bei den Mädchengymnasien sind nur in der Lesekompetenz die unteren Kompetenzstufen II („Herstellen einfacher Verknüpfungen") und III („Integration von Textelementen und Schlussfolgerungen") schwächer besetzt als an den koedukativen Gymnasien. In den Naturwissenschaften ist das Bild umgekehrt: 17 Prozent der Schülerinnen der Mädchengymnasien erreichen nur die Kompetenzstufen I („Nominelles Wissen") und II („Funktional-naturwissenschaftliches Alltagswissen"), an den koedukativen privaten Gymnasien liegt der Anteil bei 12 Prozent.

Der evidente Leistungsvorsprung der Mädchenschulen bei den privaten Realschulen ist für die Gymnasien in privater Trägerschaft nicht nachweisbar. Im Blick darauf verbietet sich die zunächst nahe liegende Vermutung eines generellen negativen Leistungseinflusses der Koedukation. Ausgeschlossen werden können als Begründung des Leistungsvorteils der Mädchenrealschulen auch Unterschiede im Schulklima. Entgegen den Erwartungen weisen die Mädchenschulen keine günstigeren Klimawerte als die koedukativen Privatschulen auf. Verglichen wurden die Werte auf den Skalen „Schülerwahrnehmung der Lehrer", „Positive Schüler-Lehrer-Beziehung", „Negative Schüler-Schüler-Beziehung" und „Allgemeine Schulzufriedenheit".

Exkurs II: Verteilung auf Klassenstufen und Wiederholer

In PISA 2000 wurden nicht Schülerinnen und Schüler bestimmter Klassenstufen untersucht, sondern eine altersbasierte Stichprobe von 15-Jährigen. In Deutschland besucht die Mehrzahl der 15-Jährigen die 9. Klasse (61 %). Nur ein knappes Viertel der Jugendlichen befindet sich bereits in der 10. Klasse (24 %), etwa 15 Prozent sind noch in den Klassenstufen 6, 7 oder 8 (vgl. Schümer, 2001, S. 413). Für die Interpretation der Ergebnisse ist es nicht unerheblich zu wissen, wie sich die 15-Jährigen unserer Stichprobe auf die verschiedenen Klassenstufen verteilen und ob es dabei Unterschiede zwischen den Schulen in staatlicher und privater Trägerschaft gibt, die eventuell Hinweise auf eine differente Förder- und Versetzungspraxis liefern. Tabelle 2.6 gibt darüber Auskunft.

Danach besuchen 19 Prozent der 15-Jährigen der staatlichen Realschulen noch die 6., 7. oder 8. Klasse, 20 Prozent lernen in der 10. Klasse. An privaten Realschulen sind bereits 29 Prozent aller 15-Jährigen in der 10. Klasse, während nur 12 Prozent noch die 6., 7. oder 8. Klasse besuchen. Die besseren Leistungsergebnisse der privaten Realschulen sind demnach auch darauf zurückzuführen, dass dort ein größerer Anteil der 15-Jährigen in höheren Klassenstufen unterrichtet wird. Nahe liegend ist die Vermutung, dass dies damit zusammenhängt, dass Mädchen, die an den privaten Realschulen überrepräsentiert sind, von Klassenwiederholungen weniger stark betroffen sind als Jungen. Doch

	Klassenstufe 6, 7, 8	Klassenstufe 9	Klassenstufe 10, 11
Realschule staatlich (N = 359)	19,0	61,0	20,0
Realschule privat (N = 354)	12,0	59,0	29,0
Gymnasium staatlich (N = 449)	8,0	61,0	31,0
Gymnasium privat (N = 441)	5,0	62,0	33,0

Realschulen: $\chi^2 = 13{,}5$, df = 2, $p \leq .001$; Gymnasien: $\chi^2 = 2{,}9$, df = 2, n.s.

Tabelle 2.6 Verteilung 15-Jähriger in staatlichen und privaten Schulen auf verschiedene Klassenstufen (in %)

zeigt die nach Geschlecht differenzierte Verteilung auf die Klassenstufen, dass auch die Jungen der privaten Realschulen signifikant häufiger in höheren Klassenstufen lernen als die der staatlichen Realschulen. 24 Prozent der Jungen der privaten Realschulen besuchen bereits die 10. Klasse; an staatlichen Realschulen sind es nur 12 Prozent. Und: Während sich 20 Prozent der männlichen 15-Jährigen der staatlichen Realschulen noch in den Klassenstufen 6, 7 oder 8 befinden, liegt der Anteil bei den Privatschulen bei 14 Prozent. Von den Mädchen der staatlichen Realschulen sind in diesen Klassenstufen 17 Prozent anzutreffen, von denen der privaten Realschulen nur 11 Prozent. Ihr Anteil in der Klassenstufe 10 liegt bei 26 Prozent (staatliche Realschulen) bzw. 32 Prozent (private Realschulen). Das bessere Abschneiden der privaten Realschulen hängt offenbar – unabhängig vom Geschlecht der Schüler – auch damit zusammen, dass 15-Jährige häufiger bereits in höheren Klassenstufen (Klasse 10) unterrichtet werden. Vergleichbare Verteilungsmuster wie bei den Realschulen sind bei den Gymnasien nicht festzustellen.

Die signifikanten leistungsrelevanten Unterschiede in der Verteilung der 15-Jährigen auf die verschiedenen Klassenstufen zwischen den staatlichen und privaten Realschulen lässt es angebracht erscheinen, den Leistungsvergleich für die Kerngruppe der 15-Jährigen vorzunehmen, die die 9. Klasse besuchen. Dies erfolgt wiederum auf der Basis der zwei Modellvarianten (Modell I: ohne Kovariate; Modell II: nach Kontrolle des sozioökonomischen Status der Eltern und der kognitiven Grundfähigkeiten).

Wie Tabelle 2.7 verdeutlicht, zeigt sich beim ersten Modell kein signifikanter Leistungsvorteil der privaten Realschulen. Zum Teil sind diese sogar den staatlichen Schulen leistungsmäßig unterlegen. Dieses Bild kehrt sich in Modell II um: Sowohl im Lesen als auch in den Naturwissenschaften weisen die weiblichen Neuntklässler der privaten Realschulen einen signifikanten Leistungsvorsprung von 7 bzw. 12 Punkten auf. Das gleiche gilt unabhängig vom Geschlecht für Mathematik (8 Punkte). Lediglich in den Naturwissenschaften schneiden die männlichen Neuntklässler der privaten Realschulen signifikant schlechter ab als die der staatlichen Schulen.

Die Vermutung, dass hinter den festgestellten Unterschieden in der Klassenstufenverteilung bei den Realschulen differente Förderkulturen stehen, wird durch die Ergebnisse eines ergänzend vorgenommenen Vergleichs der Klassenwiederholungen gestützt: Während 23 Prozent der Schülerinnen und Schüler der privaten Realschulen angeben,

	Realschule	Geschlecht	Modell I Ohne Kontrolle von Kovariaten				Modell II Unter Kontrolle von Sozialschicht und kognitiven Grundfähigkeiten			
			N	M	SE	SD	N	M	SE	SD
Lesen	staatlich	männlich	112	500	5,0	53,8	112	514	4,0	42,2
	privat		62	492	6,5	51,3	62	510	4,0	31,4
	staatlich	weiblich	107	527	5,8	60,3	107	519	3,5	36,2
	privat		145	523	4,7	57,8	145	526	2,7	32,1
	staatlich	insgesamt	219	513	4,0	58,6	219	517	2,7	39,4
	privat		207	514	4,0	57,5	207	521	2,3	32,6
Mathematik	staatlich	männlich	65	526	6,8	54,9	65	509	6,1	48,9
	privat		37	507	10,3	62,4	37	510	5,7	34,4
	staatlich	weiblich	58	514	8,5	64,7	58	522	5,2	39,3
	privat		50	517	5,8	52,2	80	529	3,2	28,4
	staatlich	insgesamt	123	520	5,4	59,8	123	515	4,0	44,9
	privat		117	514	5,1	55,6	117	523	3,0	31,6
Naturwissenschaften	staatlich	männlich	56	521	9,3	69,6	56	515	6,1	45,7
	privat		37	501	11,9	72,3	37	500	6,2	37,7
	staatlich	weiblich	63	508	8,9	70,5	63	511	5,6	44,8
	privat		74	517	8,1	69,8	74	523	4,4	38,3
	staatlich	insgesamt	119	514	6,5	70,5	119	513	4,1	45,1
	privat		111	512	6,7	70,7	111	515	3,7	38,5

M = Mittelwert, N = Fallzahl, SD = Standardabweichung, SE = Standardfehler.

Tabelle 2.7 Leistungen von 15-Jährigen in 9. Klassen in staatlichen und privaten Realschulen in Lesen, Mathematik und Naturwissenschaften

mindestens einmal eine Klasse wiederholt zu haben, sind es an den staatlichen Realschulen 27 Prozent. Hinter diesem Ergebnis verbergen sich beträchtliche Unterschiede zwischen den Geschlechtern. An den staatlichen Realschulen sind 37 Prozent der Jungen von Klassenwiederholungen betroffen, an den Privatschulen liegt der Anteil lediglich bei 25 Prozent. Geringer fallen die Unterschiede bei den Mädchen aus. Einem Anteil von 22 Prozent an den privaten Realschulen steht ein Anteil von 24 Prozent an den staatlichen Realschulen gegenüber[16]. Zwischen den staatlichen und den privaten Gymnasien zeigen sich insgesamt gesehen keine signifikanten Unterschiede im Anteil der Wiederholer. An den privaten Gymnasien geben 12 Prozent und an den staatlichen Gymnasien 15 Prozent der 15-Jährigen an, mindestens einmal eine Klasse wiederholt zu haben. Die Differenzierung nach Geschlecht verdeutlicht allerdings, dass an den staatlichen Gymnasien der Anteil der Wiederholer unter den Jungen mit 20 Prozent doppelt so hoch ausfällt wie bei den privaten Gymnasien. Bei den Mädchen sind 13 Prozent der 15-Jährigen der privaten Gymnasien Wiederholer; an den staatlichen Gymnasien sind es 10 Prozent.

2.3.3 Zusammenfassung der Ergebnisse des Leistungsvergleichs

Insgesamt zeigt sich nach Kontrolle der sozioökonomischen Stellung der Eltern und der kognitiven Grundfähigkeiten ein signifikanter Leistungsvorteil der privaten Realschulen. Er ist allein dem besseren Abschneiden der Mädchen zuzuschreiben. Unter den privaten Realschulen schneiden die Mädchenschulen besonders gut ab. Die Leistungsstärke der privaten Realschulen hängt auch damit zusammen, dass dort ein größerer Anteil der 15-Jährigen bereits eine höhere Klassenstufe (Klasse 10) besucht und seltener von Klassenwiederholungen betroffen ist. Das gilt für Jungen und Mädchen gleichermaßen. Die Mädchen der privaten Realschulen sind denen der öffentlichen Realschulen auch dann überlegen, wenn man ausschließlich die Leistungen der Neuntklässler miteinander vergleicht. Für Jungen gilt das hingegen nicht. Der Besuch einer privaten Realschule zahlt sich demnach vor allem für Mädchen aus.

Zwischen staatlichen und privaten Gymnasien zeigen sich keine signifikanten Leistungsunterschiede. Auch eine Differenzierung nach Geschlecht ändert an diesem Ergebnis nichts. In Mathematik und in den Naturwissenschaften deutet sich ein schwacher Leistungsnachteil privater Gymnasien an, der jedoch nicht zufallskritisch abzusichern ist. Die Verteilung auf die Klassenstufen und die Wiederholeranteile insgesamt entsprechen sich an staatlichen und privaten Gymnasien in etwa. Ausschließlich Jungen bleiben an den privaten Gymnasien seltener sitzen. Anders als die Mädchenrealschulen sind die Mädchengymnasien leistungsmäßig unauffällig. Deshalb bieten die Ergebnisse auch keine Basis für die Bewertung koedukativen Unterrichts. Späteren Analysen muss die Klärung der Frage vorbehalten bleiben, welche Bedeutung Spezifika des Lernmilieus (z.B. eine besondere religiöse Orientierung) für das überdurchschnittliche Abschneiden der Mädchen an den privaten Realschulen zukommt. Die für die privaten Gymnasien gefundenen Ergebnisse legen die These nahe, dass diese in verschiedener Hinsicht weitgehend ein Spiegelbild der staatlichen Gymnasien sind.

Die insgesamt geringen Unterschiede in den Leistungen der 15-Jährigen Schülerinnen und Schüler der staatlichen und privaten Schulen, insbesondere der staatlichen und privaten Gymnasien, lenken den Blick auf die Frage, ob dieses Ergebnis mit einer relativen Invarianz bei jenen Faktoren in Zusammenhang steht, denen zur Begründung von Leistungsunterschieden zwischen staatlichen und privaten Schulen in der Literatur besondere Bedeutung beigemessen wird. Anhand der in PISA-E erhobenen Daten lassen sich dazu zum Teil Qualifizierungen vornehmen. Der als ausgesprochen defizitär zu bezeichnende Informationsstand über Privatschulen in Deutschland soll zum Anlass genommen werden, den deskriptiven Vergleich auf weitere Aspekte auszudehnen. Die Basis bildet wiederum die *Matching*-Stichprobe.

Worin unterscheiden sich staatliche und private Schulen in Deutschland?

Wettbewerb

Was zunächst die Annahme einer stärkeren Wettbewerbssteuerung im Privatschulsektor betrifft, so sehen sich auch in Deutschland Privatschulen einem höheren „Unternehmerrisiko" ausgesetzt, da nach der einschlägigen Rechtsprechung nur für das Privatschulsystem insgesamt, nicht jedoch für die einzelne Schule eine Bestandsgarantie gegeben ist. Doch spricht einiges dafür, dass faktisch ein Wettbewerb um Schülerinnen und Schüler nur in begrenztem Maße stattfindet. Die Nachfrage nach Schülerplätzen an privaten Schulen übersteigt vielfach das Angebot, das heißt Wettbewerb findet eher auf der Nachfragerseite statt. So liegt zum Beispiel die Nachfrage nach Plätzen an katholischen Privatschulen derzeit rund 30 Prozent über dem verfügbaren Platzangebot. Ob ein Nachfrageüberhang bei den Stichprobenschulen zum Zeitpunkt der Erhebung vorlag, konnte anhand der verfügbaren Daten nicht überprüft werden.

Autonomie

Als weiteres wichtiges Merkmal des im Privatschulsektor wirksamen Steuerungssystems gilt der höhere Autonomiegrad der Schulen in freier Trägerschaft. Die dazu aus PISA 2000 vorliegenden Indikatoren zeigen, dass die Privatschulen insbesondere bei der Festlegung der Aufnahmebedingungen für Schüler und – mit Einschränkungen – in Personalangelegenheiten selbstständiger entscheiden können als die staatlichen Schulen (ohne Tabelle).

Bei der Mittelzuweisung bzw. -verwendung hat, was die öffentliche Subventionierung betrifft, der Staat ein wesentliches Mitspracherecht bei Privatschulen (insbesondere bei der Mittelzuweisung nach dem Bedarfsdeckungsverfahren). Ähnlich können die Träger auf die Verwendung der von ihnen bereit gestellten Mittel Einfluss nehmen. In Lehrplanangelegenheiten sind die privaten Ersatzschulen nach Art. 7 Abs. 4 des Grundgesetzes stark an staatliche Vorgaben gebunden. Der zumindest in zwei Handlungsfeldern (Schülerauswahl, Personalangelegenheiten) bestehende „Autonomievorteil" der Privatschulen ist jedoch offensichtlich nicht leistungsrelevant. Entweder wird der Autonomiegrad als distaler, vom Unterrichtsgeschehen entfernter Kontextfaktor in seiner Bedeutung für die Schulqualität grundsätzlich überschätzt, oder es werden wichtige Bedingungsfaktoren seines Wirksamwerdens nicht mitbedacht wie zum Beispiel verbindliche Leistungsstandards und systematische externe Qualitätskontrollen. Fehlen diese Voraussetzungen, kann ein hoher Autonomiegrad unter Umständen sogar kontraproduktiv sein. Darauf deuten Reanalysen von TIMSS-Daten (Wößmann, 2002) ebenso hin wie das anhand der internationalen PISA-Daten gefundene Ergebnis, dass das Merkmal „Schulautonomie" in einigen Ländern (so auch in Deutschland) negativ mit dem Leistungsniveau in Lesen korreliert (vgl. Fend, in diesem Band).

Freie Schulwahl

In der Forschungsliteratur wird die freie Schulwahl durch Eltern und Schüler als besonders wirkungsvolles Instrument der Qualitätssteigerung herausgestellt. Ein Indikator erfolgreicher „Marktpositionierung" einer Schule ist der Anteil der Schülerinnen und Schüler, die diese Schule besuchen, obwohl eine andere Schule mit gleichem Bildungsgang leichter erreichbar gewesen wäre. Danach sind in der deutschen Zusatzerhebung zu PISA 2000 die Schulleiter und Schulleiterinnen ebenso befragt worden wie nach den wesentlichen Gründen, die nach ihrer Einschätzung die Eltern veranlasst haben, ihre Schule gezielt zu wählen.

Erwartungskonform geben die Schulleiterinnen und Schulleiter der privaten Schulen häufiger als die der staatlichen an, ihre Schule sei von den Eltern trotz Verfügbarkeit einer wohnortnäheren Schule gewählt worden (ohne Tabelle). Ein sichtbarer Zusammenhang zwischen dem Ausmaß der Selbstselektivität und den Leistungen lässt sich allerdings nicht nachweisen[17]. Dies könnte darauf zurückzuführen sein, dass sich die elterlichen Schulwahlentscheidungen in Deutschland stärker – bewusst oder aufgrund des Fehlens objektiver Leistungsinformationen – an anderen Faktoren der Schulqualität orientieren. Dafür spricht, dass nach Einschätzung der Schulleiterinnen und Schulleiter (unabhängig von der Rechtsform der Schule) der Leistungsanspruch der Schule nicht das primäre Schulwahlkriterium für Eltern darstellt. Bei den Schulen in freier Trägerschaft wurden besonders oft die Tradition und die religiöse bzw. christliche Prägung als wichtigste Schulwahlkriterien angegeben. Bei den staatlichen Schulen wurden das fachliche Angebot (Gymnasien) und die gute Verkehrsanbindung (Realschulen) häufiger genannt als der Leistungsanspruch der Schule[18].

Als besonderer Vorteil der Wahl einer Privatschule mit Kostenbeteiligung der Eltern wird die dadurch entstehende engere *Principal-Agent*-Beziehung herausgestellt. Dies sollte sich in einer größeren Kontaktintensität zwischen Schule und Elternhaus und einer größeren Schulzufriedenheit der Eltern niederschlagen. Das Ergebnis der Auswertungen der dazu im Elternfragebogen erhobenen Daten ist in den Tabellen 2.8 bis 2.10 dokumentiert.

	Realschule		Gymnasium	
	Staatlich (N = 312)	Privat (N = 318)	Staatlich (N = 402)	Privat (N = 405)
Kein Mal	5,4	4,7	6,0	3,2
Einmal	18,9	14,5	12,2	14,1
Zweimal	31,7	32,1	28,4	22,2
Dreimal	21,2	20,1	20,4	20,0
Viermal	10,3	11,0	10,7	12,1
Mehr als viermal	12,5	17,6	22,4	28,4

[1] Frage an die Eltern: „Wie oft waren Sie im Verlauf dieses Schuljahres in der Schule Ihrer Tochter/Ihres Sohnes?"
Realschulen: $\chi^2 = 4{,}9$, df = 5, n.s.; Gymnasien: $\chi^2 = 10{,}1$, df = 5, $p \leq .05$.

Tabelle 2.8 Schulbesuchshäufigkeit der Eltern (in %)[1]

	Realschule		Gymnasium	
	Staatlich (N = 321)	Privat (N = 326)	Staatlich (N = 413)	Privat (N = 411)
Keine oder wenig Mühe	21,2	12,6	21,8	10,5
Einige Mühe	55,1	43,6	56,7	42,6
Große oder sehr große Mühe	23,7	43,9	21,5	47,0

[1] Frage an die Eltern: „Wie viel Mühe geben sich die Lehrerinnen und Lehrer an dieser Schule mit ihren Schülerinnen und Schülern?"
Realschulen: $\chi^2 = 31{,}0$, df = 2, $p \leq .001$; Gymnasien: $\chi^2 = 63{,}5$, df = 2, $p \leq .001$.

Tabelle 2.9 Zufriedenheit der Eltern mit dem Engagement der Lehrer (in %)[1]

	Realschule		Gymnasium	
	Staatlich (N = 325)	Privat (N = 332)	Staatlich (N = 415)	Privat (N = 414)
(Sehr) unzufrieden	11,1	5,1	9,4	4,6
Teils, teils	38,5	23,2	33,5	20,8
(Sehr) zufrieden	50,5	71,7	57,1	74,6

[1] Frage an die Eltern: „Wie zufrieden sind Sie mit der Schule Ihrer Tochter/Ihres Sohnes insgesamt?"
Realschulen: $\chi^2 = 31{,}8$, df = 2, $p \leq .001$; Gymnasien: $\chi^2 = 28{,}9$, df = 2, $p \leq .001$.

Tabelle 2.10 Generelle Schulzufriedenheit der Eltern (in %)[1]

Erwartungskonform ist die Intensität schulischer Kontakte der Eltern von Schülerinnen und Schülern der Privatschulen höher als die der Eltern von Schülerinnen und Schülern der staatlichen Schulen: Während nur 12,5 Prozent der Eltern, deren Kinder eine staatliche Realschule besuchen, angeben, die Schule mehr als viermal im Jahr zu besuchen, sind es bei den privaten Realschulen nahezu 18 Prozent. Bei den staatlichen Gymnasien liegt der Anteil bei 22 Prozent, bei den privaten Gymnasien bei 28 Prozent. Die Unterschiede sind aber nicht statistisch signifikant.

Signifikant günstiger fallen für die Privatschulen auch die Angaben der Eltern zur Zufriedenheit mit den Leistungsanforderungen der Schule (ohne Tabelle), zum Lehrerengagement (Tab. 2.9) und zur allgemeinen Schulzufriedenheit (Tab. 2.10) aus. 44 Prozent der befragten Eltern von Schülerinnen und Schülern der privaten Realschulen und 47 Prozent der Eltern von Schülerinnen und Schülern der privaten Gymnasien attestieren den Lehrkräften, dass sie sich große oder sogar sehr große Mühe geben. An den staatlichen Realschulen und Gymnasien sind es nur 24 bzw. 22 Prozent. 71 Prozent der Eltern, deren Tochter oder Sohn eine private Realschule besucht, sind sehr zufrieden mit der Schule. Bei den staatlichen Realschulen trifft das nur für 51 Prozent zu. Ähnlich deutlich fällt der Unterschied bei den Gymnasien aus (private Gymnasien: 75 %, staatliche Gymnasien: 57 %).

Sozialkapital

Insbesondere die Arbeiten von Coleman und Mitarbeitern (Coleman & Hoffer, 1987; Coleman, Hoffer, & Kilgore, 1982) haben darauf aufmerksam gemacht, dass sich Schulen auch soziale Strukturen und soziale Beziehungen für die Erreichung von Bildungszielen zu Nutze machen können. Sie stellen das „soziale Kapital" einer Schule dar, in das gezielt – etwa durch den Aufbau von Netzwerken in Form externer Kooperationen – investiert werden kann. Einen empirischen Beleg dafür, dass die Wirksamkeit sozialen Kapitals nicht nur in der lernfördernden Durchsetzung von Normen ihren Ausdruck finden kann, sondern auch in der Schaffung zusätzlicher Lerngelegenheiten durch die Pflege intensiver Außenkontakte („Horizonterweiterung"), liefern Morgan und Sørensen (1999) in einer auf der Basis von Daten der *National Education Longitudinal Study* durchgeführten Untersuchung.

In der nationalen Zusatzerhebung zu PISA sind verschiedene Fragen zu bestehenden Kooperationen (Schulpartnerschaften, Kooperationen mit Schulen und anderen Einrichtungen) und zur Ressourcenmobilisierung der Schulen gestellt worden, um Hinweise auf ihr institutionelles Sozialkapital zu erhalten. Bei einigen der dazu vorliegenden Indikatoren weisen die Privatschulen (vor allem die Gymnasien) günstigere Werte auf als die staatlichen Schulen. Die Kooperationsintensität[19] ist an den Privatschulen etwas höher als an den staatlichen Schulen. Der Unterschied ist jedoch nicht signifikant. Als Kooperationspartner werden von den Schulen in freier Trägerschaft erwartungsgemäß häufig Kirchen und soziale Einrichtungen genannt.

Nicht überraschend ist das Ergebnis, dass die Privatschulen ein deutlich höheres Aufkommen an zusätzlichen Finanzmitteln aufweisen: Die Spendeneinnahmen je Schüler sind an den privaten Schulen mehr als doppelt so hoch wie an den staatlichen Schulen (Realschulen: 5,83 €/13,09 €, Gymnasien: 8,58 €/22,29 €). Auch die durchschnittlichen Einnahmen aus Schulaktivitäten liegen bei den Privatschulen um fast das Doppelte höher als an den staatlichen Schulen.

Schulklima/Unterrichtsqualität

Die empirische Schulqualitätsforschung hat in zahlreichen Studien das Schulklima in den Blick genommen, und zwar sowohl als eigenständige Qualitätsdimension des Erfahrungs- und Lebensraums Schule als auch als Bedingungsvariable für Schulleistungen. Unterschiedliche Aspekte des Schulklimas sind in vielen Untersuchungen als wesentliche Merkmale „guter Schulen" herausgestellt worden (zusammenfassend Eder, 1999); die empirischen Befunde zu ihrer Bedeutung für Fachleistungen vermitteln allerdings ein uneinheitliches Bild. Nahe liegend ist die Hypothese, dass effektivere Selektionsmechanismen an Privatschulen die Entstehung kohärenter Gemeinschaften begünstigen, was sich positiv auf das Schulklima auswirkt. So können denn auch Coleman und seine Mitarbeiter in ihren komparativen Schulleistungsstudien (siehe oben) einen Privatschulvorteil beim Schulklima feststellen, der auch nach Kontrolle der Sozialschicht der Schülerinnen und Schüler noch Bestand hat.

In PISA 2000 wurden Daten zum Schulklima sowohl im Rahmen der Schülerbefragung als auch im Schulleiterfragebogen erhoben. Bei den im Schülerfragebogen erfassten Klimadimensionen geht es um allgemeine Schulzufriedenheit, Schüler-Lehrer-Beziehungen, Schüler-Schüler-Beziehungen und aggressives Schülerverhalten. Im Schulfragebogen wurden die Schulleitungen um eine Einschätzung zu den Dimensionen „Leistungsdruck", „Disziplinprobleme" und „Lehrer-Schüler-Beziehungen" gebeten. Bezogen auf die Lehrkräfte wurden außerdem Einschätzungen zu deren Arbeitshaltung und Engagement sowie zur Kooperation und Kohäsion im Kollegium ermittelt.

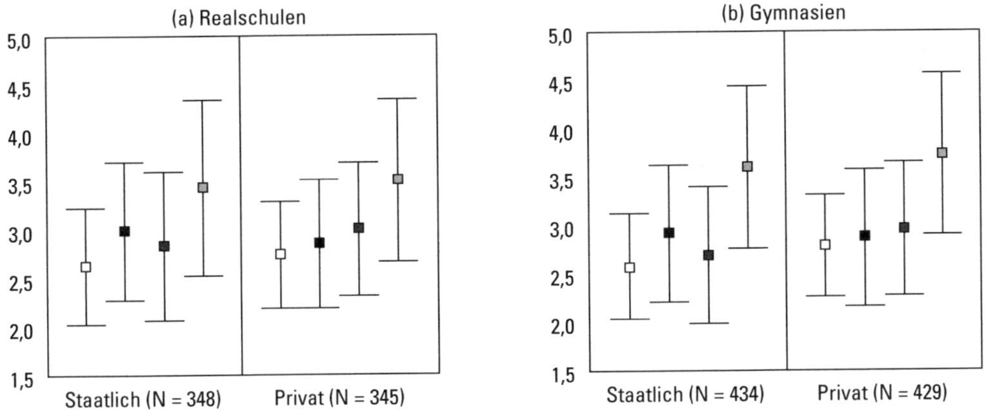

□ Schülerwahrnehmung der Lehrer
Die Skala wurde aus fünf Einzelitems unter folgender Fragestellung gebildet:
„Wie stark stimmst du den folgenden Aussagen über die Lehrer/Lehrerinnen an deiner Schule zu?" Beispielitem: „Die Schüler/Schülerinnen kommen mit den meisten Lehrern/Lehrerinnen gut aus!" Antwortvorgaben jeweils: Stimme überhaupt nicht zu, stimme eher nicht zu, stimme eher zu, stimme ganz zu.

■ Negative Schüler-Schüler-Beziehung
Die Skala wurde aus fünf Einzelitems unter folgender Fragestellung gebildet:
„Im Folgenden werden einige persönliche Aussagen gemacht. Überlege bitte, ob die folgenden Aussagen auch für dich stimmen." Beispielitem: „In unserer Klasse sieht jeder nur seinen eigenen Vorteil, wenn es um gute Noten geht." Antwortvorgaben jeweils: Stimmt gar nicht, stimmt überwiegend nicht, teils-teils, stimmt überwiegend, stimmt genau.

■ Positive Schüler-Lehrer-Beziehung
Die Skala wurde aus sechs Einzelitems unter folgender Fragestellung gebildet:
„Im Folgenden werden einige persönliche Aussagen gemacht. Überlege bitte, ob die folgenden Aussagen auch für dich stimmen." Beispielitem: „Unsere Lehrer/Lehrerinnen geben ihre Fehler zu." Antwortvorgaben jeweils: Stimmt gar nicht, stimmt überwiegend nicht, teils-teils, stimmt überwiegend, stimmt genau.

▩ Allgemeine Schulzufriedenheit
Die Skala wurde aus drei Einzelitems unter folgender Fragestellung gebildet:
„Im Folgenden werden einige persönliche Aussagen gemacht. Überlege bitte, ob die folgenden Aussagen auch für dich stimmen." Beispielitem: „Ich gehe gerne zur Schule!" Antwortvorgaben jeweils: Stimmt gar nicht, stimmt überwiegend nicht, teils-teils, stimmt überwiegend, stimmt genau.

Abbildung 2.5a–b Einschätzungen des Schulklimas durch die Schülerinnen und Schüler in staatlichen und privaten Realschulen (a) und Gymnasien (b) (Mittelwert ± 1 Standardabweichung)

Die Schulleiterinnen und Schulleiter wurden in PISA 2000 detailliert nach Beeinträchtigungen des Lernens der 15-Jährigen an ihrer Schule befragt. Aus den Einzelitems wurden die folgenden Skalen gebildet: „Beeinträchtigung des Lernens durch auffälliges Schülerverhalten" und „Beeinträchtigung des Lernens durch mangelndes Lehrerengagement" (ohne Tabelle)[20]. Zunächst fällt positiv auf, dass die Einschätzungen durchgängig über dem theoretischen Mittelwert von 2,5 liegen.

Weiterhin zeigt sich auf der Skala „auffälliges Schülerverhalten" ein signifikanter Unterschied zwischen den staatlichen und privaten Realschulen: Auffälliges Schülerverhalten wird von den Schulleiterinnen und Schulleitern der privaten Realschulen seltener als Problem genannt als von den Schulleitungen der staatlichen Realschulen. Weniger häufig beklagen sich die Schulleiterinnen und Schulleiter der privaten Realschulen auch über mangelnde Unterstützung durch die Eltern. Ebenso wird mangelndes Engagement der Lehrer von den Schulleitungen der privaten Realschulen seltener als Problem genannt.

Ein von den Realschulen abweichendes Bild zeigt sich bei den Gymnasien. Bei insgesamt geringeren Unterschieden sind es diesmal die Schulleiter und Schulleiterinnen der Privatschulen, die das Klima an ihren Schulen zum Teil ungünstiger einschätzen als die Schulleitungen der staatlichen Schulen. So werden von ihnen häufiger auffälliges Schülerverhalten (insbesondere Schwänzen) und mangelndes Lehrerengagement als lernbeeinträchtigend genannt.

Insgesamt gering fallen die Unterschiede zwischen den staatlichen und privaten Schulen hinsichtlich des Klimas in den Kollegien aus, genauer: hinsichtlich der Arbeitsmoral und Kohäsion (ohne Tabelle)[21]. Etwas günstiger wird die Arbeitsmoral der Lehrkräfte von den Schulleiterinnen und Schulleitern der privaten Realschulen eingeschätzt; auch wird ihnen häufiger Engagement und Konsens über schulische Ziele attestiert. Der Zusammenhalt im Lehrerkollegium ist an den privaten Realschulen offenbar besser. Faktisch keine Unterschiede im Klima in den Kollegien zeigen sich dagegen zwischen den staatlichen und privaten Gymnasien. In der Abbildung 2.5a und b sind die Ergebnisse zu den im Schülerfragebogen erfassten Klima-Dimensionen dargestellt[22].

Von den Schülerinnen und Schülern der privaten Realschulen werden die Beziehungen zu den Lehrkräften besser eingeschätzt als von denen der staatlichen Schulen. Auch sind Konkurrenz und soziale Desintegration in der Lerngruppe an den privaten Realschulen seltener anzutreffen als an den staatlichen Schulen. Keine signifikanten Unterschiede lassen sich dagegen bei der allgemeinen Schulzufriedenheit ausmachen. Ungünstiger wird von den 15-Jährigen der staatlichen Realschulen wiederum die Lehrerunterstützung eingeschätzt: Höher ist dort der Anteil derer, die angeben, ihr Lehrer bzw. ihre Lehrerin helfe ihnen nicht bei der Arbeit und erkläre ihnen Sachverhalte nicht, bis es alle verstehen. Dieses Ergebnis kann als Hinweis auf eine bessere Förderkultur an den privaten Realschulen gewertet werden.

Auch bei den Gymnasien fällt die Einschätzung der Lehrkräfte durch die Schülerinnen und Schüler für die Schulen in privater Trägerschaft besser aus. Wie schon bei den Realschulen, so weisen auch die privaten Gymnasien günstigere Werte bei der Lehrerunterstützung auf. Zugleich ist dort die allgemeine Schulzufriedenheit unter den Schülerinnen und Schülern größer. Keine signifikanten Unterschiede zeigen sich indes bei der Qualität der Schüler-Schüler-Beziehungen.

Da Mädchen das Schulklima tendenziell besser einschätzen als Jungen (vgl. Tillmann & Meier, 2001, S. 491) und da Mädchen an Privatschulen überrepräsentiert sind, wurden die Skalen differenziert nach Geschlecht analysiert[23]. Die 15-jährigen Jungen der privaten Realschulen und Gymnasien schätzen die Beziehung zu ihren Lehrern und Mitschülern besser ein als die der staatlichen Schulen. Auch sind die Jungen an Privatschulen insgesamt mit ihrer Schule zufriedener. Für Mädchen lässt sich indes kein signifikanter Unterschied bei der Einschätzung schulklimatischer Faktoren zwischen staatlichen und privaten Realschulen feststellen. Lediglich die Mädchen der privaten Gymnasien schätzen die Beziehung zu ihren Lehrerinnen und Lehrern signifikant besser ein als die der staatlichen Gymnasien.

Neben Daten zum Schulklima wurden im Schülerfragebogen auch Daten zur Qualität des Fachunterrichts in Deutsch und Mathematik erhoben. Hier sollen nur die für den Vergleich staatlicher und privater Schulen wesentlichen Ergebnisse berichtet werden (ohne Tabelle)[24]. An den privaten Realschulen fühlen sich die Schülerinnen und Schüler sowohl im Deutsch- als auch im Mathematikunterricht durch ihren Lehrer bzw. ihre Lehrerin besser unterstützt als an den staatlichen Realschulen. Bei den Gymnasien zeigen sich diesbezüglich keine Unterschiede. Die privaten Realschulen fallen weiterhin dadurch auf, dass von den 15-Jährigen in beiden Unterrichtsfächern Disziplinprobleme als weniger bedeutend eingeschätzt werden; dies trifft im Deutschunterricht auch für die privaten Gymnasien zu. Die Ergebnisse liefern erneut Hinweise auf eine bessere Förderkultur an den Privatschulen, insbesondere den privaten Realschulen.

Schulprofile

Dronkers, Baumert und Schwippert (1999, 2001) führen das bessere Abschneiden der staatlichen Schulen in Mathematik und den Naturwissenschaften in ihren Reanalysen von TIMSS-Daten unter anderem darauf zurück, dass diese sich häufiger Schwerpunkte in diesen beiden Bereichen setzen. Privatschulen weisen – ihren hohen Mädchenanteilen entsprechend – eher einen Schwerpunkt bei den Sprachen und im Bereich der sozialen Kompetenzen auf. Auch in PISA 2000 wurden in der nationalen Zusatzerhebung die Schulleitungen danach gefragt, ob ihre Schule ein bestimmtes Profil hat. Die daraus erstellte Profilstruktur (vgl. Abb. 2.6) zeigt nur geringe Differenzen zwischen privaten und staatlichen Gymnasien.

Die Schulleitungen der staatlichen Gymnasien geben etwas häufiger an, ihre Schule habe einen Schwerpunkt in Mathematik oder in den Naturwissenschaften. Die Schulleiter und Schulleiterinnen der privaten Gymnasien sehen dagegen das Profil ihrer Schule eher im berufs- und praxisbezogenen Unterrichtsbereich, im außerunterrichtlichen Bereich und in den Fremdsprachen. Auch bei den Realschulen weisen diejenigen in staatlicher Trägerschaft nach Angaben ihrer Schulleitungen häufiger als die in privater Trägerschaft ein Profil im mathematisch-naturwissenschaftlichen Bereich auf. Pri-

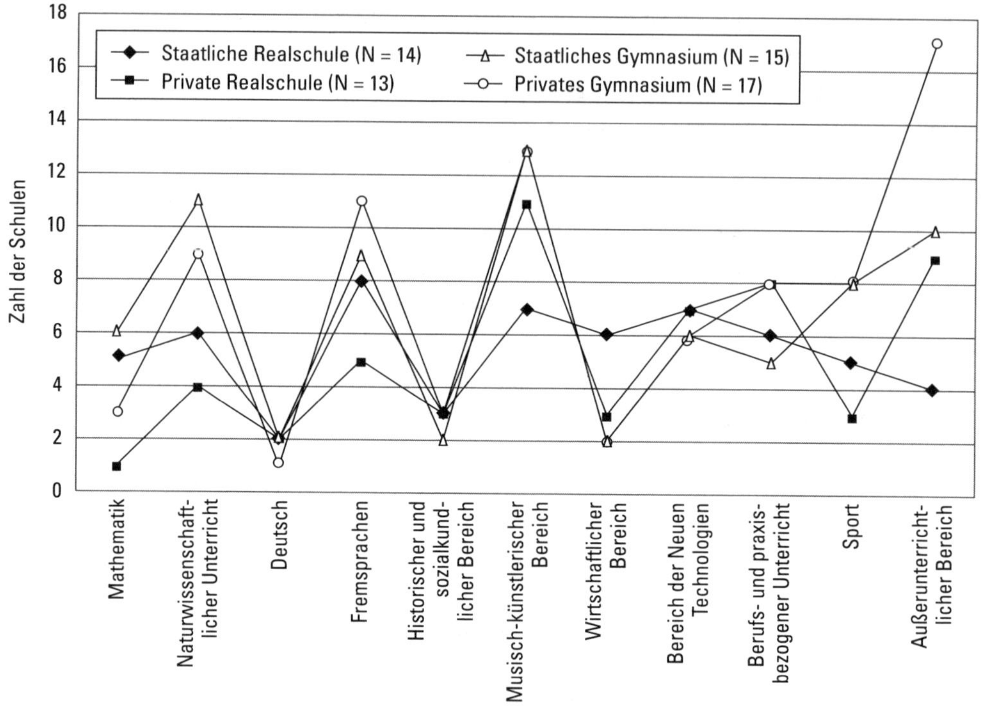

[1] Frage an die Schulleiterinnen und Schulleiter: „Hat Ihre Schule ein besonderes pädagogisches Profil in folgenden Bereichen?"

Abbildung 2.6 Das pädagogische Profil der staatlichen und privaten Realschulen und Gymnasien[1]

vate Realschulen verfügen eher über einen Schwerpunkt im musisch-künstlerischen oder im berufs- und praxisbezogenen Bereich.

Reformorientierung

Die den Privatschulen vielfach zugeschriebene Vorbildfunktion für das staatliche Schulwesen wird vor allem mit ihrer besonderen Reformorientierung begründet. Die nationale Zusatzbefragung von Schulleiterinnen und Schulleitern in PISA 2000 bietet die Möglichkeit, staatliche und private Schulen hinsichtlich der von ihnen praktizierten pädagogischen und organisatorischen Reformkonzepte miteinander zu vergleichen (ohne Tabelle). Gefragt wurde unter anderem danach, in welchem Umfang fächerübergreifendes Lernen, Freiarbeit, Projektwochen, Projektlernen, gemeinsam von mehreren Lehrkräften vorbereiteter bzw. durchgeführter Unterricht und *peer tutoring* regelmäßig praktiziert werden. Der Vergleich zwischen staatlichen und privaten Schulen lässt bei den Realschulen keine Unterschiede in den praktizierten pädagogischen und organisatorischen Reformkonzepten erkennen, bei den Gymnasien fallen sie gering aus. Den Angaben der Schulleitungen zufolge werden an den privaten Gymnasien Schülerinnen und

Schüler häufiger als Tutoren eingesetzt als an den staatlichen Gymnasien. Dagegen ist dort die gemeinsame Vorbereitung und Durchführung von Unterricht durch die Lehrkräfte stärker verbreitet.

Schulgröße und Ressourcenausstattung

Erwartungsgemäß sind die Privatschulen kleiner als die staatlichen Schulen. Die privaten Realschulen der Stichprobe haben im Durchschnitt 533 Schülerinnen und Schüler, die staatlichen Realschulen 650. An den staatlichen Gymnasien sind im Durchschnitt 921 Schülerinnen und Schüler, an den privaten Gymnasien 773. Die zu verschiedenen Aspekten der Ressourcenausstattung aus PISA 2000 vorliegenden Einschätzungen der Schulleiter und Schulleiterinnen sowie deren Angaben zur Computerausstattung geben insgesamt wenig Anlass, in den schulischen Ausstattungsbedingungen einen besonderen Problembereich zu sehen (Weiß & Steinert, 2001). Diese Schlussfolgerung trifft auch für die Stichprobenschulen dieser Studie zu, das heißt, es zeigen sich keine nennenswerten Unterschiede zwischen den Schulen in privater und staatlicher Trägerschaft. Dies gilt allerdings nicht, wie Tabelle 2.11 und 2.12 verdeutlichen, für die Klassengröße in den Testfächern. In den Privatschulen wird jeweils ein höherer Anteil der 15-Jährigen in grö-

Klassengröße	Realschüler in Deutsch		Realschüler in Mathematik	
	Staatlich (N = 350)	Privat (N = 348)	Staatlich (N = 349)	Privat (N = 347)
1 bis 20	4,0	4,0	7,0	7,0
21 bis 25	30,0	16,0	30,0	17,0
26 bis 30	57,0	60,0	54,0	59,0
31 bis 35	10,0	20,0	9,0	18,0

Schüler in Deutsch: $\chi^2 = 28{,}4$, df = 3, $p \leq .001$; Schüler in Mathematik: $\chi^2 = 23{,}3$, df = 3, $p \leq .001$.

Tabelle 2.11 Verteilung der Schülerinnen und Schüler in staatlichen und privaten Realschulen auf unterschiedlich große Klassen (in %)

Klassengröße	Gymnasialschüler in Deutsch		Gymnasialschüler in Mathematik	
	Staatlich (N = 441)	Privat (N = 429)	Staatlich (N = 441)	Privat (N = 434)
1 bis 20	16,0	11,0	14,0	16,0
21 bis 25	38,0	20,0	42,0	20,0
26 bis 30	33,0	52,0	31,0	51,0
31 bis 35	14,0	17,0	13,0	14,0

Schüler in Deutsch: $\chi^2 = 46{,}7$, df = 3, $p \leq .001$; Schüler in Mathematik: $\chi^2 = 54{,}6$, df = 3, $p \leq .001$.

Tabelle 2.12 Verteilung der Schülerinnen und Schüler in staatlichen und privaten Gymnasien auf unterschiedlich große Klassen (in %)

ßeren Klassen unterrichtet. Bei vergleichbaren Leistungsniveaus kann daraus auf einen Effizienzvorteil der Privatschulen geschlossen werden.

2.5 Fazit

Die in der Öffentlichkeit weit verbreitete – durch eine problematische Darstellung der Befunde im internationalen PISA-Bericht noch verstärkte – Vorstellung, Schulen in privater Trägerschaft seien staatlichen Schulen leistungsmäßig deutlich überlegen, wird durch die hier präsentierten Ergebnisse nicht bestätigt. Wenn wesentliche Aspekte der Zusammensetzung der Schülerpopulationen kontrolliert werden, lässt sich ein moderater Leistungsvorteil nur für die Mädchen der privaten Realschulen feststellen. Innerhalb dieser Gruppe ragen die reinen Mädchenschulen mit überdurchschnittlichen Ergebnissen heraus; sie weisen zum Teil das Leistungsniveau eines durchschnittlichen Gymnasiums der Gesamtstichprobe auf. Für die männliche Realschulpopulation zeigen sich indes keine signifikanten Unterschiede in den Schülerleistungen. Die 15-Jährigen der privaten Realschulen und Gymnasien erzielen Leistungen in den drei geprüften Kompetenzbereichen, wie sie in etwa auch von dieser Altersgruppe an den staatlichen Stichprobenschulen erreicht werden. Dieses Ergebnis muss im Zusammenhang mit der relativen Invarianz bei jenen Faktoren gesehen werden, denen in der Forschungsliteratur zur Begründung von Leistungsunterschieden zwischen staatlichen und privaten Schulen besondere Bedeutung beigemessen wird. Substanzielle Unterschiede im Autonomiegrad bestehen nicht; einen etwas größeren Handlungsspielraum haben die Privatschulen lediglich in Personalangelegenheiten und bei der Schülerauswahl. Die systemischen Rahmenbedingungen sind weitgehend identisch: Verbindliche Leistungsstandards und systematische Qualitätskontrollen fehlen sowohl im staatlichen als auch im privaten Schulsektor. Wettbewerbsregulative spielen in beiden Sektoren eine geringe Rolle. Selbstselektivität ist bei den Privatschulen der Stichprobe erwartungsgemäß stärker ausgeprägt, wobei für die elterlichen Schulwahlentscheidungen Tradition und konfessionelle Prägung noch vor dem Leistungsanspruch der Schule rangieren. Bestätigung finden die aufgrund der engeren *Principal-Agent*-Beziehung bei den Privatschulen zu erwartende größere Kontaktintensität zwischen Schule und Elternhaus und die größere Schulzufriedenheit der Eltern. Keine ausgeprägten Unterschiede zeigen sich beim institutionellen Sozialkapital (Kooperationen, Netzwerkeinbindung); doch sind die Privatschulen – erwartungsgemäß – wesentlich erfolgreicher bei der Mobilisierung zusätzlicher Ressourcen. Was das Schulklima betrifft, so weisen die Privatschulen zum Teil günstigere Werte als die staatlichen Schulen auf. In Bezug auf die im Schulleiterfragebogen erfassten Dimensionen (Schülerverhalten, Unterstützung durch die Eltern, Lehrerfluktuation, Lehrerengagement, Kohäsion im Kollegium) trifft dies allerdings nur für die Realschulen zu. Auch die Einschätzung verschiedener Aspekte des Schulklimas und der Unterrichtsqualität durch Schülerinnen und Schüler fällt für die Privatschulen (beider Schulformen) zum Teil günstiger aus als für die staatlichen Schulen. Die bessere Lehrerunterstützung springt dabei besonders ins Auge.

Ein geringerer Anteil an Wiederholern und – damit zusammenhängend – ein höherer Anteil von 15-Jährigen in der 10. Klasse stützen zumindest für Realschulen die Vermutung einer wirksameren Förderkultur an Schulen in privater Trägerschaft. Die Angaben der Schulleitungen zum Schulprofil verweisen auf Unterschiede in den inhaltlichen Schwerpunkten, die sich vor allem im mathematisch-naturwissenschaftlichen Bereich manifestieren. Keine Anhaltspunkte für nennenswerte Ausstattungsunterschiede bei den Lehr- und Lernmitteln, beim Personal und den Gebäuden liefern die aus der Schulleiterbefragung vorliegenden subjektiven und objektiven Indikatoren. Allerdings zeigt die Auswertung der Schülerfragebogen, dass die Klassen, in denen 15-Jährige unterrichtet werden, in den untersuchten Privatschulen im Durchschnitt größer sind.

Zusammenfassend lässt sich festhalten, dass der Vergleich privater Realschulen und Gymnasien mit – in einem *Matching*-Verfahren selegierten – staatlichen Schulen derselben Schulform insgesamt wenig substanzielle Unterschiede sichtbar gemacht hat. Auffällig ist eigentlich nur das gute Abschneiden der Mädchen der (vor allem nicht koedukativen) privaten Realschulen, ein Resultat, das weiteren Forschungsbedarf indiziert. Dabei wird vor allem Besonderheiten des Lernmilieus (z.B. der religiösen Prägung) Aufmerksamkeit zu schenken sein, die mit den aus PISA-E verfügbaren Daten nicht untersucht werden konnten. Das für die privaten Realschulen gefundene Ergebnis relativiert indes nur partiell das insgesamt zu ziehende Resümee, dass in Deutschland als Folge des in Art. 7 des Grundgesetzes festgelegten korporatistischen Modells des „Dritten Sektors“ allgemein bildende Schulen in privater Trägerschaft weitgehend ein Spiegelbild der öffentlichen Schulen sind. Der Begriff „Ersatzschule“ bringt dies treffend zum Ausdruck.

Anmerkungen

1 Zum „Dritten Sektor“ sind diejenigen Organisationen zu rechnen, die formell strukturiert, organisatorisch unabhängig vom Staat und nicht gewinnorientiert arbeiten. Sie müssen weiterhin eigenständig verwaltet sowie zu einem gewissen Grad von freiwilligen Beiträgen getragen werden und sie dürfen keine Zwangsverbände darstellen (Anheier & Salamon, 1997).

2 Der Studienerfolg wurde durch eine dichotome Variable mit den Ausprägungen *graduate* und *dropping-out* erfasst. Darüber hinaus wurden die Noten bei Studienabschluss und der Status des ersten Beschäftigungsverhältnisses berücksichtigt.

3 In Anlehnung an die Terminologie der Neuen Institutionenökonomie ist damit gemeint, dass im Privatschulsektor die elterlichen Präferenzen in direktem Kontakt und auf vertraglicher Basis zwischen Auftraggeber („Principal“, d.h. Eltern) und dem Auftragnehmer („Agenten“, d.h. schulischen Akteuren) artikuliert werden können, während dies im staatlichen Schulwesen nur indirekt über zwischengeschaltete Agenten des politischen Systems erfolgt.

4 <http://www.eurydice.org/documents/private/en/Frameset.htm>

5 <http://www.ctredpol.org/vouchers/lessonsothercountries.pdf>

6 Die dem internationalen Vergleich zu Grunde liegende deutsche Stichprobe umfasst sechs private Gymnasien und drei private Realschulen.

7 Da mit ungewichteten Daten gearbeitet wird, bleiben Designeffekte bei der Berechnung von Standardfehlern und Signifikanzen unberücksichtigt.

8 Verwendet wurde der höchste sozioökonomische Status der Familie (HISEI), der auf dem *International Socio-Economic Index* basiert.

9 Anteil der Schülerinnen und Schüler, deren Eltern beide im Ausland geboren sind.

10 Die Streuung bei den drei gewählten Parametern wurde beim *Matching* nicht direkt berücksichtigt; allerdings zeigt der Vergleich der beiden Stichproben, dass die Streuungen in etwa übereinstimmen.

11 Darüber hinaus fällt in der gleichen Domäne (Mathematik) für Realschulen ein Tripleinteraktionseffekt zwischen Geschlecht, Trägerschaft und Ausländeranteil auf, der jedoch aufgrund des geringen Ausländeranteils in der Stichprobe und der kleinen Varianzaufklärung vernachlässigt werden kann.

12 Bei Jungen ist die Verteilung der kognitiven Grundfähigkeiten nicht auffällig, sieht man einmal davon ab, dass Schüler mit KFT-Werten von über 60 Punkten an Privatschulen geringer vertreten sind als an staatlichen Schulen (ohne Abbildung).

13 Um die Stabilität der hier präsentierten Ergebnisse zu überprüfen, wurde darüber hinaus ein Mehrebenenmodell gerechnet. In einem ersten Modell wurden neben dem Schulmerkmal „Trägerschaft" leistungsrelevante Individualmerkmale (sozioökonomische Stellung der Eltern, kognitive Grundfähigkeiten, Migrationshintergrund, Geschlecht) berücksichtigt. In einem zweiten Modell wurden zusätzlich Merkmale der Zusammensetzung der Schülerinnen und Schüler einbezogen: durchschnittliche sozioökonomische Stellung der Eltern, durchschnittliche kognitive Grundfähigkeiten und Mädchenanteil der Schule. Der auf Schülerebenen festgestellte signifikante Leistungsvorteil privater Realschulen kann weder für die Lesekompetenz noch für die mathematische Grundbildung im Mehrebenenmodell bestätigt werden. Zwischen privaten und staatlichen Gymnasien zeigt sich im Mehrebenenmodell kein signifikanter Leistungsunterschied. Dieses Ergebnis stützt die bisherigen Befunde. Auf einem niedrigeren Signifikanzniveau (10 %) besteht ein Leistungsvorteil der staatlichen Gymnasien (vor Kontrolle der Aggregatmerkmale) in Mathematik.

14 Vergleicht man die Verteilungen der kognitiven Grundfähigkeiten der weiblichen 15-Jährigen zwischen den Mädchenrealschulen und den koedukativen privaten Realschulen, so zeigt sich eine stärkere Besetzung bei den höheren KFT-Werten an den Mädchenschulen. Bei den privaten Gymnasien lassen sich indes keine Unterschiede in der Verteilung feststellen.

15 Die Ergebnisse in Mathematik werden hier nicht berichtet, weil sich keine signifikanten Unterschiede zwischen den Mädchenrealschulen und koedukativen privaten Realschulen zeigen.

16 Die höheren Wiederholeranteile an den staatlichen Realschulen sind nicht darauf zurückzuführen, dass die Schülerinnen und Schüler bereits in der Grundschule häufiger sitzen geblieben sind.

17 In einer bivariaten Korrelation (PISA-E-Gesamtstichprobe) unter Konstanthaltung der Schulform ist der Zusammenhang zwischen dem Anteil der selbstselegierten Schülerschaft und der aggregierten Leseleistung nicht signifikant.

18 Zu sehen ist in diesem Zusammenhang auch, dass wegen der besonderen Bedeutung des Berechtigungswesens in Deutschland die Sicherheit des Erwerbs eines gewünschten Abschlusses in den Entscheidungskalkülen der Eltern Priorität einnehmen kann. Ist der angestrebte Abschluss gefährdet, kann dies *adverse selection* zur Folge haben, das heißt die Auswahl einer Schule mit geringeren Leistungsanforderungen.

19 Summenscore der Fragen 1 bis 3 im nationalen Schulleiterfragebogen: „In welchen Bereichen kooperiert Ihre Schule mit anderen Schulen in der Gemeinde?", „Kooperiert Ihre Schule mit Schulen außerhalb der Gemeinde?", „Kooperiert Ihre Schule mit anderen Einrichtungen in Ihrer Gemeinde/Region?"

20 Ausgewertet wurden zwei Skalen („Störung des Lernens durch Schüler", „Beeinträchtigung des Lernens durch mangelndes Engagement der Lehrer"), die aus sechs bzw. vier Einzelitems gebildet wurden.

21 Ausgewertet wurden zwei Skalen („Konsens im Kollegium", „Arbeitsmoral im Kollegium"), die aus fünf bzw. vier Einzelitems gebildet wurden.

22 Die Skalen sind im Anhang näher erläutert. Der Mittelwert auf der Skala „Schülerwahrnehmung der Lehrer" liegt für alle hier untersuchten Schultypen (private und staatliche Realschulen und Gymnasien) oberhalb des theoretischen Mittelwerts von 2,5 und auf der Skala „Schulzufriedenheit" oberhalb des theoretischen Mittelwerts von 3. Das heißt, die Lehrerwahrnehmung ist insgesamt positiv und die Schulzufriedenheit vergleichsweise hoch.

23 Es zeigt sich, dass die Klimawahrnehmung nur bei den staatlichen Realschulen systematisch mit dem Geschlecht variiert (ohne Tabelle).

24 Ausgewertet wurden vier Skalen (Unterstützung durch den Lehrer im Deutschunterricht, Unterstützung durch den Lehrer im Mathematikunterricht, Disziplinprobleme im Deutschunterricht, Disziplinprobleme im Mathematikunterricht), die aus sechs bis sieben Einzelitems gebildet wurden (Kunter u.a., 2002).

Literatur

Anheier, H. K., & Salamon, L. M. (1997). Der Nonprofit-Sektor im internationalen Vergleich: Ein theoretischer Versuch. In R. Schauer, K. Anheier, & E.-B. Blümle (Hrsg.), *Der Nonprofit-Sektor im Aufwind. Zur wachsenden Bedeutung von Nonprofit-Organisationen auf nationaler und internationaler Ebene* (S. 13–55). Linz: Trauner.

Baumert, J., Trautwein, U., & Artelt, C. (2003). Schulumwelten – institutionelle Bedingungen des Lehrens und Lernens. In J. Baumert, C. Artelt, E. Klieme, M. Neubrand, M. Prenzel, U. Schiefele, W. Schneider, K.-J. Tillmann, & M. Weiß (Hrsg.), *PISA 2000. Ein differenzierter Blick auf die Länder der Bundesrepublik Deutschland* (S. 261–331). Opladen: Leske + Budrich.

Chubb, J. E., & Moe, T. M. (1990). *Politics, markets and Americas schools.* Washington, DC: The Brooking Institution.

Coleman, J. S., & Hoffer, T. (1987). *Public and private high schools. The impact of communities.* New York: Basic Books.

Coleman, J. S., Hoffer, T., & Kilgore, S. (1982). *High school achievement: Public, catholic, and private schools compared.* New York: Basic Books.

Dronkers, J., Baumert, J., & Schwippert, K. (1999). *Are German non-public secondary schools more effective at teaching mathematics and natural sciences?* <http://www.iue.it/Personal/Dronkers/English/germanschoolsvalues.pdf>

Dronkers, J., Baumert, J., & Schwippert, K. (2001). Erzielen deutsche weiterführende Privatschulen bessere kognitive und nicht-kognitive Resultate? In L. Deben & J. van de Van (Hrsg.), *Globalisierung und Segregation* (S. 29–45). Amsterdam: Spinhuis.

Dronkers, J., & Hemsing, W. (1999). Effektivität öffentlichen, kirchlichen und privaten Gymnasialunterrichts. *Zeitschrift für Erziehungswissenschaft, 2,* 247–249.

Eder, F. (1999). Schul- und Klassenklima. In D. H. Rost (Hrsg.), *Handwörterbuch der Pädagogischen Psychologie* (S. 424–430). Weinheim: Beltz.

Eurydice. (2000). *Private education in the European Union.* <http://www.eurydice.org/documents/private/en/Frameset.htm>

Holtappels, G., & Rösner, E. (1986). Privatschulen: Expansion auf Staatskosten? In H.-G. Rolff u.a. (Hrsg.), *Jahrbuch der Schulentwicklung* (Bd. 4, S. 211–235). Weinheim: Beltz.

Klein, H. E., & Hüchtermann, M. (2003). Schulsystem: Indikatoren für Leistung und Effizienz. In H.-P. Klös & R. Weiß (Hrsg.), *Bildungs-Benchmaking Deutschland* (S. 87–207). Köln: Deutscher Instituts-Verlag.

Kober, N. (1999). *Lessons from the other countries about private school aid.* <http://www.ctredpol.org/vouchers/lessonsothercountries.pdf>

Kunter, M., Schümer, G., Artelt, C., Baumert, J., Klieme, E., Neubrand, M., Prenzel, M., Schiefele, U., Schneider, W., Stanat, P., Tillmann, K.-J., & Weiß, M. (2002). *PISA 2000. Dokumentation der Erhebungsinstrumente.* Berlin: Max-Planck-Institut für Bildungsforschung (Materialien aus der Bildungsforschung 72).

Morgan, S. L., & Sørensen, A. B. (1999). Parental networks, social closure, and mathematics learning: A test of Coleman's social capital explanation of school effects. *American Sociological Review, 64,* 661–681.

OECD – Organisation for Economic Co-operation and Development. (2001). *Knowledge and skills for life: First results from the OECD Programme for International Student Assessment (PISA).* Paris: OECD [In deutscher Sprache: OECD. (2001). Lernen für das Leben: Erste Ergebnisse der internationalen Schulleistungsstudie PISA 2000. Paris: OECD].

Rolff, H. G., Bauer, K., & Klemm, K. (Hrsg.). (1994). *Jahrbuch der Schulentwicklung* (Bd. 8). Weinheim: Juventa.

Schümer, G. (2001). Institutionelle Bedingungen schulischen Lernens im internationalen Vergleich. In J. Baumert, E. Klieme, M. Neubrand, M. Prenzel, U. Schiefele,

W. Schneider, P. Stanat, K.-J. Tillmann, & M. Weiß (Hrsg.), *PISA 2000. Basiskompetenzen von Schülerinnen und Schülern im internationalen Vergleich* (S. 411–427). Opladen: Leske + Budrich.

Stanat, P. (2003). Schulleistungen von Jugendlichen mit Migrationshintergrund: Differenzierung deskriptiver Befunde aus PISA und PISA-E. In J. Baumert, C. Artelt, E. Klieme, M. Neubrand, M. Prenzel, U. Schiefele, W. Schneider, K.-J. Tillmann, & M. Weiß (Hrsg.), *PISA 2000. Ein differenzierter Blick auf die Länder der Bundesrepublik Deutschland* (S. 243–260). Opladen: Leske + Budrich.

Stanat, P., & Kunter, M. (2003). Kompetenzerwerb, Bildungsbeteiligung und Schullaufbahn von Mädchen und Jungen im Ländervergleich. In J. Baumert, C. Artelt, E. Klieme, M. Neubrand, M. Prenzel, U. Schiefele, W. Schneider, K.-J. Tillmann, & M. Weiß (Hrsg.), *PISA 2000. Ein differenzierter Blick auf die Länder der Bundesrepublik Deutschland* (S. 211–242). Opladen: Leske + Budrich.

Tillmann, K.-J., & Meier, U. (2001). Schule, Familie und Freunde – Erfahrungen von Schülerinnen und Schülern in Deutschland. In J. Baumert, E. Klieme, M. Neubrand, M. Prenzel, U. Schiefele, W. Schneider, P. Stanat, K.-J. Tillmann, & M. Weiß (Hrsg.), *PISA 2000. Basiskompetenzen von Schülerinnen und Schülern im internationalen Vergleich* (S. 468–509). Opladen: Leske + Budrich.

Weiß, M. (2001). Expanding the third sector in education? A critical view. In H.-D. Meyer & W. Boyd (Eds.), *Education between state, markets, and civil societies* (pp. 161–176). Mahwah, NJ: Erlbaum.

Weiß, M., & Steinert, B. (2001). Institutionelle Vorgaben und ihre aktive Ausgestaltung – Die Perspektive der deutschen Schulleitungen. In J. Baumert, E. Klieme, M. Neubrand, M. Prenzel, U. Schiefele, W. Schneider, P. Stanat, K.-J. Tillmann, & M. Weiß (Hrsg.), *PISA 2000. Basiskompetenzen von Schülerinnen und Schülern im internationalen Vergleich* (S. 427–454). Opladen: Leske + Budrich.

Weiß, M., & Steinert, B. (2002). Privatisierung im Schulbereich. *Trends in Bildung International, 2.* <http://www.dipf.de/publikationen/tibi/privatisierung_weiss_1.pdf>

Wößmann, L. (2002). *How control exams affect educational achievement: International evidence from TIMSS and TIMSS repeat.* Paper presented at the conference „Taking Account of Accountability", Harvard University, Boston, MA.

Gundel Schümer*

Zur doppelten Benachteiligung von Schülern aus unterprivilegierten Gesellschaftsschichten im deutschen Schulwesen

Einleitung

Zwischen den OECD-Mitgliedsländern gibt es erstaunlich viele Unterschiede in der Schul- und Unterrichtsorganisation. Besonders auffällig sind die Differenzen im Umgang mit ungleichen Schülervoraussetzungen. Auf der einen Seite stehen Länder, die großen Wert auf heterogene Lerngruppen legen, die ihre Kinder einschulen, wenn sie ein bestimmtes Alter – nicht einen bestimmten Entwicklungsstand – erreicht haben, die alle Schulpflichtigen gemeinsam unterrichten, die die Regelversetzung eingeführt haben und keinerlei externe oder interne Differenzierung der Schüler[1] nach Leistung zulassen. Auf der anderen Seite gibt es Länder, die leistungshomogene Lerngruppen für unverzichtbar halten und auf verschiedene Weise dafür sorgen, dass Schüler ihren Fähigkeiten und ihrem Lernerfolg entsprechend in Gruppen oder Klassen eingeteilt bzw. Schulen zugewiesen werden. In der Regel werden indirekte Formen der Selektion bevorzugt. Es gibt aber auch eine Reihe von Ländern, in denen die Überzeugung vom Sinn leistungshomogener Lerngruppen so tief verwurzelt ist, dass die verschiedenen Formen der Selektion offen praktiziert und allgemein akzeptiert werden. Zu diesen Ländern gehört die Bundesrepublik Deutschland.

Die im Pflichtschulwesen der verschiedenen Bundesländer üblichen Verfahren zur Bildung leistungshomogener Gruppen sind – juristisch gesprochen – durchweg Verfahren zur „negativen Auslese“. Im Prinzip stehen allen Schülern alle Bildungsmög-

---

* Ich danke Johannes Ecker und Jens Fleischer für ihr außerordentliches Engagement bei der Durchführung der HLM-Analysen und Rainer Watermann für wertvolle Anregungen zur Anlage der Untersuchung und zur Darstellung der Ergebnisse und für die kritische Durchsicht des Textes.

lichkeiten offen; nur diejenigen, die in eine Klasse oder einen Niveaukurs aufsteigen bzw. eine Schule oder Schulform besuchen möchten, für die sie nach den Maßstäben der Schule nicht geeignet sind, werden zurückgewiesen. Die „positive Auslese“ von Schülern mit bestimmten Bildungsaspirationen spielt in den alten Ländern seit langem kaum noch eine Rolle, und eine staatlich lenkende Auslese von Schülern mit besonderen Fähigkeiten hat es hier aufgrund des Elternrechts nie gegeben. In den neuen Ländern hat man sich den im Westen bestehenden Regelungen angepasst und alle Selektionsformen übernommen, die in den alten Ländern seit langem fest institutionalisiert sind:

- die Zurückstellung noch nicht „schulreifer“ Kinder vom Schulbesuch,
- die Überweisung lernschwacher Schüler in Sonderschulen für Lernbehinderte, wenn ihre Eltern damit einverstanden sind,
- das „Sitzenlassen“ von Schülern, die das Klassenziel nicht erreicht haben,
- die Einrichtung verschiedener Schulformen bzw. Schulzweige für Schüler mit unterschiedlichen Lernvoraussetzungen und Leistungen,
- die Einrichtung von Niveaukursen innerhalb von Schulen der gleichen Schulform, und
- die Zurückstufung von Schülern aus der gewählten in eine weniger anspruchsvolle Schulform bzw. in einen weniger anspruchsvollen Schulzweig oder Niveaukurs, wenn ihre Leistungen den Anforderungen nicht genügen.

Die Maßnahmen zur Homogenisierung von Lerngruppen sind wirkungsvoll. Obwohl es zu Überlappungen der Leistungsverteilungen der Schüler verschiedener Leistungsniveaus bzw. verschiedener Schulformen kommt, ist das Leistungsspektrum innerhalb der einzelnen Schulen in Deutschland wesentlich geringer als in anderen OECD-Ländern (Baumert & Schümer, 2001b, S. 457). Allerdings hat die Selektion der Schüler nach ihren Fähigkeiten und Leistungen auch unerwünschte Nebenwirkungen. Aufgrund des engen Zusammenhangs des Schulerfolgs mit der sozialen Herkunft führen die Auslesemechanismen zu einem hohen Maß an sozialer – und ethnischer – Segregation im deutschen Schulwesen. Beispielsweise werden Kinder aus Arbeiterfamilien relativ häufig zunächst einmal vom Schulbesuch zurückgestellt (Baumert & Schümer, 2001a, S. 358), sie sind in Sonderschulen für Lernbehinderte überrepräsentiert (Wocken, 2000, S. 496–500) und müssen, wie sich auf der Basis der Daten von PISA 2000 nachweisen lässt, häufiger als andere Klassen wiederholen. Kinder aus Migrantenfamilien sind besonders oft betroffen (Krohne & Meier, in diesem Band). Dass sich die Heranwachsenden schichtspezifisch auf die verschiedenen Schulformen verteilen, ist seit langem bekannt. Die PISA-Studie hat den Zusammenhang der sozialen Herkunft mit der Bildungsbeteiligung und dem Kompetenzerwerb der Heranwachsenden erneut bestätigt und darauf aufmerksam gemacht, dass er in keinem der an der Studie beteiligten OECD-Länder so eng ist wie in Deutschland (Baumert & Schümer, 2001a, S. 379–402; OECD, 2001, Kap. 6).

Die soziale Segregation ist aber nicht die einzige Folge der externen Differenzierung nach Leistung, sondern die Schul- und Unterrichtsorganisation beeinflusst auch die innere Struktur des in deutschen Schulen üblichen Unterrichts und nicht zuletzt auch die Einschätzung, die Schüler von ihren eigenen Fähigkeiten entwickeln. Wenn alle Schüler einer Klasse vergleichbare Voraussetzungen besitzen und die gleichen Ziele erreichen sollen, liegt es nahe, „eindimensional" zu unterrichten (Rosenholtz & Simpson, 1984), das heißt die Schüler im Klassenverband mit demselben Stoff zu konfrontieren, Unterrichtsgespräche mit der ganzen Klasse zu führen und allen prinzipiell die gleichen Aufgaben zu geben, anstatt sie in kleineren Lerngruppen oder gar individuell arbeiten zu lassen. Wie Rosenholtz und Simpson auf der Basis empirischer Untersuchungen gezeigt haben, schafft die Tatsache, dass den Schülern im Unterricht im Allgemeinen dieselben Fragen und die gleichen Aufgaben gestellt werden, eine einheitliche Grundlage für die Wahrnehmung der intellektuellen Fähigkeiten der einzelnen Schüler durch Lehrer und Mitschüler und folglich auch für die Selbstwahrnehmung der Schüler. Dies gilt auch dann, wenn die Unterrichtsbeiträge der Schüler oder ihre schriftlichen Leistungen nur indirekt beurteilt werden.

Dazu kommt Folgendes: Lehrer müssen im Hinblick auf die verschiedenen Schulkarrieren und die mit ihnen verbundenen Berechtigungen möglichst objektiv feststellen, ob Schüler das Klassenziel erreicht haben und in ihrer Lerngruppe bleiben können, ob ihnen der Besuch einer bestimmten Schulform zu empfehlen ist, ob sie deren Anforderungen genügen und den entsprechenden Schulabschluss bekommen können. „Möglichst objektiv" heißt, dass Lehrer vergleichbare Kriterien zur Beurteilung von Schülern entwickeln und prinzipiell offen legen müssen und dass sie alle Schüler nach denselben Kriterien zu bewerten haben. Da die ausleserelevanten Beurteilungen, beispielsweise die Zeugnisse oder das Grundschulgutachten, nicht von punktuellen Leistungsmessungen abhängen sollen, liegt es nahe, häufig schriftliche Lernerfolgskontrollen durchzuführen, die Ergebnisse zu benoten und Entscheidungen auf Notendurchschnitte zu stützen. Auf diese Weise lässt sich die gerechte Zuordnung der Einzelnen zu der ihren Fähigkeiten und Leistungen angemessenen Lerngruppe oder Schule am ehesten gewährleisten. Das Bild, das die Schüler im Unterricht von ihren Fähigkeiten entwickelt haben, wird durch die formalen Leistungsbeurteilungen objektiviert. Das Ergebnis ist „adäquate Selbsteinschätzung", das heißt ein hohes Maß an Übereinstimmung der bewerteten Leistung mit der Selbsteinschätzung der Schüler (Mac Iver, 1988).

Im Fall leistungsschwacher Schüler, die die Erfahrung machen, dass sie für eine „allgemeine Schule" nicht geeignet sind, die schlechte Noten und Zeugnisse bekommen, die Klassen wiederholen müssen oder keine anspruchsvolle Sekundarschule besuchen können, ist die „adäquate Selbsteinschätzung" gleichbedeutend mit einem negativen Selbstwertgefühl. Schüler, die nicht die Schule ihrer ersten Wahl besuchen oder sich nicht in ihr halten können, gewinnen zwar im Allgemeinen – als „großer Fisch im kleinen Teich"[2] – ein positives Bild ihrer Leistungsfähigkeit, wenn sie sich nicht mit leistungsstarken Mitschülern messen müssen. Sie sind aber sehr wohl mit der Struktur des deutschen Schulsystems vertraut und wissen, wie die verschiedenen Selektionsmechanismen einzuschätzen sind, wo sie selbst im hierarchisch gegliederten System stehen und wie ihre Position von anderen bewertet wird. Da Aufwärtsmobilität relativ selten vorkommt, dürften leistungsschwache Schüler überdies leicht den Eindruck gewinnen, Fähigkeitsniveaus seien nicht zu beeinflussen und zu verändern. Dass niedrige Selbstwirksamkeitsurteile und negative Selbsteinschätzungen affektive und kognitive Probleme nach sich ziehen und entwicklungshemmend wirken, ist vielfach belegt (siehe beispielsweise Little u.a., 1995; Oettingen, Lindenberger, & Baltes, 1992).

Der Anteil der Schüler, die irgendwann im Verlauf ihrer Schulzeit durch die Schulorganisation definierte „Misserfolge" zu verkraften hatten, ist wesentlich höher, als im Allgemeinen angenommen wird (siehe Tab. 3.1). Insgesamt 39 Prozent der in Deutschland erfassten 15-Jährigen gehören zur Gruppe derjenigen, die mindestens einmal im Verlauf ihrer Schulzeit negativ ausgelesen wurden[3]; annähernd 9 Prozent mussten sogar mehr als einmal die Erfahrung machen, dass sie den Anforderungen ihrer Lerngruppe nicht gewachsen sind. Wenn man davon ausgeht, dass Schulpflichtige, die zurückgestellt werden, dies nicht immer als Diskriminierung wahrnehmen oder dies zumindest dann schnell vergessen, wenn sie einen guten Start in der Schule hatten, muss man die in der Tabelle ausgewiesenen 39 Prozent für eine Überschätzung des Anteils der Schüler mit negativen Schulerfahrungen und stark belasteten Selbstwertgefühlen halten. Auf der anderen Seite sind in den 39 Prozent weder Hauptschüler der untersten Leistungskurse noch Hauptschüler aus Ballungsgebieten enthalten, in denen nur noch 10 bis 15 Prozent der Jugendlichen zur Hauptschule gehen; sie dürften sich auch dann zu den „schlechten Schülern" zählen, die eine gering geschätzte Schule besuchen, wenn sie eine „glatte" Schulkarriere hinter sich haben.

In einem Schulsystem, das großen Wert darauf legt, dass Lerngruppen hinsichtlich ihrer Fähigkeiten und Leistungen möglichst homogen zusammengesetzt sind, und für das die negative Auslese von Schülern kennzeichnend ist, kommt es zwangsläufig zu einer Konzentration von Schülern mit „Misserfolgskarrieren" in den weniger anspruchs-

	Schüler (in %)	Zahl der Schüler
Sonderschüler	3,5	179
Zurückgestellte[2]	10,6	547
Wiederholer[3]	24,1	1.249
Absteiger[4]	9,8	509
Schüler mit mindestens einem Misserfolg	39,1	2.024
darunter: Schüler mit zwei oder mehr Misserfolgen	8,9	460
Schüler mit „glatter" Schulkarriere	60,9	3.153
Schüler insgesamt	100,0	5.177

1 In der deutschen Ergänzungsstudie zu PISA 2000 wurden keine Sonderschüler erfasst. Deshalb beziehen sich die Angaben in der Tabelle nur auf die Stichprobe der Schüler, die an der internationalen PISA-Studie teilgenommen und den internationalen oder nationalen Schülerfragebogen bearbeitet haben. Schüler, bei denen eine Angabe fehlt, zählen zu den Schülern *ohne* den entsprechenden Misserfolg, das heißt, die Berechnungen sind konservativ.
2 Darunter 34 (0,7 %) Sonderschüler.
3 Darunter 95 (1,8 %) Sonderschüler und ebenfalls 95 (1,8 %) Zurückgestellte.
4 Darunter 59 (1,1 %) Zurückgestellte und 192 (3,7 %) Wiederholer.

Tabelle 3.1 Schulkarrieren der in Deutschland erfassten 15-Jährigen[1]

	Zurückgestellte (in %)	Wiederholer (in %)	Absteiger (in %)	Schüler mit mindestens einem Misserfolg (in %)	Zahl der Schüler (N = 100 %)
Hauptschule	18,5	41,7	17,0	63,5	1.020
Schule mit mehreren Bildungsgängen	11,8	23,0	11,1	38,1	431
Integrierte Gesamtschule	13,2	18,6	16,1	42,9	447
Realschule	10,6	27,2	14,8	42,6	1.325
Gymnasium	5,2	11,1	–	15,6	1.455
Berufsschule[3]	0	7,8	6,2	13,7	321

1 Schüler, bei denen eine Angabe fehlt, zählen zu den Schülern *ohne* den entsprechenden Misserfolg, das heißt, die Berechnungen sind konservativ.

2 Ohne Sonderschulen.

3 15-Jährige, die zurückgestellt wurden, können noch nicht in der Berufsschule sein. 15-jährige Berufsschüler, die eine Klasse wiederholt haben oder zu den Absteigern gehören, gibt es nur in Bundesländern mit neun Pflichtschuljahren. Als Absteiger gelten Berufsschüler, die nach Beendigung ihrer neun Pflichtschuljahre aus einer Integrierten Gesamtschule, einer Realschule oder einem Gymnasium in die Berufsschule übergegangen sind.

Tabelle 3.2 Schulkarrieren[1] der in Deutschland erfassten 15-Jährigen nach Schulform[2]

vollen Schulen des Systems. Wie aus Tabelle 3.2 hervorgeht, gehören rund 40 Prozent der Schüler, die Realschulen, Integrierte Gesamtschulen oder Schulen mit mehreren Bildungsgängen[4] besuchen, zu den Schülern mit mindestens einem Misserfolg. In der Regel haben sie eine Klasse wiederholt oder sind aus einer anspruchsvolleren Schule abgestiegen. In der Hauptschule machen die wenig erfolgreichen Schüler annähernd 64 Prozent aller Schüler aus; unter ihnen sind rund 14 Prozent, die mindestens zweimal im Verlauf ihrer Schulzeit die an sie gestellten Anforderungen nicht erfüllt haben.

Demnach unterscheiden sich die Schulen des gegliederten deutschen Schulsystems nicht nur im kognitiven Niveau und der aufs Engste damit verbundenen sozialen Zusammensetzung ihrer Schülerpopulationen, sondern auch in den Anteilen derjenigen, die durch das Schulsystem als „schlechte Schüler" definiert worden sind. Wie Kenner der Hauptschule immer wieder betonen (siehe beispielsweise Bronder, Ipfling, & Zenke 1998), gibt es hier verhältnismäßig viele Schüler, die das Vertrauen in die eigene Leistungsfähigkeit im Verlauf von oft langjährigen Misserfolgskarrieren verloren haben. Sie entwickeln negative Selbstwertgefühle, die sich in Schulverdrossenheit und Unterrichtsstörungen äußern. Damit erhebt sich die Frage, ob die frühe Verteilung der Heranwachsenden auf institutionell getrennte Bildungsgänge ihren Zweck erfüllt und dazu beiträgt, *alle* Schüler optimal, das heißt ihren individuellen Voraussetzungen entsprechend, zu fördern, oder ob es unter bestimmten Bedingungen dazu kommt, dass dieser Zweck verfehlt wird und dass Schüler, die bereits aufgrund ihrer sozialen Herkunft benachteiligt sind, durch die Schulorganisation ein weiteres Mal benachteiligt werden. Diese Frage soll im vorliegenden Beitrag beantwortet werden. Im Wesentlichen geht es darum zu untersuchen, ob die Leistungen von Schülern nicht nur von ihren individuellen Lernvoraussetzungen, sondern auch von der Zusammensetzung ihrer Lerngruppen abhängig sind. Mit anderen Worten: Es wird analysiert, welche Folgen die Konzentration von Schülern hat, die aus sozioökonomisch oder kulturell unterprivilegierten Gesellschaftsschichten stammen, die leistungsschwach sind, die bislang in der Schule wenig erfolgreich waren und dementsprechend nur geringes Interesse am Lernen haben.

3.2 Forschungsstand

In der angelsächsischen Schulforschung beschäftigt man sich schon seit vielen Jahren intensiv mit der Frage, welchen Einfluss die Zusammensetzung der Schülerpopulationen auf die individuellen Schülerleistungen hat (siehe beispielsweise die Literaturberichte von Slavin, 1990; Wilkinson, 2002). Das heißt, die Frage nach der Effektivität von Schulen ist dort schon früh aufgeteilt worden in die Frage nach der Bedeutung der kognitiven und sozialen Zusammensetzung oder Komposition der Schülerschaft für die individuellen Schülerleistungen und die Frage nach dem genuinen Beitrag, den die Schule zur Leistungsentwicklung der Schüler leistet. Mit der Entwicklung von statistischen Verfahren zur Analyse hierarchisch strukturierter Daten (siehe Kasten) ist es möglich geworden, die Effekte der individuellen Lernvoraussetzungen der Schüler von den Kompositionseffekten zu trennen und festzustellen, wie viel die Schule aufgrund ihrer materiellen oder personellen Ressourcen und ihrer pädagogischen oder organisatorischen Arbeit zum Lernerfolg der Schüler beiträgt.

Erläuterung der Mehrebenenanalyse
Mehrebenenanalysen oder Analysen nach dem Hierarchisch-Linearen Modell (HLM), wie sie nach einem verbreiteten Auswertungsprogramm auch genannt werden, sind Sonderformen der Regressionsanalyse, die die hierarchische Struktur von Daten berücksichtigen. Regressionsanalysen werden durchgeführt, um die Beziehungen zwischen einer abhängigen Variablen, etwa den Leseleistungen von Schülern, und einer oder mehreren unabhängigen Variablen zu untersuchen, etwa den kognitiven Fähigkeiten der Schüler oder der sozioökonomischen Stellung ihrer Familie. Regressionsanalysen setzen die Unabhängigkeit der erhobenen Daten voraus. Diese Voraussetzung wird verletzt, wenn beispielsweise Kinder derselben Familie oder Schüler derselben Klasse oder Schule untersucht werden. Mehrebenenanalysen ermöglichen es, zwei oder mehr Ebenen, denen die Daten angehören, gleichzeitig zum Gegenstand der Untersuchung zu machen. So lassen sich die Leistungen von Schülern nicht nur auf ihre individuellen Lernvoraussetzungen zurückführen, sondern es kann auch bestimmt werden, wie stark sie gleichzeitig vom Leistungsniveau oder der Größe ihrer Klassen oder von soziokulturellen Merkmalen ihrer Schulen beeinflusst worden sind (siehe Bryk & Raudenbush, 2002; Ditton, 1998).

Die Frage, welche Bedeutung die Zusammensetzung der Schülerschaft für die individuellen Schülerleistungen hat, ist allerdings bis jetzt noch nicht zufriedenstellend beantwortet (siehe den Literaturüberblick von Thrupp, Lauder, & Robinson, 2002). Befunde von Untersuchungen der kognitiven Zusammensetzung von Schülerpopulationen sprechen dafür, dass die individuellen Leistungen positiv oder negativ von einer günstigen oder ungünstigen Schülerkomposition beeinflusst werden (Beckerman & Good, 1981; Burns & Mason, 2002; Leiter, 1983; Opdenakker & van Damme, 2001) und dass diese Einflüsse aber gering sind im Vergleich zum Einfluss der individuellen Lernvoraussetzungen der Schüler (Dar & Resh, 1986; Harker & Nash, 1996). Soweit heterogen und homogen zusammengesetzte Lerngruppen miteinander verglichen werden, kommen die meisten Autoren zu dem Ergebnis, dass leistungsschwache Schüler mehr leisten, wenn sie nicht in Gruppen mit gleich schwachen Schülern, sondern in heterogenen Gruppen lernen, während leistungsstarke Schüler in homogenen Gruppen mit gleich starken Schülern höhere Leistungen erbringen (Dar & Resh, 1986; Duru-Bellat & Mingat, 1998; Resh & Dar, 1992; Opdenakker & van Damme, 2001; Webb, Nemer, & Chizhik, 1998; siehe auch die Diskussion in Trautwein, Köller, & Kämmerer, 2002; und den Literaturüberblick von Thrupp, Lauder, & Robinson, 2002). Manche Autoren betonen, dass die Nachteile der leistungsstarken Schüler in heterogenen Gruppen weniger groß sind als die Vorteile, die leistungsschwache Schüler in solchen Gruppen haben (z.B. Dar & Resh, 1986).

Die Studien zu Effekten der sozialen Zusammensetzung von Schülerpopulationen ergeben ein noch weniger konsistentes Bild. Die meisten kommen zu dem Ergebnis, dass es von Bedeutung ist, ob Schüler in einer sozial oder ethnisch günstig oder ungünstig zusammengesetzten Gruppe unterrichtet werden (Thrupp, Lauder, & Robinson, 2002). Wie stark die gemessenen Kompositionseffekte sind, hängt aber in der Regel davon ab, ob das Vorwissen oder die Eingangsvoraussetzungen der Schüler kontrolliert worden sind. Eine solche Kontrolle wird in etlichen Untersuchungen versäumt, zum Beispiel in den Studien von Caldas (1993), Caldas und Bankston (1997), Ho und Willms (1996) oder in der Studie der OECD (2001). Wird sie durchgeführt, verschwinden die Effekte der Zusammensetzung der Schülerschaft entweder ganz (z.B. bei Mandeville & Anderson, 1987; Smyth, 1999), oder sie sind erheblich schwächer (z. B. bei Dar & Resh, 1986; Opdenakker & van Damme, 2001; Pong, 1998). Dagegen zeigen Ramseier und Brühwiler (2003) auf der Basis der Schweizer Daten aus PISA 2000, dass auch bei Kontrolle der Eingangsvoraussetzungen durchaus mit beachtlichen Effekten der sozialen Zusammensetzung von Schülerpopulationen zu rechnen ist.

Vor wenigen Jahren sind die ersten mehrebenenanalytischen Untersuchungen zu Effekten der Zusammensetzung von Schülerpopulationen in deutschen Schulen erschienen. Eine dieser Untersuchungen ist die bereits zitierte Studie der OECD, die im Rahmen der internationalen Auswertung der Daten von PISA 2000 durchgeführt worden ist. In ihr sind starke Effekte der sozialen Zusammensetzung der Schülerpopulationen von Einzelschulen auf die Testleistungen der Schüler nachgewiesen worden (OECD, 2001, S. 235–240): Schüler, die hinsichtlich ihrer sozialen Herkunft miteinander vergleichbar sind, zeigen in den Tests wesentlich schlechtere Leistungen, wenn sie auf Schulen mit einem hohen Anteil sozial benachteiligter Schüler gehen, als wenn sie Schulen mit günstiger zusammengesetzten Schülerpopulationen besuchen. Das heißt, in Schulsystemen mit einem hohen Maß an sozialer Segregation können Schüler aufgrund ihrer sozialen Herkunft doppelt benachteiligt oder auch doppelt privilegiert sein.

Da in der international vergleichenden Studie keine Daten zu den schulspezifischen Eingangsvoraussetzungen der Schüler erhoben worden sind, bleibt offen, ob es sich bei den gemessenen Schuleffekten tatsächlich um Auswirkungen der sozialen Zusammensetzung der Schülerpopulationen handelt oder aber um Konsequenzen der an Schülerleistungen orientierten Selektivität der Schulen. In der deutschen Ergänzungsstudie zu PISA 2000 lassen sich die Effekte der beiden Einflussgrößen tendenziell etwas besser auseinander halten, da hier Indikatoren für die Eingangsvoraussetzungen der Schüler und Daten zur Schulform der von ihnen besuchten Schulen verfügbar sind. Wie auf der Basis der in Deutschland erhobenen Daten gezeigt worden ist, verschwinden die von der OECD festgestellten Effekte der sozialen Zusammensetzung der Schülerpopulationen auf die Testleistungen, wenn die Schulform und die kognitiven Kompetenzen der Schüler kontrolliert werden (Baumert & Schümer, 2001b, S. 466).

In der Untersuchung der OECD wird die Bedeutung der sozialen Zusammensetzung der Schülerschaft erheblich *über*schätzt. Dagegen führt das Design der mit den deutschen Daten durchgeführten Mehrebenenanalysen eher zu einer *Unter*schätzung der Kompositionseffekte. Dies hängt vor allem mit der Kontrolle der Schulform zusammen. Die Berücksichtigung der Schulform ist bei der Analyse deutscher Schul- und Schülerdaten unverzichtbar, führt aber zu einer erheblichen Verringerung der Effekte der familialen Herkunft, da es nicht nur von den Fähigkeiten und Leistungen der Schüler, sondern auch von der sozialen Stellung ihrer Familie abhängt, in welche Schulform sie nach der Grundschule wechseln (Baumert & Schümer, 2001a, S. 355–360). Außerdem haben Schüler, die eine anspruchsvolle Schule besuchen, bessere Sozialisations- und Lernchancen als Schüler mit vergleichbaren Fähigkeiten, die auf weniger anspruchsvolle Schulen gehen.

Während die Kontrolle der Schulformzugehörigkeit wahrscheinlich zu einer *Unter*schätzung der Effekte der sozialen Zusammensetzung der Schülerschaft führt, ist es fraglich, ob dies auch für die Betrachtung des kognitiven Niveaus der Schülerpopulationen gilt.

- Der einzige Hinweis auf die schulspezifischen Eingangsvoraussetzungen der Schüler, den die PISA-Studie enthält, besteht in den aggregierten Daten zu den kognitiven Fähigkeiten der 15-Jährigen (siehe die Darstellung in Kunter u.a., 2002, S. 113–115), die allerdings zum gleichen Zeitpunkt wie ihre Leistungen gemessen wurden. In der pädagogisch-psychologischen Forschung wird als Indikator der fachlichen Eingangsvoraussetzungen von Schülern in der Regel aber ihr Vorwissen betrachtet, das sich als der mächtigste Prädiktor ihrer Leistungen erwiesen hat (Helmke & Weinert, 1997). Dass das Vorwissen die Leistungen besser vorhersagt als die gleichzeitig mit den Leistungen gemessenen kognitiven Fähigkeiten, zeigen auch noch nicht veröffentlichte Ergebnisse der Längsschnittstudie „Bildungsverläufe und psychosoziale Entwicklung im Jugendalter" (Baumert u.a., 1996). Sie verweisen darauf, dass die eigentlichen Effekte des Vorwissens systematisch unterschätzt werden, wenn man sich auf das kognitive Niveau der Schülerschaft stützt. Möglicherweise wird die Wahrscheinlichkeit für das Auffinden von Kompositionseffekten dadurch größer.

- Dagegen ist aus Arbeiten, die die Intelligenzentwicklung in Abhängigkeit von Bildungseinflüssen untersuchen, bekannt, dass die kognitiven Fähigkeiten der Heranwachsenden mehr oder weniger stark durch den Besuch einer Schule verändert werden (Ceci, 1991; Snow & Yalow, 1982; Stern & Hardy, in Druck). In Deutschland haben 15-Jährige in der Regel bereits fünf Jahre lang eine Schule der Sekundarstufe I im gegliederten Schulsystem besucht, das heißt in einem aufgrund der Eingangsselektivität mehr oder weniger günstigen Lernmilieu verbracht, durch das ihre kognitiven Kompetenzen positiv oder negativ beeinflusst worden sind (Köller & Baumert, 2002). Demnach dürfte die Betrachtung der auf Schulebene aggregierten kognitiven Fähigkeiten der Schüler zu einer *Unter*schätzung der Effekte der sozialen Zusammensetzung der Schülerpopulationen führen. Da in der PISA-Studie keine weiteren Daten zur Kontrolle der Eingangsvoraussetzungen der Schüler verfügbar sind, muss offen bleiben, ob oder wie stark die Effekte der sozialen Zusammensetzung der Schülerpopulatinen durch die Kontrolle der kognitiven Fähigkeiten auf Schulebene *unter*schätzt werden.

Schließlich könnte die Bedeutung, die die soziale Komposition der Schülerschaft für die individuellen Leistungen hat, in den Analysen von Baumert und Schümer auch verdeckt geblieben sein, da die Schülerleistungen nicht linear mit der sozialen Zusammensetzung der Schülerpopulationen zusammenhängen müssen, wie es bei den eben besprochenen Mehrebenenanalysen vorausgesetzt wird. Untersuchungen von Stanat zufolge ist mit nichtlinearen Kompositionseffekten zu rechnen: Wie Arbeiten zum Einfluss des Anteils der Jugendlichen aus Migrantenfamilien in Einzelschulen auf die Testleistungen der Schüler zeigen, gehen wachsende Migrantenanteile nicht mit kontinuierlich abnehmenden Leistungen einher, vielmehr wirkt sich die ethnische Zusammensetzung der Schülerschaft erst ab einem kritischen Wert negativ auf die individuellen Leistungen aus (Stanat, 2003, S. 256–259). Nichtlineare Kompositionseffekte sind auch von Pong (1998) festgestellt worden, die die Bedeutung des sozialen Kapitals von Schulen untersucht hat.

Anlage und Durchführung der Untersuchung

Trotz der eben genannten Schwierigkeiten soll die Leitfrage der vorliegenden Arbeit mithilfe von Mehrebenenanalysen auf der Basis der im Rahmen von PISA 2000 in Deutschland erhobenen Daten beantwortet werden. Da nicht auf die Kontrolle der Schulform verzichtet werden kann, werden die Kompositionseffekte wahrscheinlich auch in dieser Studie *unter*schätzt. Sie berücksichtigt aber die Möglichkeit, dass die Zusammensetzung der Schülerschaft nicht linear mit den Leistungen zusammenhängt und sich erst dann negativ auf diese auswirkt, wenn der Anteil der Schüler mit ungünstigen Lernvoraussetzungen einen bestimmten Schwellenwert übersteigt. Das Dilemma, dass nur Daten zu den grundlegenden kognitiven Fähigkeiten als Maß für die schulspezifischen Eingangsvoraussetzungen der Schüler verfügbar sind, wird dadurch „gelöst", dass die Analysen zunächst *ohne* und dann *mit* Berücksichtigung der kognitiven Fähigkeiten auf Schulebene durchgeführt werden. Die von der Schulform unabhängigen Kompositionseffekte dürften irgendwo zwischen den überschätzten und den unterschätzten Werten liegen; genauer lässt sich ihre Stärke auf der Basis der verfügbaren Daten nicht angeben.

Im Übrigen ist die vorliegende Arbeit als Fortführung der Analysen von Baumert und Schümer (2001b) zu verstehen. Sie basiert auf einer wesentlich größeren Stichprobe, die es erlaubt, Schuleffekte in den alten *und* neuen Bundesländern zu untersuchen, und sie beschränkt sich nicht auf die Untersuchung der sozioökonomischen Zusammensetzung der Schülerpopulationen, sondern berücksichtigt – sowohl auf der individuellen Ebene als auch auf der Schulebene – die folgenden Variablen (siehe Kunter u.a., 2002):

- das sozioökonomische Kapital der Schüler (sozioökonomische Stellung der Eltern, Vollzeitbeschäftigung des Vaters),
- ihr kulturelles Kapital (Umgangssprache der Familie als Hinweis auf deren Migrationsstatus, Bildungsniveau der Eltern, Besitz der Familie an Kulturgütern),
- ihr soziales Kapital (Kommunikation in der Familie, Konstanz der familialen Beziehungen, abgelesen am Zusammenleben mit beiden leiblichen Eltern),
- ihre Schullaufbahn und ihre Einstellungen zur Schule (Klassenwiederholungen, Unterrichtsversäumnisse, Ausdauer und Anstrengungsbereitschaft) sowie
- ihre kognitiven Lernvoraussetzungen.

Da die verschiedenen Merkmale eng miteinander zusammenhängen, können ihre Effekte auf der Schulebene nicht alle gleichzeitig analysiert werden, wie es eigentlich wünschenswert wäre. Das Grundmodell (siehe Kasten) berücksichtigt daher nur einen Teil der eben aufgeführten Variablen.

Zwei-Ebenen-Modell zur Berechnung der Effekte der Zusammensetzung der Schülerschaft auf die individuellen Leseleistungen

Abhängige Variable: Leseleistung

Unabhängige Variablen auf Ebene 1 (Schüler):

(1) sozioökonomische Stellung der Eltern (ISEI der Familie)

(2) Familiensprache (Dummy-Variable: 0 = deutsch, 1 = nicht deutsch)

(3) Bildungsniveau der Eltern (Dummy-Variable: 0 = mindestens ISCED-Niveau 3, das heißt mindestens Fachhochschulreife oder abgeschlossene Berufsausbildung, 1 = höchstens ISCED-Niveau 2, das heißt allenfalls mittlere Reife und keine abgeschlossene Berufsausbildung)

(4) Besitz der Familie an Kulturgütern[5]

(5) Intensität der Kommunikation in der Familie[6]

(6) kognitive Fähigkeiten (KFT)

Unabhängige Variable auf Ebene 2 (Schule):
(1) Anteil der Schüler aus bildungsfernen Elternhäusern (höchstes Bildungsniveau der Eltern: mittlere Reife und keine abgeschlossene Berufsausbildung) an allen Schülern der einzelnen Schulen
Kontrollvariablen auf Ebene 2 (Schule):
(1) Schulform (Dummy-Variablen)
(2) mittleres Niveau der kognitiven Fähigkeiten der Schülerschaft der einzelnen Schulen

Alternativ zur soziokulturellen Zusammensetzung der Schülerschaft wird jeweils eine der folgenden neun metrischen Variablen in die Analysen einbezogen:
- Anteil der Schüler aus Familien mit niedriger sozioökonomischer Stellung, das heißt aus dem unteren Viertel der sozioökonomischen Verteilung der Eltern der untersuchten 15-Jährigen (höchster ISEI der Familie < 39), an allen Schülern der einzelnen Schulen,
- Anteil der Schüler, deren Väter nicht Vollzeit beschäftigt sind,
- Anteil der Schüler, die zu Hause nicht deutsch sprechen,
- Anteil der Schüler, die nicht mit beiden leiblichen Eltern zusammenleben,
- Anteil der Schüler, die mindestens eine Klasse wiederholt haben,
- Anteil der Schüler, die ab und zu Unterricht versäumen[7],
- Anteil der Schüler mit geringer Anstrengung und Ausdauer beim Lernen[8], das heißt der Schüler, die zum unteren Viertel der Verteilung der untersuchten 15-Jährigen gehören,
- Anteil der Schüler, die nicht zum Vergnügen lesen,
- Anteil der Schüler mit geringen kognitiven Fähigkeiten, das heißt der Schüler, die zum unteren Viertel der Verteilung der untersuchten 15-Jährigen gehören (KFT < 44).

Insgesamt werden also die Effekte von zehn verschiedenen Merkmalen der Schülerpopulationen untersucht. Jede Variable, die auf der Schulebene betrachtet wird, wird auch auf der Individualebene in das Modell eingefügt, und zwar zusätzlich zu den Prädiktoren, die im Grundmodell enthalten sind und bei allen Analysen berücksichtigt werden. Bei der Untersuchung der nichtlinearen Zusammenhänge wird auf der Schulebene – zusätzlich zum kognitiven Niveau der Schülerschaft – die sozioökonomische Stellung ihrer Eltern kontrolliert.

Datenbasis ist die Stichprobe der 15-Jährigen, die für die Erweiterung der PISA-Studie in Deutschland gebildet wurde. Zur Stichprobe gehören insgesamt 33.809 15-Jährige aus 1.466 Schulen[9]. Den Modalitäten der Stichprobenbildung entsprechend bleiben Schüler aus Sonderschulen und Berufsschulen unberücksichtigt. Ferner müssen Schüler mit unvollständigen Datensätzen und Schüler aus Schulen mit weniger als zehn Teilnehmern von den Analysen ausgeschlossen werden. Schließlich bleiben auch die Hauptschüler in den neuen Ländern der Bundesrepublik unberücksichtigt, da hier nur insgesamt zwölf Hauptschulen erfasst worden sind. Die Stichprobe der Schüler, die alle Voraussetzungen erfüllen, besteht aus 32.589 Schülern aus 1.379 Schulen.

Alle zehn Analysen werden für die 15-Jährigen aus den alten und neuen Ländern der Bundesrepublik getrennt berechnet. Andernfalls käme es zu beträchtlichen Problemen bei der Interpretation der Ergebnisse, da die Unterschiede zwischen den beiden Teilen Deutschlands zur Zeit der Datenerhebungen für PISA 2000 keineswegs ausgeglichen waren. Die Unterschiede betreffen die sozioökonomische Struktur der Bevölkerung, das Ausmaß ihrer Urbanisierung, ihre ethnische Zusammensetzung, das Bildungsniveau der Eltern der 15-Jährigen, die Struktur und Größe ihrer Familien und nicht zuletzt die Schulstruktur (Baumert & Weiß, 2002; Tillmann & Meier, 2003). Die Teilstichprobe der 15-Jährigen aus den alten Ländern umfasst 22.102 Schüler aus 953 Schulen, die Teilstichprobe der 15-Jährigen aus den neuen Ländern besteht aus 10.487 Schülern aus 426 Schulen. Wenn die Daten gewichtet werden[10], sodass die 15-Jährigen der verschiedenen Bundesländer und Schulformen ihren Anteilen an allen 15-jährigen Schülern in Deutschland entsprechend repräsentiert sind, und die Schulen der einzelnen Bundesländer und Schulformen ihren Anteilen an allen Schulen der Sekundarstufe I in Deutschland entsprechend vertreten sind, kommt man auf 23.776 Schüler aus 1.094 Schulen in den alten Ländern und auf 6.590 Schüler aus 279 Schulen in den neuen Ländern.

Mehrebenenanalysen zu Bedingungen von Schülerleistungen unterscheiden in der Regel die Ebene der *Schüler* von der der *Klassen*. Im Fall der in PISA 2000 erhobenen Daten fehlen Informationen zur Klassenebene, da die international erforderliche Stichprobe altersbasiert ist und da sich die deutsche PISA-Erweiterung lediglich auf zehn weitere Schüler der 9. Klassenstufe bezieht. Insofern rund 60 Prozent der 15-Jährigen ohnehin eine 9. Klasse besuchen, dürfte man in einzügigen Schulen mehr oder weniger vollständige 9. Klassen erfasst haben. In zwei- und mehrzügigen Schulen trifft diese Voraussetzung nicht zu. Das heißt, die Annahme von Klasseneffekten ist nicht nur bei den 15-Jährigen, sondern auch bei den Neuntklässlern nur bedingt gerechtfertigt. Daher wird man bei *beiden* Stichproben in erster Linie Kompositionseffekte feststellen, die als Schuleffekte und nicht als Klasseneffekte zu interpretieren sind.

Die Durchführung der Analysen auf der Basis der Stichprobe der 15-Jährigen hat den Vorteil, dass ein großer Teil der schwachen Schüler der Altersgruppe berücksichtigt werden kann. 15-Jährige mit neun Schulbesuchsjahren sind in einigen Ländern der Bundesrepublik nicht mehr schulpflichtig und besuchen eventuell bereits Berufsschulen. Zu den 15-jährigen Berufsschülern gehören zwei unterschiedliche Schülergruppen, und zwar vergleichsweise leistungsstarke Hauptschüler, die die Schule glatt durchlaufen haben, sowie schwache Hauptschüler, die mindestens eine Klasse wiederholt haben und, da sie keinen Hauptschulabschluss mehr anstreben, bereits vor Beendigung der 9. Klasse von der allgemein bildenden Schule abgegangen sind. Diese Schülergruppen fehlen sowohl bei der Betrachtung der 15-Jährigen als auch bei der Betrachtung der Neuntklässler. Dagegen sind leistungsschwache Schüler, die noch die 7. oder 8. Klasse besuchen, in der Stichprobe der 15-Jährigen enthalten. Wenn man von Schuleffekten ausgeht, sind diese Schüler von großem Interesse.

Auswirkungen der Zusammensetzung der Schülerschaft auf die individuellen Leseleistungen I: Lineare Effekte

Im Folgenden werden die Ergebnisse von je fünf Analysen von Daten aus den alten und den neuen Ländern der Bunbdesrepublik dargestellt. Die fünf verschiedenen Modelle gehen alle von *linearen* Zusammenhängen der Schülerleistungen mit den individuellen Lernvoraussetzungen und den Schulmerkmalen aus. Der Vergleich der Modelle, die nacheinander immer mehr Schulvariablen berücksichtigen, verdeutlicht, wie eng die betrachteten Einflussgrößen auf der Schulebene miteinander zusammenhängen. Alle Analysen wurden mithilfe des Programms HLM 5 von Raudenbush u.a. (2000) durchgeführt[11].

Effekte der soziokulturellen Zusammensetzung der Schülerschaft in den alten Ländern der Bundesrepublik *oder:* Wie Tabellen mit Ergebnissen von HLM-Analysen zu lesen sind

Zunächst werden nur die individuellen Voraussetzungen der Schüler betrachtet (siehe Tab. 3.3, *Modell A*)[12]. Der adjustierte Mittelwert (d.h. der Achsenabschnittsparameter) von 501,1 Punkten gibt Auskunft über die durchschnittliche Höhe der Leistungen von Schülern, bei denen die Werte der metrischen Variablen (sozioökonomische Stellung der Eltern, Besitz der Familie an Kulturgütern, Intensität der Kommunikation in der Familie und kognitive Fähigkeiten der Schüler) den Durchschnittswerten entsprechen und die Dummy-Variablen (Familiensprache und Bildungsniveau der Eltern) den Wert 0 haben. Es sind Schüler:

- deren Eltern einen mittleren sozioökonomischen Status haben,
- in deren Familien deutsch gesprochen wird,
- die *nicht* aus bildungsfernen Elternhäusern kommen,
- deren Familien durchschnittlich viele Kulturgüter besitzen,
- in deren Familien die Intensität der Kommunikation dem Mittelwert entspricht und
- die durchschnittliche kognitive Fähigkeiten haben.

Schüler, bei denen die Werte der metrischen Variablen *über* dem Mittelwert liegen, erreichen im Durchschnitt mehr als 501 Punkte. Schüler, bei denen die Werte der metrischen Variablen *unter* dem Mittelwert liegen oder bei denen eine Dummy-Variable den Wert 1 hat, erreichen im Schnitt Testleistungen von weniger als 501 Punkten. Die in Tabelle 3.3 bei den einzelnen Variablen aufgeführten Werte geben an, um wie viele Punkte sich der Mittelwert ändert, wenn die Werte der metrischen Variablen um eine Standardabweichung höher sind und die Dummy-Variablen den Wert 1 annehmen. Beispielsweise haben Schüler, bei denen zu Hause nicht deutsch gesprochen wird, deren kognitive Fähigkeiten eine Standardabweichung über dem Mittelwert liegen, die im Übrigen aber dem eben beschriebenen Durchschnittsschüler entsprechen, im Schnitt $501{,}1 - 22{,}8 + 53{,}8 = 532{,}1$ Punkte. Liegt der Wert einer metrischen Variablen eine Standardabweichung *unter* dem Mittelwert, werden im Durchschnitt Testleistungen erreicht, die um den in der Tabelle angegebenen Wert niedriger als 501 Punkte sind.

	Modell A	Modell B	Modell C	Modell D	Modell E
Adjustierter Mittelwert der Leistungen	**501,1** (2,1)	**498,4** (1,9)	**506,5** (1,3)	**503,7** (2,1)	**503,6** (2,1)
Individualebene					
Sozioökonomische Stellung der Eltern	**4,0** (0,5)	**3,8** (0,5)	**2,9** (0,5)	**2,9** (0,5)	**2,9** (0,5)
Familiensprache	**–22,8** (1,8)	**–21,4** (1,8)	**–22,4** (1,8)	**–22,3** (1,8)	**–22,3** (1,8)
Bildungsniveau der Eltern	**–15,2** (1,7)	**–13,2** (1,7)	**–13,9** (1,7)	**–14,1** (1,7)	**–14,1** (1,7)
Besitz der Familie an Kulturgütern	**3,1** (0,6)	**2,9** (0,6)	**2,6** (0,6)	**2,5** (0,6)	**2,6** (0,6)
Kommunikation in der Familie	**4,9** (0,5)	**4,9** (0,5)	**4,7** (0,5)	**4,7** (0,5)	**4,7** (0,5)
Kognitive Fähigkeiten	**53,8** (0,7)	**53,2** (0,7)	**51,2** (0,8)	**50,5** (0,8)	**50,5** (0,8)
Schulebene					
Anteil der Schüler aus bildungsfernen Elternhäusern (kontinuierliche Variable)		**–26,6** (1,1)	**–9,9** (1,0)	**–7,4** (1,0)	**–7,6** (1,7)
Mittlere kognitive Fähigkeiten				**12,0** (1,9)	**12,0** (1,9)
Schulform (Referenzklasse: Realschule)					
Hauptschule			**–43,9** (2,4)	**–32,1** (2,9)	**–31,3** (3,1)
Schule mit mehreren Bildungsgängen			**–26,2** (3,2)	**–18,4** (3,2)	**–18,8** (3,2)
Integrierte Gesamtschule			**–14,9** (2,3)	**–11,9** (2,3)	**–11,8** (2,3)
Gymnasium			**28,8** (1,7)	**17,9** (2,5)	**22,1** (3,1)
Interaktion (Referenzklasse: Realschule)					
Hauptschule × Bildungsniveau					–0,5 (2,3)
MBG × Bildungsniveau					**4,5** (2,2)
Integrierte Gesamtschule × Bildungsniveau					–0,7 (2,5)
Gymnasium × Bildungsniveau					**5,4** (2,8)
R^2 = Erklärte Varianz (in %)	**61,6**	**67,1**	**70,0**	**70,2**	**70,8**

Die fett gedruckten Ergebnisse sind signifikant ($p < .05$).
MBG = Schule mit mehreren Bildungsgängen.

Tabelle 3.3 Effekte von individuellen Lernvoraussetzungen und Schulmerkmalen auf die Leseleistungen von Schülern (Standardfehler in Klammern), alte Länder

Modell B berücksichtigt zusätzlich zu den individuellen Lernvoraussetzungen, wie hoch der Anteil der Schüler aus bildungsfernen Elternhäusern in den einzelnen Schulen ist. Diese Variable wird zur ausführlichen Darstellung der HLM-Analysen gewählt, weil sie zu den theoretisch bedeutsamen Variablen gehört, die – Voruntersuchungen zufolge – großen Einfluss auf die Leistungen haben. Die Berechnungen basieren auf z-standardisierten Prozentanteilen der Schüler, deren Eltern höchstens ISCED-Niveau 2 erreicht haben, das heißt allenfalls die mittlere Reife und keine abgeschlossene Berufsausbildung besitzen. (Die Standardisierung hat den Vorteil, dass man Differenzen zwischen Schulen in Standardabweichungen messen kann.) In Schulen mit einem mittleren Anteil an Schülern aus bildungsfernen Elternhäusern werden vom Durchschnittsschüler (siehe oben) im Schnitt 498,4 Punkte erreicht. Wenn der Anteil der Schüler aus bildungsfernen Schichten eine Standardabweichung über oder unter dem Durchschnitt liegt, sind die Schülerleistungen um rund 27 Punkte schlechter bzw. besser als der adjustierte Mittelwert von 498,4 Punkten.

Wird die Schulformzugehörigkeit der Schulen als Kontrollvariable in das Modell aufgenommen *(Modell C)*, verringert sich der Effekt des soziokulturellen Niveaus der Schulen deutlich. Das heißt, *innerhalb* der einzelnen Schulformen sind die Unterschiede im soziokulturellen Niveau der Schülerpopulationen und ihre Auswirkungen auf die Leistungen kleiner, *zwischen* den Schulformen dagegen verhältnismäßig groß. Die Referenzklasse, auf die die Werte der aufgeführten Schulformen zu beziehen sind, ist die Realschule. Realschüler mit durchschnittlichen Lernvoraussetzungen (siehe oben) erreichen in einer Schule mit mittlerem soziokulturellem Niveau im Schnitt 506,5 Punkte; vergleichbare Hauptschüler kommen nur auf durchschnittlich 506,5 – 43,9 = 462,6 Punkte. Auch Gesamtschüler und Schüler aus Schulen mit mehreren Bildungsgängen bleiben in ihren Leistungen hinter den Realschülern zurück. Vergleichbare Gymnasialschüler erreichen dagegen im Schnitt 506,5 + 28,8 = 535,3 Punkte. Demnach gibt es – aufgrund der schulformspezifischen Eingangsselektivität – erhebliche Differenzen zwischen den verschiedenen Schulformen hinsichtlich der Auswirkungen ihrer spezifischen Lernmilieus auf die einzelnen Schüler.

Wenn das soziokulturelle Niveau der Schulen betrachtet und gleichzeitig die Schulformzugehörigkeit *und* die mittleren kognitiven Fähigkeiten der Schüler kontrolliert werden wie im *Modell D*, nimmt die Effektstärke der bisher betrachteten Merkmale ab. Der von der Schulform und der soziokulturellen Zusammensetzung unabhängige Effekt des kognitiven Niveaus der Schülerschaft beträgt 12 Punkte, der eigenständige Effekt ihrer soziokulturellen Komposition nur noch gut 7 Punkte. Demnach gibt es auch zwischen Schulen derselben Schulform Unterschiede in der kognitiven und soziokulturellen Zusammensetzung der Schülerschaft, die sich auf die Leistungen auswirken. Die Differenzen zwischen den selektionsbedingten Lernmilieus der einzelnen Schulformen sind schwächer als im Modell D, aber immer noch beträchtlich.

Modell D geht von einem Haupteffekt der soziokulturellen Zusammensetzung der Schülerschaft aus, der über alle Schulformen hinweg wirksam ist. Man könnte daraus den Schluss ziehen, dass die festgestellten Kompositionseffekte in allen Schulformen auftreten. Dies muss aber keineswegs der Fall sein. *Modell E* prüft daher die Möglichkeit, dass die Kompositionseffekte mit der Schulform variieren. Um das Vorliegen solcher Interaktionseffekte festzustellen, wurden vier multiplikative Terme „Schulform × Anteil an Schülern aus bildungsfernen Elternhäusern" zusätzlich in das Modell aufgenommen. Da die Schulformen dummy-kodiert wurden, ist die Realschule auch hier die Referenzklasse. Folglich stellt der Haupteffekt der soziokulturellen Zusammensetzung der Schülerschaft den Effekt für die Realschule dar. Hier kommt es im Schnitt zu einem negativen Effekt von –7,6 Punkten, wenn der Anteil der Jugendlichen aus bildungsfernen Familien um eine Standardabweichung zunimmt. Die Koeffizienten der Interaktionsterme geben an, wie stark sich die Effekte der einzelnen Schulformen vom Effekt der Realschule unterscheiden. Beispielsweise tritt in Gymnasien ein mittlerer Kompositionseffekt von −7,6 + 5,4 = −2,2 Punkten auf. Setzt man diesen Wert ins Verhältnis zum Standardfehler, sieht man, dass er statistisch nicht signifikant ist. Ein vergleichbarer Befund zeigt sich für die Schulen mit mehreren Bildungsgängen. Dagegen unterscheiden sich die Effekte der soziokulturellen Komposition in Hauptschulen und Integrierten Gesamtschulen praktisch nicht von denen der Realschule. Zur Absicherung der Befunde wurden die Analysen auch für die einzelnen Schulformen getrennt durchgeführt. Die Ergebnisse bestätigen in jedem Fall die Befunde aus der schulformübergreifenden Analyse. Demnach werden die Leseleistungen lediglich in Hauptschulen, Realschulen und Integrierten Gesamtschulen durch die soziokulturelle Zusammensetzung der Schülerschaft beeinflusst, nicht aber in Gymnasien und Schulen mit mehreren Bildungsgängen. Das kann heißen, dass es hinsichtlich der Komposition nur wenig Varianz zwischen den Gymnasien bzw. den Schulen mit mehreren Bildungsgängen gibt, kann aber auch bedeuten, dass die Leistungen in den Schulen dieser Schulformen weitgehend unabhängig von der Schülerkomposition sind.

Um die Annahme zu prüfen, dass sich hinter den Kompositionseffekten Wirkungen regionaler Disparitäten verbergen, wurde ein weiteres Modell mit der Bundeslandzugehörigkeit als zusätzlicher Kontrollvariable getestet. (Die Ergebnisse sind in Tab. 3.3 nicht dargestellt.) Die Länder wurden dummy-kodiert; Referenzklasse war ein Land mit durchschnittlichen Leseleistungen, und zwar Niedersachsen. Die Ergebnisse bestätigen die bekannten Leistungsunterschiede zwischen den Bundesländern (Artelt, Schneider, & Schiefele, 2002), ändern aber kaum etwas an der Stärke des Kompositionseffekts. Demnach hat man es beim Effekt der soziokulturellen Zusammensetzung der Schülerpopulationen mit einem relativ stabilen, eigenständigen Effekt zu tun.

In der letzten Zeile der Tabelle 3.3 wird aufgeführt, wie hoch der Prozentanteil der Varianz der Schülerleistungen ist, der durch die verschiedenen Modelle aufgeklärt wird. Die individuellen Voraussetzungen der Schüler (Modell A) klären annähernd 62 Prozent auf. Wenn auf der Schulebene die soziokulturelle Herkunft der Schüler betrachtet wird (Modell B), steigt der Anteil der durch die Individualdaten und die Schuldaten gemeinsam aufgeklärten Varianz auf 67 Prozent. Wenn zusätzlich die Schulformzugehörigkeit (Modell C) und das kognitive Niveau der Schülerschaft (Modell D) berücksichtigt werden, steigt der Anteil der durch die Individual- und Schuldaten gemeinsam aufgeklärten Varianz auf 70 Prozent. Das komplexe Modell E trägt kaum etwas zur weiteren Varianzaufklärung bei.

3.4.2 Effekte der soziokulturellen Zusammensetzung der Schülerschaft in den neuen Ländern der Bundesrepublik

Sieht man von der Familiensprache ab, unterscheiden sich die alten und neuen Bundesländer nur unwesentlich voneinander in der Bedeutung, die die individuellen Lernvoraussetzungen und die familiale Herkunft der Schüler für die Leistungen besitzen (siehe Tab. 3.4, *Modell A*). Erwartungsgemäß haben die kognitiven Fähigkeiten auch in den neuen Ländern den stärksten Einfluss. An zweiter Stelle steht auch hier die in der Familie gesprochene Sprache: Die durchschnittliche Differenz zwischen den Jugendlichen aus einheimischen und eingewanderten Familien beträgt in den neuen Ländern 33 Punkte. Demnach setzt sich die im Vergleich zum Westen sehr kleine Gruppe von Jugendlichen aus Migrantenfamilien hier sehr ungünstig zusammen und hat noch größere Schwierigkeiten in der Schule als die Jugendlichen aus Migrantenfamilien in den alten Ländern.

Wie die Anteile der durch die folgenden Modelle aufgeklärten Varianz zeigen, unterscheiden sich die alten und die neuen Bundesländer auch hinsichtlich der Kompositionseffekte nur wenig voneinander. Aufgrund von Differenzen in der Schulstruktur sind Vergleiche zwischen beiden Ländergruppen aber nicht ganz unproblematisch. Dass es in den neuen Ländern nur extrem wenige Hauptschulen gibt (Baumert, Trautwein, & Artelt, 2003, S. 263; Leschinsky, 2003, S. 405), lässt die Zusammensetzung der Schülerschaft in den Schulen mit mehreren Bildungsgängen, den Realschulen und Integrierten Gesamtschulen nicht unbeeinflusst. Dementsprechend gibt es trotz gleicher Bezeichnung der Schulformen in den alten und neuen Ländern große Unterschiede zwischen ihnen in der Zusammensetzung ihrer Schülerschaft. (Wie bereits angemerkt, bleiben die wenigen Hauptschulen in den neuen Ländern bei den HLM-Analysen unberücksichtigt.)

Die Effekte des mittleren Bildungsniveaus der Eltern *(Modell B)* sind in den neuen Ländern auf der Schulebene geringer als in den alten Ländern, vielleicht weil es hier nicht so große Unterschiede zwischen den Schulen in der soziokulturellen Schülerkomposition gibt. Zum Teil dürfte dies daran liegen, dass Schüler in den neuen Ländern seltener gering gebildete Eltern haben: Das formal erreichte Bildungsniveau war in der Deutschen Demokratischen Republik höher als in der Bundesrepublik; außerdem gibt es in den neuen Ländern nur wenige Migranten, deren Bildungsniveau in den alten Ländern vergleichsweise niedrig ist. Zum Teil dürfte es auch daran liegen, dass die Schüler aus bildungsfernen Schichten sich – den demographischen Gegebenheiten und der vorherrschenden Schulstruktur entsprechend – gleichmäßiger auf die verschiedenen Schulen verteilen. Denkbar ist aber auch, dass negative Auswirkungen der Komposition auf die Leistungen durch pädagogische Maßnahmen abgeschwächt werden.

Auch die Effekte der Schulformzugehörigkeit sind – den Unterschieden in der Schulstruktur zwischen den alten und neuen Ländern entsprechend – in der Regel etwas weniger markant *(Modell C)*: Die Leistungen der Schüler aus Schulen mit mehreren Bildungsgängen unterscheiden sich nicht gerade stark von denen der Realschüler; anders als im Westen liegen sie aber um 12 Punkte über diesen. Das Leistungsniveau der Integrierten Gesamtschulen ist in beiden Landesteilen im Durchschnitt etwas niedriger als das der Realschulen; die Differenz beträgt im Osten aber nur 5 Punkte und ist nicht signifikant. Dass die Realschulen in den neuen Ländern etwas andere Schülerpopulationen haben als in den alten Ländern, zeigt sich am deutlichsten an verhältnismäßig großen Diskrepanzen zwischen den Leistungen ihrer Schüler und den Schülern des Gymnasiums: Sie betragen im Schnitt 54 Punkte. Der Effekt der soziokulturellen Komposition ist bei Kontrolle der Schulformzugehörigkeit zwar signifikant, aber verschwindend gering.

	Modell A	Modell B	Modell C	Modell D	Modell E
Adjustierter Mittelwert der Leistungen	**492,6** (1,4)	**490,9** (1,3)	**471,0** (2,4)	**472,8** (2,6)	**473,2** (2,6)
Individualebene					
Sozioökonomische Stellung der Eltern	**2,5** (0,6)	**2,5** (0,6)	**1,9** (0,6)	**1,9** (0,6)	**1,9** (0,6)
Familiensprache	**–33,3** (5,7)	**–33,6** (5,7)	**–33,6** (5,6)	**–33,6** (5,6)	**–33,5** (5,6)
Bildungsniveau der Eltern	**–15,6** (2,9)	**–14,0** (2,9)	**–14,6** (2,9)	**–14,7** (2,9)	**–14,8** (2,9)
Besitz der Familie an Kulturgütern	**4,1** (0,8)	**4,0** (0,8)	**3,7** (0,8)	**3,7** (0,8)	**3,7** (0,8)
Kommunikation in der Familie	**5,9** (0,7)	**5,8** (0,7)	**5,8** (0,7)	**5,8** (0,7)	**5,8** (0,7)
Kognitive Fähigkeiten	**51,5** (0,7)	**51,1** (0,8)	**49,5** (0,8)	**49,1** (0,8)	**49,1** (0,8)
Schulebene					
Anteil der Schüler aus bildungsfernen Elternhäusern (kontinuierliche Variable)		**–12,5** (1,5)	**–2,5** (1,1)	–1,5 (1,2)	–4,6 (2,4)
Mittlere kognitive Fähigkeiten				**5,5** (2,0)	**5,2** (1,9)
Schulform (Referenzklasse: Realschule)					
Schule mit mehreren Bildungsgängen			**12,3** (2,7)	**12,1** (2,7)	**11,6** (2,7)
Integrierte Gesamtschule			–5,4 (4,4)	–4,1 (4,4)	–1,7 (5,1)
Gymnasium			**54,0** (3,0)	**45,0** (4,6)	**47,5** (4,7)
Interaktion (Referenzklasse: Realschule)					
MBG × Bildungsniveau					4,4 (2,7)
Integrierte Gesamtschule × Bildungsniveau					1,7 (4,2)
Gymnasium × Bildungsniveau					**6,3** (3,2)
R^2 = Erklärte Varianz (in %)	**59,1**	**61,3**	**67,1**	**67,2**	**67,2**

Die fett gedruckten Ergebnisse sind signifikant ($p < .05$).
MBG = Schule mit mehreren Bildungsgängen.
[1] Ohne Hauptschulen.

Tabelle 3.4 Effekte von individuellen Lernvoraussetzungen und Schulmerkmalen auf die Leseleistungen von Schülern (Standardfehler in Klammern), neue Länder[1]

Wie *Modell D* belegt, verändern sich die Effekte der Schulen mit mehreren Bildungsgängen und der Integrierten Gesamtschulen – an der Realschule gemessen – fast gar nicht, wenn man zusätzlich zur Schulform das kognitive Niveau der Schülerpopulationen kontrolliert. Das kann heißen, dass es *innerhalb* der genannten Schulformen nur geringe Unterschiede in der kognitiven und so gut wie keine Unterschiede in der soziokulturellen Komposition der Schülerschaft gibt, oder dass sich die vorhandenen Unterschiede kaum auf die Schülerleistungen auswirken. Mit Modell C verglichen sind die Unterschiede zwischen Realschulen und Gymnasien nun etwas schwächer, aber noch immer relativ stark.

Modell E prüft die Hypothese, dass die Effekte der soziokulturellen Komposition mit der Schulform variieren. Die Befunde zeigen, dass es allenfalls in Realschulen und Integrierten Gesamtschulen, nicht aber in Gymnasien und in Schulen mit mehreren Bildungsgängen, eine relativ große Varianz der Anteile an Schülern aus bildungsfernen Elternhäusern gibt bzw. dass sich hohe Anteile solcher Schüler nur dort negativ auf die Leistungen auswirken. Auch in diesen Schulformen sind die Effekte aber weder stark noch signifikant

In den neuen Ländern wurde ebenfalls untersucht, ob sich hinter dem negativen Effekt wachsender Anteile an Schülern aus bildungsfernen Schichten Wirkungen regionaler Disparitäten verbergen. Die Bundesländer wurden dummy-kodiert; Referenzklasse war Mecklenburg-Vorpommern, ein Land mit durchschnittlichen Leseleistungen. Auch diese Ergebnisse bestätigen die schon früher festgestellten Leistungsunterschiede zwischen den Bundesländern (Artelt, Schneider, & Schiefele, 2002). Der Effekt, den das soziokulturelle Niveau der Schülerpopulationen im Durchschnitt auf die individuellen Leistungen hat, wird aufgrund der Bundeslandkontrolle kaum verändert, ist also nach wie vor recht schwach und hat kaum Einfluss auf die individuellen Leistungen. Wie weitere Untersuchungen gezeigt haben, liegt dies auch daran, dass die Varianz in der soziokulturellen Zusammensetzung der Schülerpopulationen in den neuen Ländern vergleichsweise gering ist.

Weitere Kompositionseffekte in den alten und neuen Ländern der Bundesrepublik

Aufgrund der Ergebnisse der bisherigen Analysen wurden die Schulformen, in denen keine Effekte der soziokulturellen Zusammensetzung auf die Leseleistungen der Schüler sichtbar geworden waren, bei den folgenden Analysen nicht berücksichtigt. Folglich schieden in den alten Bundesländern die Gymnasien und die kleine Zahl der Schulen mit mehreren Bildungsgängen aus. Auch in den neuen Ländern wurden – zusätzlich zu den wenigen, schon vorher ausgeschiedenen Hauptschulen – nur die Gymnasien, nicht aber die Schulen mit mehreren Bildungsgängen, ausgeschlossen[13]. Andernfalls hätte man die Möglichkeit zu einem detaillierteren Ost-West-Vergleich aufgegeben, der von allgemeinem Interesse ist. Für alle auf Schulebene aggregierten Schülermerkmale wurden dann Analysen durchgeführt, die den eben behandelten Modellen C und D vergleichbar sind.

Sieht man vom kognitiven Niveau der Schülerschaft der einzelnen Schulen ab, sind die Auswirkungen der Schülerzusammensetzung auf die individuellen Leistungen durchweg gering. Dies gilt – den in Tabelle 3.4 dargestellten Befunden entsprechend – vor allem in den neuen Ländern (siehe Tab. 3.5)[14]. In den alten Ländern hat die Höhe des eben behandelten standardisierten Anteils der Schüler aus bildungsfernen Elternhäusern noch den stärksten negativen Effekt. Beachtliche negative Effekte zeigen sich auch, wenn die Anteile der Schüler zunehmen, deren Väter nicht Vollzeit beschäftigt sind, die gelegentlich Unterricht versäumen, in deren Familien nicht deutsch gesprochen wird und die in ihrer Freizeit nicht lesen. Die übrigen Auswirkungen der Schülerzusammensetzung sind verhältnismäßig schwach. Fast alle Kompositionseffekte verringern sich deutlich, wenn das kognitive Niveau der Schülerschaft kontrolliert wird, sie sind aber in der Regel auch dann noch signifikant.

Kontinuierliche Variablen auf Schulebene	Alte Länder[1]		Neue Länder[2]	
	Modell C	Modell D	Modell C	Modell D
	Ohne weitere Kontrollen auf Schulebene	Mit Kontrolle des KFT bzw. des SES[3]	Ohne weitere Kontrollen auf Schulebene	Mit Kontrolle des KFT bzw. des SES[3]
Anteil der Schüler mit niedriger sozioökomischer Stellung der Eltern	**–4,8*** **	–1,7	**–4,4*** **	**–3,9*** **
Anteil der Schüler mit Vätern ohne Vollzeitbeschäftigung	**–8,5*** **	**–5,7*** **	**–2,9** **	**–2,4* **
Anteil der Schüler, die zu Hause nicht deutsch sprechen	**–6,8*** **	**–2,8* **	–	–
Anteil der Schüler aus bildungsfernen Elternhäusern	**–10,7*** **	**–7,4*** **	**–2,7* **	–1,7
Anteil der Schüler, die nicht mit beiden Eltern zusammenleben	**–4,2*** **	**–2,9*** **	0,5	1,0
Anteil der Schüler, die mindestens eine Klasse wiederholt haben	**–5,4*** **	–1,6	–2,0	–0,8
Anteil der Schüler mit Unterrichtsversäumnissen	**–7,2*** **	**–4,5*** **	–1,9	–1,3
Anteil der Schüler mit geringer Ausdauer oder Anstrengung	**–3,1** **	**–3,0*** **	–1,6	–0,8
Anteil der Schüler, die nicht zum Vergnügen lesen	**–5,9*** **	**–3,3** **	**–3,3** **	**–2,7* **
Anteil der Schüler mit geringen kognitiven Fähigkeiten	**–14,6*** **	**–13,5*** **	**–3,3** **	–2,3

Die fett gedruckten Ergebnisse sind signifikant: * $p \leq .05$, ** $p \leq .01$, *** $p \leq .001$.

[1] Ohne Gymnasien und Schulen mit mehreren Bildungsgängen.

[2] Ohne Gymnasien und Hauptschulen.

[3] Bei Betrachtung des Anteils der Schüler mit geringen kognitiven Fähigkeiten wird die sozioökonomische Stellung der Herkunftsfamilien kontrolliert, bei allen anderen Variablen das kognitive Niveau der Schulen.

Tabelle 3.5 Stärke der linearen Kompositionseffekte unter Berücksichtigung der individuellen Lernvoraussetzungen und der Schulformzugehörigkeit nach Region

In den neuen Ländern der Bundesrepublik sind alle Kompositionseffekte wesentlich schwächer als in den alten Ländern, gleichgültig ob man auf der Schulebene die kognitiven Fähigkeiten der Jugendlichen oder ihre familiale Herkunft, ihre Schulerfahrungen, ihre Ausdauer und Anstrengungsbereitschaft oder ihre Lesegewohnheiten betrachtet. Die Hälfte der Effekte ist signifikant, in einigen Fällen allerdings nur, solange das kognitive Niveau der Schülerschaft nicht kontrolliert wird. Der einzige negative Effekt, der im Osten genauso stark ist wie im Westen und bei Kontrolle des kognitiven Niveaus der Schulen kaum abnimmt, zeigt sich in Schulen mit überdurchschnittlich hohen Anteilen an Schülern aus Elternhäusern mit niedriger sozioökonomischer Stellung. Alle übrigen Kompositionsmerkmale wirken sich allenfalls geringfügig auf die Schülerleistungen aus.

In den Ergebnissen schlägt sich nieder, dass sich die Schulen ein und derselben Schulform aufgrund der demographischen Gegebenheiten und der in den neuen Bundesländern vorherrschenden Schulstruktur lange nicht so stark voneinander unterscheiden wie in den alten Ländern: Abgesehen von der sehr kleinen Zahl von Hauptschulen – in der Stichprobe sind es nicht einmal 4 Prozent – existieren neben den Gymnasien ausschließlich Schulen mit mittlerem Anforderungsniveau, und zwar insgesamt 74 Prozent. (In den alten Ländern sind es nur 30 %.) Folglich kommt eine Konzentration von Schülern mit ungünstigen Lernvoraussetzungen schon aufgrund der Schulstruktur in den neuen Ländern wesentlich seltener vor als in den alten Ländern mit ihren drei- oder viergliedrigen Schulsystemen.

Zusammenfassung

Die Ergebnisse der Analysen, die auf der Annahme *linearer* Zusammenhänge von Schülerkomposition und Leistung basieren, lassen sich folgendermaßen zusammenfassen:

(1) Die Leseleistungen werden in erster Linie von den individuellen Lernvoraussetzungen der Schüler bestimmt. Mit Abstand den größten Einfluss haben ihre kognitiven Fähigkeiten; der Migrationsstatus und das Bildungsniveau ihrer Familie sind für ihre Leistungen aber ebenfalls von sehr großer Bedeutung.

(2) Die Effekte der Schulformzugehörigkeit sind – auch bei Kontrolle des kognitiven und soziokulturellen Niveaus der Schulen – in der Regel sehr stark. In den alten Bundesländern lässt sich eine klare Hierarchie der Schulformen erkennen. In den neuen Ländern hat der Besuch des Gymnasiums – im Vergleich zur Realschule – etwas stärkere positive Effekte auf die Schülerleistungen als in den alten Ländern, während die Schulen mit mittlerem Anforderungsniveau einander recht ähnlich sind.

(3) In den Gymnasien zeigen sich weder in den alten noch in den neuen Bundesländern signifikante Effekte der soziokulturellen Komposition der Schüler; auch in der kleinen Gruppe der Schulen mit mehreren Bildungsgängen (im Westen) kommt es nicht zu Kompositionseffekten. Aufgrund der Annahme, dass die Varianzen und die Effekte anderer Kompositionsmerkmale in den Gymnasien und den Schulen mit mehreren Bildungsgängen (im Westen) ebenfalls gering sind, wurden diese Schulformen von den weiteren Analysen ausgeschlossen.

(4) Verglichen mit den kognitiven Fähigkeiten und den ethnischen und soziokulturellen Voraussetzungen der einzelnen Schüler sind die Effekte der Zusammensetzung der Schülerpopulationen in den alten Ländern gering. Am stärksten wirkt sich das kognitive Niveau der Schulen auf die Leistungen aus. Wachsende Anteile an Schülern aus bildungsfernen Elternhäusern oder mit Vätern ohne Vollzeitbeschäftigung haben aber ebenfalls beachtliche negative Effekte auf die Leistungen.

(5) In den neuen Bundesländern sind die Kompositionseffekte im Allgemeinen wesentlich schwächer als in den alten Ländern; bei Kontrolle des kognitiven Niveaus

der Schulen sind sie in der Regel nicht signifikant. Aufgrund der Schulstruktur kommt es offenbar seltener zu einer Konzentration von Schülern mit ungünstigen Lernvoraussetzungen, oder ihre negativen Auswirkungen lassen sich leichter vermeiden.

3.5 Auswirkungen der Zusammensetzung der Schülerschaft auf die individuellen Leseleistungen II: Nichtlineare Effekte

3.5.1 Zur Messung nichtlinearer Kompositionseffekte

Um zu überprüfen, ob Effekte der Zusammensetzung der Schülerpopulationen eventuell verdeckt bleiben, weil Schülerkomposition und Schülerleistungen nicht linear miteinander zusammenhängen, wurden quadratische Regressionen berechnet: In jedes im vorausgegangenen Abschnitt behandelte Modell wurde zusätzlich zu den auf Schulebene betrachteten Variablen (Anteil der Schüler mit einem bestimmten Merkmal, Schulform, mittlere kognitive Fähigkeiten) ein quadratischer Term derjenigen Variablen eingeführt, deren Effekte gerade zu überprüfen waren. Den Ergebnissen dieser Serie von HLM-Analysen zufolge existieren in der Regel keine nichtlinearen Zusammenhänge, die sich mithilfe einfacher quadratischer Gleichungen – als Parabeln – darstellen ließen. Wie schulformspezifische Analysen gezeigt haben, bilden die Hauptschulen in dieser Hinsicht eine Ausnahme: Hier kommt es mit wachsenden Anteilen von Schülern aus sozioökonomisch unterprivilegierten oder aus bildungsfernen Schichten zu einem immer steileren, nichtlinearen Anstieg der negativen Effekte auf die Schülerleistungen.

Anstatt komplexere Modelle zur Überprüfung der Annahme nichtlinearer Zusammenhänge zu entwickeln, wurde die Stichprobe der Schulen in Substichproben aufgeteilt, die sich im Hinblick auf ihre spezifischen Effekte miteinander vergleichen lassen. Zunächst wurden die metrischen in kategoriale Variablen umgewandelt. Die Werte der metrischen Variablen sind die Prozentanteile der Schüler mit ungünstigen Voraussetzungen an allen Schülern der einzelnen Schulen (siehe noch einmal Tab. 3.5); die kategorialen Variablen entsprechen den fünf Quintilen der Häufigkeitsverteilung dieser Prozentanteile. Das 1. Quintil besteht aus den 20 Prozent der Schülerpopulationen, die bezüglich einer Variablen am günstigsten zusammengesetzt sind, das 5. Quintil aus den 20 Prozent der hinsichtlich dieser Variablen am ungünstigsten zusammengesetzten Schülerpopulationen. Tabelle 3.6 veranschaulicht die Gruppenbildung am Beispiel der Konzentration von Schülern aus bildungsfernen Schichten in den alten Bundesländern. Die Referenzgruppe bilden Schulen, die von maximal 8 Prozent Schülern aus bildungsfernen Elternhäusern besucht werden. Die zweite Gruppe wird von Schulen mit mehr als 8, aber höchstens 14 Prozent solcher Schüler gebildet; in der Extremgruppe beträgt der Anteil der Schüler aus bildungsfernen Elternhäusern mehr als 31 Prozent.

Wie die Ergebnisse der Analysen zum Bildungsniveau der Herkunftsfamilien der Schüler zeigen (siehe Tab. 3.6), wirkt sich die Schülerkomposition in den westdeutschen

	Modell F	Modell G	Modell H
Adjustierter Mittelwert der Leistungen	**498,8** (2,7)	**481,6** (3,2)	**481,7** (3,3)
Individualebene			
Sozioökonomische Stellung der Eltern	**3,5** (0,7)	**3,4** (0,7)	**3,4** (0,7)
Familiensprache	**–22,9** (2,1)	**–22,8** (2,1)	**–22,8** (2,1)
Bildungsniveau der Eltern	**–12,1** (1,9)	**–12,3** (1,9)	**–12,3** (1,9)
Besitz der Familie an Kulturgütern	**2,2** (0,7)	**2,2** (0,7)	**2,2** (0,7)
Kommunikation in der Familie	**5,2** (0,7)	**5,2** (0,7)	**5,2** (0,7)
Kognitive Fähigkeiten	**46,2** (0,8)	**45,5** (0,9)	**45,5** (0,9)
Schulebene			
Mittlere kognitive Fähigkeiten		**11,1** (1,7)	**11,1** (1,7)
Mittlere sozioökonomische Stellung der Eltern			–0,1 (1,1)
Anteil der Schüler aus bildungsfernen Elternhäusern			
Referenzklasse: 1. Quintil: A < = 8 %			
2. Quintil: 8 % < A < = 14 %	–4,9 (2,7)	–2,9 (2,6)	–2,9 (2,6)
3. Quintil: 14 % < A < = 20 %	**–9,7** (2,7)	**–6,1** (2,6)	**–6,1** (2,6)
4. Quintil: 20 % < A < = 31 %	**–18,9** (2,9)	**–13,6** (2,8)	**–13,7** (2,8)
5. Quintil: 31 % < A	**–29,1** (3,2)	**–19,6** (3,4)	**–19,7** (3,5)
Schulform (Referenzklasse: Realschule)			
Hauptschule	**–43,4** (2,4)	**–27,9** (3,2)	**–28,0** (3,3)
Integrierte Gesamtschule	**–14,4** (2,3)	**–10,6** (2,2)	**–10,6** (2,2)
R^2 = Erklärte Varianz (in %)	**60,0**	**60,3**	**60,3**

Die fett gedruckten Ergebnisse sind signifikant ($p < .05$).

[1] Ohne Gymnasien und Schulen mit mehreren Bildungsgängen.

Tabelle 3.6 Effekte der Konzentration von Schülern aus bildungsfernen Elternhäusern auf die Leseleistungen (Standardfehler in Klammern), alte Länder[1]

Schulen des 5. Quintils stark negativ auf die individuellen Schülerleistungen aus, was man angesichts der relativ schwachen linearen Effekte nicht erwartet hätte. Die Kompositionseffekte sind höchst signifikant, und zwar auch dann, wenn die kognitiven Fähigkeiten und die sozioökonomische Zusammensetzung der Schülerschaft kontrolliert werden. Die Unterschiede zwischen dem 4. und 5. Quintil sind ebenfalls signifikant (vgl. Tab. 3.8). In diesem Fall und in allen vergleichbaren Fällen kann man mit einer gewissen Berechtigung davon sprechen, dass die extrem ungünstige Zusammensetzung der zum 5. Quintil gehörenden Schülerpopulationen jenseits eines kritischen Werts liegt. Sicher ist die Signifikanz von Unterschieden zwischen dem 5. und 4. Quintil kein Beweis für das Vorliegen nichtlinearer Zusammenhänge. Dass die individuellen Leistungen in den extrem ungünstig zusammengesetzten Schülerpopulationen wesentlich stärker durch die Komposition beeinträchtigt werden, als man aufgrund der bisher festgestellten Effektstärken hätte erwarten können, rechtfertigt es aber, diese Schülerpopulationen gesondert zu betrachten.

Um zu sehen, welche Effekte die unterschiedlich starke Konzentration von Schülern mit ungünstigen Lernvoraussetzungen auf die Leseleistungen der Einzelnen hat, wurden alle Merkmale der Schülerkomposition erneut analysiert. Den in Tabelle 3.6 dargestellten Modellen entsprechend wurden nicht nur die Schulformzugehörigkeit und das kognitive Niveau der Schülerpopulationen, sondern auch ihre sozioökonomische Zusammensetzung kontrolliert. Dies geschah, um den nahe liegenden Einwand zu prüfen, dass die einzelnen Kompositionsmerkmale nicht unabhängig von der sozioökonomischen Zusammensetzung der Schülerpopulationen sind. Zu allen drei Modellen wurden jeweils zwei Analysen durchgeführt:

- Bei der ersten Analyse wurden die Schulen des 5. Quintils mit denen des 1. Quintils als Referenzgruppe verglichen. Die Analyse dient der Beantwortung der Frage, wie stark sich extrem ungünstig zusammengesetzte Schülerpopulationen von relativ günstig zusammengesetzten unterscheiden (siehe Tab. 3.7).
- Bei der zweiten Analyse war das 4. Quintil die Referenzgruppe. Mithilfe dieser Analyse wird geprüft, ob mit der extrem ungünstigen Zusammensetzung der Schülerpopulationen des 5. Quintils ein kritischer Wert überschritten wird, jenseits dessen unerwartet starke negative Kompositionseffekte auftreten (siehe Tab. 3.8).

Die Quintilvergleiche wurden – den Ergebnissen der vorherigen Analysen entsprechend – nur für die alten Bundesländer durchgeführt. Die linearen Kompositionseffekte sind in den neuen Ländern viel zu schwach, als dass man mit der Entdeckung nichtlinearer Trends rechnen könnte.

3.5.2 Effekte extrem ungünstig zusammengesetzter Schülerpopulationen auf die individuellen Leseleistungen

Die Analysen, die auf der Annahme nichtlinearer Zusammenhänge von Komposition und Leistung basieren, können hier nicht ausführlich dargestellt werden[15]. Ihre Ergebnisse lassen sich folgendermaßen zusammenfassen (siehe Tab. 3.7):

- In den alten Bundesländern haben Schüler um bis zu 39 Punkte schlechtere Leistungen, als aufgrund ihrer individuellen Voraussetzungen zu erwarten wäre, wenn sie Schülerpopulationen mit extrem hohen Anteilen an Schülern mit niedrigen kognitiven Fähigkeiten angehören.
- Ihre Leistungen sind um bis zu 29 Punkte schlechter, wenn sie Schulen mit einem hohen Anteil an Schülern aus bildungsfernen Elternhäusern besuchen, um bis zu 24 Punkte schlechter in Schulen mit vielen Schülern, deren Väter nicht Vollzeit beschäftigt sind, und um bis zu 20 Punkte schlechter in Schulen, in denen relativ häufig Unterricht versäumt wird. Die eben genannten negativen Effekte zeigen sich auch bei Kontrolle der kognitiven und sozioökonomischen Zusammensetzung der Schülerschaft.

- Negative Effekte von bis zu 18 Punkten zeigen sich auch in Schulen mit extrem hohen Anteilen an Schülern aus Migrantenfamilien, in denen nicht deutsch gesprochen wird. Wenn das kognitive Niveau der Schülerschaft und ihre sozioökonomische Zusammensetzung kontrolliert werden, sind diese Effekte wesentlich schwächer bzw. nicht mehr signifikant. Das gilt auch für die Effekte der Konzentration von Schülern aus den unteren sozialen Schichten und von Schülern, die mindestens eine Klasse wiederholt haben.
- Die übrigen Kompositionseffekte sind auch bei Kontrolle des kognitiven und sozioökonomischen Niveaus der Schülerschaft signifikant. Das heißt, die individuellen Leistungen sind um bis zu 16 Punkte schlechter in Schulen mit einer Konzentration von Schülern, die nicht zu ihrem Vergnügen lesen, um bis zu 15 Punkte in Schulen mit einer Konzentration von Schülern, die nicht mit beiden Eltern zusammenleben, und um rund 9 Punkte, wenn sie extrem viele Mitschüler haben, die nur wenig Ausdauer und Anstrengungsbereitschaft besitzen.

Die Ergebnisse belegen, dass es in den alten Ländern im Fall von extrem ungünstig zusammengesetzten Schülerpopulationen, das heißt wahrscheinlich vor allem in den Hauptschulen, zu beträchtlichen negativen Effekten auf die individuellen Leistungen

Zum 5. Quintil gehörende Schulen, das heißt Schulen mit mehr als …	Modell F Ohne weitere Kontrollen	Modell G Mit Kontrolle des KFT	Modell H Mit Kontrolle von KFT *und* SES
50 % Schülern aus Familien mit niedriger sozioökonomischer Stellung	**–15,4******	–6,9	–
23 % Schülern mit Vätern ohne Vollzeitbeschäftigung	**–23,7*****	**–16,4*****	**–16,1*****
35 % Schülern, die zu Hause nicht deutsch sprechen	**–18,4*****	**–7,6***	–6,6
31 % Schülern aus bildungsfernen Elternhäusern	**–29,1*****	**–19,6*****	**–19,7*****
34 % Schülern, die nicht mit beiden Eltern zusammenleben	**–14,6*****	**–9,6****	**–10,2*****
48 % Schülern, die mindestens eine Klasse wiederholt haben	**–14,1*****	–3,6	–3,6
63 % Schülern mit Unterrichtsversäumnissen	**–20,2*****	**–12,2*****	**–12,3*****
38 % Schülern mit geringer Ausdauer oder Anstrengungsbereitschaft	**–8,9****	**–8,6****	**–8,8****
59 % Schülern, die nicht zum Vergnügen lesen	**–15,8*****	**–8,5***	**–8,7****
65 % Schülern mit geringen kognitiven Fähigkeiten	**–38,9*****	–	**–35,3*****

Die fett gedruckten Ergebnisse kennzeichnen signifikante Unterschiede zwischen den Effektstärken der zum 5. und 1. Quintil gehörenden Schulen: * p < .05, ** p < .01, *** p < .001.

[1] Die Ergebnisse basieren auf Analysen, wie sie in Tabelle 3.6 dargestellt sind: Sie berücksichtigen die individuellen Lernvoraussetzungen der Schüler und die Schulformzugehörigkeit der Schulen.

[2] Ohne Gymnasien und Schulen mit mehreren Bildungsgängen.

Tabelle 3.7 Vergleich der Effekte ungünstig zusammengesetzter Schülerpopulationen (5. Quintil) mit den Effekten günstig zusammengesetzter Schülerpopulationen (1. Quintil)[1], alte Länder[2]

kommt, die angesichts der relativ schwachen linearen Effekte nicht zu erwarten waren. Wie gezeigt wurde, sind die Effekte bei Kontrolle des kognitiven Niveaus der Schülerschaft meist schwächer als vorher, während die zusätzliche Kontrolle der sozioökonomischen Stellung der Herkunftsfamilie in der Regel so gut wie nichts mehr an der Stärke der verschiedenen Kompositionseffekte ändert. Zu den wenigen Ausnahmen gehört die Konzentration von Schülern aus den unteren sozioökonomischen Schichten, von Jugendlichen aus eingewanderten Familien und von Schülern, die mindestens einmal eine Klasse wiederholen mussten. In diesen Fällen sind die Kompositionseffekte bei Kontrolle der kognitiven und sozioökonomischen Zusammensetzung der Schülerschaft nicht mehr signifikant. In allen anderen Fällen ändert sich wenig an der Stärke und nichts an der Signifikanz der Effekte. Der Einwand, dass die verschiedenen Kompositionsmerkmale alle dasselbe messen, nämlich den Anteil der Schüler aus unterprivilegierten Gesellschaftsschichten, ist in diesen Fällen nicht stichhaltig.

Vergleicht man die zum 5. mit den zum 4. Quintil gehörenden Schulen, findet man nur in vier Fällen starke Kompositionseffekte, die auch dann noch signifikant sind, wenn man die kognitive und sozioökonomische Zusammensetzung der Schülerpopulationen kontrolliert (siehe Tab. 3.8). Diese Kompositionseffekte treten auf im Fall extrem hoher Anteile an Jugendlichen,

- deren Väter nicht Vollzeit beschäftigt sind,
- die aus Migrantenfamilien stammen, in denen nicht deutsch gesprochen wird,
- die geringe kognitive Fähigkeiten besitzen oder
- aus bildungsfernen Elternhäusern kommen.

Man kann daraus den Schluss ziehen, dass es in diesen theoretisch bedeutsamen Fällen kritische Werte für die Zusammensetzung der Schülerschaft gibt, die nicht überschritten werden sollten, wenn es nicht zu einer erheblichen Beeinträchtigung der Leistungen der einzelnen Schüler kommen soll.

Dagegen lassen sich keine solchen Schwellenwerte erkennen, wenn man die Konzentration von Schülern betrachtet, die bislang wenig erfolgreich in der Schule waren und dementsprechend negative Einstellungen zur Schule und zum Lernen ausgebildet haben: Bezogen auf das 4. Quintil sind die Kompositionseffekte der zum 5. Quintil gehörenden Schülerpopulationen in diesen Fällen vergleichsweise schwach und in der Regel auch nicht signifikant. Wie weitere Untersuchungen ergeben haben, besteht der wesentliche Grund für die schwachen Effekte darin, dass nicht allein die zum 5., sondern auch schon die zum 4. Quintil gehörenden Schülerpopulationen sehr ungünstig zusammengesetzt sind. Beispielsweise liegt der Anteil der Schüler, deren Eltern eine niedrige sozioökonomische Stellung haben, in den zum 4. Quintil gehörenden Schulen zwischen 40 und 50 Prozent, und der Anteil der Schüler mit Unterrichtsversäumnissen macht in den zum 4. Quintil gehörenden Schülerpopulationen bereits zwischen 53 und 63 Prozent aller Schüler aus. Unter diesen Umständen ist nicht zu erwarten, dass sich die Kompositionseffekte des 5. Quintils stark von denen der Referenzklasse unterscheiden.

Zum 5. Quintil gehörende Schulen, das heißt Schulen mit mehr als ...	Modell F Ohne weitere Kontrollen	Modell G Mit Kontrolle des KFT	Modell H Mit Kontrolle von KFT *und* SES
50 % Schülern aus Familien mit niedriger sozioökonomischer Stellung	–2,1	–0,6	–
23 % Schülern mit Vätern ohne Vollzeitbeschäftigung	**–14,8*** **	**–11,5*** **	**–11,3*** **
35 % Schülern, die zu Hause nicht deutsch sprechen	**–14,8*** **	**–10,0** **	**–9,6** **
31 % Schülern aus bildungsfernen Elternhäusern	**–10,2** **	**–6,0* **	**–6,0* **
34 % Schülern, die nicht mit beiden Eltern zusammenleben	–4,6	–3,8	–4,0
48 % Schülern, die mindestens eine Klasse wiederholt haben	–4,3	–1,4	–1,4
63 % Schülern mit Unterrichtsversäumnissen	**–5,8* **	–2,1	–2,1
38 % Schülern mit geringer Ausdauer oder Anstrengungsbereitschaft	–2,9	–3,5	–3,2
59 % Schülern, die nicht zum Vergnügen lesen	**–6,3* **	–3,9	–4.2
65 % Schülern mit geringen kognitiven Fähigkeiten	**–10,6** **	–	**–9,8** **

Die fett gedruckten Ergebnisse kennzeichnen signifikante Unterschiede zwischen den Effektstärken der zum 5. und 4. Quintil gehörenden Schulen: * p < .05, ** p < .01, *** p < .001.

[1] Die Ergebnisse basieren auf Analysen, wie sie in Tabelle 3.6 dargestellt sind, das heißt, sie berücksichtigen die individuellen Lernvoraussetzungen der Schüler und die Schulformzugehörigkeit der Schulen.

[2] Ohne Gymnasien und Schulen mit mehreren Bildungsgängen.

Tabelle 3.8 Vergleich der Effekte ungünstig zusammengesetzter Schülerpopulationen (5. Quintil) mit den Effekten weniger ungünstig zusammengesetzter Schülerpopulationen (4. Quintil)[1], alte Länder[2]

Verteilung der Schulen mit extrem ungünstig zusammengesetzten Schülerpopulationen auf die untersuchten Schulformen

Obschon nur bei wenigen, allerdings theoretisch bedeutsamen Variablen Schwellenwerte festgestellt werden konnten, jenseits derer die Schülerkomposition besonders starke negative Effekte auf die individuellen Leistungen hat, konzentriert sich die folgende Darstellung auf die Schulen, die zum 5. Quintil der verschiedenen Häufigkeitsverteilungen der Schülerpopulationen gehören. Es sind die Populationen, die im Vergleich zu den übrigen besonders ungünstig zusammengesetzt sind. Die Betrachtung dieser Extremgruppen ist von Interesse, und zwar auch unabhängig davon, ob ihre Leistungen linear oder nichtlinear mit der Schülerkomposition zusammenhängen.

Schulen, in denen sich Jugendliche mit ungünstigen Lernvoraussetzungen konzentrieren, findet man in allen hier untersuchten Schulformen, allerdings nicht mit der gleichen Häufigkeit[16]. Die meisten Schulen mit einer extrem ungünstig zusammengesetzten Schülerschaft gehören zu den Hauptschulen. Wie aus Tabelle 3.9 hervorgeht, beträgt ihr Anteil an den hier untersuchten Schulen knapp 62 Prozent. Unter den Schulen, in denen sich 15-Jährige mit ungünstigen Lernvoraussetzungen und Leistungen konzentrieren, sind die Hauptschulen aber wesentlich stärker vertreten: Sie machen zwischen 72 und 100 Prozent der Schulen mit extrem ungünstiger Schülerkomposition aus. Dagegen sind die Realschulen, die 32 Prozent der untersuchten Schulen stellen, unter den Schulen mit problematischer Zusammensetzung deutlich unterrepräsentiert. Dasselbe gilt für die Integrierten Gesamtschulen, obwohl es unter ihnen relativ viele mit einer starken Konzentration von Schülern gibt, die gelegentlich den Unterricht versäumen, die nicht mit beiden Eltern zusammenleben oder deren Väter nicht Vollzeit beschäftigt sind.

Dass der größte Teil der Schulen mit einer sehr hohen Konzentration von Schülern mit ungünstigen Voraussetzungen zu den Hauptschulen gehört, heißt nicht, dass die Schülerschaft der Hauptschulen generell sehr ungünstig zusammengesetzt ist. Wie Tabelle 3.10 zeigt, trifft dies nur für allenfalls ein Drittel der Hauptschulen zu. Von den Realschulen gehören höchstens 10 bis 14 Prozent zu den Schulen mit besonders ungünstiger Schülerkomposition. Überraschend viele Integrierte Gesamtschulen arbeiten in der einen oder anderen Hinsicht unter sehr ungünstigen Bedingungen: In 28 Prozent der Gesamtschulen konzentrieren sich Schüler mit Vätern ohne Vollzeitbeschäftigung, in 33 Prozent Schüler, die nicht mit ihren beiden leiblichen Eltern zusammenleben, und 34 Prozent der Gesamtschulen haben extrem hohe Anteile an Schülern, die gelegentlich Unterricht versäumen.

Schulen mit mehr als …	Anzahl der Schulen	Hauptschulen	Realschulen	Integrierte Gesamtschulen
50 % Schülern aus Familien mit niedriger sozioökonomischer Stellung	161	95,7	2,5	1,9
23 % Schülern mit Vätern ohne Vollzeitbeschäftigung	162	82,7	8,6	8,6
35 % Schülern, die zu Hause nicht deutsch sprechen	162	88,3	8,6	3,1
31 % Schülern aus bildungsfernen Elternhäusern	161	90,1	7,5	2,5
34 % Schülern, die nicht mit beiden Eltern zusammenleben	162	72,8	16,7	10,5
48 % Schülern, die mindestens eine Klasse wiederholt haben	164	86,6	13,4	0
63 % Schülern mit Unterrichtsversäumnissen	160	71,9	17,5	10,6
38 % Schülern mit geringer Ausdauer oder Anstrengungsbereitschaft	159	73,6	22,6	3,8
59 % Schülern, die nicht zum Vergnügen lesen	163	84,7	11,7	3,7
65 % Schülern mit geringen kognitiven Fähigkeiten	163	100,0	0	0
73 % Schülern mit niedrigen Leseleistungen[2]	164	99,4	0	0,6
Untersuchte Schulen insgesamt (N = 100 %)	815	61,6	32,2	6,2

[1] Ohne Gymnasien und Schulen mit mehreren Bildungsgängen.
[2] Als niedrig gelten die Leseleistungen der Schüler aus dem unteren Viertel der Leistungsverteilung.

Tabelle 3.9 Prozentuale Verteilung der Schulen mit einer hohen Konzentration von Schülern mit ungünstigen Lernvoraussetzungen und niedrigen Leseleistungen auf die untersuchten Schulformen (Zeilenprozente), alte Länder[1]

Die Häufigkeitsverteilungen der Schulen, in denen sich 15-Jährige mit schlechten Lernvoraussetzungen konzentrieren (siehe nochmals Tab. 3.9), lassen vermuten, dass es unter den Hauptschulen etliche Problemschulen gibt, das heißt Schulen, deren Schülerpopulationen in *mehrfacher* Hinsicht sehr ungünstig zusammengesetzt sind, und in denen folglich das Risiko besonders groß ist, dass die Leistungen der Schüler hinter dem zurückbleiben, was man aufgrund ihrer individuellen Lernvoraussetzungen von ihnen erwarten könnte. Das führt zu der Frage, ob es verschiedene Klassen von Hauptschulen gibt, wo sie zu finden sind und wie sie entstehen. Wie erste Versuche zur Beantwortung der Frage ergeben haben, sind die zu den 5. Quintilen der verschiedenen Häufigkeitsverteilungen gehörenden Schulen in den Bundesländern mit viergliedrigen Schulsystemen durchweg überrepräsentiert. Das liegt nicht daran, dass die meisten Integrierten Gesamtschulen der Stichprobe Elemente der viergliedrigen Schulsysteme sind, sondern daran, dass die Einrichtung der Gesamtschulen in diesen Systemen zu *Creaming*-Prozessen geführt hat, die die Schülerschaft der Hauptschulen stark verändert haben. Wie sich bereits beim Ost-West-Vergleich andeutete, sind die schulstrukturellen Bedingungen in den verschiedenen Bundesländern sicher nicht unabhängig von den dortigen demographischen Gegebenheiten. Ihre Analyse soll aber einem eigenen Beitrag vorbehalten bleiben.

Schulen mit mehr als ...	Hauptschulen	Realschulen	Integrierte Gesamtschulen
50 % Schülern aus Familien mit niedriger sozioökonomischer Stellung	30,7	1,5	5,9
23 % Schülern mit Vätern ohne Vollzeitbeschäftigung	26,7	5,3	28,0
35 % Schülern, die zu Hause nicht deutsch sprechen	28,5	5,3	9,8
31 % Schülern aus bildungsfernen Elternhäusern	28,9	4,6	8,0
34 % Schülern, die nicht mit beiden Eltern zusammenleben	23,6	10,3	33,3
48 % Schülern, die mindestens eine Klasse wiederholt haben	28,3	8,4	0
63 % Schülern mit Unterrichtsversäumnissen	23,0	10,7	34,0
38 % Schülern mit geringer Ausdauer oder Anstrengungsbereitschaft	23,3	13,7	12,0
59 % Schülern, die nicht zum Vergnügen lesen	27,5	7,2	11,8
65 % Schülern mit geringen kognitiven Fähigkeiten	32,5	0	0
73 % Schülern mit niedrigen Leseleistungen[2]	32,5	0	2,0
Anzahl der Schulen (N = 100 %)	501	263	51

1 Ohne Gymnasien und Schulen mit mehreren Bildungsgängen.
2 Als niedrig gelten die Leseleistungen der Schüler aus dem unteren Viertel der Leistungsverteilung.

Tabelle 3.10 Anteil der Schulen mit einer hohen Konzentration von Schülern mit ungünstigen Lernvoraussetzungen und niedrigen Leseleistungen an allen Schulen der einzelnen Schulformen (in %), alte Länder[1]

3.5.4 Zusammenfassung

Die Ergebnisse der Analysen, die auf der Annahme *nichtlinearer* Zusammenhänge von Schülerkomposition und Leistung basieren, lassen sich folgendermaßen zusammenfassen:

(1) In den neuen Bundesländern kommt es wesentlich seltener als in den alten Ländern zu einer starken Konzentration von Schülern mit ungünstigen Lernvoraussetzungen. Demgemäß sind die linearen Effekte der Zusammensetzung der Schülerpopulationen hier sehr schwach, und man kann nicht erwarten, nichtlineare Trends zu entdecken.

(2) Die Vermutung, dass die Schülerleistungen nicht linear mit der Zusammensetzung der Schülerschaft zusammenhängen, wird durch die Analysen der Daten aus den alten Ländern der Bundesrepublik nicht eindeutig bestätigt. Es zeigen sich aber unerwartet starke negative Effekte der einzelnen Kompositionsmerkmale, wenn der Anteil der Schüler mit ungünstigen Voraussetzungen extrem hoch ist.

(3) Die HLM-Analysen der Effekte von Schulen mit extrem unterschiedlich zusammengesetzten Schülerpopulationen zeigen, was ein relativ schwacher linearer Zusammenhang der Leistungen mit dem Lernmilieu im Fall von Schulen bedeutet, deren Schülerkomposition sich extrem stark von günstiger zusammengesetzten Schülerpopulationen unterscheidet.

(4) Im Fall einiger Merkmale zur sozialen und kulturellen Herkunft scheint es kritische Werte für die Zusammensetzung der Schülerschaft zu geben, jenseits derer die individuellen Leistungen unerwartet stark durch die Schülerkomposition beeinträchtigt werden.

(5) Schüler, die unter ungünstigen sozialen oder kulturellen Bedingungen aufwachsen und dementsprechend häufiger als andere Schulschwierigkeiten haben, werden noch einmal benachteiligt, wenn sie extrem ungünstig zusammengesetzten Schülerpopulationen angehören. Das heißt, durch die soziale Herkunft bedingte Nachteile werden institutionell verstärkt.

(6) Schulen mit einer Konzentration von Schülern aus unterprivilegierten Gesellschaftsschichten gibt es prinzipiell nicht nur in Hauptschulen, sondern auch in Realschulen und Integrierten Gesamtschulen, und eine ungünstige Zusammensetzung ihrer Schülerpopulationen wirkt sich prinzipiell negativ auf die Leistungen der individuellen Schüler aus. Schulen mit extrem ungünstig zusammengesetzten Schülerpopulationen sind aber unter den Hauptschulen ganz erheblich überrepräsentiert.

(7) Im Fall einer Häufung von extrem ungünstigen Kompositionsmerkmalen in einzelnen Hauptschulen dürfte man es mit Problemschulen zu tun haben, in denen die Leistungen der Schüler höchstwahrscheinlich sehr stark hinter den Erwartungen zurückbleiben, zu denen ihre individuellen Lernvoraussetzungen berechtigen.

(8) Erste Versuche zur Aufklärung der Bedingungen, unter denen Problemschulen entstehen, verweisen auf *Creaming*-Prozesse zu Ungunsten von Hauptschulen in viergliedrigen Schulsystemen.

Schluss

Die sozialen Verhältnisse, unter denen Kinder heranwachsen, haben beträchtlichen Einfluss auf ihre Entwicklung und Sozialisation und damit auch auf ihren Schulerfolg und ihre Schullaufbahn. Wenn sie unter ungünstigen familialen Bedingungen leben, sind sie im Vergleich zu ihren Altersgenossen aus privilegierten Familien mehr oder weniger stark benachteiligt und haben schlechtere Bildungschancen. Wie die Ergebnisse der HLM-Analysen gezeigt haben, sind sie aufgrund ihrer Herkunft noch einmal benachteiligt, wenn sie – selektionsbedingt – Schulen mit hohen Anteilen an Schülern besuchen, die ebenfalls unter ungünstigen familialen Bedingungen aufwachsen und – diesen Bedingungen entsprechend – bislang wenig erfolgreich in der Schule gewesen sind. Ihre Leseleistungen sind deutlich schlechter, als man aufgrund ihrer individuellen Lernvoraussetzungen und ihrer individuellen familialen Herkunft hätte annehmen können, wenn sie Schulen mit einer hohen Konzentration von leistungsschwachen Schülern besuchen bzw. von Schülern, deren Familien zu den unteren sozioökonomischen Schichten der Bevölkerung gehören, von Schülern, die nicht viel kulturelles oder soziales Kapital besitzen, deren Schulkarriere nicht besonders glücklich verlaufen ist und die dementsprechend keine besonders positiven Einstellungen zur Schule und zum Lernen haben.

Wie Schul- oder Klasseneffekte auf die Schülerleistungen zu Stande kommen, ist in der Forschungsliteratur noch nicht befriedigend geklärt (siehe die Literaturberichte von Slavin, 1990; Wilkinson, 2002). Am häufigsten diskutiert wird, dass die schul- oder klassenspezifische Zusammensetzung der Schülerschaft von Einfluss ist auf:

- die intendierten und implementierten Lehrpläne, die Unterrichtsinhalte und -prozesse, das Unterrichtstempo und -management (z.B. Arlin & Westbury, 1976; Dreeben & Barr, 1988),
- das intellektuelle und soziale Milieu der Schulen und seine normativen Wirkungen (z.B. Burns & Mason, 2002; Resh & Dar, 1992) und
- die Interaktionen der Schüler mit ihren Mitschülern, die Erwartungen ihrer Eltern und Lehrer und das Ausmaß der Unterstützung, das sie von ihnen erfahren (z.B. Beckerman & Good, 1981; Caldas & Bankston, 1997).

Die eben aufgeführten Vermittlungsmechanismen schließen einander nicht aus, sondern dürften in der Regel gleichzeitig wirksam sein, obschon sie – kontextabhängig – von unterschiedlichem Gewicht sein mögen. Zusätzlich wird man Einflüsse der Institution auf die Schüler in Betracht ziehen müssen, wie sie von Pallas u.a. (1994) auf der Basis der theoretischen Arbeiten von Meyer (1970, 1977) sowie Meyer und Rowan (1983) untersucht worden sind. Dabei geht es um das Problem, dass die externe Differenzierung der Schüler nach ihren Leistungen die allgemeine Einschätzung ihrer Fähigkeiten stärker beeinflusst, als aufgrund der tatsächlich vorhandenen Fähigkeitsunterschiede zwischen Schülern verschiedener Niveaugruppen zu erwarten wäre, und dass die Schüler selbst die allgemeine Einschätzung ihrer Fähigkeiten teilen.

Wenn man bedenkt, dass es in erster Linie in der Hauptschule zu einer hohen Konzentration von Schülern mit ungünstigen Lernvoraussetzungen kommt, die sich negativ auf die Schülerleistungen auswirkt, wird man auf der Suche nach Erklärungen für die festgestellten Kompositionseffekte in Betracht ziehen müssen, dass die Lehrpläne hier im Allgemeinen weniger strikt eingehalten werden, und dass der Unterricht in der Regel weniger anspruchsvoll ist als in anderen Schulformen, jedenfalls dann, wenn unter ungünstigen Rahmenbedingungen gearbeitet wird. Wie Leschinsky auf der Basis sekundärstatistischer Arbeiten dargestellt hat (Leschinsky, 2003), gibt es in der Hauptschule nach wie vor ein höheres Maß an fachfremd erteiltem Unterricht als in den anderen Schulformen. Nach der Einschätzung von Schulleitern, die an PISA 2000 teilgenommen haben, wird das Lernen der 15-Jährigen dadurch mehr oder weniger stark beeinträchtigt (Weiß & Steinert, 2001). Dass es relativ häufig zu fachfremd erteiltem Unterricht kommt, liegt teils daran, dass Hauptschulen relativ klein sind und deshalb schlechter mit Fachlehrern versorgt werden können, teils wird auch deshalb fachfremd, genauer: nach einem „modifizierten Klassenlehrerprinzip" unterrichtet, weil Lehrer, die häufig in eine Klasse kommen, persönliche Bindungen zu den Schülern aufbauen können und demgemäß weniger Disziplinschwierigkeiten haben. Dass es im Fall einer Konzentration von Schülern mit ungünstigen Lernvoraussetzungen generell sehr leicht zu Problemen kommt, belegen Studien zum Unterricht in Hauptschulen (Bronder, Ipfling, & Zenke, 1998), zur Häufigkeit der Schulverweigerung (Wagner, Dunkake, & Weiß, 2004) sowie zur Gewaltbereitschaft und Devianz von Hauptschülern (Tillmann u.a., 1999; siehe auch Meier, in diesem Band). Unter diesen Bedingungen dürfte die Schul- und Unterrichtskultur dem Lernen nicht besonders förderlich sein.

Nun kommt es aber nicht nur in Hauptschulen, sondern gelegentlich auch in Realschulen und Integrierten Gesamtschulen zu einer ungünstigen Schülerzusammensetzung mit negativen Effekten auf die Leistungen. Bei der Frage nach den Vermittlungsmechanismen wird man folglich noch einmal darauf verwiesen, dass Schülerleistungen in hohem Maße von der Lernkultur beeinflusst werden, die sich in einer Klasse oder Schule mit spezifischer Schülerzusammensetzung entwickelt. Lerngruppen mit einer *hohen* Lernkultur arbeiten in der Regel in vielerlei Hinsicht unter günstigen sozialen Bedingungen:

- Die Schüler kommen aus Familien, deren sozioökonomisches Niveau hoch ist.
- Ihre Eltern sind gebildet und am Schulerfolg ihrer Kinder interessiert.
- Dementsprechend werden die Schüler häufiger und intensiver von ihren Eltern unterstützt (siehe Hollenbach & Meier, in diesem Band).
- Es gibt weniger Disziplinprobleme im Unterricht.
- Das Schul- und Unterrichtsklima, das entsteht, begünstigt Lernen.
- Folglich unterrichten Lehrer im Allgemeinen lieber in günstig als in ungünstig zusammengesetzten Klassen.

- In Klassen mit einem positiven Unterrichtsklima können die Lehrpläne eher eingehalten werden.
- Der Unterricht ist besser und die Unterrichtszeit wird besser genutzt.

In Lerngruppen, Klassen oder Schulen, in denen diese Voraussetzungen fehlen, können sehr leicht Lernmilieus entstehen, die der Leistungsentwicklung der Schüler nicht förderlich sind, gleichgültig, zu welcher Schulform die betreffenden Schulen gehören.

Die Gefahr der Entstehung ungünstiger Lernmilieus, in denen die Schüler keine Lernfreude und keine Leistungsmotivation entwickeln und folglich auch keine guten Leistungen erbringen, ist besonders groß im Fall von Schülerpopulationen, die sich vorwiegend aus schwachen Schülern zusammensetzen, da sich hier – aufgrund des engen Zusammenhangs der Leistungen mit der sozialen Herkunft – auch ungünstige soziale Bedingungen häufen. Wo es zu einer „sozialen Entmischung" der Schule und damit auch zu einer „Verringerung der sozialen Ressourcen für den Bildungserwerb" kommt (Solga & Wagner, 2001, S. 123), verlieren die üblichen Argumente für die Einrichtung leistungshomogener Lerngruppen ihre Überzeugungskraft, denn die Schüler bleiben unter diesen Bedingungen hinter den Erwartungen zurück, die sie ihren individuellen Lernvoraussetzungen entsprechend erfüllen müssten. Dass schwache Schüler in homogenen Lerngruppen größere Chancen haben, sich am Unterricht zu beteiligen, dass ihr Interesse am Unterrichtsgeschehen erhalten bleibt, wenn sie nicht überfordert werden, und dass sich ihr Selbstwertgefühl positiv entwickelt, wenn sie sich nicht dauernd mit leistungsstarken Mitschülern vergleichen müssen, schlägt sich offensichtlich *nicht* in ihren Leistungen nieder. Vielleicht gelingt es den Lehrern nicht, sich adäquat auf die Voraussetzungen ihrer schwachen Schüler einzustellen und adaptiven Unterricht durchzuführen. Vielleicht lassen sie sich durch das geringe Interesse von Schülern und Eltern dazu verführen, die Anforderungen an sich selbst und ihre Schüler zu senken. Möglicherweise werden ihre Anstrengungen aber auch durch die bereits geschilderten unerwünschten Nebenwirkungen der Selektion nach Leistung zunichte gemacht.

Wie gezeigt wurde, kommt es vor allem in der Hauptschule zu einer sozialen Entmischung der Schülerschaft, und zwar insbesondere in den Bundesländern, in denen es die Integrierte Gesamtschule als Alternative zur Hauptschule gibt. Sieht man von Bremen und Nordrhein-Westfalen ab, wo noch rund ein Viertel der 15-Jährigen Hauptschulen besuchen, obwohl Integrierte Gesamtschulen eingerichtet wurden, ist der Anteil der 15-Jährigen in Hauptschulen in diesen Ländern außerordentlich niedrig: In der PISA-2000-Stichprobe sind es 8 Prozent im Saarland, je 11 Prozent in Berlin und Hamburg und 15 Prozent in Hessen. Man kann annehmen, dass die allgemeine Einschätzung der Hauptschule als „Restschule" in diesen Ländern negative Rückwirkungen auf die Hauptschüler hat. Sie dürften sehr wohl wissen, dass sie zu einer Minderheit gehören, die bislang wenig erfolgreich in der Schule war und daher nicht die Chance hatte, weiterführende Schulen mit höheren Ansprüchen und höherem Prestige zu besuchen. Sie dürften auch wissen, dass ihre Chancen eine Lehrstelle oder einen gut bezahlten Job zu finden, geringer sind als für Schüler, die von Schulen einer anderen Schulform kommen. Wahrscheinlich entwickeln sie unter diesen Umständen keine positiven Einstellungen zur Schule und zum Lernen, sondern es kommt zu den bereits zitierten Unterrichtsstörungen, zu Schulunlust und Schulverweigerung. Sollten diese Vermutungen richtig sein, hätte man es hier mit einem Problem zu tun, das nicht allein durch größere Anstrengungen von Lehrern gelöst werden kann, sondern auch strukturelle Änderungen der Schule erfordert.

Dass die große Varianz der Schülerleistungen in Deutschland durch die Schulstruktur mitbedingt ist, wird auch vom Deutschen PISA-2000-Konsortium festgestellt. In seiner Presseerklärung vom 6. März 2003 – anlässlich der Übergabe des dritten Bands der PISA-Berichterstattung an die Kultusministerkonferenz – heißt es: „Im Zusammenspiel von regional unterschiedlicher Bildungsbeteiligung, schulstrukturellem Angebot und lokalem Einzugsgebiet entstehen selektionsbedingte Schulmilieus, die sich als differenzielle Entwicklungsumwelten beschreiben lassen und die unterschiedliche Fördereffekte für Schülerinnen und Schüler haben. In allen Ländern tragen diese institutionellen Differenzierungsprozesse – wenngleich in unterschiedlich starkem Maße – zur Öffnung der Leistungsschere in der Sekundarstufe bei. Die im internationalen Vergleich nachgewiesene, ungewöhnlich große Leistungsstreuung am Ende der Vollzeitschulpflicht in Deutschland wird zu einem nicht unerheblichen Teil in der Sekundarstufe I institutionell erzeugt oder zumindest verstärkt" (Deutsches PISA-Konsortium [PISA 2000], 2003). Die Feststellung des Konsortiums ist sicher nicht gleichbedeutend mit der Forderung nach einer umfassenden Änderung der Schulstruktur in Deutschland. Sie würde Lehrer vor wesentlich höhere als die derzeitigen Anforderungen stellen und dürfte nur dann zur Verbesserung der gegebenen Verhältnisse beitragen, wenn sie mit grundlegenden Änderungen des Unterrichts einherginge, wie sie in der Einleitung unter Hinweis auf die Studie von Rosenholtz und Simpson (1984) angesprochen worden sind. Den Vorschlag zum Verzicht auf allzu viel externe Gliederung im Schulwesen wird man aus der Feststellung des Konsortiums aber wohl ableiten dürfen.

Anmerkungen

1 Aus Gründen der Lesbarkeit steht die Bezeichnung „Schüler" für beide Geschlechter.

2 *Big-fish-little-pond*-Effekte zeigen, dass Schüler mit vergleichbaren Fähigkeiten, die Klassen mit unterschiedlichem Leistungsniveau besuchen, ihre Fähigkeiten unterschiedlich wahrnehmen: In einer leistungsstarken Klasse *(big pond)* glauben sie, schwache Schüler *(little fish)* zu sein, während sie sich in einer leistungsschwachen Klasse *(little pond)* als starke Schüler *(big fish)* fühlen. Für die Effekte gibt es eine Fülle von Belegen (siehe Marsh & Hau, 2003, und die dort zitierte Literatur); in Deutschland sind sie ebenfalls schon mehrmals nachgewiesen worden (Köller, 2004; Marsh, Köller, & Baumert, 2001; Trautwein, Köller, & Baumert, 2004; Trautwein, Köller, & Kämmerer, 2002). Auch auf der Basis der PISA-2000-Daten lässt sich zeigen, dass das akademische Selbstkonzept von Schülern nicht von der besuchten Schulform oder der bisherigen Schulkarriere abhängt. Die drei PISA-Items zum akademischen Selbstkonzept – „in den meisten Schulfächern lerne ich schnell"; „in den meisten Schul-

fächern schneide ich in Klassenarbeiten gut ab"; „ich bin in den meisten Schulfächern gut" (siehe Kunter u.a., 2002, S. 170 f.) – dürften aber nicht alle Aspekte des Selbstwertgefühls von Schülern abdecken und wenig darüber aussagen, wie sie sich fühlen, wenn sie mit der allgemeinen Einschätzung der Schule oder Niveaugruppe konfrontiert werden, in der sie sich befinden oder in die sie abgestiegen sind.

3 Wie gut Lernbehinderte in Sonderschulen gefördert werden, steht hier nicht zur Debatte. Vielmehr geht es darum, dass der Besuch einer „Fördereinrichtung" ein Stigma ist, das auch von den Schülern selbst als Stigma wahrgenommen wird (Pfahl, 2003; Powell, 2003). Das dürfte in der Regel auch für Zurückstellungen und Klassenwiederholungen gelten, obschon für sie in manchen Fällen die Bildungsaspirationen der Eltern verantwortlich sind, die ihrem Kind einen guten Start oder die Chance einer Gymnasialempfehlung verschaffen wollen.

4 Zu den Schulen mit mehreren Bildungsgängen zählen in der PISA-2000-Stichprobe: Integrierte Haupt- und Realschulen (Hamburg), Verbundene Haupt- und Realschulen (Mecklenburg-Vorpommern), Sekundarschulen (Niedersachsen), Regionale Schulen (Rheinland-Pfalz), Erweiterte Realschulen (Saarland), Mittelschulen (Sachsen) und Regelschulen (Thüringen). Die Bildungsgänge der Sekundarschulen in Sachsen-Anhalt gelten – Angaben des Statistischen Landesamts entsprechend – in der PISA-2000-Stichprobe als Haupt- und Realschulen.

5 Skala auf der Basis der Schülerantworten auf die folgenden Fragen: Gibt es bei dir zu Hause
... klassische Literatur (z.B. von Goethe)?
... Bücher mit Gedichten?
... Kunstwerke (z.B. Bilder)? Die Fragen konnten bejaht oder verneint werden.
Wie viele der Musikinstrumente (z.B. Klavier, Geige) habt ihr zu Hause? Vorgegeben waren vier Antwortalternativen von „keine" bis „3 oder mehr".
Wie viele Bücher habt ihr zu Hause? Vorgegeben waren sieben Antwortalternativen von „keine" bis „mehr als 500 Bücher".

6 Skala auf der Basis der Schülerantworten auf die Frage: Wie oft kommt es im Allgemeinen vor, dass deine Eltern
... mit dir über politische oder soziale Fragen diskutieren?
... mit dir über Bücher, Filme oder Fernsehsendungen diskutieren?
... mit dir über deine Schulleistungen sprechen?
... gemeinsam mit dir am Tisch sitzen und zu Mittag oder Abend essen?
... sich Zeit nehmen, um einfach nur mit dir zu reden?
Vorgegeben waren jeweils fünf Antwortalternativen von „nie oder fast nie" bis „mehrmals in der Woche".

7 Die dichotome Variable „Unterrichtsversäumnisse" basiert auf den Schülerantworten auf die Frage: Wie oft ist es in den letzten zwei Schulwochen vorgekommen, dass du
... in der Schule gefehlt hast?
... Stunden geschwänzt hast?
... zu spät zur Schule gekommen bist?

Schüler, die nie gefehlt oder geschwänzt haben und nie zu spät gekommen sind, werden von Schülerinnen und Schülern unterschieden, bei denen dies mindestens „ein- oder zweimal“ vorgekommen ist.

8 Skala auf der Basis der folgenden Schülerangaben zum Lernen:
Wenn ich lerne, arbeite ich so fleißig wie möglich.
Wenn ich lerne, arbeite ich auch dann weiter, wenn der Stoff schwierig ist.
Wenn ich lerne, versuche ich mein Bestes zu geben, um mir das Wissen und die Fertigkeiten anzueignen.
Wenn ich lerne, gebe ich mein Bestes.
Vorgegeben waren jeweils vier Antwortalternativen von „fast nie“ bis „fast immer“.

9 Die Fragestellung der vorliegenden Untersuchung erlaubt es, alle Daten aus Berlin und Hamburg in die Analysen einzubeziehen, obwohl die Beteiligungsraten der Hauptschulen und der Integrierten Gesamtschulen in beiden Stadtstaaten unzureichend waren (Baumert u.a., 2002). Da leistungsschwache Haupt- und Gesamtschüler in den Stichproben der beiden Stadtstaaten unterrepräsentiert sind, ist die Berücksichtigung der Daten im Hinblick auf die Fragestellung gleichbedeutend mit einem konservativen Vorgehen.

10 Die für die HLM-Analysen vorbereiteten Dateien enthalten mit dem Stichprobengewicht für Schüler (s_st_15l) gewichtete, z-standardisierte Daten (Ebene 1) und mit dem Stichprobengewicht für Schulen (sc_wgt_s) gewichtete, z-standardisierte Daten (Ebene 2). In HLM werden die Daten auf Ebene 1 gewichtet (s_st_15l), nicht aber auf Ebene 2; die Parameterschätzungen sind so gut wie unabhängig davon, ob auf der Schulebene mit gewichteten oder ungewichteten Daten gearbeitet wird.

11 Die Dummy-Variablen wurden unzentriert verwendet. Da die kontinuierlichen Variablen z-standardisiert wurden, konnte darauf verzichtet werden, sie um den Gesamtmittelwert zu zentrieren; die Koeffizienten auf Schulebene lassen sich in jedem Fall als kompositionelle Effekte lesen. Alle Analysen wurden in der Annahme durchgeführt, dass die einzelnen Variablen in jeder Schule die gleichen, das heißt invariante Effekte haben; die Berechnung des Achsenabschnittsparameters geht von Zufallseffekten aus. – Die Aussagen zu den individuellen Leseleistungen und den kognitiven Fähigkeiten der Schüler bzw. ihrer Schulen basieren – dem in Zusammenhangsanalysen der PISA-2000-Daten üblichen Verfahren entsprechend – auf dem ersten der fünf *plausible values,* die für jeden Schüler errechnet wurden (siehe Köller, Watermann, & Baumert, 2001).

12 Damit die im Folgenden wiedergegebenen Testwerte bzw. die Differenzen zwischen ihnen richtig interpretiert werden können, sei daran erinnert, dass der internationale Mittelwert der Leistungen 500 Punkte beträgt und die Standardabweichung 100 Punkte (siehe Baumert, Stanat, & Demmrich, 2001, S. 51–53).

13 Die Analysen basieren auf den Daten von 14.459 Schülern aus 637 Schulen in den alten Bundesländern und 7.268 Schülern aus 302 Schulen in den neuen Ländern. Die Gewichtung ergibt 15.858 Schüler aus 815 Schulen in den alten Ländern und 4.518 Schüler aus 216 Schulen in den neuen Ländern.

14 Die Ergebnisse der Analysen, die unter der Annahme eines linearen Zusammenhangs mit den Schülerleistungen durchgeführt wurden, lassen sich im gegebenen Rahmen nicht ausführlich darstellen. Sie können Interessenten jederzeit zur Verfügung gestellt werden.

15 Die detaillierten Ergebnisse der Analysen zu insgesamt neun verschiedenen Merkmalen der Schülerzusammensetzung, die unter der Annahme eines nichtlinearen Zusammenhangs mit den Schülerleistungen durchgeführt wurden, können Interessenten zur Verfügung gestellt werden.

16 Die Tabellen 3.9 und 3.10 berücksichtigen nur die Schulen, auf denen die HLM-Analysen basieren, also Schulen, in denen mindestens zehn Schüler an den PISA-Tests teilgenommen haben. Die Daten wurden mit dem Stichprobengewicht für Schulen (sc_wgt_s) gewichtet, sodass die Anteile der Schulen der einzelnen Schulformen und Bundesländer an allen Schulen der Stichprobe den vergleichbaren Anteilen an allen Schulen der Sekundarstufe I in der Bundesrepublik entsprechen. Da Gymnasien und Schulen mit mehreren Bildungsgängen nicht in die Untersuchung einbezogen wurden und da die Schulen der verschiedenen Schulformen von höchst unterschiedlicher Größe sind, erlauben die in den Tabellen 3.9 und 3.10 aufgelisteten Prozentanteile keine Aussagen darüber, wie hoch die Anteile der 15-Jährigen sind, die zu extrem ungünstig zusammengesetzten Schülerpopulationen gehören.

Literatur

Arlin, M., & Westbury, I. (1976). The leveling effect of teacher pacing on science content mastery. *Journal of Research in Science Teaching, 13*, 213–219.

Artelt, C., Schneider, W., & Schiefele, U. (2002). Ländervergleich zur Lesekompetenz. In J. Baumert, C. Artelt, E. Klieme, M. Neubrand, M. Prenzel, U. Schiefele, W. Schneider, K.-J. Tillmann, & M. Weiß (Hrsg.), *PISA 2000. Die Länder der Bundesrepublik Deutschland im Vergleich* (S. 55–94). Opladen: Leske + Budrich.

Baumert, J., Artelt, C., Carstensen, C. H., Sibberns, H., & Stanat, P. (2002). Untersuchungsgegenstand, Fragestellungen und technische Grundlagen der Studie. In J. Baumert, C. Artelt, E. Klieme, M. Neubrand, M. Prenzel, U. Schiefele, W. Schneider, K.-J. Tillmann, & M. Weiß (Hrsg.), *PISA 2000. Die Länder der Bundesrepublik Deutschland im Vergleich* (S. 11–38). Opladen: Leske + Budrich.

Baumert, J., Roeder, P. M., Gruehn, S., Heyn, S., Köller, O., Rimmele, E., Schnabel, K., & Seipp, B. (1996). Bildungsverläufe und psychsoziale Entwicklung im Jugendalter (BIJU). In K.-P. Treumann, G. Neubauer, R. Möller, & J. Abel (Hrsg.), *Methoden und Anwendungen empirischer pädagogischer Forschung* (S. 170–180). Münster: Waxmann.

Baumert, J., & Schümer, G. (2001a). Familiäre Lebensverhältnisse, Bildungsbeteiligung und Kompetenzerwerb. In J. Baumert, E. Klieme, M. Neubrand, M. Prenzel, U. Schiefele, W. Schneider, P. Stanat, K.-J. Tillmann, & M. Weiß (Hrsg.), *PISA 2000.*

Basiskompetenzen von Schülerinnen und Schülern im internationalen Vergleich (S. 323–407). Opladen: Leske + Budrich.

Baumert, J., & Schümer, G. (2001b). Schulformen als selektionsbedingte Lernmilieus. In J. Baumert, E. Klieme, M. Neubrand, M. Prenzel, U. Schiefele, W. Schneider, P. Stanat, K.-J. Tillmann, & M. Weiß (Hrsg.), *PISA 2000. Basiskompetenzen von Schülerinnen und Schülern im internationalen Vergleich* (S. 454–467). Opladen: Leske + Budrich.

Baumert, J., Stanat, P., & Demmrich, A. (2001). PISA 2000: Untersuchungsgegenstand, theoretische Grundlagen und Durchführung der Studie. In J. Baumert, E. Klieme, M. Neubrand, M. Prenzel, U. Schiefele, W. Schneider, P. Stanat, K.-J. Tillmann, & M. Weiß (Hrsg.), *PISA 2000. Basiskompetenzen von Schülerinnen und Schülern im internationalen Vergleich* (S. 15–68). Opladen: Leske + Budrich.

Baumert, J., Trautwein, U., & Artelt, C. (2003). Schulumwelten – institutionelle Bedingungen des Lehrens und Lernens. In J. Baumert, C. Artelt, E. Klieme, M. Neubrand, M. Prenzel, U. Schiefele, W. Schneider, K.-J. Tillmann, & M. Weiß (Hrsg.), *PISA 2000. Ein differenzierter Blick auf die Länder der Bundesrepublik Deutschland* (S. 261–331). Opladen: Leske + Budrich.

Baumert, J., & Weiß, M. (2002). Föderalismus und Gleichwertigkeit der Lebensverhältnisse. In J. Baumert, C. Artelt, E. Klieme, M. Neubrand, M. Prenzel, U. Schiefele, W. Schneider, K.-J. Tillmann, & M. Weiß (Hrsg.), *PISA 2000. Die Länder der Bundesrepublik Deutschland im Vergleich* (S. 39–54). Opladen: Leske + Budrich.

Beckerman, T. M., & Good, T. L. (1981). The classroom ratio of high- and low-aptitude students and its effect on achievement. *American Educational Research Journal, 18* (3), 317–327.

Bronder, D. J., Ipfling, H.-J., & Zenke, K. G. (Hrsg.). (1998). *Handbuch Hauptschulbildungsgang: Bd. 1. Grundlegung.* Bad Heilbrunn: Klinkhardt.

Burns, R. B., & Mason, D. A. (2002). Class composition and student achievement in elementary schools. *American Educational Research Journal, 39* (1), 207–233.

Bryk, A. S., & Raudenbush, S. W. (2002). *Hierarchical linear models: Applications and data analysis methods.* Thousand Oaks, CA: Sage.

Caldas, S. J. (1993). Reexamination of input and process factor effects on public school achievement. *Journal of Educational Research, 86* (4), 206–214.

Caldas, S. J., & Bankston, C. (1997). Effect of school population socioeconomic status on individual academic achievement. *The Journal of Educational Research, 90* (5), 269–277.

Ceci, S. J. (1991). How much does schooling influence general intelligence and its cognitive components? A reassessment of the evidence. *Developmental Psychology, 27* (5), 703–722.

Dar, Y., & Resh, N. (1986). Classroom intellectual composition and academic achievement. *American Educational Research Journal, 23* (3), 357–374.

Deutsches PISA-Konsortium (PISA 2000). (2003). *Presseerklärung vom 6. März 2003 anlässlich der Übergabe des dritten Bands der PISA-Berichterstattung an die Kultusministerkonferenz.*

Ditton, H. (1998). *Mehrebenenanalyse. Grundlagen und Anwendungen des Hierarchisch Linearen Modells.* Weinheim: Juventa.

Dreeben, R., & Barr, R. (1988). Classroom composition and the design of instruction. *Sociology of Education, 61* (3), 129–142.

Duru-Bellat, M., & Mingat, A. (1998). Importance of ability grouping in French „Collèges“ and its impact upon pupils' academic achievement. *Educational Research and Evaluation, 4* (4), 348–368.

Harker, R., & Nash, R. (1996). Academic outcomes and school effectiveness: Type A and type B effects. *New Zealand Journal of Educational Studies, 31,* 143–170.

Helmke, A., & Weinert, F. E. (1997). Bedingungsfaktoren schulischer Leistungen. In F. E. Weinert (Hrsg.), *Enzyklopädie der Psychologie: Bd. 3. Psychologie des Unterrichts und der Schule* (S. 71–176). Göttingen: Hogrefe.

Ho, E., & Willms, J. D. (1996). Effects of parental involvement on eighth-grade achievement. *Sociology of Education, 69,* 126–141.

Köller, O. (2004). *Konsequenzen von Leistungsgruppierungen.* Münster: Waxmann.

Köller, O., & Baumert, J. (2002). Entwicklung schulischer Leistungen. In R. Oerter & L. Montada (Hrsg.), *Entwicklungspsychologie* (5. vollständig überarb. Aufl., S. 756–786). Weinheim: Beltz PVU.

Köller, O., Watermann, R., & Baumert, J. (2001). Skalierung der Leistungstests in PISA. In J. Baumert, E. Klieme, M. Neubrand, M. Prenzel, U. Schiefele, W. Schneider, P. Stanat, K.-J. Tillmann, & M. Weiß (Hrsg.), *PISA 2000. Basiskompetenzen von Schülerinnen und Schülern im internationalen Vergleich* (S. 517–524). Opladen: Leske + Budrich.

Kunter, M., Schümer, G., Artelt, C., Baumert, J., Klieme, E., Neubrand, M., Prenzel, M., Schiefele, U., Schneider, W., Stanat, P., Tillmann, K.-J., & Weiß, M. (2002). PISA 2000. Dokumentation der Erhebungsinstrumente. Berlin: Max-Planck-Institut für Bildungsforschung (Materialien aus der Bildungsforschung 72).

Leiter, J. (1983). Classroom composition and achievement gains. *Sociology of Education, 56* (3), 126–132.

Leschinsky, A. (2003). Die Hauptschule – Sorgenkind im Schulwesen. In K. S. Cortina, J. Baumert, A. Leschinsky, K. U. Mayer, & L. Trommer (Hrsg.), *Das Bildungswesen in der Bundesrepublik Deutschland. Strukturen und Entwicklungen im Überblick.* Reinbek: Rowohlt.

Little, T. D., Oettingen, G., Stetsenko, A., & Baltes, P. B. (1995). Children's action-control beliefs about school performance: How do American children compare with German and Russian children? *Journal of Personality and Social Psychology, 69* (4), 686–700.

Lüdtke, O., Robitzsch, A., & Köller, O. (2002). Statistische Artefakte bei Kontexteffekten in der pädagogisch-psychologischen Forschung. *Zeitschrift für Pädagogische Psychologie, 16* (3/4), 217–231.

Mac Iver, D. (1988). Classroom environments and the stratification of pupils' ability perceptions. *Journal of Educational Psychology, 80,* 495–505.

Mandeville, G. K., & Anderson, L. W. (1987). The stability of school effectiveness indices across grade levels and subject areas. *Journal of Educational Measurement, 2* (3), 203–216.

Marsh, H. W., & Hau, K.-T. (2003). Big-fish-little-pond effect on academic self-concept: A cross-cultural (26-country) test of the negative effects of academically selective schools. *American Psychologist, 58*, 364–376.

Marsh, H. W., Köller, O., & Baumert, J. (2001). Reunification of East and West German school systems: Longitudinal multilevel modeling study of the Big-fish-little-pond effect on academic self-concept. *American Educational Research Journal, 34* (2), 321–350.

Meyer, J. W. (1970). The charter: Conditions of diffuse socialization in schools. In W. R. Scott (Ed.), *Social processes and social structures: An introduction to sociology*. New York: Holt, Rinehart & Winston.

Meyer, J. W. (1977). The effects of education as an institution. *American Journal of Sociology, 83* (1), 55–77.

Meyer, J. W., & Rowan, B. (1983). The structure of educational organizations. In J. W. Meyer & W. R. Scott (Eds.), *Organizational environments: Ritual and rationality* (pp. 71–97). Beverly Hills, CA: Sage.

Oettingen, G., Lindenberger, U., & Baltes, P. B. (1992). Sind die schulleistungsbezogenen Überzeugungen Ostberliner Kinder entwicklungshemmend? *Zeitschrift für Pädagogik, 38* (2), 299–324.

Opdenakker, M.-C., & van Damme, J. (2001). Relationship between school composition and characteristics of school process and their effect on mathematics achievement. *British Educational Research Journal, 27* (4), 407–432.

OECD – Organisation for Economic Co-operation and Development. (2001). *Knowledge and skills for life: First results from the OECD Programme for International Student Assessment (PISA)*. Paris: OECD [In deutscher Sprache: OECD. (2001). Lernen für das Leben: Erste Ergebnisse der internationalen Schulleistungsstudie PISA 2000. Paris: OECD].

Pallas, A. M., Entwisle, D. R., Alexander, K. L., & Stluka, M. F. (1994). Ability-group effects: Instructional, social, or institutional? *Sociology of Education, 67* (1), 27–46.

Pfahl, L. (2003). *Stigma-Management im Job-Coaching: Berufsorientierung benachteiligter Jugendlicher*. Unveröff. Diplomarbeit, Freie Universität Berlin, Fachbereich Politik und Sozialwissenschaften.

Pong, S.-L. (1998). The school compositional effect of single parenthood on 10th-grade achievement. *Sociology of Education, 71* (1), 24–43.

Powell, J. J. W. (2003). Hochbegabt, behindert oder normal? Klassifikationssysteme des sonderpädagogischen Förderbedarfs in Deutschland und den Vereinigten Staaten. In G. Cloerkes (Hrsg.). *Wie man behindert wird. Texte zur Konstruktion einer sozialen Rolle und zur Lebenssituation betroffener Menschen* (S. 103–140). Heidelberg: Universitätsverlag Winter (Materialien zur Soziologie der Behinderten 1).

Ramseier, E., & Brühwiler, C. (2003). Herkunft, Leistung und Bildungschancen im gegliederten Bildungssystem. Vertiefte PISA-Analyse unter Einbezug der kognitiven Grundfähigkeiten. *Schweizerische Zeitschrift für Bildungswissenschaften, 25* (1), 23–58.

Raudenbush, S. W., Bryk, A. S., Cheong, Y. F., & Congdon, R. T. (2000). HLM 5 [Computerprogramm]. Lincolnwood, IL: Scientific Software International.

Resh, N., & Dar, Y. (1992). Learning segregation in junior high-schools in Israel: Causes and consequences. *School Effectiveness and School Improvement, 3* (4), 272–292.

Rosenholtz, S. J., & Simpson, C. (1984). The formation of ability conceptions: Developmental trend or social construction? *Review of Educational Research, 54* (1), 31–63.

Slavin, R. E. (1990). Achievement effects of ability grouping in secondary schools: A best-evidence synthesis. *Review of Educational Research, 60* (3), 471–499.

Smyth, E. (1999). Pupil performance, absenteeism and school drop-out: A multidimensional analysis. *School Effectiveness and School Improvement, 10* (4), 480–502.

Snow, R. E., & Yalow, E. (1982). Education and intelligence. In R. J. Sternberg (Ed.), *Handbook of human intelligence* (pp. 493–585). Cambridge, UK: Cambridge University Press.

Solga, H. & Wagner, S. (2001). Paradoxie der Bildungsexpansion. Die doppelte Benachteiligung von Hauptschülern. *Zeitschrift für Erziehungswissenschaft, 4* (1), 107–127.

Stanat, P. (2003). Schulleistungen von Jugendlichen mit Migrationshintergrund. Differenzierung deskriptiver Befunde aus PISA und PISA-E. In J. Baumert, C. Artelt, E. Klieme, M. Neubrand, M. Prenzel, U. Schiefele, W. Schneider, K.-J. Tillmann, & M. Weiß (Hrsg.), *PISA 2000. Ein differenzierter Blick auf die Länder der Bundesrepublik Deutschland* (S. 243–260). Opladen: Leske + Budrich.

Stern, E., & Hardy, I. (in Druck). Differentielle Psychologie des Lernens in Schule und Ausbildung. In K. Pawlik (Hrsg.), *Theorien und Anwendung der Differentiellen Psychologie.* Göttingen: Hogrefe (Enzyklopädie der Psychologie, Differentielle Psychologie 1).

Thrupp, M., Lauder, H., & Robinson, T. (2002). School composition and peer effects. *International Journal of Educational Research, 37*, 483–504.

Tillmann, K.-J., Holler-Nowitzki, B., Holtappels, H. G., Meier, U., & Popp, U. (1999). *Schülergewalt als Schulproblem. Verursachende Bedingungen, Erscheinungsformen und pädagogische Handlungsperspektiven.* Weinheim: Juventa.

Tillmann, K.-J., & Meier, U. (2003). Familienstrukturen, Bildungslaufbahn und Kompetenzerwerb. In J. Baumert, C. Artelt, E. Klieme, M. Neubrand, M. Prenzel, U. Schiefele, W. Schneider, K.-J. Tillmann, & M. Weiß (Hrsg.), *PISA 2000. Ein differenzierter Blick auf die Länder der Bundesrepublik Deutschland* (S. 361–392). Opladen: Leske + Budrich.

Trautwein, U., Köller, O., & Baumert, J. (2004). Des einen Freud', der anderen Leid? Der Beitrag schulischen Problemverhaltens zur Selbstkonzeptentwicklung. *Zeitschrift für Pädagogische Psychologie, 18* (1), 15–29.

Trautwein, U., Köller, O,. & Kämmerer, E. (2002). Effekte innerer und äußerer Leistungsdifferenzierung auf selbstbezogene Fähigkeitskognitionen, die wahrgenommene Unterrichtspartizipation und die wahrgenommene soziale Akzeptanz. *Psychologie in Erziehung und Unterricht, 49*, 273–286.

Wagner, M., Dunkake, I., & Weiß, B. (2004). *Schulverweigerung. Empirische Analysen zum abweichenden Verhalten von Schülern.* Unveröff. Manuskript, Universität Köln, Forschungsinstitut für Soziologie.

Webb, N. M., Nemer, K. M., & Chizhik, A. W. (1998). Equity issues in collaborative group assessment: Group composition and performance. *American Educational Research Journal, 35* (4), 607–651.

Weiß, M., & Steinert, B. (2001). Institutionelle Vorgaben und ihre aktive Ausgestaltung – Die Perspektive der deutschen Schulleitungen. In J. Baumert, E. Klieme, M. Neubrand, M. Prenzel, U. Schiefele, W. Schneider, P. Stanat, K.-J. Tillmann, & M. Weiß (Hrsg.), *PISA 2000. Basiskompetenzen von Schülerinnen und Schülern im internationalen Vergleich* (S. 427–454). Opladen: Leske + Budrich.

Wilkinson, I. A. G. (Ed.). (2002). Organisation of schooling and peer influences on learning. *International Journal of Educational Research, 37* [Themenheft].

Wocken, H. (2000). Leistung, Intelligenz und Soziallage von Schülern mit Lernbehinderungen. Vergleichende Untersuchungen an Förderschulen in Hamburg. *Zeitschrift für Heilpädagogik, 12,* 492–503.

Schüleralltag

Julia Ann Krohne und Ulrich Meier

Sitzenbleiben, Geschlecht und Migration

Problemstellung

Schülerinnen und Schüler werden in Deutschland nicht versetzt, wenn sie in zwei Fächern das im Lehrplan festgelegte und vom Lehrer angestrebte Klassenziel am Ende eines Schuljahres nicht erreichen. Damit dient das „Sitzenbleiben" als ein „formales Mittel zur Homogenisierung der Leistungsstreuung in einer Jahrgangsklasse, orientiert am fiktiven zu erwartenden Leistungsdurchschnitt der jeweiligen Gleichaltrigengruppe" (Glumpler, 1994, S. 316). Gleichzeitig wird diese Maßnahme als Konsequenz der allgemeinen Selektions- und Allokationsfunktion des Bildungswesens verstanden und weitgehend akzeptiert (vgl. Fend, 1974, S. 101–103; Parsons, 1968, S. 163).

In einer ersten Analyse der PISA-2000-Daten zum Sitzenbleiben stellen Tillmann und Meier (2001, S. 469–475) fest, dass von den untersuchten 15-Jährigen 24 Prozent im Verlauf ihrer Schulzeit mindestens einmal eine Jahrgangsklasse wiederholt haben. Hinter dieser, im Vergleich zu anderen OECD-Ländern, restriktiven Sortierung und Kategorisierung der Jugendlichen nach ihrem Leistungsstand stehen zwei pädagogische Überzeugungen: Zum einen wird vorausgesetzt, dass effektive Lernprozesse am besten mit Schülerinnen und Schülern gelingen, die ähnliche Lernvoraussetzungen haben und die gleichen Lernziele verfolgen. Zum anderen ist die Nichtversetzung eines Kindes mit dem Anspruch verbunden, ihm im Rahmen eines weiteren Schuljahres die Möglichkeit zu geben, den Lernstoff mit anderen (meist jüngeren) Klassenkameraden zu wiederholen, um so Leistungsrückstände aufzuholen und seine weitere Schulkarriere erfolgreich fortsetzen zu können. Dass dies in der Regel gelingt, wird innerhalb der Schulforschung stark angezweifelt[1]. Zuletzt zeigten Tillmann und Meier im Rahmen ihrer Analysen der PISA-Daten: „Der verzögerte Durchlauf durch die Schule führt bestenfalls dazu, dass die betroffenen Schülerinnen und Schüler auf dem niedrigeren Niveau des jüngeren Jahrgangs (...) ‚gleichziehen'. Sehr häufig gelingt jedoch nicht einmal dies, vielmehr zeigen sich bei den Sitzenbleibern und Späteinschulern auch gegenüber diesem jüngeren Jahrgang signifikante Leistungsunterschiede." (Tillmann & Meier, 2001, S. 475) Anknüpfend an diese Analyse steht im Mittelpunkt des vorliegenden Beitrags die

Frage, ob sich anhand der PISA-Daten spezifische Schülergruppen identifizieren lassen, die in besonderem Maße davon bedroht sind, im Verlauf ihrer Schullaufbahn mindestens einmal eine Jahrgangsklasse wiederholen zu müssen. Verbunden ist dieses Vorhaben mit dem Anspruch, Erklärungsansätze für statistisch nachweisbare Zusammenhänge zu diskutieren und einzelne Hypothesen mithilfe der PISA-Daten auf ihre Stimmigkeit hin zu überprüfen.

Im Hinblick auf ihre Bedeutung für die Schullaufbahn werden vor allem das Geschlecht der Jugendlichen und der Migrationsstatus der Herkunftsfamilie in die Analyse einbezogen. Bisherige Studien zeigen für diese beiden Faktoren deutliche Zusammenhänge zum Schulerfolg bzw. Schulversagen und damit auch zum Sitzenbleiben. Dabei gehen die Ergebnisse geschlechterspezifischer Forschungen alle in die gleiche Richtung: Jungen sind im Vergleich zu ihren Mitschülerinnen insgesamt weniger erfolgreich im allgemein bildenden Schulsystem. Mädchen sind nicht nur überrepräsentiert in höherqualifizierenden Bildungsgängen, bekommen bessere Leistungen bescheinigt und erreichen im Durchschnitt höhere Schulabschlüsse – sie wiederholen auch seltener eine Jahrgangsklasse (vgl. Horstkemper, 1995, S. 188 f.; Rodax & Rodax, 1996, S. 65 f.). Insbesondere der Befund einer geringeren Sitzenbleiberquote auf Seiten der Mädchen lässt sich bis in die 1950er Jahre zurückverfolgen und ist in zahlreichen Studien bis heute immer wieder bestätigt worden (vgl. Frommberger, 1955; Kemmler, 1975; Kemnade, 1989; Bellenberg, 1999). Dieses konsistente Befundmuster bleibt allerdings relativ global, da lediglich geschlechterspezifische Sitzenbleiberquoten verglichen werden. Auf der Basis des PISA-2000-Datensatzes sind hier differenziertere Analysen möglich.

Auch die Bedeutung des Migrationshintergrunds der Familie für die Bildungssituation eines Kindes ist in wissenschaftlichen Studien vielfach nachgewiesen worden (vgl. z.B. Auernheimer, 2003; Gröpel, 1999). Es kann durchgängig gezeigt werden, dass Kinder aus Zuwandererfamilien deutlich häufiger von den Selektionsmechanismen der Schule betroffen sind als deutsche Kinder. Gut dokumentiert ist ihre überproportional hohe Sitzenbleiberquote in allen Schulstufen. Glumpler (1990) verweist in ihrem Aufsatz über das „neue Sitzenbleiberelend" auf die Bildungssituation von Kindern aus Zuwandererfamilien in der Grundschule, und Schümer, Tillmann und Weiß (2002, S. 207) ermitteln im Rahmen des Leistungsvergleichs zwischen den Ländern der Bundesrepublik Deutschland einen gegenüber deutschen Schülerinnen und Schülern doppelt so hohen Sitzenbleiberanteil von 15-Jährigen mit Migrationshintergrund. Weitgehend unklar ist jedoch, ob sich auch bei nichtdeutschen Kindern hinsichtlich des Geschlechts unterschiedlich erfolgreiche Bildungslaufbahnen beobachten lassen. Dieser Aspekt ist, soweit wir sehen, bislang als Gegenstand empirischer Forschung nicht thematisiert worden. Auch hier sollen Analysen des PISA-Datensatzes neue Erkenntnisse bringen.

PISA 2000 bietet zum Thema „Sitzenbleiben" interessantes Datenmaterial. Im Rahmen der nationalen Zusatzerhebung von PISA 2000 wurden die 15-Jährigen zunächst danach gefragt, ob sie im Verlauf ihrer Schulzeit schon einmal nicht versetzt worden sind. Zusätzlich galt die Aufforderung, den Zeitpunkt ihrer Klassenwiederholung anzugeben. Im Gegensatz zu den jährlich erhobenen Daten der amtlichen Schulstatistik, die keine Verknüpfung zu Bildungsverläufen einzelner Schülerinnen und Schüler zulassen[2], können so in Form einer Ex-post-facto-Analyse Schulbiographien annähernd rekonstruiert werden. In Verbindung mit den erhobenen Kontextfaktoren und den ermittelten Basiskompetenzen in PISA 2000 erlaubt der Datensatz Analysen zum Sitzenbleiben, die über bisherige empirische Forschungen deutlich hinausgehen. Dies gilt vor allem für den Einbezug der fachlichen Leistungen und der kognitiven Fähigkeiten. Angemerkt werden muss noch, dass es auch Fälle mehr oder weniger „freiwilliger" Wiederholungen gibt. Zwischen beiden Formen kann jedoch im Rahmen der nachfolgenden Berechnungen kumulierter Repetentenquoten aufgrund der Datenlage nicht unterschieden werden.

Sitzenbleiben und Geschlecht

Analysiert man die Häufigkeit des Sitzenbleibens im gegliederten Schulsystem, muss zunächst einmal zwischen dem *Ort* der Klassenwiederholung und dem *langfristigen Verbleib* der Sitzenbleiber unterschieden werden. Wenn zum Beispiel Schüler X in der 7. Klasse einer Realschule sitzen bleibt, so schlägt sich dies in der amtlichen Statistik in der jahrgangsspezifischen Sitzenbleiberquote für Realschulen nieder. Verlässt nun der gleiche Schüler X nach einem weiteren erfolglosen halben Jahr die Realschule und wechselt zur Hauptschule über, dann ist er dort ein Schüler, der schon einmal sitzen geblieben ist. Fragt man in einer 8. oder 9. Klasse einer Hauptschule, wer schon einmal eine Klasse wiederholt hat, so schlägt sich das Realschul-Sitzenbleiben in der Hauptschulstatistik nieder und erhöht dort die „kumulierte Repetentenquote". Dies bedeutet: Wenn man wissen will, wie häufig eine Schulform vom Sitzenbleiben Gebrauch macht (wie selektiv sie ist), so muss man die amtlichen Sitzenbleiberquoten heranziehen[3]. Diese geben Auskunft über den *Ort* der Klassenwiederholung. Hier zeigen die jüngsten Daten des Statistischen Bundesamtes, dass in den verschiedenen Schulformen das Risiko sitzen zu bleiben unterschiedlich groß ist. Im Schuljahr 2002/03 war die Realschule mit einer jährlichen Quote[4] von 5,5 Prozent die ausleseintensivste Schulform. Das Gymnasium hatte mit einer jährlichen Quote von 2,8 Prozent bis zum Ende der Sekundarstufe I den geringsten Sitzenbleiberanteil der Schulen im gegliederten System. Dazwischen liegen die Hauptschule und die Schule mit mehreren Bildungsgängen, die im Schuljahr 2002/03 beide eine jährliche Repetentenquote von 4,2 Prozent aufwiesen (vgl. Statistisches Bundesamt, 2003). Will man wissen, wie viele Schülerinnen und Schüler mit einer solchen Misserfolgserfahrung in einer bestimmten Schulform sitzen, muss man die Schülerinnen und Schüler rückblickend befragen: Die so ermittelte kumulierte Repetentenquote sagt nichts über die Selektivität der jeweiligen Schulform, aber sehr viel über den Anteil von Schülerinnen und Schülern mit Erfahrungen des Scheiterns aus. Wenn im Folgenden die Ergebnisse der PISA-Befragung von 15-jährigen Schülerinnen und Schülern präsentiert werden, dann geht es zunächst einmal um Daten der zweiten Art: Wo konzentrieren sich die Sitzenbleiber, welche soziale Zusammensetzung findet sich bei ihnen? Im Übrigen erlaubt es die Art der Befragung auch, auf jahrgangsspezifische Repetentenquoten zurückzuschließen. Darauf und auf deren Abweichungen von der amtlichen Statistik wird weiter unten eingegangen.

4.2.1 Kumulierte Repetentenquoten an unterschiedlichen Schulformen

Antworten darauf, wie sich Klassenwiederholungen im Verlauf von Bildungsbiographien kumulieren, können anhand der jährlich erhobenen Daten der amtlichen Schulstatistik nicht gegeben werden, da sie keine Zuordnung zu individuellen Schullaufbahnen zulassen. Die Daten der PISA-Erhebung eröffnen jedoch die Möglichkeit zu zeigen, wie hoch der Anteil von 15-jährigen Jugendlichen mit diesem massiven Misserfolgserlebnis in den jeweiligen Schulformen ist.

Auffällig ist zunächst der hohe Anteil der Jugendlichen, für die keine Angabe über den Zeitpunkt des Sitzenbleibens vorliegt. Dies erklärt sich wie folgt: Die Jugendlichen wurden befragt, ob sie schon einmal eine Klasse wiederholt haben und in welchem Jahrgang dies geschah. Diese Angabe wird als *Variable A* bezeichnet. Zugleich wurde anhand von Eckdaten der Schullaufbahn (z.B. Einschulungstermin, erreichter Jahrgang) ermittelt, ob eine Klassenwiederholung vorliegen muss. Diese Information wird als *Variable B* bezeichnet. Es stellte sich nun heraus, dass die Repetentenquoten (nach Variable B berechnet) stets über den Selbstangaben (Variable A) liegen. Das bedeutet: Ein Teil der Jugendlichen, der schon einmal sitzen geblieben ist, hat dies im Fragebogen nicht angegeben. Im Folgenden werden deshalb – wo immer möglich – die Sitzenbleiberwerte nach Variable B mitgeteilt. Wo das nicht möglich ist (z.B. bei den jahrgangsspezifischen Werten), wird auf Variable A zurückgegriffen. In diesem Fall liegt jeweils eine leichte Unterschätzung der tatsächlichen Sitzenbleiberwerte vor. Abbildung 4.1 präsentiert die Repetentenquote nach Variable B. Damit werden die Selbstangaben (Variable A) nach oben korrigiert. Weil für diese Korrekturfälle aber keine Angaben über das Jahr des Sitzenbleibens vorliegen, findet sich in Abbildung 4.1 jeweils ein bemerkbarer Anteil von Sitzengebliebenen, die nicht einer Schulstufe zugeordnet werden können. Hier kann man allerdings unterstellen, dass diese sich etwa so auf die Jahrgänge verteilen, wie dies aus der Selbstangabe (Variable A) hervorgeht.

Abbildung 4.1 verdeutlicht, dass ein Anteil von fast 42 Prozent der im Rahmen der PISA-Studie erfassten 15-Jährigen an Hauptschulen während ihrer Schullaufbahn mindestens einmal nicht in die nächsthöhere Jahrgangsstufe versetzt worden ist[5]. An der Realschule ist jeder vierte Jugendliche, an der Integrierten Gesamtschule und der Schule mit mehreren Bildungsgängen jeder fünfte und am Gymnasium jeder zehnte Jugendliche betroffen. Zusätzlich informiert die Graphik darüber, in welcher Schul*stufe* dieses Sitzenbleiben stattgefunden hat. Dabei wird deutlich, dass fast die Hälfte der Sitzenbleiber an Hauptschulen (18,1 % von 41,8 %) ihr schulisches Misserfolgserlebnis bereits in der Grundschule hatte. Demgegenüber gibt es an Realschulen nur wenige und in Gymnasien so gut wie keine 15-Jährigen, die schon in der Grundschule eine Klasse wiederholt haben. Dies macht deutlich, wie stark durch das Repetieren in der Primar-

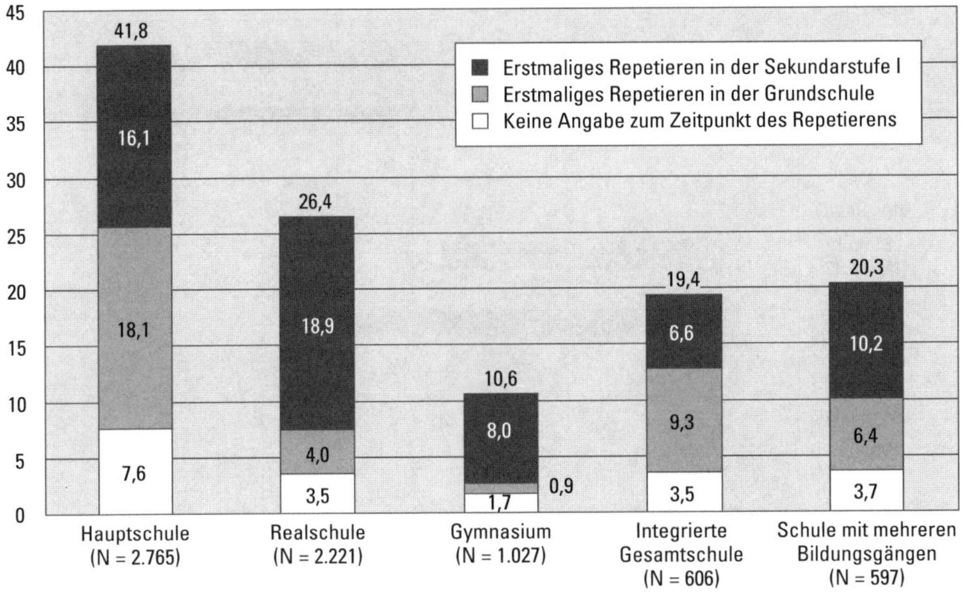

Abbildung 4.1 Kumulierte Repetentenquoten (Variable B) von 15-Jährigen nach Schulform und Schulstufe des erstmaligen Repetierens (in %)

stufe die Weichen für die künftige Schulkarriere gestellt werden. Abbildung 4.1 gibt zwar Auskunft über die Schulstufe des Sitzenbleibens, nicht jedoch über die Schulform und den genauen Jahrgang. Schülerinnen und Schüler, die erst repetieren und dann in eine anspruchslosere Schulform wechseln, sind hier nicht gesondert ausgewiesen. Dass insbesondere die Hauptschule und die Integrierte Gesamtschule überproportional viele Absteiger aus anderen Schulformen aufnehmen (vgl. Tillmann & Meier, 2001, S. 476), muss bei der Bewertung der Zahlen berücksichtigt werden.

Die Analyse der PISA-Stichprobe zeigt, dass Mädchen und Jungen unterschiedlich stark von Klassenwiederholungen betroffen sind. Während 20 Prozent der 15-jährigen Mädchen mindestens einmal eine Klasse wiederholen mussten, liegt der Anteil der sitzen gebliebenen Jungen bei 27 Prozent. Dies ist ein Befund, der durch die Erhebungen des Statistischen Bundesamtes für alle Bildungsgänge der Sekundarstufe I bestätigt wird (vgl. Statistisches Bundesamt, 2003).

In allen Schulformen ist der Sitzenbleiberanteil der Jungen deutlich höher als der ihrer Mitschülerinnen (vgl. Abb. 4.2). Die größten Geschlechterunterschiede verzeichnen die Schulen mit mehreren Bildungsgängen mit einer Differenz von 7,3 Prozentpunkten und die Realschulen mit 6,8 Prozentpunkten. Am Gymnasium lässt sich mit 3,4 Prozentpunkten die geringste Geschlechterdifferenz beobachten. Dazwischen liegen die Hauptschule (6 Prozentpunkte) und die Integrierte Gesamtschule (4,9 Prozentpunkte). Auffällig ist, dass sich in fast allen Schulformen (Ausnahme: Schule mit mehreren Bil-

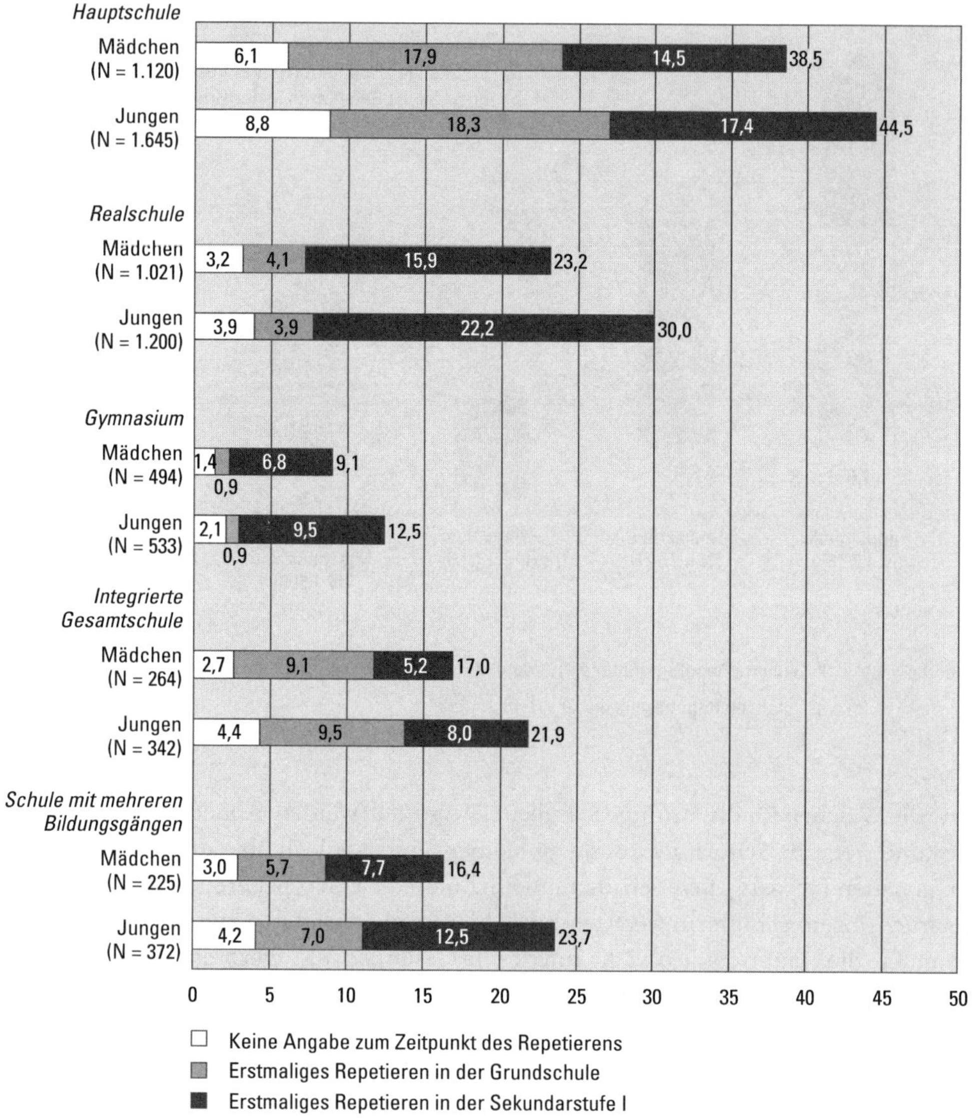

Abbildung 4.2 Kumulierte Repetentenquoten (Variable B) von 15-Jährigen nach Schulform, Geschlecht und Schulstufe des erstmaligen Repetierens (in %)

dungsgängen) kaum Geschlechterunterschiede bei den *Primarstufen*wiederholern zeigen. Das häufigere Repetieren der Jungen ist demnach ein Phänomen der Sekundarstufe I. Diese Zahlen sind auch deshalb bemerkenswert, weil die Mädchen ohnehin in den weiterführenden Schulen überrepräsentiert sind. So liegt der Anteil der 15-jährigen Schülerinnen im Gymnasium bei 56 Prozent, in der Hauptschule hingegen befinden sich die Jungen mit 55 Prozent in der Mehrheit (vgl. Stanat & Kunter, 2001, S. 258).

Festzuhalten bleibt: In allen Schulformen ist der Sitzenbleiberanteil der Jungen deutlich höher als der der Mädchen. Produziert werden diese Unterschiede ganz überwiegend in den Jahrgängen 5 bis 9. Bei den 15-jährigen Jungen an Hauptschulen ist fast jeder zweite schon mindestens einmal sitzen geblieben.

Repetentenquoten in verschiedenen Jahrgangsstufen

Weiter vorn wurde dargestellt, dass die amtliche Statistik für jedes Jahr die „jahrgangsspezifische Sitzenbleiberquote" ermittelt. Die Basis der Berechnung sind jeweils die Schülerinnen und Schüler, die in dem entsprechenden Schuljahr den jeweiligen Jahrgang besucht haben. Die Quote sagt aus, wie viel Prozent dieser Schülerinnen und Schüler eine Klassenstufe zum zweiten Mal durchlaufen, und zwar unabhängig davon, ob sie die Schulart gewechselt haben. Die Berechnungen des Statistischen Bundesamtes zeigen im Schuljahr 2002/03 für die Grundschule eine durchschnittliche jährliche Sitzenbleiberquote von 1,7 Prozent. Die 1. Klasse (1,5 %) und die 4. Klasse (1,2 %) werden von den wenigsten Kindern wiederholt. Im Sekundarbereich findet sich in Klasse 5 und 6 eine Quote von etwa 2,5 Prozent, bevor ab Klasse 7 der Anteil der Sitzenbleiber deutlich ansteigt (4,5 %) und sich bis zur 8. Klasse mit einer jährlichen Wiederholerquote von 5,4 Prozent gegenüber den Werten der Klassen 5 und 6 mehr als verdoppelt. In Klasse 9 bleiben die Quoten auf hohem Niveau (5 %). Die 10. Klasse wird nur noch von 3 Prozent der Jugendlichen wiederholt (vgl. Statistisches Bundesamt, 2003, S. 85).

Auch in PISA 2000 ist die Sitzenbleiberhäufigkeit in den verschiedenen Jahrgängen von Interesse. Deshalb wurden die 15-Jährigen gefragt, in welcher Jahrgangsstufe sie eine Klasse wiederholt haben. Werden diese Daten quotiert, bedeutet das: Die Rechenbasis sind alle 15-jährigen Schülerinnen und Schüler der Stichprobe; sie geben zurückblickend an, ob sie in einem bestimmten Jahr sitzen geblieben sind. Auf dieser Basis werden die jahrgangsspezifischen Prozentwerte errechnet. Auch das ist eine jahrgangsspezifische Repetentenquote, allerdings auf einer anderen Rechengrundlage[6]. Wie bereits dargestellt, führt jedoch die ausschließliche Berücksichtigung von Schülerangaben zu einer Unterschätzung der Sitzenbleiberanteile, da einige Schülerinnen und Schüler, die unter Zuhilfenahme von Eckdaten der Schullaufbahn als Sitzenbleiber identifiziert werden können, keine Angaben zu Klassenwiederholungen gemacht haben. In Abbildung 4.3 werden die Schülerangaben korrigiert, indem diese Differenzen den einzelnen Jahrgangsstufen anteilig zugeordnet werden. Vergleicht man die auf diese Weise entstandenen Werte mit den jährlichen Sitzenbleiberquoten der amtlichen Statistik, so zeigen sich gute Übereinstimmungen. Dies ist ein klarer Hinweis auf die Validität der PISA-Daten. Im weiteren Verlauf wird jedoch bei der Berechnung jahrgangsspezifischer Repetentenquoten nicht mit den durch Schätzung korrigierten Werten, sondern mit den Angaben der Befragten (Variable A) weitergearbeitet. Das bedeutet: In den nachfolgenden Analysen wird die jahrgangsspezifische Repetentenquote leicht unterschätzt.

Auch anhand der PISA-Daten lässt sich der im Rahmen erziehungswissenschaftlicher Forschung häufig angeführte Rückgang der Selektivität der Grundschule bestätigen.

Waren nach Angaben des Statistischen Bundesamtes im Schuljahr 1975/76 noch durchschnittlich 3 Prozent der Grundschülerinnen und Grundschüler von der Wiederholung einer Jahrgangsklasse betroffen (vgl. Weegen, 1987, S. 46), ergeben die Auswertungen der PISA-Daten für den Primarbereich Anfang der 1990er Jahre eine durchschnittliche Quote von 1,8 Prozent. Die 4. Klasse wurde von den wenigsten Kindern wiederholt. Vermutlich dient hier als Selektionsinstrument nicht schwerpunktmäßig das „Sitzenlassen", sondern die Überweisung an die Hauptschule. Gründe für den Sitzenbleiberrückgang im Primarbereich werden in der inneren Reform der Grundschule gesehen. Unter dem Motto „Fördern statt Auslesen" (vgl. Deutscher Bildungsrat, 1970) wurden vielschichtige pädagogische und organisatorische Konzepte, wie innere Differenzierung und Individualisierung, curriculare Veränderungen und bessere schulische Rahmenbedingungen, verwirklicht (vgl. Einsiedler & Glumpler, 1989; Hänsel & Klemm, 1980; Mader, Rossbach, & Tietze, 1991). Auch die Regelversetzung von der 1. in die 2. Klasse ist in diesem Zusammenhang zu sehen (vgl. KMK, 2003, S. 94). Die ermittelte Wiederholungsquote von 1,8 Prozent in der 1. Klasse[7] erstaunt daher ein wenig und ist wohl auf mehr oder weniger „freiwillige" Wiederholungen zurückzuführen.

Bereits ein erster Blick auf Abbildung 4.3 genügt, um zu erkennen, dass mit dem Übergang in die Sekundarstufe I die Sitzenbleiberrate nicht sprunghaft ansteigt[8]. Dass die Sitzenbleiberquoten in den 5. und 6. Klassen eher niedrig liegen, hängt mit dem Charakter dieser Schulstufe als Orientierungsstufe (vgl. KMK, 1996) zusammen und mit der Möglichkeit, Schüler und Schülerinnen zum Abstieg in eine weniger anspruchsvolle Schulform zu veranlassen. Auch wenn die meisten Länder der Bundesrepublik Deutschland die Klassen 5 und 6 als Eingangsjahrgänge der Schulformen führen, so steht hier

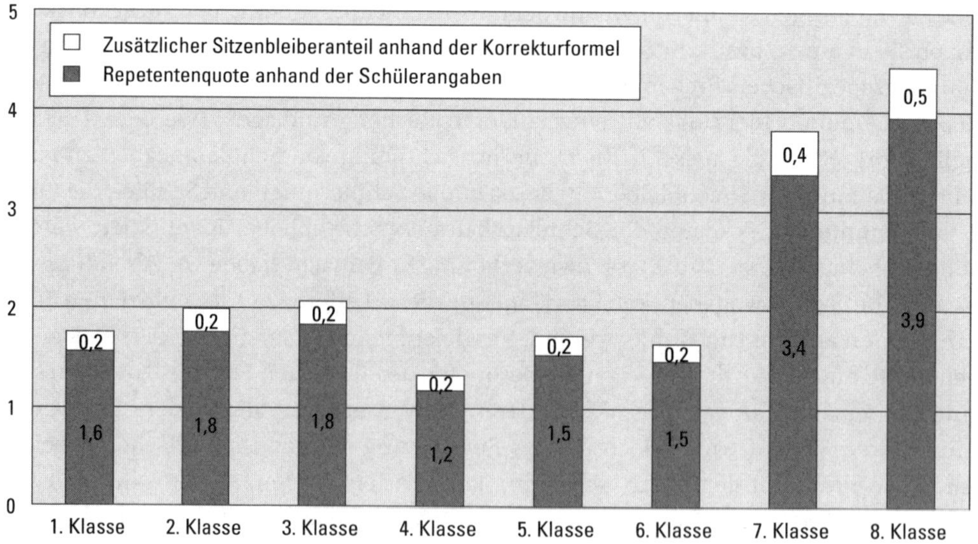

Abbildung 4.3 Repetentenquoten (Variable A) nach Klassenstufe (in %)
Schülerangaben und proportionale Zuordnung fehlender Werte

doch der Anspruch, in einer „Phase besonderer Förderung, Beobachtung und Orientierung" (KMK, 1996, S. 5) die Schülerinnen und Schüler zu unterstützen. Dies verbindet sich mit dem Anspruch, vom Sitzenbleiben möglichst selten Gebrauch zu machen. So ist zu erklären, warum mit dem Austritt aus der Orientierungsstufe die Sitzenbleiberzahlen um mehr als das Doppelte in die Höhe schnellen. Zudem verschärfen sich die Selektionsbedingungen beim Übergang in die Abschlussklassen der Sekundarstufe I. In der 7. Klasse liegt die Quote bei 3,8 Prozent und steigt bis zur 8. Klasse weiter auf 4,5 Prozent. Die ermittelten Prozentwerte erscheinen zunächst gering. Es darf jedoch nicht übersehen werden, dass ein Jugendlicher während seiner Schulzeit jedes Jahr an den Versetzungen teilnimmt und deshalb jedes Jahr neu das Risiko besteht, eine Klasse wiederholen zu müssen. Dadurch ergeben sich die bereits dargestellten erheblichen kumulativen Effekte. Ein weiterer Grund für den steilen Anstieg der Sitzenbleiberzahlen in Klasse 7 und 8 kann in den altersbedingten Verhaltensproblemen Pubertierender gesehen werden. Im Rahmen der Identitätsentwicklung in der Adoleszenz stellen sich den Jugendlichen zentrale Entwicklungsaufgaben, die häufig mit Ablösungsprozessen, Unsicherheiten und Konflikten verbunden sind (vgl. Döbert & Nunner-Winkler, 1975; Havighurst, 1982; Oerter & Dreher, 2002). Ein Ausagieren psychosozialer Belastungen nach außen stört jedoch schulische Abläufe und wird bei gleichzeitig mäßigen Leistungen schnell zum Stolperstein für die Versetzung. Dass in diesem Alter vor allem die Jungen häufig Verhaltensprobleme zeigen, ist in der geschlechterspezifischen Sozialisationsforschung vielfach bestätigt worden (vgl. Enders-Dragässer & Fuchs, 1989; Kaiser, 1997) und liefert eine mögliche Erklärung für den großen Unterschied in den Sitzenbleiberquoten zwischen Jungen und Mädchen in Klasse 6 und 7: In der 6. Klasse bleiben Jungen fast doppelt so oft sitzen wie Mädchen (vgl. Abb. 4.4).

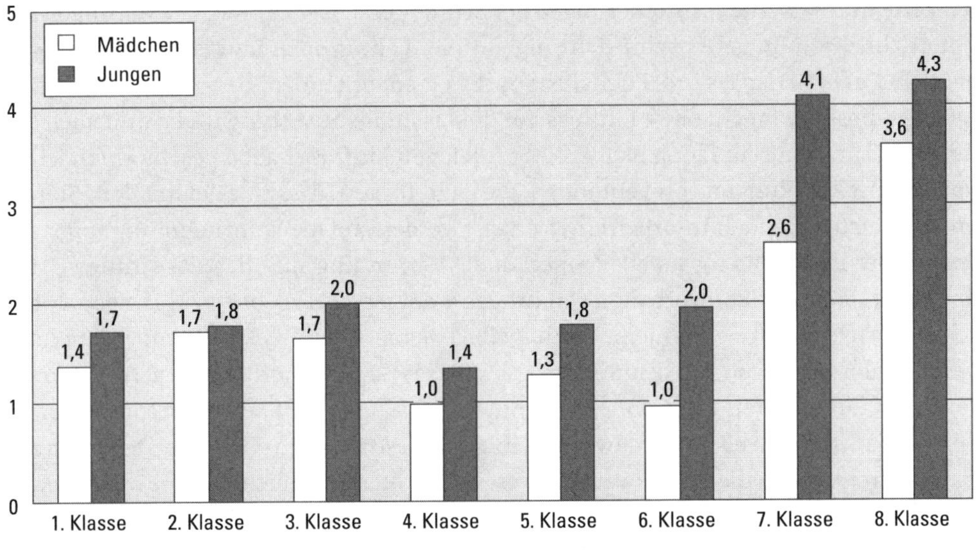

Abbildung 4.4 Repetentenquoten (Variable A) von 15-Jährigen nach Klassenstufe und Geschlecht (in %)

4.2.3 Geschlechterspezifische Differenzen: Erste Erklärungen

Auf der Suche nach Gründen für die beobachtbare Geschlechterdifferenz in der Häufigkeit des Sitzenbleibens liegt zunächst die Frage nach Schulleistungsunterschieden zwischen Jungen und Mädchen nahe. Die PISA-Ergebnisse zu „Geschlechterunterschieden in Basiskompetenzen“ (Stanat & Kunter, 2001) weisen in allen Teilnehmerstaaten die größten Unterschiede für die Lesekompetenz nach. Hier zeigt sich durchgängig ein signifikanter Vorsprung der Mädchen gegenüber den Jungen (vgl. Stanat & Kunter, 2001, S. 253). Artelt u.a. (2001, S. 118 f.) stellen die besondere Bedeutung der Lesekompetenz für den Schulerfolg heraus. Sie zeigen, dass nur ein Viertel der 15-Jährigen, die sich unterhalb des Niveaus von Kompetenzstufe I befinden, die Schule ohne Verzögerung durchlaufen haben. Unter den Jugendlichen, die Lesekompetenzstufe I erreichen, haben nur halb so viele eine Klasse wiederholt. Da Jungen unter den sehr schwachen Leserinnen und Lesern deutlich überrepräsentiert sind – die Gruppe der Jugendlichen unter Kompetenzstufe I besteht zu zwei Dritteln aus Jungen (vgl. Stanat & Kunter, 2001, S. 261) –, deutet sich an, dass das unterschiedliche Niveau in der Lesekompetenz zumindest einen Teil der geschlechterspezifisch unterschiedlichen Sitzenbleiberquoten erklärt.

Aber welche Bedeutung für Schulerfolg bzw. Schulversagen kommt dem Verhalten von Mädchen und Jungen in ihrer schulischen Rolle zu? Die Schule ist nach Budde (2003, S. 100) „ein bedeutender Ort, an dem doing gender ausprobiert wird. Allerdings existieren gleichzeitig andere Anforderungen, die ebenfalls wirkungsmächtig sind, wie beispielsweise das doing student. Der Kontext Geschlecht und der Kontext Schule stehen dabei in einem spannungsreichen Verhältnis zueinander.“ Es zeigt sich, dass insbesondere die Inszenierung der männlichen Geschlechterrolle in der Pubertät häufig in Konflikt mit den Lern- und Verhaltensanforderungen der Schule gerät. Der Großteil an Störungen der Unterrichtsdisziplin geht nach Erfahrungen vieler Lehrerinnen und Lehrer von Jungen aus (vgl. Enders-Dragässer & Fuchs, 1989). Es ist anzunehmen, dass Verhaltensauffälligkeiten dieser Art nicht ohne Einfluss auf die Leistungsbewertung und damit auch auf die Versetzungsentscheidung bleiben. Aber welchen Einfluss haben geschlechterstereotype Rollenvorstellungen von Lehrenden, die dazu führen, dass nur die mit dem Stereotyp übereinstimmenden Informationen erfasst werden, auf die Wahrnehmung von „Jungenverhalten“? Bereits 1972 stellt Zinnecker die Vermutung auf, „daß das strittige Urteil der Lehrer über das Schulverhalten von Jungen weniger das Ergebnis sorgfältiger Unterrichtsbeobachtungen als vielmehr Ausfluß eines ungeprüften Rückgriffs auf vorfindliche Geschlechterstereotype ist“ (Zinnecker, 1972, S. 137). Kampshoff (2001) verweist unter Bezug auf die Arbeiten von Connell (1989) und Jackson (1998) auf die besonders problematische Situation leistungsschwacher Jungen. Diese sähen in einer übersteigerten Betonung ihrer hegemonialen, teilweise aggressiv gefärbten Männlichkeit eine Möglichkeit, schulischen Misserfolg zu kompensieren. Teil dieser Haltung sei ein schuldistanziertes Verhalten und eine Verweigerung gegenüber schulischem Lernen, das als „Weiberkram“ und „uncool“ abgewertet wird (vgl. Kampshoff, 2001, S. 502; Willis, 1979). Die Chance auf eine reguläre Schullaufbahn erscheint unter diesen Bedingungen gering. Eine andere Forschungsperspektive rückt die schulischen Bedingungen für die ungleiche Verteilung von Schulerfolg in den Mittelpunkt der Betrachtung. Krebs (2002) kritisiert eine mangelnde Berücksichtigung geschlechterspezifischer Belange, insbesondere von Jungen, bei der Gestaltung von Erziehung und Unterricht. Im Rahmen einer umfangreichen Befragung von Jungen an Hamburger Schulen kommt er zu der Einschätzung, dass der Schul- und Unterrichtsalltag speziell für Jungen vielfältige Erfahrungen von Verunsicherung und Selbstwertbedrohung birgt, die sich sowohl auf die psychosoziale als auch auf die Lernentwicklung auswirken. Darüber hinaus bleibe zu analysieren, inwieweit Zugänge zu relevanten Lerngegenständen und Unterrichtsinhalten eher den geschlechterspezifisch ausgeprägten Interessen, Voraussetzungen und Sozialisationserfahrungen der Mädchen entgegenkommen (vgl. Krebs, 2002, S. 31).

Sitzenbleiben, Geschlecht und kognitive Kompetenzen

Kognitive Kompetenzen gelten als erklärungsmächtigster Faktor für den Schulerfolg eines Kindes. Gegenstand der folgenden Analysen ist daher die Frage nach dem Zusammenhang der Geschlechterunterschiede in der Sitzenbleiberhäufigkeit mit der kognitiven Fähigkeit von Schülerinnen und Schülern. Keiner der präsentierten Ansätze zur Erklärung des überproportional hohen Schulversagens von Jungen geht davon aus, dass die geringere Sitzenbleiberquote der Mädchen von einer allgemeinen intellektuellen Überlegenheit gegenüber den Jungen zeuge. Sie verweisen vielmehr darauf, dass der nachweisbar enge Zusammenhang zwischen Intelligenz und Schulleistung nicht durchgängig zu beobachten sei. „Zu groß dürften neben den motivationalen Effekten (...) die Einflüsse von Lernabsichten, Arbeitsgewohnheiten, Aufmerksamkeit, Konzentration, Anstrengung, Ausdauer, Handlungsstrategien und Selbstkontrollfähigkeiten auf das aufgabenbezogene Verhalten und das Leistungsniveau sein." (Helmke & Weinert, 1997, S. 105) Für diese Leistungsdeterminanten werden geschlechterspezifische Ausprägungen unterstellt, die sich unterschiedlich stark auf den Schulerfolg auswirkten. So schreibt Zinnecker (1972, S. 127): „Den Mädchen gestatten sie, im Bedarfsfall einige fehlende intellektuelle Leistungsvoraussetzungen zu kompensieren, indem sie sich ihr schuladäquates Gesamtverhalten von den Lehrern honorieren lassen. Die für den bestehenden Unterrichtsbetrieb geringere Tauglichkeit einiger nichtkognitiver Persönlichkeitsstrukturen der männlichen Schüler hat zur Folge, daß der Schulerfolg von Jungen auch bei ausreichenden intellektuellen Voraussetzungen leicht gestört oder zunichte gemacht werden kann." Diesem Phänomen ist jedoch empirisch nur selten nachgegangen worden. Die wichtigsten Studien dazu wurden in den 1970er Jahren von Lilly Kemmler und von Karlheinz Ingenkamp vorgelegt. In ihrem Buch „Erfolg und Versagen in der Grundschule" zeigt Kemmler (1975) die herausragende Bedeutung von kognitiven Fähigkeiten für eine reguläre Schullaufbahn und beschreibt deutliche Mittelwertunterschiede in der Testintelligenz zwischen sitzen gebliebenen und immer versetzten leistungsschwachen Schülerinnen und Schülern, und zwar zu Gunsten derer, die keine Jahrgangsklasse wiederholt haben. Zudem betont die Autorin auffällige Geschlechterunterschiede[9]: Während sie für die Jungen Gesamtstandardwerte im Intelligenztest von 96,2 bei den Versetzten und 91,2 bei den Sitzenbleibern findet, liegt das IQ-Niveau der Mädchen mit Werten von 91,4 und 88,1 deutlich darunter. Besonders die Gruppe der schulversagenden Jungen stellt sich als sehr uneinheitlich mit erheblichen Streubreiten und einer beträchtlichen Anzahl an *underachievern* dar. 7 Prozent der sitzen gebliebenen Jungen gelten laut Ergebnis des Intelligenztests als gut bis überdurchschnittlich intelligent (IQ über 100). Demgegenüber finden sich unter den weiblichen Sitzenbleibern nur 4 Prozent mit einem IQ-Wert über 100. Weiterhin ermittelt Kemmler einen Anteil von 27 Prozent der Mädchen, dem es trotz Minderbegabung (IQ von 67 bis 80) bis zum Zeitpunkt der Erhebung gelungen ist, die Schule ohne zeitliche Verzögerung zu durchlaufen (vgl. Kemmler, 1975, S. 142). Anhand dieser Befunde verweist sie darauf, dass Jungen für den gleichen Schulerfolg eine höhere durchschnittliche Intelligenz benötigen als Mädchen.

Sie bestätigt damit ein Ergebnis Ingenkamps aus dem Jahre 1972. Ingenkamp ermittelt neben dem Vorsprung der Jungen bezüglich ihrer intellektuellen Leistungsfähigkeit gegenüber den Mädchen auch im Lese- und Rechentest deutlich bessere Durchschnittswerte. Dieser Befund lässt sich sowohl für immer Versetzte als auch für ein- und zweimalige Repetenten beobachten (vgl. Ingenkamp, 1972, S. 158). Die größten Unterschiede zwischen Versetzten und Repetenten zeigen sich bei den Mädchen in den kognitiven Grundfähigkeiten, bei den Jungen hingegen in der Rechtschreibkompetenz. Ingenkamp schließt daraus, dass „in beiden Geschlechtern verschiedene Faktoren für den Misserfolg in der Schule bedeutsam sind. Mädchen können nach unseren Ergebnissen auch bei recht niedriger intellektueller Leistungsfähigkeit länger relativ befriedigende Schulleistungen erzielen, wahrscheinlich durch kompensatorischen Einsatz von Fleiß und Ausdauer. Bei den Jungen dagegen ist es weniger die geringere intellektuelle Leistungsfähigkeit, die zum Sitzenbleiben führt, als die in der Rechtschreibung erfassten Merkmale der Sorgfalt, Genauigkeit, Merkfähigkeit und Übungsbereitschaft." (Ingenkamp, 1972, S. 98)

Aufgrund der Befunde Kemmlers und Ingenkamps kann vermutet werden, dass sich auch unter den sitzen gebliebenen Jungen der PISA-Studie ein, im Vergleich zu den sitzen gebliebenen Mädchen, deutlich größerer Anteil mit einer durchschnittlichen bis guten Intelligenz befindet (Hypothese 1). Zudem kann angenommen werden, dass es unter den immer versetzten Mädchen, im Vergleich zu den Jungen, einem größeren Anteil gelingt, trotz schwacher kognitiver Fähigkeiten „glatt" durch die Schule zu kommen (Hypothese 2). Zur Überprüfung der ersten Hypothese ist in Abbildung 4.5 die Verteilung der KFT[10]-Werte von 15-jährigen Mädchen und Jungen dargestellt, die im Verlauf ihrer Schullaufbahn mindestens einmal nicht versetzt worden sind.

Anhand der KFT-Verteilung von sitzen gebliebenen Mädchen und Jungen zeigt sich, dass die Annahme eines stärkeren kognitiven Potenzials auf Seiten der männlichen Sitzenbleiber nicht bestätigt werden kann. Beide Kurven verlaufen weitgehend parallel. Im Bereich der KFT-Werte zwischen 45 und 55 sind die Mädchen sogar prozentual stärker vertreten als die Jungen. Unterstellt man eine gleichmäßige „Normalverteilung der In-

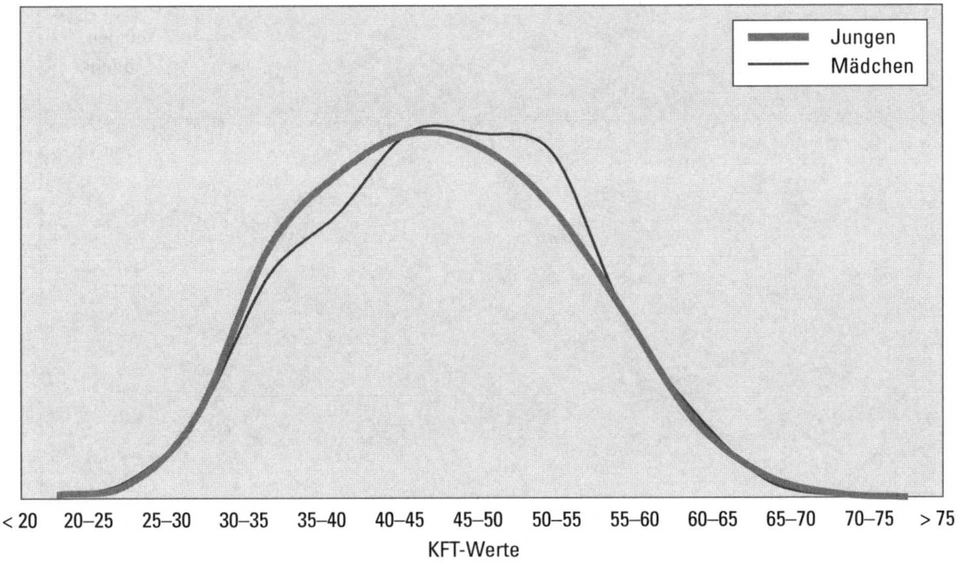

Abbildung 4.5 Verteilung der KFT-Werte von 15-Jährigen, die im Verlauf ihrer Schullaufbahn mindestens einmal nicht versetzt worden sind, nach Geschlecht

telligenz“ auf beide Geschlechter, erstaunen die Zahlen noch mehr. Da Jungen insgesamt deutlich häufiger eine Klasse wiederholen als Mädchen (Jungen 27 %; Mädchen 20 %), müsste schon allein aus diesem Grunde die Intelligenzverteilung der sitzen gebliebenen Jungen nach rechts verschoben sein. Aufgrund dieser nicht erwarteten Datenlage wurde zusätzlich die KFT-Verteilung der Mädchen und Jungen berechnet, die in den Klassen 7 oder 8 sitzen geblieben sind. Das auf diese Weise einbezogene Sitzenbleiben liegt zeitnah zur PISA-Befragung und bezieht sich auf den Zeitraum, in dem die Geschlechterunterschiede in der Sitzenbleiberquote besonders groß sind. Doch auch hier weisen die Zahlen nicht in die erwartete Richtung: Der Gruppe mit guten intellektuellen Fähigkeiten (KFT > 60) gehören 6,4 Prozent der Jungen und 6,3 Prozent der Mädchen an. Oberhalb eines KFT-Werts von 40 liegen 79,7 Prozent der Mädchen, aber nur 75,2 Prozent der Jungen. Die erste Hypothese muss aufgrund der Datenlage somit zurückgewiesen werden. Zur Überprüfung der zweiten Hypothese stellt Abbildung 4.6 die Verteilung der KFT-Werte für Schülerinnen und Schüler dar, die im Verlauf ihrer Schullaufbahn immer versetzt worden sind.

Für die Gruppe der immer versetzten Jugendlichen zeigt Abbildung 4.6 erwartungsgemäß eine Verschiebung der KFT-Werte nach rechts (höhere KFT-Werte). Vergleicht man die Kurve der Mädchen mit der der Jungen, so lässt sich auch hier in der Tendenz von Parallelität sprechen. Bei genauerer Analyse des geschlechterspezifischen Verlaufs fällt jedoch auf, dass sich die Kurven an zwei Stellen schneiden. Schülerinnen sind demnach im mittleren KFT-Wertebereich von 45 bis 65 prozentual stärker vertreten, Jungen

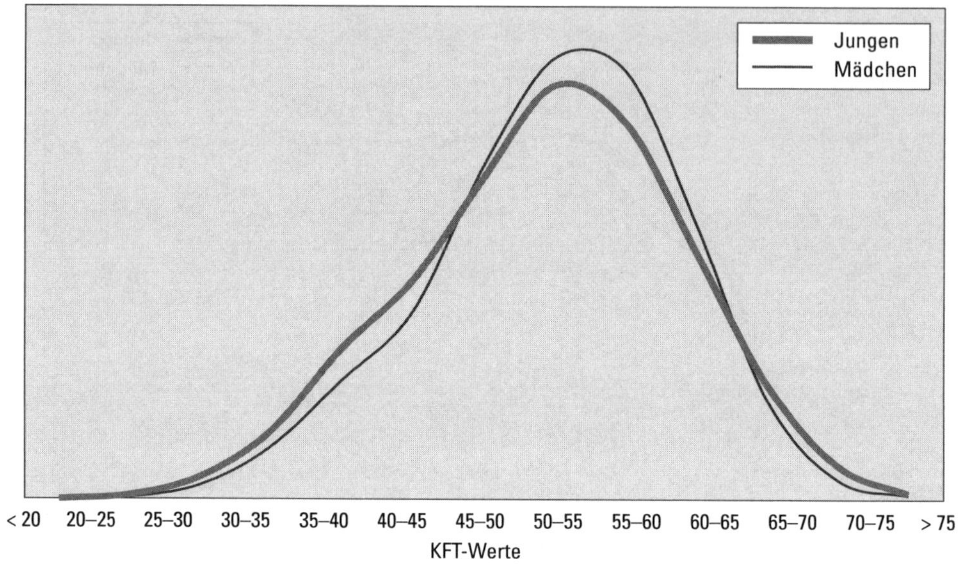

Abbildung 4.6 Verteilung der KFT-Werte von 15-Jährigen, die immer versetzt worden sind, nach Geschlecht

hingegen an den „Rändern", also bei den besonders starken, aber eben *auch* bei den eher schwachen Immer-Versetzten. Somit ist auch die zweite Hypothese aufgrund der PISA-Datenlage nicht haltbar. Zur Einordnung der Werte ist auch an dieser Stelle die Berücksichtigung der insgesamt höheren Sitzenbleiberquote der Jungen von 27 Prozent gegenüber den Mädchen (20 %) wichtig. Dies bedeutet, dass die Kurve der Jungen die „leistungsstärksten" 73 Prozent männlichen Schüler, die Kurve der Mädchen jedoch die „leistungsstärksten" 80 Prozent der Schülerinnen abbildet, sodass eine deutlichere Verschiebung der KFT-Werte in die höheren Bereiche erwartbar gewesen wäre.

Für die sitzen gebliebenen Jungen lassen sich somit insgesamt keine besseren intellektuellen Fähigkeiten feststellen als für die Gruppe der sitzen gebliebenen Mädchen. Dies gilt auch für den Bereich der durchschnittlichen bis guten Intelligenzwerte. Unter den Immer-Versetzten ist der Anteil der Jungen im Bereich der niedrigeren KFT-Werte sogar größer als der der Mädchen. Von Kemmlers These: „Jungen werden häufiger zu Schulversagern als Mädchen, und das, obwohl sie dann im Durchschnitt eine bessere Intelligenz aufweisen" (1975, S. 94), lässt sich anhand der PISA-Daten nur der erste Teil erhärten. Dagegen wird die Annahme, dass sich Jungen häufiger unter den Sitzenbleibern befänden, obwohl ihre Intelligenzwerte dies nicht erwarten ließen, hier nicht bestätigt. Insgesamt verweisen die vorliegenden Analysen darauf, dass der Zusammenhang zwischen kognitiven Fähigkeiten und Sitzenbleiben für beide Geschlechter in ganz ähnlicher Ausprägung besteht. Zusätzlich abgesichert wurde dieser Befund durch eine binäre logistische Regressionsanalyse. Dabei wurde das Risiko des Sitzenbleibens in Abhängigkeit von den KFT-Werten und der Häufigkeit von Unterrichtsversäumnissen

(Fehlen, Schwänzen, Zuspätkommen) analysiert. Auch bei dem so ermittelten relativen Sitzenbleiberrisiko zeigen sich zwischen Jungen und Mädchen keine Unterschiede[11]. Das bedeutet: „Besonders intelligente“ männliche Sitzenbleiber kommen genauso selten vor wie „Besonders intelligente“ Mädchen, die eine Klasse wiederholen müssen. Der höhere Sitzenbleiberanteil der Jungen rekrutiert sich somit nicht aus der Gruppe mit höheren kognitiven Fähigkeiten, sondern aus den Schülern mit niedriger bis mittlerer Intelligenz – und zwar vor allem vom 12. Lebensjahr an. Hier greifen dann wohl die geschlechterspezifischen Verhaltensmuster, auf die in der schulischen Sozialisationsforschung vielfach verwiesen wurde.

Sitzenbleiben und Migration

Zahlreiche Untersuchungen verweisen auf die Bedeutung der sozialen Herkunft und der familiären Lebensverhältnisse für den Schulerfolg (vgl. zuletzt Baumert & Schümer, 2001, S. 351–407). Als deutlicher Befund zeigt sich, dass Jugendliche aus Familien mit Migrationshintergrund im deutschen Bildungssystem weit weniger erfolgreich sind als die Kinder der einheimischen Bevölkerung. Baumert und Schümer (2001, S. 373) finden bei 15-jährigen „Jugendlichen aus reinen Zuwandererfamilien eine Bildungsbeteiligung, wie sie in Deutschland etwa 1970 anzutreffen war. Der Hauptschulbesuch beträgt noch knapp 50 Prozent, und ein relativer Gymnasialbesuch von 15 Prozent macht die Distanz zu dieser Schulform sichtbar.“ Karakasoglu-Aydin (2001) zeigt anhand der Daten des Statistischen Bundesamts für das Schuljahr 1998/99, dass Jugendliche ausländischer Herkunft „fast doppelt so stark an den Hauptschulen und weniger als halb so stark an den Gymnasien vertreten (sind), als es ihrem Anteil an den Schülern der allgemeinbildenden Schulen insgesamt entspricht“ (Karakasoglu-Aydin, 2001, S. 282). Zudem stellen Schümer, Tillmann und Weiß im Rahmen der PISA-E-Untersuchung (2002, S. 207) heraus, dass Kinder mit Migrationshintergrund ein doppelt so großes Risiko wie Kinder deutscher Herkunft tragen, eine Klasse wiederholen zu müssen. Als Jugendliche mit Migrationshintergrund gelten im Rahmen der folgenden Auswertungen die 15-Jährigen, von denen *beide* Elternteile nicht in Deutschland geboren sind[12]. Ihr Anteil an der gesamten Schülerschaft im deutschen Bildungssystem betrug im Jahre 2000 etwa 15 Prozent, jedoch mit erheblichen Unterschieden zwischen den alten und den neuen Ländern der Bundesrepublik Deutschland (vgl. Baumert & Schümer, 2001, S. 341)[13].

Kumulierte Repetentenquoten in unterschiedlichen Schulformen

Die PISA-Daten zeigen, dass Jugendliche aus Familien mit Migrationshintergrund im Durchschnitt doppelt so häufig eine Jahrgangsklasse wiederholen müssen wie 15-Jährige deutscher Herkunft. Es lassen sich jedoch deutliche Unterschiede bezüglich der Herkunftsländer der Migrantenkinder feststellen. Betroffen sind 47,7 Prozent der Jugendlichen türkischer Herkunft und 46,5 Prozent der Jugendlichen, die aus Familien aus den

Ländern der ehemaligen Sowjetunion stammen. 15-Jährige, deren Eltern in Polen geboren wurden, haben hingegen im Durchschnitt nur unwesentlich häufiger repetiert als deutsche Jugendliche (21,5 %). Abbildung 4.7 zeigt den Anteil der 15-jährigen Wiederholer an der gesamten Schülerschaft einzelner Schulformen, differenziert nach dem Migrationshintergrund der Herkunftsfamilie.

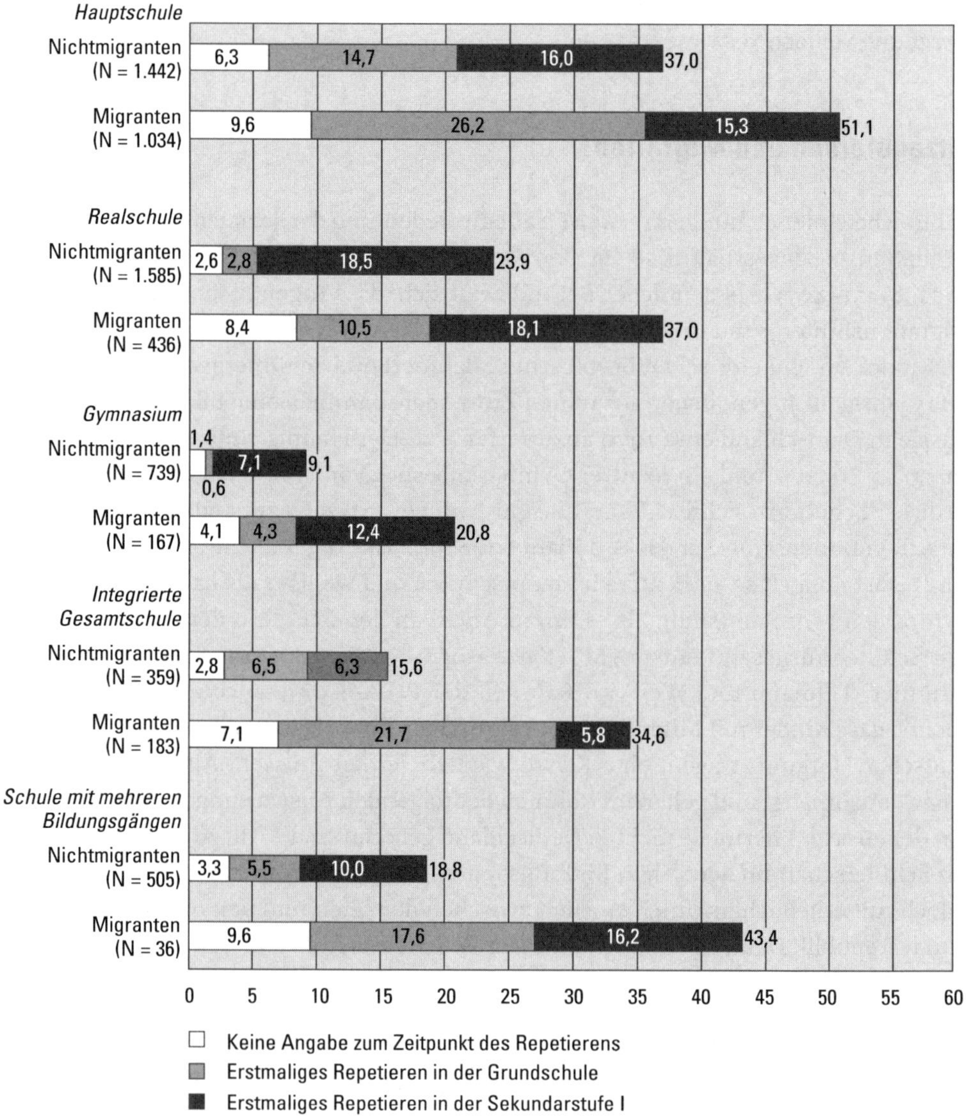

Abbildung 4.7 Kumulierte Repetentenquoten (Variable B) von 15-Jährigen nach Schulform, Migrationsstatus und Schulstufe des erstmaligen Repetierens (in %)

Auffällig ist, dass in allen Schulformen der Sitzenbleiberanteil der Migrantenkinder deutlich höher liegt als der der Einheimischen: In Gymnasien, Gesamtschulen und Schulen mit mehreren Bildungsgängen ist er jeweils mehr als doppelt so hoch, in Hauptschulen und Realschulen liegt er um etwa ein Drittel höher. Die Hauptschule ist mit einem Sitzenbleiberanteil von 51,1 Prozent bei Migrantenkindern Spitzenreiter, gefolgt von der Schule mit mehreren Bildungsgängen (43,4 %) und der Realschule (37 %). Dass die Quote im Gymnasium mit 20,8 Prozent vergleichsweise niedrig liegt, dürfte an den vorausgegangenen Selektionsprozessen liegen. Auch die Gesamtschule weist mit 34,6 Prozent eine überraschend hohe Repetentenquote bei Migrantenkindern auf. Hier zeigt sich allerdings, dass ein erheblicher Anteil dieser Schülerinnen und Schüler nicht in der Gesamtschule selbst, sondern bereits in der Grundschule sitzen geblieben ist. Insgesamt fällt in allen Schulformen der hohe Anteil an Primarstufenwiederholern unter den Jugendlichen mit Migrationshintergrund auf. Berücksichtigt man nur die Klassenwiederholungen im Rahmen der Sekundarstufe I, so verringert sich der Unterschied in der Sitzenbleiberquote zwischen Migranten und Nichtmigranten erheblich bzw. kehrt sich in der Haupt-, Real- und Gesamtschule sogar geringfügig zu Gunsten der Jugendlichen mit Migrationshintergrund um. Dieser Befund einer starken Selektivität der Grundschule für Kinder nichtdeutscher Herkunft wird weiter unten genauer analysiert. Die differenzierte Betrachtung dieser Daten darf jedoch über einen Sachverhalt nicht hinwegtäuschen: In allen Schulformen der Sekundarstufe I haben die Migrantenkinder weit häufiger als ihre deutschen Mitschülerinnen und Mitschüler bereits das Erlebnis des Versagens und Sitzenbleibens verkraften müssen. Es stellt sich nun die Frage, wie sich das soeben gezeichnete Bild darstellt, wenn man es geschlechterspezifisch differenziert. Sind auch bei Migrantenkindern die Jungen weit häufiger vom Sitzenbleiben betroffen – oder findet sich dort eher eine Angleichung der Geschlechter? Karakasoglu-Aydin (2001, S. 284) verweist in Bezug auf eine Studie des türkischen Elternvereins Berlin auf Daten, die den größeren Schulerfolg der Mädchen auch bei Jugendlichen ausländischer Herkunft belegen. Bellenberg (1999, S. 198 f.) kommt anhand von Daten nordrhein-westfälischer Hauptschülerinnen und Hauptschüler sogar zu dem Ergebnis, dass sich Geschlechterunterschiede im Sitzenbleiben besonders scharf bei Ausländerkindern, hingegen kaum bei deutschen Kindern finden.

Abbildung 4.8 zeigt für die Gesamtstichprobe, dass sich sowohl bei Migranten wie bei Nichtmigranten ein höherer Anteil an Sitzenbleibern auf Seiten der Jungen findet. Bei deutschen Jungen ist die Differenz mit 7,1 Prozentpunkten gegenüber den Mädchen deutlich stärker ausgeprägt als bei den Migranten (Differenz: 3,7 Prozentpunkte). Das bedeutet, dass die von Bellenberg in nordrhein-westfälischen Hauptschulen gefundenen Zusammenhänge sich in den Daten der PISA-Stichprobe nicht wiederfinden. Im Gegenteil: In der PISA-Stichprobe sind die Geschlechterdifferenzen im Sitzenbleiben bei den Einheimischen wesentlich größer als bei den Migranten. Gilt diese Feststellung für alle Schulformen?

Die Daten zeigen zunächst einmal durchgängig für alle Schulformen: Die Sitzenbleiberquote der Jungen ist stets höher als die der Mädchen (vgl. Tab. 4.1). Dies gilt in gro-

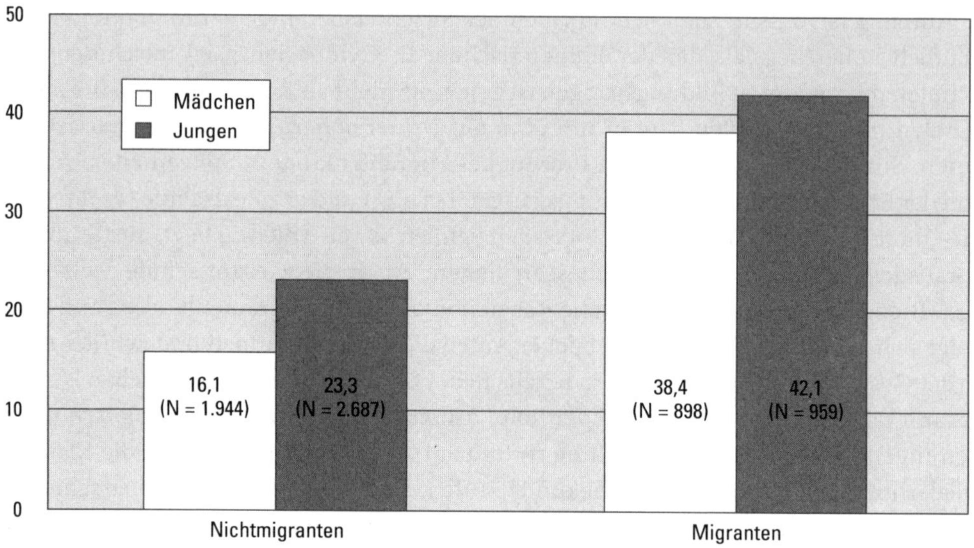

Abbildung 4.8 Kumulierte Repetentenquoten (Variable B) von 15-Jährigen aus einheimischen und zugewanderten Familien nach Geschlecht (in %)

ßer Eindeutigkeit für die deutsche Schülerpopulation, hingegen nur sehr abgeschwächt für die Migrantenkinder: Die Sitzenbleiberquote der deutschen Jungen liegt in den meisten Schulformen um 7 bis 8 Prozentpunkte über den Werten der deutschen Mädchen. Bei den Migrantenjugendlichen hingegen betragen diese Abstände nur 2 bis 4 Prozentpunkte, in der Integrierten Gesamtschule und der Schule mit mehreren Bildungsgän-

Schulform	Geschlecht	Nichtmigranten	Migranten
Hauptschule	Mädchen	32,8 (1,84)	49,0 (3,59)
	Jungen	40,1 (1,61)	53,1 (2,38)
Realschule	Mädchen	20,7 (0,98)	36,4 (2,72)
	Jungen	27,5 (1,36)	37,8 (3,07)
Gymnasium	Mädchen	8,0 (0,53)	19,4 (2,73)
	Jungen	10,6 (0,86)	22,5 (3,11)
Integrierte Gesamtschule	Mädchen	11,9 (1,06)	35,5 (4,04)
	Jungen	19,2 (1,47)	33,5 (3,17)
Schule mit mehreren Bildungsgängen	Mädchen	15,1 (0,98)	49,2 (9,54)
	Jungen	22,0 (1,12)	40,2 (5,07)

Tabelle 4.1 Kumulierte Repetentenquoten (Variable B) von 15-Jährigen aus einheimischen und zugewanderten Familien nach Schulform und Geschlecht (in %, Standardfehler in Klammern)

gen dreht sich der Abstand sogar um. Diese Datenstruktur bedeutet zugleich, dass sich die größten Unterschiede beim Sitzenbleiben zwischen den Mädchen deutscher und nichtdeutscher Herkunft finden – hier liegen die Abstände zwischen 11 (Gymnasium) und 23 (Gesamtschule) Prozentpunkten. Anders formuliert: Der geschlechterspezifische Vorteil, der bei deutschen Mädchen das Versagensrisiko deutlich minimiert, wirkt sich bei Migrantenmädchen kaum aus.

2 Repetentenquoten in unterschiedlichen Jahrgängen

Weiter oben wurde gezeigt, dass die Klassen 7 und 8 am häufigsten wiederholt werden, während die Selektivität in der Grundschule deutlich geringer ist. Wie sich die Sitzenbleiberanteile von Migranten und Nichtmigranten auf die einzelnen Jahrgangsstufen verteilen, ist Abbildung 4.9 zu entnehmen.

Es offenbart sich eine im Vergleich zu deutschen Kindern alarmierend hohe Sitzenbleiberquote der Migrantenkinder in der Grundschule (siehe auch Glumpler, 1990). In jedem der ersten drei Schuljahre mussten im Durchschnitt 4,5 Prozent der Migrantenkinder repetieren, während dies nur für 1,1 Prozent der Kinder deutscher Herkunft gilt. Das bedeutet: In der Grundschule ist das Risiko von Migrantenkindern, eine Jahrgangsklasse wiederholen zu müssen, viermal höher als das von Nichtmigranten. In Klasse 4 und 5 ist die Repetentenquote der Migrantenkinder noch etwa doppelt so hoch, von der 6. Klasse an gleichen sich die Werte an die der einheimischen Kinder an. In Klasse 8 bleiben die deutschen Jugendlichen sogar häufiger sitzen als die Migranten. Auffällig ist so-

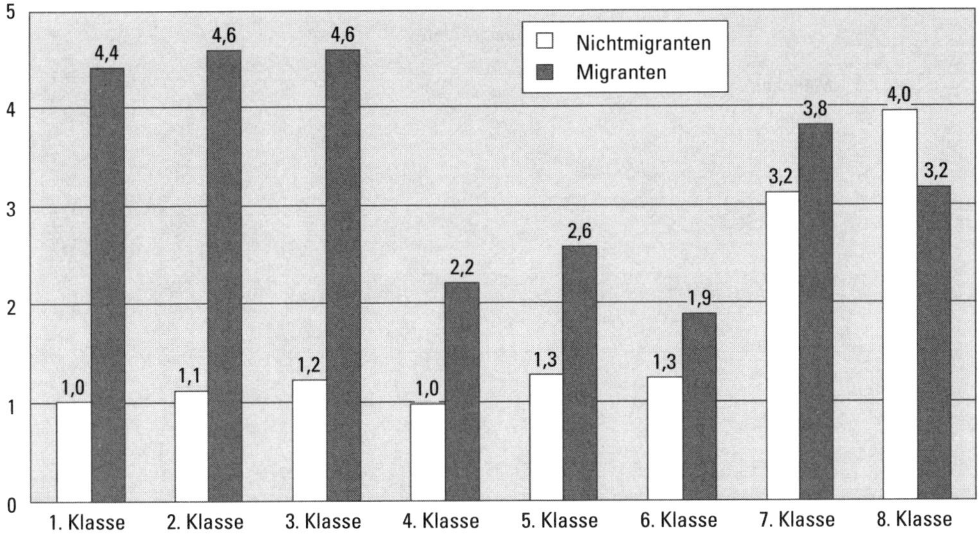

Abbildung 4.9 Repetentenquoten (Variable A) von 15-Jährigen aus einheimischen und zugewanderten Familien nach Klassenstufen (in %)

mit, dass die Wiederholerquote in den ersten drei Schuljahren für Nichtmigranten deutlich höher ist als in den „eigentlich kritischen" Klassen 7 und 8. Der Übergang von der Grundschule in die Sekundarstufe I und die Orientierungsstufe ist für die Migrantenkinder in Bezug auf das Sitzenbleiben unproblematisch. Eine mögliche Erklärung ist darin zu sehen, dass Kinder in der 4. Klasse bei schwachen Leistungen eher auf niedrigere Schulformen überwiesen als „sitzen gelassen" werden. Für deutsche Kinder verstärkt sich die Sitzenbleiberproblematik ab der 7. Klasse. Grundschule und Orientierungsstufe weisen für Kinder deutscher Herkunft eine geringe Selektivität auf.

Aber wie stellen sich die Sitzenbleiberanteile in den Gruppen der Migranten und der Nichtmigranten differenziert nach Geschlecht dar? Abbildung 4.10 zeigt die Ergebnisse der deutschen Jugendlichen. Es ist festzustellen, dass die Entwicklung der Sitzenbleiberanteile von Mädchen und Jungen im Verlauf der Klassen 1 bis 8 in der Tendenz weitgehend parallel verläuft. In der Grundschule sowie in den 5. und 6. Klassen sind die Werte noch verhältnismäßig gering, bevor beide Geschlechter in den Klassen 7 und 8 ihre höchsten Werte erreichen. Diese Spitzen sind im Verhältnis zu den vorangegangenen Klassenstufen extrem stark ausgeprägt. Auffällig ist, dass die Jungen in allen Klassen deutlich häufiger sitzen bleiben als die Mädchen. Besonders große Unterschiede sind ab Klasse 6 zu beobachten. Vermutlich gibt ein weniger schulangepasstes Verhalten von Jungen in dieser Altersstufe häufig den Ausschlag für eine Nichtversetzung, während den weniger schwierigen Mädchen der „Schonraum" Orientierungsstufe zugestanden wird.

Betrachtet man die jahrgangsspezifischen Daten der Migrantenkinder (Abb. 4.11), so zeigt sich: Die Spitze des Sitzenbleibens liegt in der Grundschule und nicht in der Se-

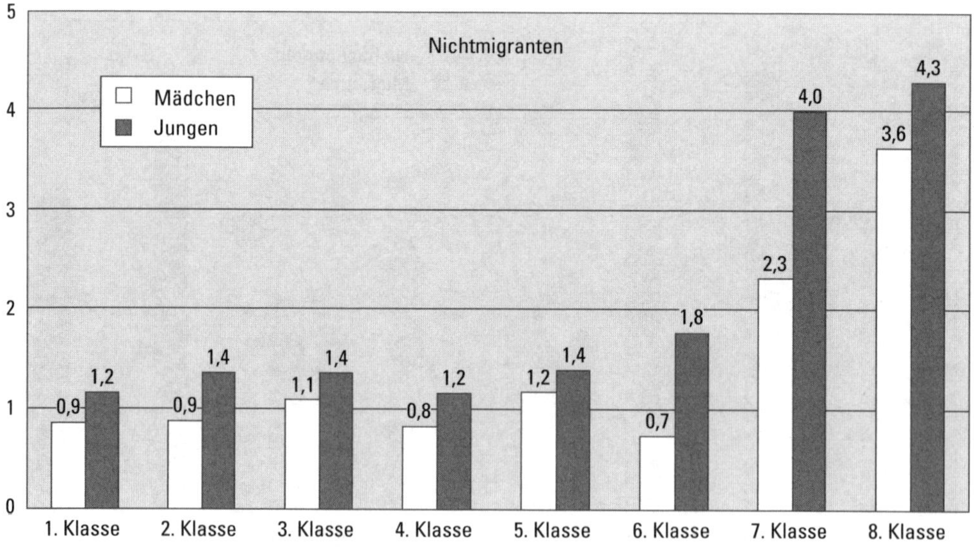

Abbildung 4.10 Repetentenquoten (Variable A) von 15-Jährigen aus einheimischen Familien nach Klassenstufe und Geschlecht (in %)

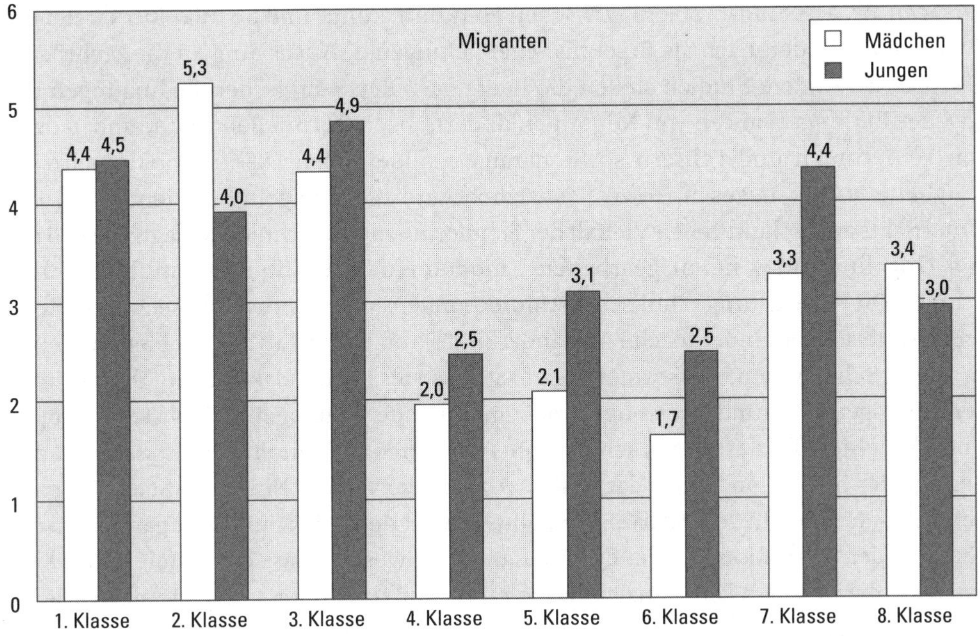

Abbildung 4.11 Repetentenquoten (Variable A) von 15-Jährigen aus zugewanderten Familien nach Klassenstufe und Geschlecht (in %)

kundarstufe I. Von der weiter oben angesprochenen Abnahme der Selektivität in der Grundschule kann die ausländische Schülerschaft nicht profitieren – ihr Sitzenbleiberanteil in der Grundschule ist überproportional hoch. Dabei ist es keineswegs so, dass die Jungen stets die höheren Sitzenbleiberquoten aufweisen: Im ersten Schuljahr zeigen sich keine Unterschiede, in der 2. und in der 8. Klasse bleiben Mädchen sogar häufiger sitzen. Nur in den Klassen 5 bis 7 ist auch bei Migrantenjugendlichen der Jungenvorsprung deutlich.

.3 Migrationsspezifische Differenzen: Erste Erklärungen

Blickt man in die Literatur, die sich mit schulischen Erfolgen und Misserfolgen von Migrantenkindern befasst, so stößt man auf unterschiedliche Betrachtungsweisen dieses Phänomens. Migrationssoziologische Studien suchen nach Ursache-Wirkungs-Zusammenhängen für das zunehmende Scheitern ausländischer Kinder an den Anforderungen der Regelschulen. Der Fokus der meisten Untersuchungen liegt sowohl auf den individuellen, ethnospezifischen Voraussetzungen der Lernenden, insbesondere den sprachlichen Defiziten, als auch auf dem spezifischen soziokulturellen Umfeld, für das eine Deprivation an bildungsrelevanten Ressourcen angenommmen wird (vgl. Bender-Szymanski & Hesse, 1987; Glumpler, 1985). Nach diesen Vorstellungen lässt sich Schulversagen als „Passungsproblem" zwischen Herkunftskultur und Schulkultur verstehen. Schulerfolg gilt demnach als Ergebnis einer gelungenen Anpassung an die Mehrheitsgesellschaft. Andere Studien stellen die Frage nach den schulischen Bedingungen ungleicher Bildungschancen von Migrantenkindern, nach Vorurteilen und Kompetenzen von Lehrerinnen und Lehrern sowie daraus resultierenden Diskriminierungen (vgl. Jungbluth, 1994; Lukesch, 1981). Zusätzlich wird die mangelnde Orientierung des Unterrichts an der kulturellen Vielfalt der Schülerinnen und Schüler beklagt, speziell der von Gogolin (1994) herausgearbeitete „monolinguale Habitus der multilingualen Schule". Die Ausrichtung schulischer Anforderungen an den Lernvoraussetzungen deutscher Mittelschichtkinder mache Ausländerkinder von Beginn an zu „Problemkindern". In einem Schulsystem, das sowohl organisatorisch als auch didaktisch auf dem Prinzip der Homogenität gründet, erzeuge eine zunehmende Heterogenität von Lerngruppen Angst vor einer Überlastung in schulischen Abläufen und stelle eine Bedrohung für den Bestand der Institution Schule dar, sodass Abweichler von der Norm mit Selektion rechnen müssen. Eine dritte Erklärungshypothese lenkt den Blick auf das organisatorische Handeln der Institution Schule. Es wird darauf verwiesen, „dass die Schule sowohl ein Interesse daran haben kann, ausländische Kinder aufzunehmen und zu fördern, wie sie umgekehrt dazu neigen kann, Kinder auszugrenzen und zu benachteiligen" (Bommes & Radtke, 1993, S. 493). Zu welcher Haltung sie tendiere, sei abhängig von bildungspolitischen Rahmenbedingungen, von lokalen Strukturen des Bildungsangebots und den Eigeninteressen der Institution Schule. Nach diesem Verständnis steht Diskriminierung „als regelmäßige Ressource im Prozeß der Selektion zur Verfügung und stellt eine Option bei der Organisation und Reproduktion des Systems Schule dar" (Lentz & Radtke, 1994, S. 183), von der je nach Opportunität Gebrauch gemacht wird oder nicht.

Die vorgelegten Analysen bilden die ungleiche Verteilung des Schulerfolgs von deutschen und Kindern mit Migrationshintergrund ab und zeigen, dass insbesondere in der Grundschule vom Instrument des Sitzenbleibens Gebrauch gemacht wird. Welche spezifischen Bedingungen in der Grundschule können als Erklärung dieser Befunde herangezogen werden? Die Grundschule wird von allen Kindern im Rahmen der allgemeinen Schulpflicht gemeinsam besucht. Da Kinder unter ganz unterschiedlichen familialen, sozialen und kulturellen Bedingungen aufwachsen, stehen die Lehrenden dieser Schulform in besonderem Maße vor der Herausforderung, Kinder mit sehr heterogenen Lernvoraussetzungen und Lernfähigkeiten individuell zu unterstützen und zu fördern. Angesichts der überproportional hohen Sitzenbleiberquoten von Kindern ausländischer Herkunft in den ersten Jahren ihrer Schullaufbahn wird jedoch deutlich, wie unbefriedigend diese Aufgabe erfüllt wird. Als zentrale Voraussetzung für den Schulerfolg von Migrantenkindern erweist sich ein altersgemäßes Sprachstandsniveau (in der deutschen Sprache) beim Eintritt in die Primarstufe. Dieses stellt die Grundlage für den schulischen Schriftspracherwerb dar. Bettina Hurrelmann (2003, S. 183) weist darauf hin, „dass die Leseentwicklung der Kinder längst vor der Zeit beginnt, in der sie die Lesefertigkeit im technischen Sinne erwerben. Sie ist eng mit der Sprachentwicklung, der Qualität der sprachlichen Erfahrungen und den literalen Praktiken verknüpft, die ihnen in der primären Sozialisation zugänglich sind." Demnach haben Kinder, in deren Familie nicht deutsch gesprochen wird, im deutschen Bildungssystem von Beginn an schlechtere Ausgangsbedingungen für ihre Bildungskarriere. Dieser Zusammenhang erklärt sich nach Gogolin (2003, S. 41) „aus den historischen Traditionen heraus, in denen in herausragender Weise das deutsche, aber auch andere zentraleuropäische Schulsysteme stehen. Infolge dieser Traditionen wird nämlich im schulischen Bildungsprozess prinzipiell davon ausgegangen, dass die Beherrschung der jeweiligen Nationalsprache in ihrer Standardvariante quasi die Mitgift ist, die alle Kinder selbstverständlich in den Bildungsgang einbringen." Solange insbesondere die Grundschule an ihrem monolingualen Selbstverständnis festhält und sich der sprachlichen Pluralität ihrer Schülerschaft nicht weiter öffnet, wird es im Zusammenhang mit der ausleseorientierten Struktur des deutschen Bildungswesens für Kinder ausländischer Herkunft immer schwer sein, den gestellten schulischen Anforderungen zu genügen. Dies gilt anscheinend für Jungen und Mädchen aus Familien mit Migrationshintergrund in ähnlicher Weise. Zur Erinnerung: Auch in der Gruppe der Migrantenkinder sind die Jungen in stärkerem Maße von Klassenwiederholungen betroffen als die Mädchen. Der Unterschied ist jedoch keinesfalls so deutlich und so durchgängig wie bei Kindern deutscher Herkunft. Dieses Ergebnis ist überraschend und wird bislang weder in der feministischen noch in der migrationssoziologischen Forschung thematisiert. Über Ursachen kann daher an dieser Stelle nur spekuliert werden. Wichtige Anhaltspunkte könnten Erkenntnisse über die geschlechterspezifische Sprachentwicklung von Schülerinnen und Schülern aus Zuwandererfamilien liefern. Die Frage ist, ob sich auch bei Migrantenkindern geschlechterspezifisch unterschiedliche Erfolge beim schulischen Schriftspracherwerb beobachten lassen. Die gleich hohen Sitzenbleiberquoten von Kindern ausländischer Herkunft in den ersten Jahren ihrer Schullaufbahn lassen dies jedoch nicht vermuten. Zudem stellt sich die Frage, in welcher Hinsicht der Migrationsstatus eines Kindes die Sicht der Lehrpersonen auf Schülerinnen und Schüler beeinflusst. Ist es denkbar, dass Kinder aus Migrantenfamilien unabhängig von ihrem Geschlecht als „Problemkinder" wahrgenommen werden, oder aber sind bestimmte Geschlechterstereotype über Kinder aus Zuwandererfamilien wirksam? Liegen vielleicht die Rollenerwartungen an deutsche bzw. ausländische Mädchen besonders weit auseinander?

.4 Sitzenbleiben und Migration: Gewichtung von Risikofaktoren

Auf der Grundlage der zuvor referierten Befunde soll abschließend überprüft werden, welche mit dem Migrationsstatus verbundenen Faktoren es Schülerinnen und Schülern aus Zuwandererfamilien besonders schwer machen, die Schule ohne Klassenwiederholung zu durchlaufen. Mithilfe einer multinominalen logistischen Regressionsanalyse wird im Folgenden zunächst das relative Risiko des Sitzenbleibens von 15-jährigen Jugendlichen aus Familien mit Migrationshintergrund im Vergleich zu deutschen Kindern bestimmt. Schrittweise werden dann die beiden Kovariaten Sozialschichtzugehörigkeit und Lesekompetenz, die wichtige Prädiktoren für Schulerfolg darstellen, kontrolliert, um

	Modell I Ohne Kontrolle von Kovariaten	Modell II Kontrolle der Sozialschicht	Modell III Kontrolle der Lesekompetenz	Modell IV Kontrolle der Sozialschicht und der Lesekompetenz
Nichtmigranten		Referenzkategorie (*Odds* = 1,0)		
Migranten	2,76	2,36	1,55	1,57
Nichtmigranten Jungen		Referenzkategorie (*Odds* – 1,0)		
Migranten Jungen	2,40	2,04	1,39	1,39
Nichtmigranten Mädchen		Referenzkategorie (*Odds* = 1,0)		
Migranten Mädchen	3,25	2,77	1,79	1,83

[1] Alle Werte sind statistisch signifikant.

Tabelle 4.2 Relatives Risiko des Sitzenbleibens von Migrantenkindern im Vergleich zu Nichtmigranten *(Odds Ratios)*[1]

ihre Einflussstärke auf das häufigere Sitzenbleiben nichtdeutscher Kinder zu bestimmen. Aufgrund der Relevanz des Geschlechts werden die Analysen zusätzlich getrennt für Mädchen und Jungen durchgeführt.

Tabelle 4.2 setzt das Sitzenbleiberrisiko von 15-Jährigen aus Familien mit Migrationshintergrund zu dem deutscher Jugendlicher in Relation. Dieses statistische Verfahren ist ausführlich im ersten Bericht des Deutschen PISA-Konsortiums beschrieben (vgl. Baumert & Schümer, 2001, S. 356 f.) und soll an dieser Stelle nur knapp skizziert werden. Als Referenzgruppe dienen Schülerinnen und Schüler deutscher Herkunft. Ihr Risiko, eine Klasse wiederholen zu müssen, wird auf den Wert 1 gesetzt. Der Kennwert *(Odds Ratio)* gibt an, in welchem Maße das Sitzenbleiberrisiko eines Migrantenkindes von dem eines deutschen Kindes verschieden ist. Bezogen auf Tabelle 4.2 bedeutet dies: Das Risiko, im Verlauf ihrer Schulzeit nicht versetzt zu werden, ist für 15-Jährige mit Migrationshintergrund im Vergleich zu ihren einheimischen Mitschülerinnen und Mitschülern fast dreimal so hoch. Eine Differenzierung nach Geschlecht bestätigt das aufgrund der vorangegangenen Analysen erwartete Bild: 15-jährige Migrantenmädchen tragen ein mehr als dreimal so hohes Risiko, während ihrer Schulzeit eine Klasse wiederholen zu müssen, wie ihre deutschen Mitschülerinnen. Die Disparitäten zwischen Jungen mit unterschiedlichem Migrationsstatus sind geringer. Ihr Sitzenbleiberrisiko ist gegenüber Jungen deutscher Herkunft „nur" 2,4-mal so groß.

Modell II zeigt, dass sich die unterschiedlichen Sitzenbleiberrisiken von 15-Jährigen deutscher und ausländischer Herkunft annähern, wenn die Sozialschicht der Familie kontrolliert wird. Es bestehen jedoch weiterhin deutliche Differenzen. Jugendliche aus Zuwandererfamilien werden mehr als doppelt so häufig nicht versetzt wie deutsche Jugendliche vergleichbarer sozialer Herkunft. Dieser Befund deckt sich nicht mit einer Reihe wissenschaftlicher Veröffentlichungen zum Thema. So stellt zum Beispiel Klemm (1994, S. 184) dar, dass sich die strukturelle Benachteiligung, die ausländische Schülerinnen und Schüler „weiterhin erfahren, stärker aus ihrer sozialen Herkunft als aus ihrer ethnischen Zugehörigkeit erklären lässt".

Den größten Erklärungswert für die Unterschiede in der Sitzenbleiberhäufigkeit zwischen Migranten und Nichtmigranten besitzt die Lesekompetenz. Vergleicht man 15-Jährige mit vergleichbarem Leseverständnis, wird das relative Risiko von Klassenwiederholungen im Fall von Jugendlichen mit Migrationshintergrund deutlich kleiner (*Odds Ratio* = 1,55). Für Migrantenjungen ist das Risiko einer Nichtversetzung 1,39-mal so hoch wie für Jungen mit deutschen Eltern. Mädchen aus Zuwandererfamilien bleiben selbst bei gleicher Lesekompetenz noch fast doppelt so häufig sitzen wie deutsche Schülerinnen. Eine gleichzeitige Kontrolle von Sozialschichtzugehörigkeit und Lesekompetenz ergibt keine kumulativen Effekte. Das Risiko verändert sich nur gering.

Insgesamt zeigt sich damit ein weiteres Mal die herausragende Bedeutung der Lesekompetenz für den Schulerfolg von Kindern und Jugendlichen aus Familien mit Migrationshintergrund. Sie vermag einen großen Teil der migrationsspezifisch unterschiedlichen Sitzenbleiberquoten aufzuklären. Während für die hohe Sitzenbleiberquote von Migrantenkindern in der Grundschule die deutsche Sprachkompetenz als verursachender Faktor nur über Plausibilitätsargumente begründet werden konnte, bietet die soeben präsentierte *Odds Ratio*-Rechnung einen klaren empirischen Nachweis: Wenn Migrantenkinder (und zwar Jungen wie Mädchen) über eine vergleichbare Sprachkompetenz wie ihre deutschen Mitschülerinnen und Mitschüler verfügen, ist das Hauptrisiko für das Sitzenbleiben ausgeschaltet. Dennoch lassen sich auch bei gleicher Lesekompetenz zwischen 15-Jährigen aus Einwandererfamilien und deutschen Kindern noch beachtlich große Differenzen feststellen, insbesondere für die Mädchen (*Odds Ratio* = 1,79). Wissenschaftliche Publikationen, die die Bildungssituation von Migrantinnen im Vergleich zu ihren deutschen Mitschülerinnen thematisieren, sind jedoch rar. Weber beklagt „ein Desiderat, denn in den Forschungsarbeiten über die Effekte der Koedukation werden Mädchen als homogene Gruppe thematisiert. Die Kategorie Geschlecht scheint demnach aus der Perspektive dieser Forschung alle anderen differenzierenden Kategorien (wie soziale oder ethnische) zu nivellieren." (2003, S. 70) Dass dem nicht so ist, zeigen die vorliegenden Ergebnisse. Die Differenzen auf Seiten der Mädchen sind so deutlich, weil hier offensichtlich der Migrationsstatus den Geschlechterstatus überlagert, der bei deutschen Mädchen das Sitzenbleiberrisiko deutlich verringert. Auch der Geschlechterforschung fehlt an dieser Stelle eine explizit vergleichende Perspektive.

4.4 Fazit

Die Risiken des Sitzenbleibens verteilen sich für Jugendliche mit und ohne Migrationshintergrund sehr unterschiedlich. Bei insgesamt deutlich höheren Misserfolgsquoten sind Schülerinnen und Schüler mit Migrationshintergrund vor allem in der Grundschule verstärkt vom Sitzenbleiben bedroht, und zwar Jungen wie Mädchen. Hier scheinen die Sprachprobleme die größte Rolle zu spielen. Für Kinder deutscher Herkunft ist das Sitzenbleiberrisiko in der Grundschule gering, in den Klassen 7 und 8 steigt es hingegen sprunghaft, und zwar für Jungen noch steiler als für Mädchen. Es erreicht damit etwa das Niveau, auf dem sich die Migrantenkinder schon seit der Grundschule befinden. Als Ursachen sind vor allem pubertäre Verhaltensprobleme anzusehen, die häufiger dazu führen, dass insbesondere Jungen mit mäßiger bis mittlerer Intelligenz nicht versetzt werden. Die pädagogischen Bemühungen zur Reduzierung des Sitzenbleibens werden damit auf zwei besonders bedeutsame Anknüpfungspunkte verwiesen: auf die sprachliche Förderung vor allem von Migrantenkindern im Vor- und Grundschulbereich und auf einen stabilisierenden und leistungsfördernden Umgang vor allem mit Jungen in den Konflikten der Pubertät.

Anmerkungen

1 Siehe dazu Bellenberg (1999), Belser und Küsel (1976), Einsiedler und Glumpler (1989), Ingenkamp (1972), Kemmler (1975).

2 Zur beschränkten Aussagekraft der jährlich erhobenen Daten der offiziellen Schulstatistik für Schullaufbahnuntersuchungen siehe Bellenberg (1999, S. 11 ff.).

3 Während PISA 2000 eine repräsentative Stichprobe für die Alterskohorte 15-Jähriger darstellt, beruhen die Zahlen des Statistischen Bundesamtes auf jährlichen Totalerhebungen aller Schülerinnen und Schüler, differenziert nach Schulform und Jahrgangsklasse.

4 Anteil der Klassenwiederholerinnen und Klassenwiederholer an der gesamten Schülerschaft der Jahrgänge 5 bis 10 der jeweiligen Schulform für das Schuljahr 2002/03.

5 Die Quote sagt nichts darüber aus, ob Repetentinnen und Repetenten einmal oder mehrfach eine Jahrgangsstufe wiederholt haben.

6 Während die kumulierten Repetentenquoten keine Aussage darüber machen, ob ein Jugendlicher einmal oder mehrfach sitzen geblieben ist, werden Mehrfachwiederholungen hier berücksichtigt.

7 Zum Vergleich: Das Statistische Bundesamt ermittelt für das Schuljahr 2002/03 eine Repetentenquote von 1,5 Prozent für die 1. Jahrgangsstufe (vgl. Statistisches Bundesamt, 2003, S. 85).

8 Das Statistische Bundesamt ermittelt im Schuljahr 2002/03 für die Klassenstufen 5 und 6 zwar leicht höhere Sitzenbleiberanteile (etwa 2,5 %). Dennoch zeigen auch diese

Daten einen erheblichen Anstieg der Klassenwiederholungen erst für die Jahrgangsstufen 7 und 8 (vgl. Statistisches Bundesamt, 2003, S. 85).

9 Kemmler untersucht 1963 in vier Großstädten im Ruhrgebiet 472 Kinder der 3. Jahrgangsstufe. Einbezogen werden jeweils die nach Lehrerurteil zwei leistungsbesten und die fünf leistungsschwächsten Kinder einer Klasse. Die referierten Ergebnisse Kemmlers zum Sitzenbleiben sind Teil einer Untersuchungsreihe, in der Sitzenbleiber (N = 191) mit immer versetzten Leistungsschwachen (N = 80) verglichen werden.

10 Der Kognitive Fähigkeitstest (KFT) in PISA 2000 „ist ein differentieller Intelligenztest, der jene kognitiven Fähigkeitsdimensionen erfasst, die für schulisches Lernen relevant sind" (Kunter u.a., 2002, S. 113).

11 Aufgrund von Unterrichtsversäumnissen erhöht sich bei Jungen wie bei Mädchen das Risiko um das 1,6-fache. Der *Odds Ratio*-Wert für kognitive Kompetenz liegt bei beiden Geschlechtern bei 0,92. Der Wald-Test hinsichtlich der beiden Gruppen (Sitzenbleiber vs. Nichtsitzenbleiber) zeigt, dass der KFT die wesentlich höhere Trennkraft besitzt. Bei den Jungen werden auf der Basis dieses Modells 75,2 Prozent, bei den Mädchen 81,1 Prozent korrekt als Sitzenbleiber bzw. Nichtsitzenbleiber klassifiziert.

12 Zur Kontrolle wurden einzelne Berechnungen mit dem Merkmal „Muttersprache" statt „Geburtsland der Eltern" vorgenommen. Diese andere Form der Operationalisierung von „Migrationshintergrund" führt zu keinen anderen Ergebnissen.

13 Während in den alten Ländern der Bundesrepublik Deutschland 19,2 Prozent der 15-jährigen Schülerinnen und Schüler aus Familien stammen, in denen beide Elternteile im Ausland geboren sind, gilt dies nur für 1,6 Prozent der 15-Jährigen aus den neuen Ländern der Bundesrepublik Deutschland (vgl. Baumert & Schümer, 2001, S. 341). Aufgrund dieser Verteilung wurden einzelne Berechnungen zur Kontrolle gesondert für die alten Länder der Bundesrepublik Deutschland durchgeführt. Die Ergebnisse stimmten weitgehend mit den Werten für Gesamtdeutschland überein.

Literatur

Artelt, C., Stanat, P., Schneider W., & Schiefele, U. (2001). Lesekompetenz: Testkonzeption und Ergebnisse. In J. Baumert, E. Klieme, M. Neubrand, M. Prenzel, U. Schiefele, W. Schneider, P. Stanat, K.-J. Tillmann, & M. Weiß (Hrsg.), *PISA 2000. Basiskompetenzen von Schülerinnen und Schülern im internationalen Vergleich* (S. 69–137). Opladen: Leske + Budrich.

Auernheimer, G. (Hrsg.). (2003). *Schieflagen im Bildungssystem. Die Benachteiligung der Migrantenkinder*. Opladen: Leske + Budrich.

Baumert, J., & Schümer, G. (2001). Familiäre Lebensverhältnisse, Bildungsbeteiligung und Kompetenzerwerb. In J. Baumert, E. Klieme, M. Neubrand, M. Prenzel, U. Schiefele, W. Schneider, P. Stanat, K.-J. Tillmann, & M. Weiß (Hrsg.), *PISA 2000.*

Basiskompetenzen von Schülerinnen und Schülern im internationalen Vergleich (S. 323–407). Opladen: Leske + Budrich.

Bellenberg, G. (1999). *Individuelle Schullaufbahnen. Eine empirische Untersuchung über Bildungsverläufe von der Einschulung bis zum Abschluß*. Weinheim: Juventa.

Belser, H., & Küsel, G. (1976). Zum Sitzenbleiber-Problem an Volksschulen. Empirische Untersuchungen an Volksschulen in Hamburg. In R. Biermann (Hrsg.), *Schulische Selektion in der Diskussion* (S. 101–115). Bad Heilbrunn: Klinkhardt.

Bender-Szymanski, D., & Hesse, H. G. (1987). *Migrantenforschung. Eine kritische Analyse deutschsprachiger empirischer Untersuchungen aus psychologischer Sicht*. Köln: Böhlau.

Bommes, M., & Radtke, F.-O. (1993). Institutionalisierte Diskriminierung von Migrantenkindern. Die Herstellung ethnischer Differenz in der Schule. *Zeitschrift für Pädagogik, 39* (3), 483–497.

Budde, J. (2003). Männlichkeitskonstruktionen in der Institution Schule. *Zeitschrift für Frauenforschung und Geschlechterstudien, 21* (1), 91–101.

Connell, R. (1989). Cool guys, swots and wimps: The interplay of masculinity and education. *Oxford Review of Education, 15* (3), 291–303.

Deutscher Bildungsrat (Hrsg.). (1970). *Strukturplan für das Bildungswesen. Empfehlungen der Bildungskommission*. Stuttgart: Klett.

Döbert, R., & Nunner-Winkler, G. (1975). *Adoleszenzkrise und Identitätsbildung*. Frankfurt a.M.: Suhrkamp.

Einsiedler, W., & Glumpler, E. (1989). Analysen zur Entwicklung des Sitzenbleibens (unter besonderer Berücksichtigung der Grundschule). *Die Deutsche Schule, 81* (2), 248–259.

Enders-Dragässer, U., & Fuchs, C. (1989). *Interaktionen der Geschlechter: Sexismusstrukturen in der Schule. Eine Untersuchung an hessischen Schulen*. Weinheim: Juventa.

Fend, H. (1974). *Gesellschaftliche Bedingungen schulischer Sozialisation. Soziologie der Schule I*. Weinheim: Beltz.

Frommberger, H. (1955). *Das Sitzenbleiberproblem. Untersuchungen über das Versagen von Kindern in der Volksschule*. Dortmund: Crüwell.

Glumpler, E. (1985). *Schullaufbahn und Schulerfolg türkischer Migrantenkinder*. Hamburg: Rissen.

Glumpler, E. (1990). Das neue „Sitzenbleiberelend". Selektive Grundschule – nur noch für ausländische Kinder? *Lernen in Deutschland, 10* (3), 76–86.

Glumpler, E. (1994). Sitzenbleiben. In R. Keck & W. Sandfuchs (Hrsg.), *Wörterbuch Schulpädagogik* (S. 316–317). Bad Heilbrunn: Klinkhardt.

Gogolin, I. (1994). *Der monolinguale Habitus der multilingualen Schule*. Münster: Waxmann.

Gogolin, I. (2003). Chancen und Risiken nach PISA – über die Bildungsbeteiligung von Migrantenkindern und Reformvorschläge. In G. Auernheimer (Hrsg.), *Schieflagen im Bildungssystem. Die Benachteiligung der Migrantenkinder* (S. 33–50). Opladen: Leske + Budrich.

Gröpel, W. (Hrsg.). (1999). *Migration und Schullaufbahn. Wissenschaftstheoretischer und praxisorientierter Diskurs inklusive internationalem Ausblick zu (Schul)karrieren von Kindern ethnischer Minderheiten.* Frankfurt a.M.: Lang.

Hänsel, D., & Klemm, K. (1980). Wandel in der Grundschule: Innere Reformen. In H.-G. Rolff, G. Hansen, K. Klemm, & K.-J. Tillmann (Hrsg.), *Jahrbuch der Schulentwicklung* (Bd. 1, S. 105–120). Weinheim: Juventa.

Havighurst, R. J. (1982). *Developmental tasks and education* (1st ed. 1948). New York: Longman.

Helmke, A., & Weinert, F. E. (1997). Bedingungsfaktoren schulischer Leistungen. In F. E. Weinert (Hrsg.), *Enzyklopädie der Psychologie: Bd. 3. Psychologie des Unterrichts und der Schule* (S. 71–176). Göttingen: Hogrefe.

Horstkemper, M. (1995). Mädchen und Frauen im Bildungswesen. In W. Böttcher & K. Klemm (Hrsg.), *Bildung in Zahlen. Statistisches Handbuch zu Daten und Trends im Bildungsbereich* (S. 188–216). Weinheim: Juventa.

Hurrelmann, B. (2003). Ein erweitertes Konzept von Lesekompetenz und Konsequenzen für die Leseförderung. In G. Auernheimer (Hrsg.), *Schieflagen im Bildungssystem. Die Benachteiligung der Migrantenkinder* (S. 177–194). Opladen: Leske + Budrich.

Ingenkamp, K. (1972). *Zur Problematik der Jahrgangsklasse* (2. Aufl.). Weinheim: Beltz.

Jackson, D. (1998). Breaking out the binary trap: Boys' underachievement, schooling and gender relations. In D. Epstein, J. Elwood, V. Hey, & J. Maw (Eds.), *Failing boys? Issues in gender and achievement* (pp. 56–77). Buckingham: Open University Press.

Jungbluth, P. (1994). Lehrererwartungen und Ethnizität. Innerschulische Chancendeterminanten bei Migrantenschülern in den Niederlanden. *Zeitschrift für Pädagogik, 40* (1), 113–125.

Kaiser, A. (1997). Theorien zur männlichen Sozialisation und zur Erklärung von Gewaltbereitschaft. In A. Kaiser (Hrsg.), *Koedukation und Jungen. Soziale Jungenförderung in der Schule* (S. 8–17). Weinheim: Deutscher Studien Verlag.

Kampshoff, M. (2001). Leistung und Geschlecht. Die englische Debatte um das Schulversagen von Jungen. *Die Deutsche Schule, 93* (4), 498–512.

Karakasoglu-Aydin, Y. (2001). Kinder aus Zuwandererfamilien im Bildungssystem. In W. Böttcher, K. Klemm, & T. Rauschenbach (Hrsg.), *Bildung und Soziales in Zahlen. Statistisches Handbuch zu Daten und Trends im Bildungsbereich* (S. 273–302). Weinheim: Juventa.

Kemmler, L. (1975). *Erfolg und Versagen in der Grundschule* (3. Aufl.). Göttingen: Hogrefe.

Kemnade, I. (1989). *Schullaufbahnen und Durchlässigkeit in der Sekundarstufe I. Empirische Untersuchung von Schülerkarrieren in der Stadt Bremen.* Frankfurt a.M.: Lang.

Klemm, K. (1994). Erfolg und strukturelle Benachteiligung ausländischer Schüler im Bildungssystem. In S. Luchtenberg & W. Nieke (Hrsg.), *Interkulturelle Pädagogik und Europäische Dimension. Herausforderungen für Bildungssystem und Erziehungswissenschaft* (S. 181–187). Münster: Waxmann.

KMK – Kultusministerkonferenz. (1996). *Vereinbarung über die Schularten und Bildungsgänge im Sekundarbereich I.* Beschluss der Kultusministerkonferenz vom 03.12.1993 i.d.F. vom 27.09.1996.

KMK – Kultusministerkonferenz. (2003). *Das Bildungswesen in der Bundesrepublik Deutschland 2002. Darstellung der Kompetenzen, Strukturen und bildungspolitischen Entwicklungen für den Informationsaustausch in Europa.* Bonn.

Krebs, A. (2002). *Sichtweisen und Einstellungen heranwachsender Jungen. Ergebnisse einer Befragung an Hamburger Schulen.* Hamburg: Behörde für Bildung und Sport.

Kunter, M., Schümer, G., Artelt, C., Baumert, J., Klieme, E., Neubrand, M., Prenzel, M., Schiefele, U., Schneider, W., Stanat, P., Tillmann, K.-J., & Weiß, M. (2002). *PISA 2000. Dokumentation der Erhebungsinstrumente.* Berlin: Max-Planck-Institut für Bildungsforschung (Materialien aus der Bildungsforschung 72).

Lentz, A., & Radtke, F.-O. (1994). Bildungsghettos – Institutionalisierte Diskriminierung von Migrantenkindern in der Grundschule. *Unterrichtswissenschaft, 22* (2), 182–191.

Lukesch, H. (1981). Zur Situation von Ausländerkindern an deutschen Schulen. Ergebnisse einer empirischen Untersuchung in Nordrhein-Westfalen und Hessen. *Zeitschrift für Pädagogik, 27* (6), 879–892.

Mader, J., Rossbach, H.-G., & Tietze, W. (1991). Schulentwicklung und Schulentwicklungsforschung im Primarbereich. Untersuchungen zum Regelsystem. In K. Beck & A. Kell (Hrsg.), *Bilanz der Bildungsforschung. Stand und Zukunftsperspektiven* (S. 15–49). Weinheim: Deutscher Studien Verlag.

Oerter, R., & Dreher, E. (2002). Jugendalter. In R. Oerter & L. Montada (Hrsg.), *Entwicklungspsychologie* (5. vollständig überarb. Aufl., S. 258–318). Weinheim: Beltz PVU.

Parsons, T. (1968). Die Schulklasse als soziales System: Einige ihrer Funktionen in der amerikanischen Gesellschaft. In T. Parsons, *Sozialstruktur und Persönlichkeit* (Erstveröffentlichung des Aufsatzes 1959) (S. 161–193). Frankfurt a.M.: Europäische Verlagsanstalt.

Rodax, A., & Rodax, K. (1996). *Bildungschancen und Bildungswege von Frauen. Eine bildungssoziologische Untersuchung über den Zusammenhang von sozialer Herkunft und Bildungsbeteiligung.* Berlin: Duncker & Humblot.

Schümer, G., Tillmann, K.-J., & Weiß, M. (2002). Institutionelle und soziale Bedingungen schulischen Lernens. In J. Baumert, C. Artelt, E. Klieme, M. Neubrand, M. Prenzel, U. Schiefele, W. Schneider, K.-J. Tillmann, & M. Weiß (Hrsg.), *PISA 2000. Die Länder der Bundesrepublik Deutschland im Vergleich* (S. 203–218). Opladen: Leske + Budrich.

Stanat, P., & Kunter, M. (2001). Geschlechterunterschiede in Basiskompetenzen. In J. Baumert, E. Klieme, M. Neubrand, M. Prenzel, U. Schiefele, W. Schneider, P. Stanat, K.-J. Tillmann, & M. Weiß (Hrsg.), *PISA 2000. Basiskompetenzen von Schülerinnen und Schülern im internationalen Vergleich* (S. 249–269). Opladen: Leske + Budrich.

Statistisches Bundesamt (Hrsg.). (2003). *Bildung und Kultur.* Stuttgart: Metzler-Poeschel (Fachserie 11, Reihe 1, Schuljahr 2002/03).

Tillmann, K.-J., & Meier, U. (2001). Schule, Familie und Freunde – Erfahrungen von Schülerinnen und Schülern in Deutschland. In J. Baumert, E. Klieme, M. Neubrand, M. Prenzel, U. Schiefele, W. Schneider, P. Stanat, K.-J. Tillmann, & M. Weiß (Hrsg.), *PISA 2000. Basiskompetenzen von Schülerinnen und Schülern im internationalen Vergleich* (S. 468–509). Opladen: Leske + Budrich.

Weber, M. (2003). *Heterogenität im Schulalltag. Konstruktion ethnischer und geschlechtlicher Unterschiede*. Opladen: Leske + Budrich.

Weegen, M. (1987). Statistisches Material zum Sitzenbleiben. *Westermanns Pädagogische Beiträge, 39* (5), 46–47.

Willis, P. (1979). *Spaß am Widerstand. Gegenkultur in der Arbeiterschule*. Frankfurt a.M.: Syndikat.

Zinnecker, J. (1972). *Emanzipation der Frau und Schulausbildung. Zur schulischen Sozialisation und gesellschaftlichen Position der Frau*. Weinheim: Beltz.

Klaus-Jürgen Tillmann und Ulrich Meier

Wenn Schülerinnen und Schüler „jobben": Rahmenbedingungen und Auswirkungen von Schülerarbeit

Problemstellung

In einem traditionellen Verständnis von Kindheit und Jugend ist das Arbeiten gegen Entgelt keine Aktivität, die zur Existenzform des „Schülerseins" gehört. Vielmehr gilt das schulische Lernen als „Arbeit" der Schülerinnen und Schüler. Hierauf soll sie sich konzentrieren; wird dies mit Fleiß betrieben, so sind die Heranwachsenden damit auch gut ausgelastet. Was die jugendliche Normalbiographie angeht, so ist das Geldverdienen der Phase des Schülerseins nachgeschaltet – es beginnt frühestens mit der beruflichen Ausbildung. Von einem solchen Verständnis geht auch das geltende Jugendarbeitsschutzgesetz aus, das entlohnte Arbeit von schulpflichtigen Jugendlichen nur in ganz engen Grenzen erlaubt (vgl. JArbSchG vom 12.4.1976, zuletzt geändert 21.12.2000)[1]. In diesem Normalkonzept von Schuljugend wird somit unterstellt, dass Schülerinnen und Schüler ihre finanziellen Mittel fast ausschließlich als Subvention („Taschengeld") von ihren Eltern oder anderen Verwandten erhalten.

Insbesondere aus der Jugendforschung der letzten Jahre ist nun aber bekannt, dass die klassischen Muster der Normalbiographie zunehmend brüchiger geworden sind, dass die traditionellen Abgrenzungen zwischen Kindheit, Jugend und Erwachsenenalter zunehmend verwischt werden – sei es in der Mode, im sexuellen Verhalten oder im Konsum von Genussmitteln (vgl. Hurrelmann, 1994, S. 31 ff.). Einiges spricht dafür, dass dies auch für Arbeit gegen Entgelt zutrifft: Während noch vor gar nicht allzu langer Zeit die Abschaffung der Kinderarbeit und der gesetzliche Schutz für jüngere Jugendliche als gesellschaftliche Errungenschaft gefeiert wurden, sieht es nun so aus, als würde sich ein erheblicher Teil der Kinder und Jugendlichen die bezahlte Arbeit selbst erobern: als Feld interessanter Erfahrungen, als Kontrastprogramm zur „Buchschule", und – last but not least – als ersten Schritt in eine ökonomische Unabhängigkeit (vgl. Kirchhöfer & Wichert, 2000).

Aus erziehungswissenschaftlicher Perspektive wird dieser Veränderungsprozess in unterschiedlicher Weise betrachtet: Jugend- und Sozialisationsforscher sehen darin vor allem ein weiteres Element im Wandel des Aufwachsens, betrachten dies mit Interesse und versuchen, diese Prozesse empirisch nachzuzeichnen (vgl. z.B. Deutsche Shell 2002). Pädagogen, die sich für den Bildungs- und Ausbildungsprozess der Heranwachsenden verantwortlich fühlen, schauen hingegen eher mit einem sorgenvollen Blick, weil sie eine konsumorientierte Abwendung von der schulischen Arbeit und entsprechende negative Folgen befürchten (vgl. z.B. Elverich, Kirchberg, & Schulz, 2000; Tully & Wahler, 1995). Um dies zu begründen, wird häufig mit der Zeitkonkurrenz argumentiert: Die Zeit, die für das Jobben benötigt werde, könne nicht für schulbezogene Lernprozesse eingesetzt werden. Einer solchen Sichtweise stellen sich die Sozialwissenschaftler entgegen, die in dem geltenden Arbeitsverbot für Kinder und Jugendliche eine unangemessene Bevormundung sehen und die deshalb den Wunsch der Heranwachsenden unterstützen, durch eigene Arbeit Selbstwert zu gewinnen und ökonomische Abhängigkeit zu mildern (vgl. Liebel, Overwien, & Recknagel, 1998).

Der vorliegende Aufsatz will keinen weiteren Beitrag zu dieser stark normativ aufgeladenen Debatte liefern. Vielmehr geht es darum, durch eine Analyse empirischer Daten die gegenwärtige Situation des Jobbens am Ende der Sekundarstufe I nachzuzeichnen. Deshalb werden im Folgenden Daten präsentiert, die bei PISA 2000 zur nebenschulischen Arbeit der 15-Jährigen erhoben wurden. Gefragt wurde zum einen nach der Häufigkeit des Jobbens, also des Arbeitens gegen Entgelt. Es wurde aber auch eine klassische Variante der Schülerarbeit mit einbezogen: Die Frage, wie viele Stunden in der Woche die Schülerinnen und Schüler im elterlichen Haushalt (wohl ohne Entgelt) arbeiten, wurde ebenfalls gestellt. Denn – streng genommen – sind auch dies Zeiten, in denen schulische Lernarbeit nicht stattfinden kann. Weil der PISA-Fragebogen im Umfang eng begrenzt war, konnten nur diese beiden Fragen – zeitlicher Umfang des Jobbens, zeitlicher Umfang der Hilfe im Haushalt – gestellt werden. Weitere Aspekte – etwa die Art der Tätigkeiten oder die Motivation zum Jobben – konnten leider nicht erhoben werden. Diese empirische Analyse muss sich daher auf Häufigkeiten und Zeitdeputate beschränken. Sie muss damit in der Differenziertheit, in der der Sachverhalt „Schülerarbeit“ untersucht wird, hinter speziellen Studien zu diesem Thema (vgl. z.B. Ingenhorst & Wienold, 1994) zurückbleiben. Allerdings besteht die Möglichkeit, diese Daten mit dem umfangreichen Variablenkranz der PISA-Studie – von der sozialen Herkunft über den Migrationshintergrund bis zur Medienausstattung – in Verbindung zu setzen. Damit können erstmals auch relativ gesicherte Aussagen zu der häufig diskutierten Frage gemacht werden, ob es einen Zusammenhang zwischen einem zeitlich ausgedehnten Jobben und den schulischen Lernleistungen gibt.

5.2 Arbeit familiär: Im Haushalt helfen

Die Frage nach der Mithilfe im Haushalt – und dabei insbesondere die geschlechterspezifischen Differenzen – gehört zum Standardrepertoire der empirischen Jugendforschung seit den 1970er Jahren. So zeigt die Shell-Jugendstudie 1981 (Deutsche Shell,

1981, S. 333), dass 70 Prozent der Jungen, aber nur 19 Prozent der Mädchen beim Kochen „nie“ helfen. Zum Wäschewaschen wurden 8 Prozent der Jungen, aber 49 Prozent der Mädchen herangezogen. Diese geschlechterspezifischen Differenzen gibt es in allen Sozialschichten, sie sind im Unterschichtmilieu aber besonders ausgeprägt: Im Haushalt nicht zu helfen, das ist vor allem „bei Jungen aus der Unterschicht und bei Jungen mit Hauptschulniveau üblich“ (Deutsche Shell, 1981, S. 335). Die Mädchen-Studie von Burger und Seidenspinner (1988, Tab. 42) stellte fest: Etwa 50 Prozent der Mädchen verrichten bis zu vier Stunden Hausarbeit wöchentlich, etwa 40 Prozent zwischen fünf und zehn Stunden, weitere 6 Prozent werden noch stärker herangezogen. Genaue Vergleichszahlen für Jungen liegen leider nicht vor (vgl. Tillmann, 1992, S. 40 ff.).

Wer hilft wie lange?

In welchem Umfang die Jugendlichen heute in familiäre Hausarbeit eingebunden sind, wurde in der PISA-Studie mit der Frage „Wie lange beschäftigst du dich in deiner Freizeit mit folgenden Tätigkeiten?“ ermittelt. Sodann wurden 15 verschiedene Aktivitäten vorgegeben, eine davon lautete: „Ich helfe zu Hause mit (z.B. Geschwister betreuen, im Haushalt helfen)“. Tabelle 5.1 zeigt – aufgeteilt nach Schulform und Geschlecht –, welche *wöchentliche* Zeitbelastung die Jugendlichen hierfür angeben. Dabei ist zunächst auffällig, dass die Belastung durch häusliche Arbeit insgesamt eher bescheiden ausfällt: Etwa die Hälfte der Befragten – in allen Schulformen und beiderlei Geschlechts – gibt an, zwischen einer und vier Stunden in der Woche häusliche Arbeit zu verrichten. Auffällige und zugleich höchst interessante Unterschiede gibt es dann allerdings in den Extrem-

Schulform		Hausarbeit pro Woche				
		Nie oder weniger als 1 Std.	1 bis 2 Std.	2 bis 4 Std.	Mehr als 4 Std.	Gesamt
Hauptschule	Jungen	43,1 (1,35)	22,7 (1,03)	21,3 (1,02)	12,9 (0,98)	100,0
	Mädchen	18,5 (1,15)	22,8 (1,17)	32,5 (1,29)	26,2 (1,41)	100,0
Realschule	Jungen	39,8 (1,11)	25,1 (0,91)	23,0 (0,97)	12,1 (0,74)	100,0
	Mädchen	21,7 (0,86)	24,1 (0,88)	33,8 (0,97)	20,4 (0,90)	100,0
Gymnasium	Jungen	37,5 (1,05)	25,8 (0,73)	26,3 (0,97)	10,4 (0,61)	100,0
	Mädchen	21,2 (0,73)	25,6 (0,85)	34,4 (0,85)	18,7 (0,68)	100,0
Integrierte Gesamtschule	Jungen	36,9 (1,38)	26,5 (1,18)	25,0 (1,19)	11,6 (0,85)	100,0
	Mädchen	12,6 (0,96)	24,5 (0,99)	33,7 (1,23)	23,2 (1,25)	100,0
Schule mit mehreren Bildungsgängen	Jungen	39,0 (1,34)	25,4 (0,93)	24,4 (1,03)	11,2 (0,74)	100,0
	Mädchen	21,4 (0,97)	26,4 (0,95)	32,4 (1,20)	19,8 (1,10)	100,0
Gesamt	Jungen	39,4 (0,55)	24,6 (0,42)	24,0 (0,51)	11,5 (0,45)	100,0
	Mädchen	20,4 (0,47)	24,5 (0,50)	34,0 (0,72)	21,1 (0,52)	100,0

Tabelle 5.1 Arbeit im Familienhaushalt nach Schulform und Geschlecht (in %, Standardfehler in Klammern)

gruppen: Bei den Jugendlichen, die „nie“ oder „weniger als eine Stunde“ in der Woche helfen, ist der Jungenanteil doppelt so hoch wie der Mädchenanteil (39 % zu 20 %). Besonders groß ist diese Differenz in der Hauptschule, etwas geringer im Gymnasium. Auf der anderen Seite finden sich unter den stärker belasteten Jugendlichen (mehr als vier Stunden Hausarbeit in der Woche) fast doppelt so viele Mädchen wie Jungen. In der Hauptschule ist immerhin ein Viertel der Mädchen mit mehr als vier Stunden Hausarbeit wöchentlich (gegenüber 13 % bei den Jungen) belastet.

Diese Ergebnisse legen insgesamt die Einschätzung nahe, dass Jugendliche heute seltener zur Hausarbeit herangezogen werden als noch vor 20 Jahren. Für die Mädchen lässt sich dieser Verdacht empirisch erhärten: Während Burger und Seidenspinner (1988) feststellten, dass etwa 46 Prozent der Mädchen in der Woche vier und mehr Stunden Hausarbeiten verrichtet haben, liegt der entsprechende PISA-Wert des Jahres 2000 bei 21 Prozent[2]. Zugleich lässt sich aber erkennen, dass die in den 1980er Jahren festgestellten Differenzen fortbestehen: Mädchen werden nach wie vor viel stärker zur Hausarbeit herangezogen als ihre Brüder, und diese Unterschiede sind im Hauptschulbereich größer als im Gymnasialbereich.

Die Befunde, die zur engen familiären Einbindung von Mädchen in Migrantenfamilien vorliegen (vgl. z.B. Nauck, 1990; Straube, 1987), lassen vermuten, dass hier die Hausarbeitsbelastungen besonders hoch liegen. Die Unterschiede, die wir gefunden haben, gehen tatsächlich in diese Richtung (ohne Tabelle): Von den Migrantenmädchen leisten 33 Prozent mehr als vier Stunden Hausarbeit in der Woche, von den Mädchen ohne Migrationshintergrund sind es hingegen nur 19 Prozent. Bei den Jungen hat der Migrationsstatus keinerlei Auswirkung: Gleichgültig, ob die Söhne in einer einheimischen Familie oder einer Migrantenfamilie groß werden, ihr Beitrag zur Hausarbeit ist in beiden Fällen recht bescheiden: 63 Prozent helfen „nie“, nur 10 Prozent mehr als eine Stunde am Tag. Um an dieser Stelle zu einer gesicherten Einschätzung der sozialen Einflüsse zu gelangen, muss man über die Betrachtung zweifaktorieller Zusammenhänge hinausgehen. Es wird deshalb im Rahmen einer Regressionsanalyse gefragt, in welchem

Faktor	Beta-Koeffizient
Geschlecht des Jugendlichen (männlich = 0, weiblich = 1)	.234
Migrationsstatus der Eltern (beide Eltern in Deutschland geboren = 0, beide Eltern im Ausland geboren = 1)	.068
Sozialer Status (ISEI)	–.037
Besuch des Gymnasiums (nein = 0, ja = 1)	.021
N = 27.190	Aufgeklärte Varianz: 6 %

Tabelle 5.2 Prädiktoren für die Zeitdauer der häuslichen Arbeit (Beta-Koeffizient)

Ausmaß das Geschlecht, der Migrationsstatus, die soziale Herkunft (SES) und die Schulform mit der häuslichen Zeitbelastung zusammenhängen (siehe Tab. 5.2). Es zeigt sich, dass hier lediglich die Geschlechterzugehörigkeit (Beta = .234) einen bemerkenswerten und durchgängigen Einfluss ausübt. Dem entspricht es, dass die Mädchen in allen untersuchten Subgruppen (z.B. nach Schulformen) deutlich länger als ihre Brüder mit familiärer Hausarbeit beschäftigt sind. Die Schichtzugehörigkeit und selbst der Migrationsstatus beeinflussen diese zeitliche Belastung hingegen nur sehr gering.

Häusliche Arbeit und Kompetenzerwerb

Nun gilt die Mithilfe von Jugendlichen im Haushalt allgemein als Ausweis guter Erziehung. Deshalb kommt in der Literatur auch der Verdacht kaum auf, dass sich eine solche zeitliche Investition auch negativ auf schulisches Lernen und schulische Leistungen auswirken könnte. Genauso gut kann aber die Gegenhypothese begründet werden: Intensivere Einbindung in häusliche Arbeit kann als ein Indikator für eine eher behütete, eher als unterstützend erlebte Jugendzeit gesehen werden – und dies dürfte sich eher positiv auf schulische Leistungen auswirken. In einem ersten Zugriff wurde diese Hypothese überprüft, indem die zeitliche Belastung im Haushalt mit der erworbenen Kompetenz (Lesen, Mathematik) korreliert wurde. Dabei zeigen sich sowohl für die gesamte Stichprobe ($r = .04$ bei Lesen, $r = .003$ bei Mathematik) als auch für die verschiedenen Subgruppen ausnahmslos Werte, die sehr nahe bei null liegen. Das spricht eindeutig dafür, dass zwischen beiden Faktoren kein direkter Zusammenhang besteht. Diese generelle Erkenntnis eines Nichtzusammenhangs lässt sich differenzieren, wenn man für ausgewählte Schulformen (Hauptschule, Gymnasium) sowohl die Lese- wie die Mathematikleistungen in Relation zu den häuslichen Zeitbelastungen setzt (ohne Tabelle). Dann wird deutlich, dass die Jugendlichen mit der geringsten häuslichen Belastung – ob Jungen oder Mädchen – in keiner der analysierten Subgruppen (Schulform, Geschlecht) die besseren Leistungswerte aufweisen. Vielmehr finden sich höhere Leistungen in der Regel bei einer mittleren, gelegentlich aber auch bei einer hohen Hausarbeitsbelastung. Dabei liegen die Mittelwertdifferenzen beim Lesen zwischen 7 Punkten (männliche Hauptschüler) und 21 Punkten (männliche Gymnasiasten) – sie erreichen damit in einigen Fällen auch eine praktische Relevanz.

Erkennbar wird daran, dass allein eine zeitliche Freistellung der Jugendlichen nicht zu entsprechenden Investitionen in schulisches Lernen führt. Vielmehr nährt sich der Verdacht, dass die völlige Befreiung von der häuslichen Hilfe eher als ein elterlicher Laisser-faire-Stil gedeutet werden kann, der auch im schulischen Bereich keine positiven Effekte erwarten lässt.

5.3 Arbeit außer Haus: Jobben gegen Entgelt

Umfassender soll die Frage bearbeitet werden, welche Schülerinnen und Schüler gegen Entgelt jobben. Dabei geht es bei den 15-Jährigen vor allem um Tätigkeiten wie Babysitten, Rasenmähen, im Supermarkt Regale auffüllen, Zeitungen austragen, aber auch Nachhilfe geben oder Computerarbeiten verrichten (vgl. Ingenhorst & Wienold, 1991, S. 24 ff.) Wie verbreitet sind solche Formen des Arbeitens neben der Schule? Welche Schülergruppen jobben besonders häufig – und mit welchen Folgen ist das verbunden? Diese Fragen werden aktuell viel intensiver diskutiert als die Frage nach der Hausarbeit – allerdings ist die Forschungslage zum Jobben deutlich weniger entfaltet. Hierzu liegen aus den 1990er Jahren einige Umfragen zur „Kinderarbeit“ vor (vgl. z.B. Ingenhorst & Wienold, 1991, 1994; Thüringer Ministerium, 1997), außerdem gibt es einige wenige empirische Daten aus der Jugendforschung (vgl. Deutsche Shell, 2002; Institut für Jugendforschung [IJF], 2003). Darüber hinaus finden sich einige eher problematisierende Erfahrungsberichte von Lehrkräften (vgl. z.B. Biermann, 1999). Auch wenn man all diese Arbeiten in den Blick nimmt, bleibt der Kenntnisstand über Zeitdauer, Motive und Auswirkungen der jugendlichen Erwerbsarbeit dürftig. Deshalb kommt diesem Beitrag vor allem die Aufgabe zu, empirische Grundinformationen zu liefern und dabei erste Hinweise auf „Ursachen“ und „Effekte“ des Jobbens zu liefern.

5.3.1 Wer jobbt wie lange?

Bei der Interpretation der folgenden Daten ist stets zu berücksichtigen, dass hier Informationen über 15-jährige Schülerinnen und Schüler vorliegen, die ganz überwiegend die 9. oder 10. Klasse einer allgemein bildenden Schule besuchen. Sowohl was ihre Kompetenzen als auch was die rechtliche Situation (Beschäftigungsverbot) anbetrifft, sind ihre beruflichen Einsatzmöglichkeiten noch recht begrenzt. So erhalten sie zum Beispiel (anders als Oberstufenschülerinnen und -schüler) in aller Regel keine Jobs in der Gastronomie, weil dabei der Verstoß gegen das Jugendarbeitsschutzgesetz allzu offensichtlich würde. Insofern ist davon auszugehen, dass eine Befragung von 17- oder 18-Jährigen deutlich höhere Jobberquoten erbracht hätte. Diese Annahme wird sowohl durch einige empirische Untersuchungen (vgl. Ingenhorst & Wienold, 1994, S. 19 ff.; Deutsche Shell, 2002, S. 84) als auch durch Erfahrungsberichte von Lehrkräften der Oberstufe (vgl. z.B. Elverich, Kirchberg, & Schulz, 2000) gestützt. Tabelle 5.3 zeigt in einem ersten Überblick, wie viel 15-Jährige neben der Schule jobben – und mit welchem Zeitaufwand sie dies tun. Fasst man die Ergebnisse dieser Tabelle zusammen, so kann man als Faustformel formulieren: Ein Drittel dieser Jugendlichen hat zum Zeitpunkt der Erhebung einen Job neben der Schule, zwei Drittel von ihnen jobben (noch) nicht. Dabei gibt es allerdings auffällige Unterschiede, und zwar sowohl hinsichtlich des Geschlechts als auch hinsichtlich der Schulform: In drei von vier Schulformen jobben Jungen häufiger als Mädchen – die Differenz ist besonders groß in der Hauptschule, sie ist etwas geringer in der Realschule, sie existiert nicht im Gymnasium. Besonders häufig jobben die männlichen

Schulform		Dauer des Jobbens pro Woche				
		Nie	1 bis 2 Std.	3 bis 6 Std.	7 und mehr Std.	Gesamt
Hauptschule	Jungen	58,9 (1,34)	11,3 (0,78)	14,9 (1,04)	14,9 (0,99)	100,0
	Mädchen	70,1 (1,57)	10,1 (0,88)	12,2 (1,05)	7,6 (0,83)	100,0
Realschule	Jungen	58,5 (1,15)	13,9 (0,73)	16,8 (0,84)	10,9 (0,62)	100,0
	Mädchen	65,7 (1,30)	12,8 (0,66)	14,9 (0,94)	6,6 (0,63)	100,0
Gymnasium	Jungen	67,2 (1,05)	14,1 (0,86)	12,9 (0,70)	5,9 (0,54)	100,0
	Mädchen	63,9 (0,99)	15,6 (0,59)	15,1 (0,75)	5,4 (0,43)	100,0
Integrierte Gesamtschule	Jungen	68,8 (1,15)	9,9 (0,70)	12,1 (0,99)	9,2 (0,84)	100,0
	Mädchen	72,4 (1,33)	11,1 (0,93)	10,5 (1,03)	6,1 (0,77)	100,0
Schule mit mehreren Bildungsgängen	Jungen	73,2 (1,17)	10,4 (0,69)	9,4 (0,70)	6,9 (0,59)	100,0
	Mädchen	81,2 (1,00)	9,0 (0,83)	6,3 (0,55)	3,5 (0,48)	100,0
Gesamt	Jungen	63,3 (0,65)	12,6 (0,45)	13,7 (0,42)	10,5 (0,58)	100,0
	Mädchen	67,1 (0,80)	13,1 (0,65)	13,0 (0,47)	6,8 (0,67)	100,0

Tabelle 5.3 Jobben von 15-Jährigen nach Zeitaufwand, Schulform und Geschlecht (in %, Standardfehler in Klammern)

Hauptschüler (42 %), besonders selten die Mädchen an Schulen mit mehreren Bildungsgängen (25 %). Die gleiche Hierarchie findet sich bei den Vieljobbern (sieben und mehr Stunden pro Woche). Hierzu zählen 15 Prozent der männlichen Hauptschüler, aber nur 4 bis 6 Prozent der Jugendlichen beiderlei Geschlechts in Gymnasien und Schulen mit mehreren Bildungsgängen.

Dieses Ergebnis deckt sich recht gut mit Daten aus anderen Studien: Bei einer Befragung von Siebt-, Acht- und Neuntklässlern in Nordrhein-Westfalen gaben etwa 20 Prozent an, Tätigkeiten zu verrichten, die offiziell als „verbotene Kinderarbeit" gelten; weitere 10 Prozent verrichteten „sonstige Arbeiten" (vgl. Ingenhorst & Wienold, 1991, S. 19). Kurz: In dieser Untersuchung finden sich unter den 13- bis 15-Jährigen etwa 30 Prozent Jobber und 70 Prozent Nichtjobber. In der Studie des Instituts für Jugendforschung (IJF, 2003, S. 13) gaben 24 Prozent der 13- bis 17-Jährigen an, Einkünfte aus Jobs und Nebentätigkeiten zu erzielen, und zwar durchschnittlich 95 € im Monat. In diesen Studien zeigt sich genauso wie in den PISA-Daten, dass Schüler häufiger jobben als Schülerinnen, Jugendliche aus Hauptschulen häufiger als Jugendliche aus anderen Schulformen.

Der höhere Jobberanteil in der Hauptschule nährt den Verdacht, dass dies sowohl mit der sozialen Schichtung als auch mit der Migrantenherkunft der Jugendlichen zu tun haben könnte: Die ökonomische Situation von Arbeiterfamilien, aber auch bestimmte kulturelle Orientierungen von Migranten (z.B. frühere Selbstständigkeit der Söhne) könnten hier zu einem höheren Anteil früher Erwerbsarbeit führen. Die Daten widerlegen jedoch beide Hypothesen (ohne Tabelle): Zwischen der sozialen Herkunft[3] der Jugendlichen und der Häufigkeit des Jobbens besteht überhaupt kein Zusammenhang und auch die Unterschiede zwischen den „Einheimischen" und den Migranten[4] sind entweder – wie bei den Mädchen – minimal (33 % zu 29% Jobber) oder aber – wie bei den Jungen – gar nicht vorhanden (36 % Jobber in beiden Gruppen).

Die höhere Quote des Jobbens in der Hauptschule ist somit weder auf den hohen Migrantenanteil noch auf den hohen Anteil von Arbeiterkindern in dieser Schulform zurückzuführen; sie muss daher aus anderen Faktoren der sozialen Lage von Hauptschülerinnen und Hauptschülern erklärt werden: Möglicherweise führt ja die häufig als Misserfolg erlebte Hauptschulkarriere zu einer früheren Hinwendung zu Erwerbsarbeit, um dort – in Absetzung zur Schule – „Erfolg" zu suchen und eigene Handlungsfähigkeit zu erleben (vgl. Autorengruppe, 1998, S. 158).

Weit größere Unterschiede zeigen sich bei einem Vergleich der alten und neuen Länder der Bundesrepublik (siehe Abb. 5.1). Hier wird deutlich, dass die Jobberquoten in Westdeutschland deutlich höher liegen als in Ostdeutschland: Im Westen jobben 40 Prozent der 15-jährigen Jungen, im Osten sind es nur 25 Prozent. Bei den Mädchen sind es im Westen 36 Prozent, im Osten 18 Prozent. Ähnliche Ost-West-Unterschiede zeigt auch die Shell-Jugendstudie 2002 (S. 34). Dem entspricht es, dass deutlich weniger ost- als westdeutsche Jugendliche (24 % zu 34 %) angeben, Einnahmen aus „Jobs und Nebentätigkeiten" zu erzielen (IJF, 2003, S. 14). Man liegt wohl nicht falsch, wenn man diese Unterschiede auf fehlende Jobangebote (auch schon für Schülerinnen und Schüler) in den neuen Bundesländern zurückführt. Insgesamt zeigt die Analyse somit, dass es bei

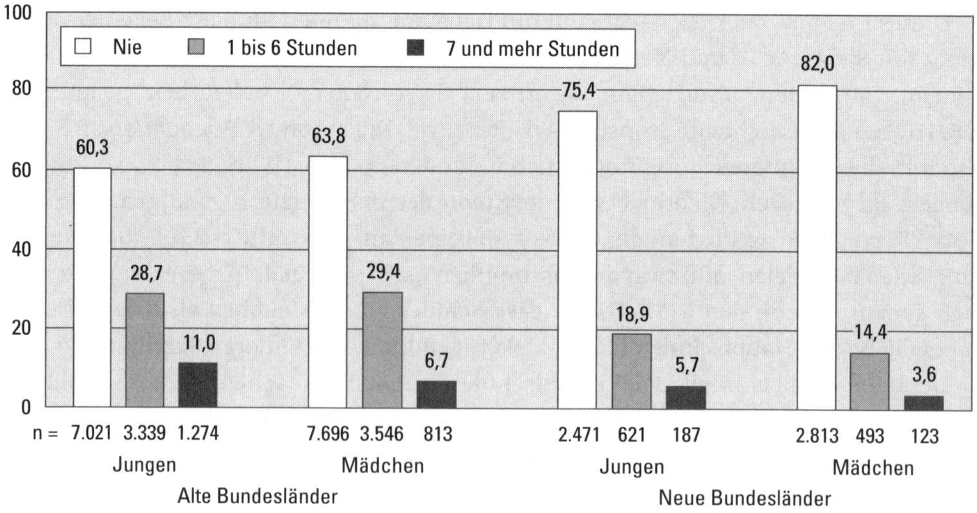

Abbildung 5.1 Jobben von 15-Jährigen in den alten und neuen Bundesländern nach Geschlecht (in %)

der Häufigkeit des Jobbens erhebliche geschlechterspezifische, schulformspezifische und regionalspezifische Unterschiede gibt. Das bedeutet, dass unter den 15-Jährigen besonders selten Realschulmädchen in Ostdeutschland jobben (Quote: 13 %). Demgegenüber liegt bei den Spitzenreitern – den Hauptschuljungen im Westen – die Quote mit 42 Prozent mehr als dreimal so hoch.

Jobben als Basis für erweiterten Konsum

Bei der Erwerbstätigkeit von Kindern und Jugendlichen in Deutschland geht es nicht darum, durch Arbeit die eigene Existenz und/oder die der eigenen Familien zu sichern. Denn „Kinderarbeit“ in Deutschland ist – im Unterschied zu vielen anderen Ländern der Welt – kein Armutsphänomen (vgl. Autorengruppe, 1998, S. 158). Wenn 13- bis 16-Jährige gefragt werden, warum sie arbeiten, wird zwar als dominantes Motiv „Geld verdienen“ genannt. Aber den Jugendlichen kommt es dabei vor allem darauf an, ökonomisch nicht allein von der Taschengeldzuweisung ihrer Eltern abhängig zu sein. Ob Jugendliche jobben, hängt dabei weder von der Höhe des elterlichen Einkommens (vgl. Schneider & Wagner, 2003, S. 2) noch von der Höhe des gewährten Taschengeldes ab (vgl. Ingenhorst & Wienold, 1994, S. 36). Anders formuliert: Ob niedriges oder hohes Einkommen der Eltern, ob wenig oder viel Taschengeld – unter all diesen Bedingungen ist die Jobberquote etwa gleich hoch.

Wenn Jugendliche sich durch Jobben zusätzliches Geld verdienen, wird dies sowohl für einen gehobenen jugendlichen Lebensstil (Kino- und Discobesuche, Musikkonserven, schicke Kleidung) als auch für „größere Anschaffungen“ – dazu gehören besondere audiovisuelle Geräte, aber auch Mofas – verwandt (vgl. Ingenhorst & Wienold, 1994, S. 52). Elverich, Kirchberg und Schulz (2000, S. 27) zitieren hierzu einen Oberstufenschüler: „Schüler arbeiten im Allgemeinen, weil der Anspruch an Luxus gestiegen ist bzw. normal geworden ist. Mit Luxus meine ich: Luxusklamotten, Kfz, Handy und vor allem Feiern in gewünschten Diskos.“ Diese Einschätzung wird nicht nur von Jugendlichen, sondern auch von vielen Lehrkräften (vgl. z.B. Elverich, Kirchberg, & Schulz, 2000) geteilt: Die Ansprüche, die Konsumbedürfnisse der Schülerinnen und Schüler würden immer größer, deshalb wachse das Motiv, sich durch selbst verdientes Geld diese Wünsche auch zu erfüllen.

Ob dies das wichtigste, gar das einzige Motiv für das Jobben ist, lässt sich anhand der PISA-Daten nicht beantworten; hierzu bedarf es vielmehr gesonderter Forschung. Allerdings lassen sich auf der Basis der PISA-Daten zu einem spezifischen Aspekt dieses Problemfeldes weiterführende Erkenntnisse beisteuern. Als erweiterte Konsumbedürfnisse von Jugendlichen gelten insbesondere Handys, Computer und andere Kommunikationsgeräte. Im Rahmen der PISA-Erhebung wurde ermittelt, in welchem Ausmaß die befragten 15-Jährigen über *eigene* elektronische Geräte verfügen. Wenn diese Angaben mit den Daten zum Jobben in Verbindung gesetzt werden, dann lässt sich feststellen, ob es einen Zusammenhang gibt zwischen dem häufigen Jobben und einer besseren Ausstattung mit elektronischen Geräten. Sollte dies zutreffen, so ließe sich damit eine

Schulform		Dauer des Jobbens pro Woche			
		Nie	1 bis 6 Std.	7 und mehr Std.	Gesamt
Hauptschule	Jungen	58,8 (1,98)	67,1 (2,54)	78,3 (3,37)	64,0 (1,69)
	Mädchen	56,9 (1,79)	65,0 (2,77)	72,5 (6,12)	59,9 (1,52)
Realschule	Jungen	45,2 (1,50)	55,2 (1,91)	67,1 (3,31)	50,6 (1,23)
	Mädchen	49,9 (1,56)	51,5 (1,92)	67,1 (4,60)	51,5 (1,21)
Gymnasium	Jungen	31,4 (1,36)	40,5 (2,05)	62,5 (3,62)	35,7 (1,78)
	Mädchen	38,6 (1,37)	42,1 (1,46)	54,4 (3,36)	40,5 (1,07)

Tabelle 5.4 Handybesitz der 15-Jährigen nach Umfang des Jobbens, Schulformen und Geschlecht (in %, Standardfehler in Klammern)

spezifische Form des „Geldausgebens" identifizieren. Dies wiederum würde Rückschlüsse auf die Handlungsmotive erlauben. Vor diesem Hintergrund wurde ein Blick auf den Handybesitz und auf den Besitz eines eigenen häuslichen Internetanschlusses geworfen, ohne dabei die geschlechterspezifische Differenzierung aus dem Auge zu verlieren.

Tabelle 5.4 zeigt ein überraschend eindeutiges Ergebnis. So ist unter männlichen Gymnasiasten der Handybesitz bei den Vieljobbern mit 63 Prozent doppelt so hoch wie bei den Nichtjobbern (31 %), bei den Gymnasiastinnen steigt der Anteil von 39 auf 54 Prozent. Ähnliche Werte mit geringen Geschlechterunterschieden finden sich auch in den anderen Schulformen. Lediglich im „Ausgangswert" (Handybesitz der Nichtjobber) zeigen sich zwischen den Schulformen Unterschiede: So haben männliche Nichtjobber in der Hauptschule zu 59 Prozent ein Handy, im Gymnasium hingegen nur zu 31 Prozent. Bei den Vieljobbern gleichen sich die Werte jedoch an, und zwar bei Mädchen wie bei Jungen. Kurz: In allen Schulformen hängt der Handybesitz eng mit dem Jobben zusammen; Geschlechterunterschiede gibt es dabei kaum. Dies wurde zusätzlich durch eine multivariate Analyse (logistische Regression) überprüft. Hier zeigt sich, dass das Jobben der Jugendlichen für den Handybesitz von dominanter Bedeutung ist (Beta = .363), gefolgt von der Schulformzugehörigkeit (Beta = .135). Alle anderen Faktoren, so das Geschlecht und die Sozialschicht, haben hier keinen Einfluss. Beim eigenen Internetanschluss (ohne Tabelle) zeigt sich die gleiche Datenstruktur wie beim Handybesitz – allerdings auf einem deutlich niedrigeren Besitzniveau, und dann auch nur bei den Jungen. Auch hier verfügen die männlichen Vieljobber mit 46 Prozent wesentlich häufiger über ein solches Gerät als die Nichtjobber (29 %).

Das bedeutet wohl: Jungen geben für einen Internetanschluss einen Teil ihres erarbeiteten Geldes aus. Dies tun Mädchen offensichtlich nicht, denn die relativ geringe Internetquote der Mädchen (mit 15 % etwa halb so hoch wie die der Jungen) steigt kaum, wenn die Mädchen häufiger jobben.

Insgesamt bestätigen diese Ergebnisse (für den begrenzten Bereich der elektronischen Geräte) die These, dass Jugendliche, die jobben, sich – in ihrer Sicht attraktive – Konsumwünsche weit häufiger erfüllen (können) als die Nichtjobber. Dabei ist das Handy für beide Geschlechter attraktiv, der Internetanschluss hingegen überwiegend nur für Jungen.

Jobben und Kompetenzerwerb

Die Sorgen, die sich im Zusammenhang mit dem Jobben nicht nur Lehrkräfte, sondern vor allem auch Eltern machen, richten sich auf das schulische Fortkommen: „Leidet nicht die Schulleistung unter den lukrativen Beschäftigungen am Nachmittag?“ (SPIEGEL-online, 2003) Damit artikulieren Eltern Befürchtungen, die sich auf die Schulnoten, das Sitzenbleiben und letztlich auf die Qualität des Schulabschlusses beziehen. Dies ist gerade bei 15-Jährigen besonders virulent: Zum einen führt das Hineinwachsen in die Jugendkultur zu immer neuen Konsumwünschen – und damit zu verstärkten Jobbermotiven. Zum anderen kommt der Abschluss der Sekundarstufe I immer näher, sodass die schulischen Leistungsanforderungen einen zunehmenden Ernstcharakter erhalten. Unter dieser Zuspitzung ist die Frage, ob (ausgedehntes) Jobben zu einer Reduzierung schulischer Leistungen führt, von ganz besonderem Interesse. Die PISA-Studie bietet erstmals die Möglichkeiten, diese Frage auf der Basis von validen Leistungstests und einer umfassenden, repräsentativen Stichprobe zu bearbeiten. Allerdings sind auch hier die Analysemöglichkeiten begrenzt. Zur Verfügung stehen die Daten einer Querschnittstudie, bei der zum gleichen Zeitpunkt das aktuelle Ausmaß des Jobbens und die fachlichen Kompetenzen ermittelt wurden. Ob und wie lange bereits vor dem Erhebungszeitpunkt gejobbt wurde, ist ebenso wenig bekannt wie der Bereich und die Qualität der Tätigkeit. Diese Einschränkungen muss man im Blick behalten, wenn man die Ergebnisse (Tab. 5.5) betrachtet. Dort sind die jeweiligen Mittelwerte in der Lesekompetenz abgebildet, und zwar nach Schulformen und nach dem Ausmaß des Jobbens. Ver-

Schulform	Dauer des Jobbens pro Woche		
	Nie	1 bis 6 Std.	7 und mehr Std.
Hauptschule	403 (2,81)	400 (3,36)	392 (4,59)
Realschule	501 (1,62)	508 (2,17)	500 (3,45)
Gymnasium	584 (1,29)	588 (1,80)	574 (4,62)
Integrierte Gesamtschule	461 (3,22)	470 (5,12)	455 (6,79)
Schule mit mehreren Bildungsgängen	465 (1,83)	472 (2,84)	449 (5,38)

Tabelle 5.5 Lesekompetenz von 15-Jährigen nach Umfang des Jobbens und Schulform (Mittelwerte, Standardfehler in Klammern)

gleicht man die beiden Extremgruppen (Nichtjobber vs. Vieljobber), so sind – unter Berücksichtigung des Standardfehlers – die Differenzen zwischen diesen beiden Gruppen in vier von fünf Schulformen (Ausnahme: Schulen mit mehreren Bildungsgängen) *nicht* signifikant. Anders formuliert: Zwischen der Häufigkeit des Jobbens und der erworbenen Lesekompetenz zeigt sich kein durchgängiger Zusammenhang[5].

Zu differenzierteren Einsichten kommt man allerdings, wenn man zusätzlich die Geschlechterzugehörigkeit in die Analyse mit einbezieht. Es zeigt sich dann bei den Jungen ein signifikanter Leistungsnachteil bei den Vieljobbern (455 zu 488 Punkte). Demgegenüber gibt es bei den Mädchen zwischen den Nichtjobbern (509 Punkte) und den Vieljobbern (508 Punkte) keine Leistungsunterschiede (ohne Tabelle). Dieses Ergebnis hat ganz überwiegend auch dann Bestand, wenn man die Schulformzugehörigkeit kontrolliert. Abbildung 5.2 zeigt, wie groß die Lesekompetenz-Differenzen zwischen Jungen und Mädchen in den einzelnen Schulformen sind. Bei den Jungen gibt es in vier von fünf Schulformen einen deutlichen Leistungsvorsprung der Nichtjobber; er ist am größten im Gymnasium (17,9 Punkte), etwas weniger groß (zwischen 10,9 und 13,9 Punkte) in Hauptschulen, Gesamtschulen und Schulen mit mehreren Bildungsgängen. Lediglich in der Realschule ist dieser Leistungsnachteil der männlichen Vieljobber nicht zu verzeichnen. Bei den Mädchen hingegen findet sich ein fluktuierendes Ergebnis, mal mit leichten Leistungsvorteilen der Vieljobber (Realschule, Gesamtschule), mal mit leichten Vorteilen der Nichtjobber (Schulen mit mehreren Bildungsgängen), mal mit faktischem Gleichstand (Hauptschule, Gymnasium). Damit zeigt die Datenlage insgesamt: Während

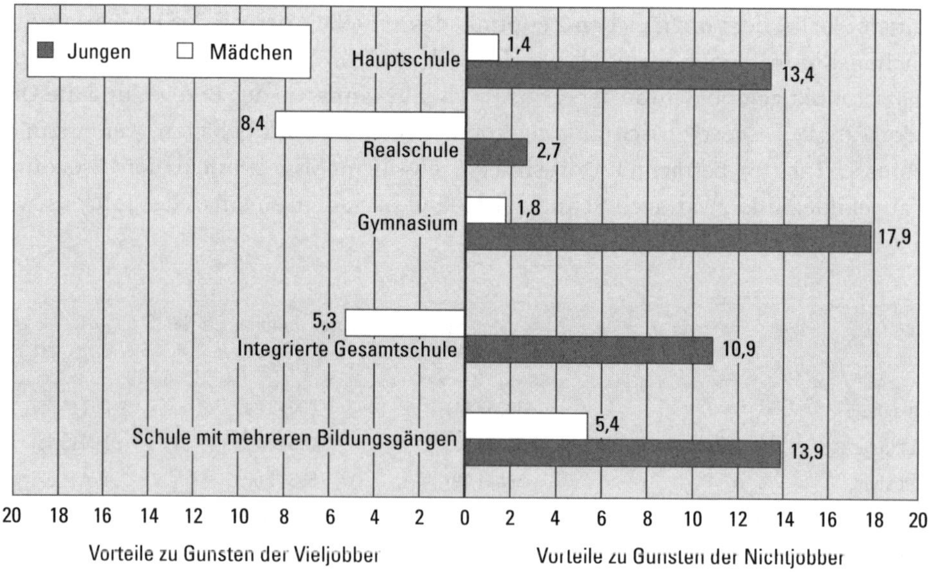

Abbildung 5.2 Mittelwertunterschiede in der Lesekompetenz von Nichtjobbern und Vieljobbern nach Schulform und Geschlecht

zeitlich ausgedehntes Jobben bei Jungen in vier von fünf Schulformen mit einer reduzierten Lesekompetenz einhergeht, ist bei Mädchen auch ausgedehntes Jobben mit keiner Leistungsverminderung verknüpft.

Ein ähnlich strukturiertes Ergebnis findet sich in der Shell-Jugendstudie 2002. Dort wird – festgemacht am Kriterium des Sitzenbleibens – hervorgehoben, dass sich „die Mädchen (...) unter der Zusatzbelastung des Jobbens deutlich seltener im Zusammenhang mit der Schule beeinträchtigt zeigen als die Jungen" (Deutsche Shell, 2002, S. 86). Die von einer dritten Studie kürzlich gegebene „Entwarnung", das jugendliche Jobben würde die Schulleistungen nicht negativ beeinflussen (vgl. Schneider & Wagner, 2003), muss deshalb mit einem geschlechterspezifischen Fragezeichen versehen werden: Vieljobbende Jungen zeigen insbesondere im Lesen schlechtere Leistungen als ihre nichtjobbenden Klassenkameraden.

Wie stark dieser negative Einfluss des Jobbens auf die Lesekompetenz ist, wurde zusätzlich im Rahmen einer Regressionsanalyse ermittelt (siehe Tab. 5.6). Dabei wurde bei der PISA-Analyse zum Zusammenhang von familiären Lebensverhältnissen und Kompetenzerwerb angeknüpft (vgl. Baumert & Schümer, 2001). Dort wird herausgearbeitet, dass zwei Faktoren in ganz besonders hohem Maße auf den Kompetenzerwerb der 15-Jährigen Einfluss nehmen: die Sozialschichtzugehörigkeit (SES) und der Migrationshintergrund der Jugendlichen. Die Frage ist nun, ob neben diesen Hauptfaktoren das Vieljobben einen erkennbaren Einfluss ausübt. Um dabei den geschlechterspezifischen Unterschieden auf die Spur zu kommen, wurden die Regressionsanalysen jeweils getrennt für Jungen und Mädchen gerechnet.

Bezieht man die Berechnung auf alle 15-Jährigen, so bildet sich der erhebliche Einfluss des Sozialstatus und des Migrationshintergrunds deutlich ab, das Jobben hat demgegenüber einen nachgeordneten, bei Mädchen sogar vernachlässigenswerten Einfluss. Insgesamt werden mit dieser Rechnung etwa 21 Prozent der Varianz aufgeklärt. Wenn man die gleiche Berechnung nun aber für einzelne Schulformen (hier: Hauptschule, Gymnasium) vornimmt, hat man es jeweils mit einer Population zu tun, die in ihrer So-

Faktor	Hauptschule		Gymnasium		Alle 15-Jährigen	
	Jungen	Mädchen	Jungen	Mädchen	Jungen	Mädchen
Sozialer Status (ISEI)	.07	.11	.15	.16	.37	.34
Migrationsstatus der Eltern (beide Eltern in Deutschland geboren = 0, beide Eltern im Ausland geboren = 1)	–.28	–.30	–.19	–.12	–.19	–.19
Jobben (wöchentliche Zeit)	–.08	.00	–.05	.00	–.06	.04
Aufgeklärte Varianz (in %)	9,6	11,7	6,8	4,6	21,6	20,5
N	3.121	2.419	3.829	4.876	13.316	13.910

Tabelle 5.6 Prädiktoren der Lesekompetenz nach Geschlecht und ausgewählten Schulformen (Beta-Koeffizient)

zialschichtzugehörigkeit relativ homogen ist. Daraus erklärt sich, dass *innerhalb* der einzelnen Schulformen der Sozialstatus an Erklärungskraft deutlich verliert; zugleich gewinnt der Migrationsstatus *innerhalb* der Hauptschule erheblich an Relevanz. Für unsere Fragestellung ist nun von Bedeutung, dass neben diesen Haupteinflüssen der Faktor „Jobben" bei den Jungen einen zwar kleinen, aber doch bemerkbaren Einfluss behält; dies gilt insbesondere für die Hauptschule. Damit bestätigt auch diese Berechnung, dass das Vieljobben bei Jungen (nicht aber bei Mädchen) als – allerdings bescheidener – Risikofaktor für schulische Leistungen angesehen werden kann.

Diese Ergebnisse legen die Interpretation nahe, dass Mädchen auch bei größerer zeitlicher Belastung durch das Jobben auf ihre schulischen Leistungen achten, während bei Jungen hier ein begrenztes Risiko vorzuliegen scheint. Dieses Risiko erklärt sich wohl auch daraus, dass vieljobbende Jungen häufiger als andere männliche Schüler zu einem schuldistanzierten und cliquenorientierten Habitus neigen: So steigt bei den Jungen mit der Häufigkeit des Jobbens sowohl die Einbindung in aggressive Cliquen als auch das deviante Verhalten innerhalb und außerhalb der Schule (vgl. den Beitrag von Meier, in diesem Band). Bei Mädchen findet sich ein solcher Zusammenhang nicht. Dies führt zu einer Hypothese für die weitere Forschung: Es kann sein, dass das frühe Jobben bei Jungen viel stärker als bei Mädchen mit Bedeutungen aufgeladen ist, die auf schnelles Erwachsenwerden und auf Abwendung vom schulischen Lernkontext ausgerichtet sind. Träfe das zu, dann würde nicht so sehr die für das Jobben aufgewendete Zeit, sondern viel stärker die mit dem Jobben verbundenen sozialen Orientierungen die begrenzten Leistungsnachteile der Jungen erklären.

Anmerkungen

1 Alle Heranwachsenden, die noch der Schulpflicht unterliegen, gelten nach diesem Gesetz als Kinder, für die eine Beschäftigung verboten ist (§ 5.1). Für Heranwachsende vom 13. Lebensjahr an sind allerdings „leichte Beschäftigungen" bis zu zwei Stunden täglich gestattet (§ 5.3).

2 Allerdings unterscheiden sich die Stichproben in der Alterszusammensetzung: 15- bis 19-Jährige bei Burger und Seidenspinner (1988), ausschließlich 15-Jährige in der PISA-Stichprobe.

3 Hier gemessen in den Kategorien des ISEI (vgl. Baumert & Schümer, 2001, S. 331 ff.).

4 Hier: Jugendliche, deren beide Eltern im Ausland geboren sind.

5 Auch für die mathematische Kompetenz gilt, dass kein systematischer Zusammenhang zur Häufigkeit des Jobbens festzustellen ist.

Literatur

Autorengruppe. (1998). Recht zu arbeiten für Kinder in Deutschland? In M. Liebel, B. Overwien, & A. Recknagel (Hrsg.), *Arbeitende Kinder stärken. Plädoyers für einen subjektorientierten Umgang mit Kinderarbeit* (S. 155–171). Frankfurt a.M.: Verlag für interkulturelle Kommunikation.

Baumert, J., & Schümer, G. (2001). Familiäre Lebensverhältnisse, Bildungsbeteiligung und Kompetenzerwerb. In J. Baumert, E. Klieme, M. Neubrand, M. Prenzel, U. Schiefele, W. Schneider, P. Stanat, K.-J. Tillmann, & M. Weiß (Hrsg.), *PISA 2000. Basiskompetenzen von Schülerinnen und Schülern im internationalen Vergleich* (S. 323–407). Opladen: Leske + Budrich.

Biermann, C. (1999). Geld, Spaß, Kontakte. Arbeit außerhalb von Schule. In I. Behnken, M. Fölling-Albers, K.-J. Tillmann, & B. Wischer (Hrsg.), *Schüler '99. Leistung* (S. 122–123). Seelze: Friedrich Verlag.

Burger, A., & Seidenspinner, G. (1988). *Töchter und Mütter. Ablösung als Konflikt und Chance.* Opladen. Leske + Budrich.

Deutsche Shell (Hrsg.). (1981). *Jugend '81. Lebensentwürfe, Alltagskulturen, Zukunftsbilder* (Bd. 1). Hamburg: Jugendwerk der Deutschen Shell.

Deutsche Shell (Hrsg.). (2002). *Jugend 2002: Zwischen pragmatischem Idealismus und robustem Materialismus.* Frankfurt a.M.: Fischer.

Elverich, G., Kirchberg, P., & Schulz, M. (2000). Jobben neben der Schule. Geld, Stress und Anerkennung. In C. Höke, D. Lemmermöhle, E. Liebau, W. Mack, & U. Witthaus (Hrsg.), *Schüler 2000. Arbeit* (S. 26–27). Seelze: Friedrich Verlag.

Höke, C., Lemmermöhle, D., Liebau, E., Mack, W., & Witthaus, U. (Hrsg.). (2000). *Schüler 2000. Arbeit.* Seelze: Friedrich Verlag.

Hurrelmann, K. (1994). *Lebensphase Jugend.* Weinheim: Juventa.

Ingenhorst, H., & Wienold, H. (1991). *Kinderarbeit. Eine Untersuchung zur verbotenen Kinderarbeit in den Aufsichtsbereichen der Staatlichen Gewerbeaufsichtsämter Köln, Recklinghausen und Münster.* Hrsg. vom Ministerium für Arbeit, Gesundheit und Soziales des Landes Nordrhein-Westfalen. Köln: Moeker Merkur.

Ingenhorst, H., & Wienold, H. (1994). *Kinderarbeit in Hessen.* Hrsg. vom Hessischen Ministerium für Frauen, Arbeit und Sozialordnung. Wiesbaden.

IJF – Institut für Jugendforschung. (2003). *Die Finanzkraft der 13- bis 24-Jährigen in der Bundesrepublik Deutschland.* Unveröff. Manuskript, München.

Kirchhöfer, D., & Wichert, G. (2000). Vorbereitung oder Behinderung. Kinderarbeit aus Expertensicht. In C. Höke, D. Lemmermöhle, E. Liebau, W. Mack, & U. Witthaus (Hrsg.), *Schüler 2000. Arbeit* (S. 24–25). Seelze: Friedrich Verlag.

Liebel, M. (1998). Arbeitende Kinder in Deutschland. In M. Liebel, B. Overwien, & A. Recknagel (Hrsg.), *Arbeitende Kinder stärken. Plädoyers für einen subjektorientierten Umgang mit Kinderarbeit* (S. 147–154). Frankfurt a.M.: Verlag für interkulturelle Kommunikation.

Liebel, M., Overwien, B., & Recknagel, A. (Hrsg.). (1998). *Arbeitende Kinder stärken. Plädoyers für einen subjektorientierten Umgang mit Kinderarbeit.* Frankfurt a.M.: Verlag für interkulturelle Kommunikation.

Nauck, B. (1990). Eltern-Kind-Beziehungen bei Deutschen, Türken und Migranten. *Zeitschrift für Bevölkerungswissenschaft, 1,* 87–120.

Schneider, T., & Wagner, G. G. (2003). Jobben von Jugendlichen beeinträchtigt weder Schulleistungen noch Freizeit. *DIW-Wochenbericht, 38,* 1–4.

SPIEGEL-online. (2003, 24. September). *Nebenjob beeinflusst Noten kaum.* <http://www.spiegel.de/unispiegel/jobundberuf/0,1518,266202,00.html>

Straube, H. (1987). *Türkisches Leben in der Bundesrepublik Deutschland.* Frankfurt a.M.: Campus.

Thüringer Ministerium für Soziales und Gesundheit (Hrsg.). (1997). *Kinderarbeit im Freistaat Thüringen.* Erfurt.

Tillmann, K.-J. (Hrsg.). (1992). *Jugend weiblich, Jugend männlich.* Opladen: Leske + Budrich.

Tully, C. J., & Wahler, P. (1995). Engagement oder Nebenjob? Neue Bedingungen für die Lebensphase Jugend. *deutsche jugend, 43* (3), 105–109.

Nicole Hollenbach und Ulrich Meier

Lernen am Nachmittag – Häusliche Unterstützung und bezahlte Nachhilfe von 15-Jährigen

Problemstellung

Für Schülerinnen und Schüler, deren Leistungen den eigenen, elterlichen oder schulischen Ansprüchen nicht genügen, hat sich in den vergangenen Jahrzehnten eine Ergänzung zum schulischen Lernen mehr und mehr etabliert: Als ein Ausweg aus Versetzungsängsten und schlechten Noten bietet sich die Nutzung außerunterrichtlicher Fördermaßnahmen an. Wer in der Schule im Unterricht nicht mitkommt oder mit seinen Noten nicht zufrieden ist, erhält Nachhilfe. Obwohl das Thema Nachhilfe bei Eltern und Lehrern, aber auch in den Medien immer wieder angesprochen wird, hat sich die Erziehungswissenschaft damit bisher nur wenig beschäftigt. Untersuchungen zur Inanspruchnahme von Nachhilfe, die damit verbundenen Motive und Wirkungen kommen kaum vor.

Als Ergänzung zu diesem bisher eher dünn besiedelten Forschungsfeld soll im Folgenden eine differenzierte Analyse der PISA-Daten zu diesem Thema erstellt werden. Dabei wird das Feld der Nachhilfe in einem erweiterten Sinne verstanden: In der erziehungswissenschaftlichen Diskussion scheint eine eher enge Definition von Nachhilfe verbreitet zu sein. So definierte Krüger (1977) Nachhilfeunterricht allgemein als „außerhalb des regulären Schulunterrichts und zusätzlich zu ihm stattfindenden, mehr oder weniger regelmäßigen und häufig vorübergehenden privaten Einzel- (oder Gruppen-) unterricht durch Lehrer, Studenten, Schüler und Laien zum Zwecke einer dem Schulunterricht nachfolgenden Erfolgssicherung in bestimmten Unterrichtsfächern" (Krüger, 1977, S. 545). In den wenigen Studien zu diesem Thema werden zudem Kriterien wie „außerhalb des Elternhauses und der Schule", „kostenpflichtig" oder „professionell durchgeführt" angeführt (vgl. z.B. Behr, 1990; Haag, 2001a, 2001b; Rudolph, 2002). In der vorliegenden Arbeit wird die Krüger'sche Definition um den familiären Aspekt, der alltagssprachlich als „Lernen am Küchentisch" bezeichnet wird, ergänzt. Schließlich gibt es diese traditionellste Form der Nachhilfe seit langer Zeit; die Unterstützung bei den Hausaufgaben durch die Eltern oder andere Familienmitglieder ist nach wie vor die am stärksten verbreitete außerschulische Lernhilfe. Diese soll neben den kommerziellen Nachhilfeangeboten und deren Nutzung betrachtet werden.

Vor diesem Hintergrund werden im Folgenden zunächst differenzierte Analysen zur familiären Unterstützung bei Hausaufgaben vorgenommen: Anhand der PISA-Daten kann der Frage nachgegangen werden, *welche* Schülerinnen und Schüler Hausaufgabenhilfe im familiären Umfeld in Anspruch nehmen, welche *Personen* aus der Familie sich die Zeit für Unterstützung nehmen und wie oft dies vorkommt.

Den zweiten Themenschwerpunkt der Untersuchung bildet die Frage nach dem Erhalt von *bezahlter Nachhilfe*. Schülerinnen und Schüler geben an, ob sie zum Zeitpunkt der Befragung in Mathematik oder Deutsch private Nachhilfe in Anspruch nehmen und wie viel Zeit sie pro Woche dafür aufwenden. Für diese beiden Fächer lässt sich überprüfen, ob es einen Zusammenhang zwischen Nachhilfe und den Leistungsindikatoren (Fachnote, in PISA erreichte Kompetenz) gibt. Allerdings können aufgrund des Querschnittdesigns der PISA-Studie Ursachen und Wirkungen im Verhältnis von Nachhilfe und Leistungen nicht festgestellt werden. Anders formuliert: Ob sich Nachhilfe positiv auf den Kompetenzerwerb von Schülerinnen und Schülern auswirkt, lässt sich anhand der PISA-Daten nicht ermitteln. Hier muss auf weitere Längsschnittstudien gewartet werden. Sehr gut möglich ist es aber, die Bedingungen, unter denen Nachhilfe besonders häufig in Anspruch genommen wird, differenziert zu betrachten. In welchen Schulformen ist Nachhilfe besonders verbreitet? Gibt es dabei Unterschiede zwischen den Geschlechtern, den sozialen Schichten, zwischen Familien mit und ohne Migrationshintergrund oder auch zwischen unterschiedlichen familiären Bildungsniveaus? Die vorgelegte Arbeit macht es damit möglich, die Frage nach Privilegierungen und Benachteiligungen im Bildungssystem auch auf das Feld der Nachhilfe zu beziehen.

6.2 Familiäre Unterstützung: Hausaufgabenhilfe am Küchentisch

Viele Eltern informieren sich regelmäßig über die Lernfortschritte ihrer Kinder und greifen unterstützend in schulische Belange ein. Als zentrale Schnittstelle gelten dabei die Hausaufgaben sowie die Vorbereitung auf schulische Prüfungen (vgl. Krohne, 2001; Pasquale, 2001; Sass & Holzmüller, 1982). Je nach Art und Umfang der elterlichen Unterstützung ist ein mehr oder weniger deutlicher Einfluss auf die schulischen Leistungen der Kinder zu erwarten.

Der PISA-Datensatz bietet gesicherte Informationen über die Verbreitung von elterlicher Unterstützung bei 15-Jährigen. Nicht möglich ist hingegen eine Betrachtung der Qualität elterlicher Unterstützung und der daraus resultierenden pädagogischen Prozesse. Hier muss auf andere Studien verwiesen werden (vgl. dazu z.B. Trudewind & Windel, 1991; Wild, 2001).

Forschungsstand

Dass hier nur wenige empirische Arbeiten vorliegen, wird vor allem auf die Vermeidung des Themas durch Schüler, Eltern und auch Lehrer zurückgeführt. Abele und Liebau (1998, S. 37) stellen dazu fest, dass sich niemand gern dazu bekenne, „dass der eigene Nachwuchs Nachhilfe braucht, dass die Unterrichtung in der Schule nicht ausreicht, um den gewünschten Lernerfolg zu sichern. Kluge Kinder brauchen keine Nachhilfe, so die zwar nicht direkt geäußerte, aber doch vielfach auch heute noch grundlegende Annahme.“ In der Realität zeigt sich ein anderes Bild: Es sind vor allem die Eltern und hier die Mütter (vgl. z.B. Abele & Liebau, 1998; Enders-Dragässer, 1990; Kramer & Werner, 1998), die für die eigenen Kinder als Nachhilfelehrerinnen und -lehrer agieren. So erledigen beispielsweise weniger als 10 Prozent der deutschen Grundschulkinder ihre Hausaufgaben ohne fremde Hilfe (vgl. Tietze, Rossbach, & Mader, 1987). Der Begriff „häusliches Lernen“ fasst in diesem Zusammenhang alle in der Familie ablaufenden Aktivitäten zusammen, die sich auf die Stützung des schulischen Lerners beziehen – und zwar unabhängig davon, ob es sich um die Bearbeitung und Kontrolle der Hausaufgaben, das Üben angesichts einer anstehenden Klassenarbeit oder um Unterstützung zum Ausgleich von Wissensdefiziten handelt (vgl. z.B. Keck, 1994).

Für den Bereich der Sekundarstufen zeigte Kamm bereits 1980, dass vor allem Eltern von Gymnasiasten durch Hausaufgaben erheblich in Anspruch genommen werden. Geissler und Schneider kommen 1982 zu dem Schluss, dass Hausaufgaben „über den Umweg der elterlichen Mithilfe ein entscheidender Faktor für Schulerfolg oder Misserfolg sind“ und dass „die Hausaufgaben die derzeit umfangmäßig wichtigste Verbindung zwischen Schule und Elternhaus“ darstellen (Geissler & Schneider, 1982, S. 4). Bereits seit über 30 Jahren werden in diesem Zusammenhang auch die Probleme der familiären Hausaufgabenunterstützung thematisiert: Bereits 1970 weist der Deutsche Bildungsrat darauf hin, dass die Hausaufgaben „viele Schüler vor große Schwierigkeiten (stellen), weil sie bei der Erledigung der Aufgaben weitaus weniger Anregung, Unterstützung und Nachhilfe durch die Familie erhalten, als es von der Schule vorausgesetzt wird. Dies gilt besonders, aber keineswegs allein, für Kinder aus sozial benachteiligten Familien.“ (Deutscher Bildungsrat, 1970, S. 54) Kramer und Werner kommen 1998 durch eine Elternbefragung in Nordrhein-Westfalen zu empirisch gesicherten Zahlen über die familiäre Nachhilfe. Nach ihren Erkenntnissen erhält etwa ein Fünftel aller erfassten Schüler gezielt häuslichen Nachhilfeunterricht durch Familienmitglieder (Kramer & Werner, 1998, S. 18 f.). Familiäre Hilfe ist hier vor allem an Real- und Hauptschulen zu finden (S. 21). In der Verteilung auf die Klassenstufen zeigt sich, dass „der Anteil der Schüler, die in der Familie mit zusätzlichem Unterricht gefördert werden, (...) bereits in der 6. Klasse mit knapp 27 % den Höchststand“ erreicht. In den 9. und 10. Klassen pendelt sich der Anteil der häuslich unterstützten Jugendlichen bei etwa 17 Prozent ein (S. 25).

Im Rahmen der PISA-Studie wurde die folgende Frage gestellt: „Wie häufig unterstützen dich die folgenden Personen bei den Hausaufgaben oder anderen Arbeiten für die Schule?“ Die 15-Jährigen schätzen die Häufigkeit der Unterstützung von Mutter, Vater, Geschwistern, Großeltern und Freunden der Eltern auf einer fünfpoligen Antwortskala von „nie“ bis „mehrmals die Woche“ ein. Aus den Angaben zur mütterlichen und väterlichen Unterstützung wurde eine Skala zur „elterlichen Unterstützung bei den Hausaufgaben“ gebildet. Die genannten Items sowie die Skala bilden den Grundstock für die nachfolgenden Analysen. Die Verknüpfung dieser Daten mit den Kontextvariablen zeigt, inwiefern Faktoren wie Geschlecht, soziale Schichtzugehörigkeit, Migrationshintergrund und Bildungsstand der Eltern mit dem Ausmaß der elterlichen Unterstützung zusammenhängen. Darüber hinaus soll überprüft werden, ob Beziehungen zwischen dem Ausmaß an familiärer Unterstützung und den fachlichen Leistungen (Noten, Kompetenzen) bestehen.

6.2.2 Wer wird von wem unterstützt?

Eine erste deskriptive Analyse zeigt: Auch heute greift die große Mehrheit deutscher 15-Jähriger zumindest zeitweise auf die Unterstützung im familiären Umfeld zurück. Über alle Schulformen hinweg geben etwa 75 Prozent der Befragten an, in unterschiedlichen zeitlichen Abständen familiäre Unterstützung in Anspruch zu nehmen. Allerdings ergeben sich dabei zwischen den Geschlechtern erhebliche Unterschiede (ohne Tabelle): Mädchen erhalten über alle Schulformen hinweg mehr Unterstützung als Jungen. Die deutlichsten Geschlechterdifferenzen zeigen sich dabei in Hauptschulen und Realschulen.

Bereits in den 1980er und 1990er Jahren wurde kritisch darauf verwiesen, dass eine familiäre Hausaufgabenbetreuung ganz überwiegend von der Mutter geleistet wird (vgl. z.B. Enders-Dragässer, 1981, 1996; Sass & Holzmüller, 1982). Dies ist auch heute noch der Fall: Es sind auch heute noch vor allem die Mütter, die als häusliche Ansprechpartnerinnen bei schulischen Fragen zur Verfügung stehen. 67 Prozent aller Befragten geben an, in unterschiedlichen Zeitabständen Hilfe ihrer Mutter in Anspruch zu nehmen. Aber auch die Väter stehen mit Rat und Tat zur Seite. Immerhin 58 Prozent der Jugendlichen erhalten Unterstützung durch den Vater. In 39 Prozent aller Fälle leisten Geschwister Hilfestellung, Freunde der Familie und Verwandte stehen in etwa 20 Prozent aller Fälle bei den Hausaufgaben hilfreich zur Seite. Am seltensten werden die Großeltern um Unterstützung gebeten. Unabhängig von den helfenden Personen erhalten mehr Mädchen als Jungen Unterstützung durch die Familie.

Es stellt sich in diesem Zusammenhang die Frage, wie häufig diese Unterstützung gewährt wird. Zu vermuten ist, dass Mütter nicht nur am häufigsten um Hilfe gebeten werden, sondern ihre Unterstützung auch mit größerer Regelmäßigkeit als die anderer Familienmitglieder beansprucht wird. Aus diesem Grund liegt das Augenmerk nachfolgend vor allem auf der „häufigen“ Unterstützung der drei meistgefragten Familienangehörigen: Mutter, Vater und Geschwister. Als „häufig“ werden in diesem Kontext alle Hilfestellungen bezeichnet, die „mehrmals im Monat“ bis „mehrmals in der Woche“ stattfinden. Die Analysen zeigen (ohne Tabelle): Etwa 30 Prozent der 15-Jährigen neh-

Schulform	Häufige mütterliche Unterstützung		Häufige väterliche Unterstützung		Häufige geschwisterliche Unterstützung	
	Jungen	Mädchen	Jungen	Mädchen	Jungen	Mädchen
Hauptschule	34,6 (1,18)	39,5 (1,61)	24,3 (1,26)	25,7 (1,33)	15,4 (1,02)	23,6 (1,27)
Realschule	27,4 (1,03)	30,3 (0,87)	19,2 (0,98)	21,8 (0,95)	13,9 (0,69)	17,7 (0,75)
Gymnasium	22,0 (0,88)	27,1 (0,78)	17,8 (0,85)	20,6 (0,72)	9,3 (0,53)	13,3 (0,55)
Integrierte Gesamtschule	36,9 (1,17)	38,5 (1,55)	28,5 (1,32)	27,5 (1,30)	15,2 (1,17)	20,2 (1,22)
Schule mit mehreren Bildungsgängen	37,7 (1,09)	38,6 (1,32)	24,4 (1,07)	24,7 (1,23)	14,9 (0,64)	18,8 (1,02)

Tabelle 6.1 Häufige Unterstützung („mehrmals im Monat" und öfter) durch Familienangehörige nach Schulform und Geschlecht (in %, Standardfehler in Klammern)

men häufig die mütterliche, etwa 20 Prozent häufig die väterliche und etwa 15 Prozent häufig die geschwisterliche Lernunterstützung in Anspruch. Das bedeutet anders gewendet aber auch: Ein Großteil (etwa 70 %) der Heranwachsenden erhält nur unregelmäßig eine solche Unterstützung oder verzichtet ganz darauf.

Tabelle 6.1 gibt einen Überblick über die bestehenden Schulformunterschiede: In den beiden Schulformen mit dem höchsten Prestige und den höchsten Leistungen (Gymnasium und Realschule) wird eine solche familiäre Unterstützung am seltensten in Anspruch genommen. Demgegenüber greifen Jugendliche aus den Schulformen, die den Hauptschulbildungsgang mit einschließen (Hauptschule, Integrierte Gesamtschule, Schule mit mehreren Bildungsgängen), deutlich stärker auf häusliche Unterstützung zurück. Dies könnte einerseits ein Verweis darauf sein, dass Schülerinnen und Schüler mit schwachen Leistungen (die sich vor allem in diesen Schulformen befinden) verstärkt häusliche Hilfe benötigen oder diese anfragen. Es könnte aber auch bedeuten, dass bei Jugendlichen aus „einfachen Verhältnissen" keine kommerzielle Nachhilfe zur Verfügung steht, sodass stärker auf die eigenen familiären Möglichkeiten zurückgegriffen werden muss. Beiden Vermutungen wird nachfolgend empirisch nachgegangen.

.3 Soziale Unterschiede bei der familiären Unterstützung

Familien aus bildungsferneren Schichten können ihren Kindern, so lässt sich vermuten, aus Zeit- oder auch aus Kompetenzmangel nur bedingt helfen. Ebenso plausibel erscheint aber auch eine gegenteilige Hypothese: In sozial schwächer gestellten Familien erfolgt verstärkt familiäre Unterstützung, weil diese aus finanziellen Gründen nicht auf kommerzielle Nachhilfe zurückgreifen können. Oder entsteht womöglich in diesen sozial schwächer gestellten Familien einmal mehr eine doppelte Benachteiligung, weil für familiäre Unterstützung die Kompetenzen und für kommerzielle Nachhilfe das Geld fehlt? Derartige Fragen wurden in der bisherigen erziehungswissenschaftlichen Forschung kaum bearbeitet. Die Daten der PISA-Studie erlauben es, hierzu empirisch gesicherte Befunde beizusteuern: Dabei werden als familiäre Hintergrundvariablen der Bildungsstand der Eltern, ihr sozioökonomischer Status und der Migrationshintergrund herangezogen.

Sozioökonomischer Status

Der sozioökonomische Status von Familien wird in der PISA-Studie mithilfe von Angaben zur elterlichen Berufstätigkeit bestimmt (vgl. dazu Baumert & Schümer, 2001, S. 328). Welchen Einfluss die Zugehörigkeit zu den Sozialgruppen auf die häusliche Unterstützung der 15-Jährigen hat, wird nachfolgend geklärt. Dabei werfen wir einen Blick auf jene Jugendlichen, bei denen häusliche Unterstützungsleistungen „häufig", also mehrmals pro Monat bzw. mehrmals pro Woche erfolgen. Auffällig ist zunächst, dass die Inanspruchnahme häuslicher Unterstützung nicht parallel zur sozialen „Hierarchie" verläuft (siehe Tab. 6.2). So erhalten in allen sozialen Gruppen (die Selbstständigen[1] ausgenommen) 28 bis 32 Prozent der Jungen häufig mütterliche Unterstützung. Zwischen 23 und 27 Prozent der Mädchen (auch hier die Selbstständigen ausgenommen) nehmen väterliche Hilfe in Anspruch. Unterschiede finden sich allerdings in der Relation von mütterlicher und väterlicher Unterstützung: Während in der oberen Dienstklasse Väter fast genauso häufig wie Mütter (26 % zu 30 %) Lernunterstützung gewähren, sind in den anderen sozialen Gruppen (insbesondere Routinedienstleistende sowie an- und ungelernte Arbeiter) die Mütter signifikant häufiger als die Väter unterstützend aktiv. Anders formuliert: Je besser der sozioökonomische Status der Familie, desto häufiger wirkt auch der Vater bei der häuslichen Unterstützung seiner Kinder mit.

An dieser Stelle ist zu fragen: Inwiefern besteht ein Zusammenhang zwischen der Schulform der Jugendlichen und der elterlichen Unterstützung? Tabelle 6.3 zeigt den Zusammenhang zunächst am Beispiel der mütterlichen Unterstützung: Über alle Dienstklassen hinweg zeichnet sich ein nahezu linearer Zusammenhang ab: Je anspruchsvoller die Schulform des Kindes, desto geringer fällt der Anteil der mütterlichen Unter-

Häufige Unterstützung durch		Obere Dienstklasse	Untere Dienstklasse	Routinedienstleistende	Selbstständige	Fach- und leitende Arbeiter	Un- und angelernte Arbeiter
Mutter	Jungen	30,3 (1,69)	28,3 (1,02)	31,2 (1,18)	18,4 (3,02)	30,8 (1,70)	29,5 (2,01)
	Mädchen	31,6 (1,33)	32,0 (1,06)	36,2 (1,35)	22,5 (3,53)	31,8 (1,47)	36,3 (2,84)
Mütterliche Hilfe insges.		30,9 (1,17)	30,1 (0,78)	33,8 (1,02)	20,2 (2,25)	31,4 (1,08)	33,0 (2,11)
Vater	Jungen	27,1 (1,59)	22,8 (1,06)	20,8 (1,02)	12,1 (2,62)	22,6 (1,52)	20,1 (1,66)
	Mädchen	24,9 (1,29)	24,7 (1,08)	23,9 (1,01)	13,7 (2,64)	27,2 (2,31)	23,4 (3,16)
Väterliche Hilfe insges.		26,0 (1,13)	23,8 (0,76)	22,4 (0,77)	12,8 (1,98)	25,0 (1,42)	21,8 (2,11)

Tabelle 6.2 Häufige Unterstützung durch die Mutter oder den Vater nach Geschlecht des Schülers und Sozialgruppe der Eltern (in %, Standardfehler in Klammern)

Schulform	Obere Dienst-klasse	Untere Dienst-klasse	Routine-dienst-leistende	Selbst-ständige	Fach- und leitende Arbeiter	Un- und an-gelernte Arbeiter
Hauptschule	42,0 (4,14)	40,6 (2,42)	39,5 (2,33)	27,5 (4,35)	36,3 (2,39)	34,8 (2,26)
Realschule	30,8 (2,14)	30,0 (1,62)	31,2 (1,35)	22,2 (4,10)	26,0 (1,82)	26,2 (2,07)
Gymnasium	27,2 (1,23)	24,5 (1,03)	25,4 (1,67)	10,4 (3,12)	21,8 (2,16)	19,3 (2,67)
Integrierte Gesamtschule	41,4 (2,73)	37,1 (2,61)	42,4 (1,78)	28,5 (8,09)	32,1 (2,01)	39,0 (3,17)
Schule mit mehreren Bildungsgängen	37,1 (2,77)	37,8 (1,85)	39,0 (1,53)	26,8 (8,84)	38,0 (2,49)	37,6 (2,41)

Tabelle 6.3 Häufige Unterstützung durch die Mutter nach Schulform des 15-Jährigen und Sozialgruppe der Eltern (in %, Standardfehler in Klammern)

stützung aus. Die Integrierte Gesamtschule steht dabei zwischen Haupt- und Realschule. Dies gilt unabhängig von der Sozialschichtzugehörigkeit der Familie. Darüber hinaus zeigen sich an Hauptschulen, Realschulen und Gymnasien deutliche Schichtabhängigkeiten der mütterlichen Hilfe: Sie wird von Kindern der „oberen" drei Sozialgruppen deutlich stärker in Anspruch genommen als von Kindern der anderen Gruppen. Vor allem am Gymnasium zeigt sich, dass mit steigender Sozialschicht die Häufigkeit der mütterlichen Unterstützung zunimmt. Bei den beiden anderen Schulformen (Integrierte Gesamtschule, Schule mit mehreren Bildungsgängen) ist diese Tendenz nicht so eindeutig.

Die Verteilung der väterlichen Unterstützung auf 15-Jährige unterschiedlicher Schulform fällt dagegen etwas anders aus (ohne Tabelle): Als besonders unterstützend erweisen sich die Väter der „oberen Dienstklasse" – und zwar immer dann, wenn ihre Kinder *nicht* die Realschule oder das Gymnasium besuchen. Hier kann vermutet werden, dass Kinder, die den Bildungserwartungen der Eltern nicht entsprechen, ganz besonders gefördert werden sollen. Darüber hinaus sind die sozialen Unterschiede in der häuslichen Unterstützung hier noch eindeutiger als bei den Müttern. Besonders häufig sind die Väter der drei „Dienstklassen" lernunterstützend tätig, während die Väter der anderen drei Sozialgruppen dies deutlich seltener tun.

Höchster Bildungsabschluss

Nach Kanders (2000) hängen die Wünsche von Eltern für den Schulabschluss ihrer Kinder stark vom Bildungshintergrund der Familie ab. Verbinden sich damit auch Unterschiede in der häuslichen Unterstützung? Werden Familien mit höherem Bildungsniveau, deren Erwartungen an die eigenen Kinder höher gesteckt sind, stärker helfend tätig als andere Familien? Im Rahmen der PISA-Studie wurden die Abschlüsse der Eltern sowohl im Schüler- als auch im Elternfragebogen erhoben und zu sieben Bildungsniveaugruppen zusammengefasst. Die bisherigen Befunde lassen vermuten, dass vor allem Eltern mit hohem Bildungsabschluss ihre Kinder besonders intensiv unter-

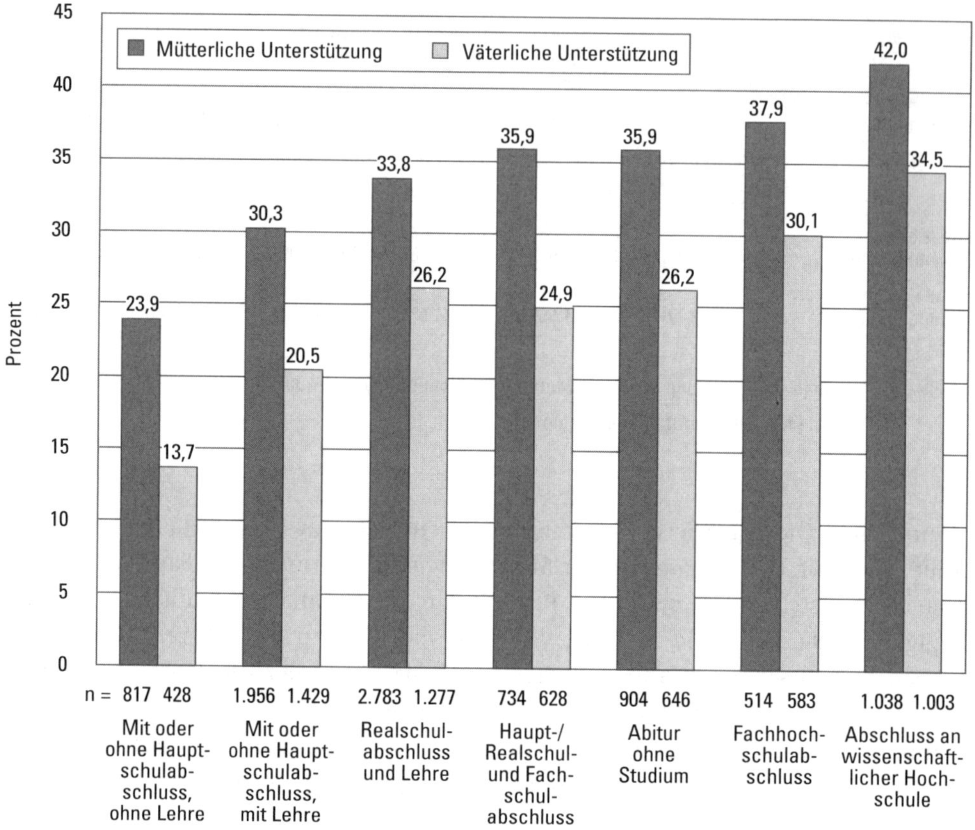

Abbildung 6.1 Häufige Unterstützung durch die Mutter oder den Vater nach deren eigenem Bildungsabschluss (in %)

stützen. Es bleibt abzuwarten, ob sich diese verstärkte Unterstützung schulformspezifisch vor allem auf die leistungsstärkeren (oder auch vor dem Hintergrund der elterlichen Erwartungen auf die leistungsschwächeren) 15-Jährigen an Gymnasien bezieht. Oder werden gerade die leistungsschwächeren Jugendlichen an Hauptschulen dann besonders unterstützt, wenn ihre Eltern aus bildungsnahen Schichten stammen? Die nachfolgenden Analysen beziehen sich auf das mütterliche und väterliche Engagement bei der häuslichen Unterstützung und verknüpfen dieses mit dem mütterlichen bzw. väterlichen Bildungsabschluss.

Abbildung 6.1 gibt einen Überblick über die prozentuale Verteilung „häufig" helfender Mütter und Väter in Abhängigkeit von den sieben Bildungsniveaus. Die Daten zeigen eine fast linear ansteigende Entwicklung: Je höher der Bildungsabschluss der Eltern, desto häufiger nehmen die Jugendlichen elterliche Unterstützung in Anspruch. Dies gilt sowohl für die Hilfestellung der Mütter wie auch der Väter – allerdings auf dem bekannt unterschiedlichen Niveau.

Bildungsabschluss der Mutter	Hauptschule		Gymnasium		Integrierte Gesamtschule	
	Jungen	Mädchen	Jungen	Mädchen	Jungen	Mädchen
I Mit oder ohne Hauptschulabschluss, ohne Lehre	27,6 (2,31)	33,2 (2,40)	8,6 (2,75)	15,6 (3,72)	24,3 (4,44)	30,6 (3,90)
II Mit oder ohne Hauptschulabschluss, mit Lehre	35,7 (2,68)	43,0 (2,80)	12,6 (1,98)	21,0 (2,00)	34,3 (3,36)	39,7 (3,63)
III Realschulabschluss und Lehre	40,1 (2,48)	42,6 (3,55)	17,8 (1,39)	26,0 (1,36)	37,8 (2,45)	41,7 (2,49)
IV Haupt-/Realschul- und Fachschulabschluss	36,4 (6,16)	46,4 (8,46)	22,4 (2,41)	25,1 (2,68)	37,3 (4,78)	40,3 (6,13)
V Abitur ohne Studium	38,8 (4,80)	39,9 (6,94)	21,5 (2,19)	31,0 (2,21)	38,9 (4,46)	47,4 (5,42)
VI Fachhochschulabschluss	25,2 (7,74)	65,3 (8,10)	24,7 (3,08)	29,8 (2,92)	53,5 (4,65)	42,2 (7,15)
VII Abschluss an wissenschaftlicher Hochschule	44,7 (11,16)	66,8 (10,18)	32,4 (2,26)	33,9 (2,02)	40,2 (4,48)	37,3 (6,28)

Tabelle 6.4 Häufige Unterstützung durch die Mutter nach Schulform, Geschlecht des Kindes und Bildungsabschluss der Mutter (in %, Standardfehler in Klammern)

Zur Beantwortung der zuvor gestellten Frage, ob in bildungsnahen Elternhäusern verstärkt leistungsstarke oder eher leistungsschwache Kinder unterstützt werden, erfolgt eine Differenzierung der Daten nach Schulform und Geschlecht (siehe Tab. 6.4).

Anhand der Analyse lassen sich zwei Tendenzen sehr deutlich erkennen: Zum einen unterstützen in allen Schulformen die Mütter mit einem hohen Bildungsabschluss ihre Kinder häufiger als Mütter mit niedrigem Abschluss. Dieser Unterschied ist besonders eklatant an Gymnasien: Von den Jugendlichen aus bildungsfernen Schichten erhalten 9 Prozent der Jungen und 16 Prozent der Mädchen eine kontinuierliche mütterliche Unterstützung. In der Gruppe der Gymnasiasten und Gymnasiastinnen, deren Eltern über einen Hochschulabschluss verfügen, ist die Unterstützung mit 32 Prozent Jungen und 34 Prozent Mädchen mehr als doppelt so hoch. Ähnlich große Differenzen finden sich in Realschulen und Gymnasien. Der zweite Trend besagt: Unabhängig vom Bildungsniveau der Eltern erhalten im dreigliedrigen Schulwesen die 15-Jährigen an Hauptschulen die meiste, Jugendliche an Gymnasien die wenigste mütterliche Unterstützung. Offensichtlich sehen und „befriedigen" Mütter hier den größeren Unterstützungsbedarf von Jugendlichen des niedrigeren Leistungsniveaus. Ein wirklich bemerkenswertes Ergebnis ist dabei der Unterschied in der Förderung von Mädchen und Jungen durch ihre Mütter, der ebenfalls in Tabelle 6.4 sehr deutlich wird: In 19 von 21 Subgruppen der Tabelle zeigt sich ein geschlechterspezifischer Unterschied zu Gunsten der Mädchen, in fünf dieser Gruppen sind die Unterschiede signifikant. Nur in zwei Subgruppen hingegen fällt die mütterliche Unterstützung prozentual (wenngleich nicht statistisch signifikant) stärker zu Gunsten der Jungen aus. Besonders deutliche Geschlechterdifferenzen zeigen sich in der Hauptschule, vor allem dann, wenn die Mütter selber über einen Hauptschulabschluss verfügen (Gruppe II). Bei Gymnasialmüttern mit hohem Bildungskapital (Gruppe VI und VII) zeigen sich keine derartigen Unterschiede.

Zu fragen ist hier, ob sich diese Unterschiede nicht so sehr aus einer stärkeren Hinwendung der Mütter zu den Mädchen erklären, sondern eher aus der geringeren Bereitschaft vieler 15-jähriger Jungen, eine mütterliche Unterstützung zu akzeptieren.

Migrationshintergrund

Nicht erst seit PISA 2000 ist bekannt, dass „ein substanzieller Teil der schulpflichtigen Schüler und Schülerinnen aus Familien stammt, in denen zumindest ein Elternteil nicht in Deutschland geboren wurde" (Baumert & Schümer, 2001, S. 341). Obwohl über 70 Prozent dieser Jugendlichen vom Kindergarten an das deutsche Bildungssystem durchlaufen haben, spricht die Mehrheit der Migrantenkinder in der Familie nicht Deutsch. Dies gilt vor allem für türkische Familien oder für Zuwanderer aus dem ehemaligen Jugoslawien. Für die familiäre Unterstützung in schulischen Belangen muss dies als problematischer Faktor angesehen werden (vgl. Enders-Dragässer, 1990, S. 65); denn wenn die Eltern die deutsche Sprache nur schlecht beherrschen, können sie ihren Kindern kaum Lernhilfen bieten. Zu fragen ist somit: Wie groß sind die Unterschiede in der häuslichen Unterstützung zwischen Migrantenfamilien (beide Eltern im Ausland geboren) und einheimischen Familien?

Die Analyse zeigt (ohne Tabelle): Sowohl beim Anteil der „häufig" unterstützenden Mütter wie auch bei den Gruppen der „häufig" helfenden Väter unterscheiden sich die beiden Gruppen deutlich. Migrantenkinder erhalten erheblich seltener familiäre Unterstützung – und zwar sowohl von Müttern als auch von Vätern. Auffällig ist dabei die unterschiedliche Verteilung der regelmäßigen häuslichen Hilfe auf Jungen und Mädchen: Sowohl in deutschen Familien wie auch in Migrantenfamilien erhalten Mädchen von beiden Elternteilen in größerem Ausmaß „häufige" häusliche Unterstützung. Weil aber auch in Migrantenfamilien die Mütter deutlich häufiger als ihre Ehemänner unterstützend tätig sind, soll im Folgenden die mütterliche Unterstützung näher analysiert werden. Als Ergänzung zu den oben dargestellten Befunden fließt zusätzlich der Faktor Schulform in die Betrachtung mit ein. Zu erwarten wäre, dass der Einfluss des Migrationsstatus auf die häusliche Unterstützung mit „steigender" Schulform weiter steigt, weil mit steigendem schulischem Anspruch Sprachschwierigkeiten vermutlich stärker ins Gewicht fallen. Es zeigt sich (ohne Tabelle): Mütter aus „deutschen" Familien unterstützen ihre Kinder vor allem dann, wenn sie Hauptschulen, Integrierte Gesamtschulen oder Schulen mit mehreren Bildungsgängen besuchen. Der geringste Anteil der regelmäßig helfenden Mütter entfällt auf die Gruppe der 15-Jährigen an Gymnasien. Bei der mütterlichen Unterstützung der Migrantenkinder findet sich eine ähnliche Struktur, allerdings auf einem deutlich niedrigeren Niveau: Der Anteil der unterstützten Kinder liegt bei den Migrantenfamilien um 8 Prozentpunkte (Integrierte Gesamtschule) und 12 Prozentpunkte (Hauptschule, Realschule) niedriger als bei den Einheimischen; im Fall der Gymnasien und der Schulen mit mehreren Bildungsgängen fällt er gleich aus.

Familiäre Unterstützung und schulische Leistungen

In den vorherigen Abschnitten wurden ausführlich verschiedene Einflussfaktoren auf das Maß der elterlichen Unterstützung analysiert. Jetzt soll geprüft werden, ob es einen Zusammenhang zwischen der Häufigkeit der häuslichen Unterstützung und den fachlichen Leistungen der 15-Jährigen gibt. Einschränkend muss an dieser Stelle aber gleich angemerkt werden: Anhand des PISA-Datensatzes kann nicht überprüft werden, ob sich ein gut entwickeltes familiäres Stützsystem positiv auf fachliche Leistungen auswirkt. Dafür würde ein Längsschnittdesign mit mehrfachen Leistungstests benötigt werden. Man kann lediglich sagen, ob 15-Jährige, die eine intensive elterliche Unterstützung erhalten, sich in ihren Kompetenzen von solchen Jugendlichen unterscheiden, die zu Hause keine Hilfe bekommen. Hinzu kommt, dass man nur etwas über die *Häufigkeit* der elterlichen Unterstützung, nichts jedoch über ihre Formen und ihre Qualität aussagen kann. Die bisherigen Ergebnisse legen die Hypothese nahe, dass sie vor allem ihre leistungsschwächeren Kinder fördern. Zu erwarten ist aus diesem Grund ein negativer Zusammenhang zwischen der schulischen Leistung der 15-Jährigen und der Unterstützungshäufigkeit in der Familie. Es soll in der Folge überprüft werden, inwiefern sich Zusammenhänge zwischen dem familiären Unterstützungsmaß und den fachlichen Leistungen in Deutsch oder Mathematik zeigen. Dazu werden sowohl die Schulnoten als auch die PISA-Leistungswerte in die Analysen einbezogen.

Die Überprüfung der Zusammenhänge zwischen Note und häuslicher Hilfestellung zeigt ein deutliches Ergebnis: Weder zwischen der Mathematikzensur und der familiären Unterstützung ($r = .04$)[2] noch zwischen Deutschnote und familiärer Unterstützung ($r = .02$) lassen sich bedeutsame statistische Zusammenhänge nachweisen. Auch die Faktoren Schulform und Geschlecht verändern an diesem Befund nichts. Die Korrelationswerte, die alle nahe bei null liegen, zeigen: Ob Kinder familiäre Unterstützung erhalten, hat mit der Schulzensur nichts zu tun. Dies erstaunt vor allem vor dem Hintergrund der großen Bedeutung, die in Deutschland den Schulnoten zugewiesen wird. Für den weiteren Verlauf der Analyse stellt sich deshalb die Frage, ob der Zusammenhang zwischen kommerzieller Nachhilfe und Schulnote anders ausfällt.

Überprüft wurde auch, ob sich ein Zusammenhang zwischen der familiären Unterstützung und der fachlichen Leistung zeigen lässt. Dabei werden unter Fachleistungen die in PISA in Deutsch und Mathematik festgestellten Kompetenzen verstanden. Ein Zusammenhang der Kompetenzen der 15-Jährigen mit der familiären Unterstützung kann vermutet werden, weil Eltern die häusliche Förderung wahrscheinlich von wahrgenommenen Leistungsdefiziten abhängig machen. Um dies zu überprüfen, wurden auch die Korrelationen zwischen dem Leistungsstand der Jugendlichen in Mathematik bzw. Lesen und der familiären Unterstützung berechnet. Es zeigt sich ein schwacher, aber doch wahrnehmbarer Zusammenhang, sowohl was den erreichten Leistungswert in Lesen ($r = -.12$) als auch was den PISA-Leistungswert in Mathematik ($r = -.15$) angeht. Die negativen Korrelationen in beiden Fächern bestätigen die Vermutung, nach der vor allem jene Schülerinnen und Schüler elterliche Unterstützung erhalten, die weniger gute Basiskompetenzen aufweisen. Allerdings ist auch dieser Zusammenhang statistisch eher schwach. Insgesamt überrascht damit das Ergebnis, dass zwischen schulischen Leistungen (Noten und Testergebnisse) und der Häufigkeit der häuslichen Unterstützung gar kein oder allenfalls ein sehr schwacher Zusammenhang besteht.

6.2.5 Zusammenfassung

15-jährige Mädchen erhalten deutlich häufiger eine regelmäßige Unterstützung von ihren Familien als 15-jährige Jungen. Mütter sind im Alltag die Hauptansprechpartnerinnen, wenn es um Fragen zu schulischen Aufgaben geht. Aber auch Väter stehen etwa einem Viertel der Jugendlichen häufig unterstützend zur Seite. Einen besonders großen Stellenwert hat die häusliche Unterstützung vor allem in Hauptschulen, Integrierten Gesamtschulen und Schulen mit mehreren Bildungsgängen. Der *sozioökonomische Status der Familie* fällt bei der mütterlichen und väterlichen Unterstützung unterschiedlich stark ins Gewicht: Während die Mutter in allen Sozialgruppen häufigste Ansprechpartnerin ist, steigt der Anteil der regelmäßigen väterlichen Unterstützung mit steigendem Sozialstatus linear an. Betrachtet man das *Bildungsniveau* der Eltern, so kommt man zu einem ähnlichen Ergebnis: In allen Bildungsschichten werden vor allem Schülerinnen und Schüler an Haupt- und Gesamtschulen durch ihre Eltern gefördert, 15-Jährige an Gymnasien erhalten dagegen deutlich seltener elterliche Unterstützung. Der *Migrationsstatus* der Familie hängt eng mit der elterlichen Hilfestellung zusammen: Der Anteil der häuslichen Hilfe in Migrantenfamilien bleibt deutlich hinter dem in deutschen Familien zurück. Offensichtlich nehmen Eltern eher die von ihnen subjektiv beobachtete, allgemeine *Fachleistung* als die momentane Notensituation von Jugendlichen zum Anlass, wenn es um ein Engagement beim häuslichen Lernen der Kinder geht: *Noten* stehen in keinem bedeutsamen Zusammenhang zum Maß der elterlichen Unterstützung, während die *Fachleistungen* geringfügig mit dem Ausmaß familiärer Hilfestellung zusammenhängen.

Mithilfe einer Regressionsanalyse wurde abschließend untersucht, unter welchen Bedingungen es zur Unterstützung durch die Mutter kommt (siehe Tab. 6.5) Es wird deutlich, dass die fachliche Leistung des Kindes (hier: Lesekompetenz) der beste Prädiktor ($r = -.22$) ist: Je schwächer die Leistungen der Jugendlichen sind, desto wahrscheinlicher erfolgt eine mütterliche Hilfe. Nicht ganz so großen, aber immer noch bemerkbaren Einfluss üben die Faktoren „Bildungsabschluss der Mutter" ($r = .17$), „Migrationsstatus der Familie" ($r = .13$) und „Geschlecht des Kindes" ($r = .10$, Vorteil für die Mädchen) aus. Dass in Familien mit vielen Kindern die mütterliche Unterstützung geringer wird, bildet sich hingegen nur schwach ab ($r = -.08$). Insgesamt führt die Regressionsanalyse[3] nur zu einer Varianzaufklärung von 8 Prozent. Diese geringe Varianzaufklärung verweist darauf, dass mögliche wichtige Einflussfaktoren (z.B. Eltern-Kind-Verhältnis) hier nicht erscheinen: Im Rahmen der PISA-Studie konnte eine solch differenzierte Analyse innerfamiliärer Faktoren nicht vorgenommen werden.

Faktor	Beta-Koeffizient
Lesekompetenz des Jugendlichen	–.22
Bildungsabschluss der Mutter	.17
Migrationsstatus der Familie (beide Eltern im Ausland geboren = 0, beide Eltern in Deutschland geboren = 1)	.13
Geschlecht des Jugendlichen (männlich = 0, weiblich = 1)	.10
Anzahl der Kinder in der Familie	–.08
Schulform (Hauptschule, Integrierte Gesamtschule, Schule mit mehreren Bildungsgängen = 0, Realschule, Gymnasium = 1)	–.06
Familientyp (allein erziehend = 0, nicht allein erziehend = 1)	.04
Erwerbstätigkeit der Mutter (Vollzeit beschäftigt = 0, nicht Vollzeit beschäftigt = 1)	.03
N = 26.237	Aufgeklärte Varianz: 7,8 %

Tabelle 6.5 Prädiktoren der Unterstützung durch die Mutter (Beta-Koeffizient)

Kommerzielle Unterstützung: Bezahlte Nachhilfe am Nachmittag

Die Grundlagen für den heute bekannten kommerziellen Nachhilfeunterricht sind bereits im 19. Jahrhundert zu finden (vgl. Weegen, 1986). Nachhilfeunterricht erhielten zu dieser Zeit mehr als 90 Prozent der Schülerinnen und Schüler, und zwar vorwiegend von ihren Klassenlehrern. Der damalige Zusatzunterricht war allerdings im Gegensatz zu den heute bekannten Formen der öffentlichen Kontrolle unterworfen. Nachhilfelehrer benötigten eine offizielle Berechtigung, die Bezahlung erfolgte nach einem (häufig in Lehrerkollegien festgelegten) einheitlichen Schlüssel (vgl. Weegen, 1986). Im 20. Jahrhundert verschwand Nachhilfe aus der bildungspolitischen Diskussion, der Zusatzunterricht wurde zur Privatangelegenheit. Der verstärkte Bedarf an Nachhilfe seit Beginn der 1970er Jahre wird vor allem auf die Bildungsexpansion und die stärkere Durchlässigkeit des Bildungssystems für Kinder aller Schichten zurückgeführt. So sei vermutlich die häusliche Hilfe bei den Schulaufgaben aufgrund mangelnden Sachwissens oder auch zunehmender Berufstätigkeit beider Eltern immer seltener geworden, sodass stärker auf eine außerfamiliäre Form der Hausaufgabenhilfe gesetzt werde (vgl. Haag, 2001b, S. 490 f.).

1 Forschungsstand

Die Rolle des außerschulischen privaten Nachhilfeunterrichts und sein Stellenwert in Deutschland sind bisher nur in wenigen Studien detailliert aufgearbeitet worden. Hurrelmann und Klocke (1995) beziffern die Zahl der Schülerinnen und Schüler, die in Deutschland Nachhilfe erhalten, auf 20 Prozent aller Fünft-, Siebt- und Neuntklässler –

und zwar unabhängig von der Schulform. In der Shell-Jugendstudie 2002 wird dieser Befund für die Jugendlichen zwischen 12 und 25 Jahren bestätigt (vgl. Deutsche Shell, 2002, S. 70). Gerade weil es nur wenig Untersuchungen gibt und diese mit sehr unterschiedlichen Stichproben und Indikatoren arbeiten, fällt es schwer, Ergebnisse zu verallgemeinern. Dennoch lassen sich einige wenige Ergebnisse studienübergreifend bündeln: Schülerinnen und Schüler an Gymnasien haben den höchsten Nachhilfebedarf, der außerschulische Unterricht wird häufiger von Mädchen als von Jungen in Anspruch genommen. Die gefragtesten Fächer sind Mathematik, Deutsch und die Fremdsprachen auf Seiten der Jungen, Mathematik, Englisch und Naturwissenschaften auf Seiten der Mädchen. Nach Schülerbefragungen bildet die Hausaufgabenbearbeitung das Zentrum der Nachhilfe. Die außerschulische Lernbegleitung findet in mehr als zwei Dritteln der Fälle außerhalb der elterlichen Wohnung statt und ist stark schichtabhängig (vgl. z.B. Hurrelmann & Klocke, 1995; IJF, 2003; Kramer & Werner, 1998; Langmeyer-Krohn & Krohn, 1987; Rudolph, 2002). Nachhilfe war und ist vor allem eine Domäne der gehobenen sozialen Gesellschaftsschichten: Wie Behr zeigt, nutzen Familien aus den niedrigeren Sozialschichten Nachhilfeunterricht deutlich seltener, sind hilfloser bei der Suche nach geeigneten Nachhilfelehrern, nehmen weniger Stunden in Anspruch und geben auch insgesamt weniger Geld für Nachhilfe aus (Behr, 1990, S. 28 f.).

Im Folgenden soll die Verbreitung von kommerzieller Nachhilfe unter deutschen 15-Jährigen untersucht werden. Die Frage im PISA-Fragebogen lautet: „Erhältst du zur Zeit außerhalb der Schule privaten Nachhilfeunterricht in den folgenden Fächern?" Im Rahmen dieser Analysen werden ausschließlich die Antworten für die Fächer Mathematik und Deutsch betrachtet.

6.3.2 Fachbezogene Nachhilfe: Mathematik und Deutsch

Eine erste Sichtung der PISA-Daten zur privaten Nachhilfe zeigt, dass deutlich mehr 15-Jährige Nachhilfe im Fach Mathematik in Anspruch nehmen als in Deutsch: Es sind 9,3 Prozent aller Befragten, in Deutsch dagegen nur 2,6 Prozent. Nur 1,3 Prozent aller Schülerinnen und Schüler erhält in beiden Fächern zusätzliche Hilfe. Die Gruppe der 15-Jährigen, die zum Zeitpunkt der Befragung Nachhilfe erhalten haben, wird dabei differenzierter betrachtet. Auch hier liegt der Fokus auf geschlechterspezifischen und vor allem auf sozialen Unterschieden.

Die Daten zur kommerziellen Nachhilfe in Mathematik zeigen: Auch hier erhält etwa ein Zehntel aller 15-Jährigen zusätzlichen Unterricht in Mathematik, und zwar in der Regel etwa eine Stunde pro Woche. Damit unterschreiten die PISA-Daten die Ergebnisse anderer Studien aus früheren Jahren: Behr (1990, S. 17) ermittelt für die Gruppe der 15-Jährigen einen Anteil von etwa 17 Prozent Nachhilfeschülern, nach Kramer und Werner (1998, S. 25) liegt der Anteil unter nordrhein-westfälischen Neuntklässlern bei 26 Prozent. Rudolph (2002, S. 126 f.) ermittelt einen Anteil von 15,4 Prozent aller 15-Jährigen, die in Niedersachsen Nachhilfeunterricht erhalten. Die Differenzen lassen sich vor allem durch die unterschiedlichen Fragestellungen der einzelnen Studien erklären: PISA fragt konkret nach privater Nachhilfe in den Fächern Deutsch und Mathematik zum Testzeitpunkt. In den anderen Studien wird zum Teil nicht nach Fächern differenziert, zum Teil aber auch nach dem Erhalt von Nachhilfe ohne Benennung des Zeitraums gefragt. Auch die Konzentration allein auf die Angaben 15-Jähriger ist bisher noch an keiner anderen Stelle erfolgt. Übereinstimmung zwischen den soeben zitierten Studien und den hier vorgelegten PISA-Ergebnissen besteht allerdings in den Angaben zur wöchentlichen Zeitdauer der Nachhilfe. Fast alle Studien ermitteln einen Zeitaufwand von etwa ein bis zwei Stunden pro Woche für außerschulische Nachhilfe. Auch die im Rahmen von PISA ermittelten (geringen) Geschlechterunterschiede bestätigen die Befunde anderer Studien: Laut PISA-Daten nutzen in Deutschland mehr 15-jährige Mädchen (12 %) als Jungen (8 %) private Nachhilfe in Mathematik. Rudolph (2002) macht deutlich, dass dieser weibliche „Vorsprung" ein Spezifikum des Fachs Mathematik ist: Jungen nehmen „– außer in Mathematik und Naturwissenschaften – überall in größerer Anzahl Zusatzunterricht (...). Die Abweichung in Mathematik ist allerdings gravierend." (S. 135)

Nahe liegend ist der Verdacht, dass sich die Inanspruchnahme von zusätzlicher privater Nachhilfe nach Schulformen unterscheidet, weil sich die Schülerinnen und Schüler verschiedenen Ansprüchen gegenübergestellt sehen. Aufgrund der vorliegenden Befunde kann davon ausgegangen werden, dass private Nachhilfe vor allem an Gymnasien und Realschulen genutzt wird. Nach Schulen und zeitlicher Intensität differenziert zeichnen die PISA-Daten folgendes Bild für die Nachhilfe in Mathematik unter 15-Jährigen (siehe Tab. 6.6).

Vor allem die Jugendlichen aus der Realschule und dem Gymnasium erhalten bezahlte Nachhilfe in Mathematik. Die Differenzierung nach Geschlecht zeigt (ohne Tabelle), dass an allen Schulformen signifikant mehr Mädchen private Mathematiknachhilfe erhalten; Spitzenreiterinnen sind die Realschülerinnen (13,0 %), gefolgt von den Gymnasiastinnen (12,5 %). In den übrigen Schulformen beträgt der Anteil der Mädchen jeweils 8,4 Prozent. Auf Seiten der Jungen fällt die Rangreihe wie folgt aus: Realschüler (10,3 %), Gymnasiasten (9 %), Hauptschüler (8,4 %). Mit jeweils 6,2 Prozent nehmen

Schulform	Keine Nachhilfe	Etwa eine Std. pro Woche	Etwa 2 Std. pro Woche	Mehr als 2 Std. pro Woche	Private Nachhilfe in Mathematik insgesamt
Hauptschule	91,6 (0,56)	4,6 (0,39)	2,5 (0,37)	1,3 (0,21)	8,4 (0,56)
Realschule	88,2 (0,56)	7,4 (0,50)	3,4 (0,31)	1,0 (0,17)	11,8 (0,59)
Gymnasium	89,0 (0,48)	7,3 (0,41)	2,7 (0,28)	1,0 (0,15)	11,0 (0,48)
Integrierte Gesamtschule	92,7 (0,47)	4,3 (0,36)	2,1 (0,27)	0,9 (0,19)	7,3 (0,47)
Schule mit mehreren Bildungsgängen	92,8 (0,55)	4,0 (0,38)	2,1 (0,26)	1,1 (0,16)	7,2 (0,55)

Tabelle 6.6 Private Nachhilfe in Mathematik (zum Zeitpunkt der Befragung) nach wöchentlichem Zeitaufwand und Schulform (in %, Standardfehler in Klammern)

Jungen in Integrierten Gesamtschulen sowie Schulen mit mehreren Bildungsgängen seltener private Nachhilfe im Fach Mathematik in Anspruch.

Betrachtet man die Nachhilfe in Deutsch (ohne Tabelle), so zeigt sich: Unter den 15-Jährigen liegt der Anteil der Schülerinnen und Schüler mit Nachhilfe in Deutsch insgesamt bei nur 2,6 Prozent. Dabei ist der Jungenanteil (3,6 %) doppelt so hoch wie der der Mädchen (1,8 %). Besonders häufig wird Nachhilfe in Deutsch an Hauptschulen in Anspruch genommen. Alles in allem scheint bezahlte Nachhilfe allerdings ein selten gewählter Weg zu sein, um Defiziten in Deutsch zu begegnen. Auch hier bestätigen die PISA-Befunde die bisherigen Forschungsergebnisse: In allen uns bekannten Studien liegt das Fach Deutsch deutlich hinter den Fächern Mathematik und Englisch (vgl. z.B. Behr, 1990; Kramer & Werner, 1998; Rudolph, 2002). Ebenfalls auf einer Linie mit den Befunden anderer Studien liegen die schulspezifischen Ergebnisse. So fasst beispielsweise Rudolph zusammen: „Deutsch ist in der Hauptschule viermal so stark nachgefragt wie am Gymnasium." (Rudolph, 2002, S. 99)

6.3.3 Schlechte Zeugnisnote und private Nachhilfe

Nahe liegend ist die Hypothese, dass Nachhilfe vor allem dann in Anspruch genommen wird, wenn schlechte Schulnoten und/oder eine mangelnde Fachkompetenz vorliegen. So könnte man vermuten: Wer eine schlechte Note in Mathematik hat, erhält mit größerer Wahrscheinlichkeit Nachhilfe als jemand mit guten Noten. Weil die erhobene Note (Halbjahreszeugnis) der aktuellen Beteiligung an der Nachhilfe vorausgeht, kann Nachhilfe hier als Reaktion auf die Zeugnisnote gedeutet werden. Erwartbar wäre vor diesem Hintergrund eine deutliche Korrelation der Noten mit dem Erhalt von Nachhilfe: je höher (= schlechter) die Note, desto größer die Nachhilfebeteiligung (siehe Tab. 6.7).

Die Ergebnisse zeigen, dass in den meisten Fällen die beiden Variablen nur sehr schwach (unter oder knapp über .10) miteinander korrelieren. Lediglich im Fall der Mathematiknachhilfe an Realschulen und Gymnasien finden sich Korrelationen zwischen .25 und .30; hier besteht also ein erkennbarer, wenn auch kein starker Zusammenhang mit der Note. Insgesamt ist jedoch der Bezug zwischen der Zensur von 15-Jährigen in

Schulform	Private Nachhilfe in Mathematik	Private Nachhilfe in Deutsch
Hauptschule	.08** (n = 5.115)	.05** (n = 5.591)
Realschule	.25** (n = 4.008)	.11** (n = 4.445)
Gymnasium	.30** (n = 4.665)	.06** (n = 5.188)
Integrierte Gesamtschule	.08** (n = 1.438)	.07** (n = 1.573)
Schule mit mehreren Bildungsgängen	.17** (n = 1.355)	.08** (n = 1.504)

** $p \leq .01$.

Tabelle 6.7 Korrelation der Fachnote mit dem Erhalt von privater Nachhilfe in Mathematik oder Deutsch

Mathematik oder Deutsch und ihrer Nachhilfebeteiligung erstaunlich gering. Dies führt zu der Annahme, dass Nachhilfe offenbar zum großen Teil auch von Schülerinnen und Schülern mit befriedigenden und besseren Noten in Anspruch genommen wird. Dieser Befund wird durch Ergebnisse von Hurrelmann und Klocke (1995) gestützt. Sie zeigen, dass ein erheblicher Teil der von ihnen Befragten „Nachhilfe im Dauerabonnement (erhält), gewissermaßen, als vorbeugende Maßnahme, um möglichen Leistungsabfällen rechtzeitig zuvorzukommen" (vgl. Hurrelmann & Klocke, 1995, S. 38). Haag ergänzt an dieser Stelle, dass viele Nachhilfeschüler Themenzusammenhänge, die im Unterricht nicht verstanden wurden, unabhängig von der eigenen Note generell nacharbeiten oder aber Hausaufgaben nicht alleine bewältigen können (vgl. Haag, 2001b, S. 496).

Am Beispiel des Fachs Mathematik soll an dieser Stelle der Zusammenhang von Sozialschichtzugehörigkeit, Fachnote und dem Erhalt von Nachhilfe überprüft werden. Im Zentrum der Analyse steht die Frage, inwiefern sich Schülerinnen und Schüler je nach erhaltener Mathematiknote im letzten Zeugnis in der prozentualen Teilnahme an privater Mathematiknachhilfe unterscheiden. Erfolgt also bei gleicher schulischer Leistung des Kindes (Note) in sozial besser gestellten Familien die Zusatzförderung ihrer Kinder häufiger als in sozial schwächeren Familien? Aus zwei Gründen wurden ausschließlich die beiden Schulformen Realschule und Gymnasium ausgewählt: Zum einen findet sich dort eine breite Streuung der Sozialschichten, darüber hinaus hat sich hier der höchste Zusammenhang der Note mit privater Nachhilfe in Mathematik gezeigt. Die Ergebnisse (ohne Tabelle) zeigen: 15-Jährige mit der Note „befriedigend" erhalten erwartungsgemäß deutlich seltener Nachhilfe als diejenigen mit den Noten „ausreichend" bis „ungenügend". Im Gymnasium findet sich dabei allerdings in großer Klarheit ein Bild verschärfter sozialer Benachteiligung: Während Kinder aus der „oberen Dienstklasse" mit den Noten „ausreichend" bis „ungenügend" zu 29 Prozent Nachhilfe erhalten, sind es bei der vergleichbaren Gruppe der an- und ungelernten Arbeiter nur 9 Prozent.

Schlechte Fachleistungen und private Nachhilfe

Die Hypothese über den Zusammenhang von Fachleistung und Nachhilfe erscheint ebenfalls einleuchtend: Weil vor allem die leistungsschwächeren Schülerinnen und Schüler Unterstützung in Form von privater Nachhilfe suchen, sind deutlich negative Korrelationen zu erwarten. Aber auch hier wird die Hypothese nicht eindeutig bestätigt: Tabelle 6.8 zeigt, dass die tatsächlich erbrachten Leistungen in Mathematik bzw. Lesen an keiner Schulform eng mit dem Erhalt von Nachhilfe zusammenhängen.

Zwar verweisen die negativen Zusammenhänge darauf, dass Leistungsschwächere häufiger private Nachhilfe in Deutsch und Mathematik erhalten, aber auch hier ergeben sich, wie bereits zuvor bei den Noten, nur mäßige Zusammenhänge zwischen der Fachkompetenz und einer Nachhilfebeteiligung bei 15-jährigen. Am ehesten scheinen noch in Gymnasien ($r = -.21$) und Realschulen ($r = -.16$) schlechte Leistungen in Mathematik zu einer nachmittäglichen Zusatzförderung zu führen.

Schulform	Mathematik	Deutsch
Hauptschule	–.09** (n = 2.877)	–.11** (n = 5.985)
Realschule	–.16** (n = 3.850)	–.12** (n = 4.597)
Gymnasium	–.21** (n = 4.469)	–.10** (n = 5.338)
Integrierte Gesamtschule	–.06** (n = 1.442)	–.12** (n = 1.655)
Schule mit mehreren Bildungsgängen	–.12** (n = 1.386)	–.07** (n = 1.589)

** $p \leq .01$.

Tabelle 6.8 Korrelation zwischen der in PISA ermittelten Leistung und dem Erhalt von Nachhilfe in Mathematik und Deutsch

6.3.5 Migration und private Nachhilfe in Deutsch

PISA 2000 lieferte in der Tradition anderer Studien unter anderem das Ergebnis, dass Kinder aus Migrantenfamilien auch und gerade in ihren Schulleistungen deutlich hinter den Kindern deutscher Familien zurückbleiben (vgl. Baumert & Schümer, 2001, S. 375 f.). Wenn Probleme mit der deutschen Sprache eine der Ursachen für schwächere Schulleistungen bei Kindern aus Migrantenfamilien sind, ist zu fragen, ob Kinder aus zugewanderten Familien besonders häufig Nachhilfe in Deutsch erhalten. Wenngleich die häufig enge finanzielle Situation ihrer Familien berücksichtigt werden muss, so liegt doch die Annahme nahe, dass die Kinder am ehesten Nachhilfe in Deutsch erhalten, um ihre Schwächen abzubauen. Deshalb wird nachfolgend die Inanspruchnahme von Nachhilfe im Fach Deutsch durch 15-Jährige nach Migrationsstatus differenziert betrachtet. Das Ergebnis zeigt: Insgesamt erhalten nur sehr wenige 15-Jährige (etwa 3 %) bezahlte Nachhilfe in Deutsch. Auf diesem niedrigen Niveau erhalten (bei Migranten wie Nichtmigranten) die Jungen deutlich häufiger Nachhilfe als die Mädchen. Doch der Anteil der Migrantenkinder mit Nachhilfe liegt insgesamt niedriger als der der „Einheimischen“: Die größten Sprachschwierigkeiten führen somit nicht zu mehr Nachhilfe. Betrachtet man das Ganze schulformspezifisch (ohne Tabelle), so zeigt sich: Bei deutschen Familien wird bezahlte Nachhilfe in Deutsch – wenn überhaupt – vor allem Jungen in Hauptschulen erteilt. In Migrationsfamilien hingegen finden sich entsprechende Werte (zwischen 4 % und 7 %) in allen Schulformen.

6.3.6 Zusammenfassung

Private Nachhilfe in den Fächern Mathematik und vor allem Deutsch ist bei den 15-Jährigen nicht so weit verbreitet, wie es einige vorherige Studien für andere Altersgruppen gezeigt haben. In Mathematik liegt der Anteil der Nachhilfeschülerinnen und -schüler bei etwa 10 Prozent aller 15-Jährigen, in Deutsch nur bei knapp 3 Prozent. Eine gleichzeitige Förderung in beiden Fächern erfolgt so gut wie nie (1,3 %). Der wöchentliche Zeitaufwand liegt im Mittel bei ein bis zwei Stunden. Vor allem Mädchen nehmen Nachhilfe in Mathematik in Anspruch. An Realschulen und Gymnasien wird vermehrt Hilfe in Mathematik, an Hauptschulen in Deutsch eingefordert. Eine Besonderheit der Nachhilfe in Deutsch zeigt sich in Bezug auf den Migrationshintergrund der Familien: Während „einheimische" Familien Nachhilfe in Deutsch nahezu ausschließlich für notwendig halten, wenn ihre Kinder Hauptschulen besuchen, fördern Familien mit Migrationshintergrund ihre Kinder in Deutsch weitgehend unabhängig von der besuchten Schulform, insgesamt aber trotz ihrer sprachlichen Nachteile seltener als deutsche Familien. Erstaunlicherweise ergeben sich nur sehr schwache Zusammenhänge zwischen der Inanspruchnahme von Nachhilfe und den Leistungsindikatoren (Fachleistungen, Noten) der Jugendlichen. Korrelationen zwischen .10 und .30 deuten aber darauf hin, dass diejenigen mit schwächeren Testleistungen eher Nachhilfe erhalten, nicht aber diejenigen mit schlechten Noten. Stattdessen schlägt sich der soziale Status der Familie auf den zusätzlichen Unterricht am Nachmittag nieder: Kinder der beiden Dienstklassen kommen deutlich häufiger in den „Genuss" zusätzlicher Förderung, als dies in Arbeiterfamilien geschieht.

Bei der Überprüfung des Einflusses der genannten Faktoren (Fachnote, Geschlecht, Migrationsstatus, Sozialschichtzugehörigkeit, Schulform des Kindes) auf die Inanspruchnahme von Nachhilfe in Mathematik wurde allerdings deutlich, dass lediglich 5 Prozent Varianz aufgeklärt werden können (ohne Tabelle). Mit anderen Worten: Diejenigen Faktoren, die erklären würden, ob Jugendliche Nachhilfe in Mathematik in Anspruch nehmen oder nicht, können im Rahmen der PISA-Studie nicht festgestellt werden.

Diskussion der Ergebnisse

Die hier vorgelegten Analysen haben gezeigt: Die meisten 15-Jährigen nehmen zusätzliche Hilfe zur Bewältigung der schulischen Anforderungen in Anspruch. Dies gilt für mehr als drei Viertel aller Jugendlichen im Hinblick auf die elterliche bzw. familiäre Unterstützung. Demgegenüber gibt nur etwa ein Zehntel der Jugendlichen an, zum Zeitpunkt der PISA-Befragung privat kommerzielle Nachhilfe in Deutsch oder Mathematik (nach anderen Schulfächern wurde im Rahmen der PISA-Studie nicht gefragt) zu erhalten. Die von Hurrelmann und Klocke angesprochene „soziale Bildungsschieflage durch kommerzielle Nachhilfe" findet sich vor allem in Gymnasien: Bei gleichem Notenstand erhalten Arbeiterkinder weit seltener Nachhilfe als Kinder der „oberen Dienstklasse". Noch deutlicher kann diese Tendenz bei der familiären Unterstützung beobachtet werden: Hier zeigte die Regressionsanalyse, dass der mütterliche Bildungsabschluss und der familiäre Migrationsstatus Einfluss auf das Maß an häuslicher Unterstützung durch die Mutter haben.

Es ist zum einen die Verbreitung von kommerzieller privater Nachhilfe, zum anderen aber auch das hohe Maß des elterlichen Engagements am Nachmittag, die als deutliche Signale für die sich mehr und mehr öffnende Schere zwischen schulischen Anforderungen und Schülerbedürfnissen gesehen werden. Während die elterliche Bildungsaspiration in den vergangenen Jahren deutlich angestiegen ist, schaffen es Schulen in der derzeitigen Form offenbar nur zum Teil, in der regulären Unterrichtszeit Lernprozesse so zu organisieren, dass Schülerinnen und Schüler die erwarteten Leistungen erbringen. Der Bedarf an zusätzlicher Nachhilfe, sei es durch das Elternhaus oder durch kommerzielle Angebote, wird letztendlich also *auch* durch das Schulsystem produziert. Hier ist zu fordern, dass gezielte Anstrengungen zur Verbesserung von Diagnose, Förderung und Unterrichtsqualität gerade in den Fächern unternommen werden, in denen Nachhilfe besonders gefragt ist (z.B. Mathematik). Eine Auswertung des Schulleiterfragebogens aus PISA 2000 macht deutlich, dass viele Schulen bereits zusätzliche Lerngelegenheiten zur Förderung bereitstellen (vgl. Weiss & Steinert, 2001, S. 440 f.). Dabei zeigt sich allerdings auch, „dass sich profilprägende Schwerpunktsetzungen und Aktivitäten eher auf das Schulleben und auf Bereiche außerhalb des ‚Kerngeschäfts' der Schulen beziehen". Damit scheint eine Konsequenz auf der Hand zu liegen: Wenn Schulen sich – auch im Zusammenhang mit Ganztagsangeboten – um verstärkte Förderung bemühen, dürfen Stütz- und Ergänzungskurse in den Kernfächern nicht vernachlässigt werden. Gerade dadurch ließen sich die Lernchancen von Schülerinnen und Schülern aus einfachen sozialen Verhältnissen am ehesten verbessern.

Anmerkungen

1 Die Gruppe der „Selbstständigen" fällt hier deshalb aus dem Rahmen, weil sie sehr spezifisch definiert ist: Es handelt sich vor allem um Selbstständige aus einfachen, überwiegend manuellen Berufen (einschließlich Landwirte). Freiberufliche Akademiker werden nicht zu dieser Gruppe, sondern zur „oberen Dienstklasse" gerechnet.

2 Da bei dieser Stichprobengröße auch solche Korrelationswerte bereits signifikant sind, verzichten wir hier und im Folgenden auf die Angaben der Signifikanzniveaus.

3 Eine Regressionsanalyse mit dem Faktor „Familiensprache" statt „Migrationsstatus der Eltern" ergab eine Varianzaufklärung von lediglich 6 Prozent.

Literatur

Abele, A., & Liebau, E. (1998). Nachhilfeunterricht. *Die Deutsche Schule, 90* (1), 37–49.

Baumert, J., & Schümer, G. (2001). Familiäre Lebensverhältnisse, Bildungsbeteiligung und Kompetenzerwerb. In J. Baumert, E. Klieme, M. Neubrand, M. Prenzel, U. Schiefele, W. Schneider, P. Stanat, K.-J. Tillmann, & M. Weiß (Hrsg.), *PISA 2000. Basiskompetenzen von Schülerinnen und Schülern im internationalen Vergleich* (S. 323–407). Opladen: Leske + Budrich.

Behr, M. (1990). *Nachhilfeunterricht. Erhebung in einer Grauzone pädagogischer Alltagsrealität.* Darmstadt: Wissenschaftliche Buchgesellschaft.

Deutsche Shell (Hrsg.). (2002). *Jugend 2002: Zwischen pragmatischem Idealismus und robustem Materialismus.* Frankfurt a.M.: Fischer.

Deutscher Bildungsrat. (1970). *Empfehlungen der Bildungskommission 1967–1969.* Stuttgart: Klett.

Enders-Dragässer, U. (1981). *Die schulische Sozialisation der Mütter und ihre Folgen, am Beispiel der Hausaufgaben.* Basel: Mond-Buch.

Enders-Dragässer, U. (1990). Mütterarbeit und schulische Ausgrenzung: die heimliche Ganztagsschule. In U. Enders-Dragässer & C. Fuchs, *Frauensache Schule. Aus dem deutschen Schulalltag: Erfahrungen, Analysen, Alternativen* (S. 65–73). Frankfurt a.M.: Fischer Taschenbuch Verlag.

Enders-Dragässer, U. (1996). Albtraum Hausaufgaben. Der Missbrauch der Mütter. *Die Grundschulzeitschrift, 10* (94), 52–56.

Geissler, E., & Schneider, H. (1982). *Hausaufgabe.* Darmstadt: Wissenschaftliche Buchgesellschaft.

Haag, L. (2001a). Hält bezahlter Nachhilfeunterricht, was er verspricht? Eine Evaluationsstudie. *Zeitschrift für pädagogische Psychologie, 15* (1), 38–44.

Haag, L. (2001b). Nachhilfeunterricht. In D. H. Rost (Hrsg.), *Handwörterbuch Pädagogische Psychologie* (2. überarb. und erw. Aufl., S. 489–496). Weinheim: Beltz.

Hurrelmann, K., & Klocke, K. (1995). *Nachhilfeunterricht – eine Domäne der gehobenen Schichten. Ergebnisse einer Jugendbefragung in Nordrhein-Westfalen.* Bielefeld: Universität Bielefeld (SFB/B1).

IJF – Institut für Jugendforschung. (2003). *Mit Nachhilfe kommt man weiter! Die Nachhilfesituation in Deutschland. Repräsentative Befragung von n = 1.503 Kindern und Jugendlichen im Alter von 6 bis 20 Jahren.* München: IJF.

Kamm, H. (1980). Hausaufgaben? Hausaufgaben! *Die Deutsche Schule, 72* (5), 286–290.

Kanders, M. (2000). *Das Bild der Schule aus Sicht der Schüler und Lehrer II.* Institut für Schulentwicklungsforschung, Universität Dortmund.

Keck, R. W. (Hrsg.). (1994). *Wörterbuch Schulpädagogik. Ein Nachschlagewerk für Studium und Schulpraxis.* Bad Heilbrunn: Klinkhardt.

Kramer, W., & Werner, D. (1998). *Familiäre Nachhilfe und bezahlter Nachhilfeunterricht.* Köln: Deutscher Instituts-Verlag.

Krohne, J. A. (2001). Die Schule sitzt mit am Küchentisch. Wie der Schulalltag familiäre Kommunikation bestimmt. In G. Becker, I. Behnken, M. Horstkemper, U. Jopt, & K.-J. Tillmann (Hrsg.), *Schüler 2001. Familie* (S. 111–113). Seelze: Friedrich Verlag.

Krüger, R. (1977). Nachhilfe, Chance oder Skandal? 17 Antworten auf Fragen zu einem vernachlässigten Problem. *Die Deutsche Schule, 69* (1), 545–558.

Langmeyer-Krohn, R., & Krohn, D. (1987). Nachhilfe – Der Unterricht nach der Schule. *Die Deutsche Schule, 79* (4), 491–505.

Pasquale, J. (2001). Mütter sollen alles können. Semiprofessionalisierung der Mutterarbeit. In G. Becker, I. Behnken, M. Horstkemper, U. Jopt, & K.-J. Tillmann (Hrsg.) *Schüler 2001. Familie* (S. 16–19). Seelze: Friedrich Verlag.

Rudolph, M. (2002). *Nachhilfe – gekaufte Bildung? Empirische Untersuchung zur Kritik der außerschulischen Lernbegleitung. Eine Erhebung bei Eltern, LehrerInnen und Nachhilfeinstituten.* Bad Heilbrunn: Klinkhardt.

Sass, J., & Holzmüller, H. (1982). *Bildungsverhalten und Belastung in Familien mit schulpflichtigen Kindern. Ergebnisse der empirischen Befragung „Familie und Plazierung 1977“.* München: Deutsches Jugendinstitut.

Tietze, W., Rossbach, H.-G., & Mader, J. (1987). Zur Hausaufgabensituation bei Grundschülern. *Empirische Pädagogik, 1,* 308–329.

Trudewind, C., & Windel, A. (1991). Elterliche Einflussnahme auf die kindliche Kompetenzentwicklung. Schulleistungseffekte und ihre motivationale Vermittlung. In R. Pekrun & H. Fend (Hrsg.), *Schule und Persönlichkeitsentwicklung. Ein Resümee der Längsschnittforschung* (S. 131–148). Stuttgart: Enke.

Weegen, M. (1986). Das Geschäft mit der organisierten Nachhilfe. In H.-G. Rolff, K. Klemm, & K.-J. Tillmann (Hrsg.), *Jahrbuch der Schulentwicklung* (Bd. 4, S. 236–250). Weinheim: Beltz.

Weiss, M., & Steinert, B. (2001). Institutionelle Vorgaben und ihre aktive Ausgestaltung – Die Perspektive der deutschen Schulleitungen. In J. Baumert, E. Klieme, M. Neubrand, M. Prenzel, U. Schiefele, W. Schneider, P. Stanat, K.-J. Tillmann, & M. Weiß (Hrsg.), *PISA 2000. Basiskompetenzen von Schülerinnen und Schülern im internationalen Vergleich* (S. 427–454). Opladen: Leske + Budrich.

Wild, E. (2001). Familiale und schulische Bedingungen der Lernmotivation von Schülern. *Zeitschrift für Pädagogik, 47* (4), 482–501.

Ulrich Meier

Familie, Freundesgruppe, Schülerverhalten und Kompetenzerwerb

Problemstellung

Jugend, als eine Phase im individuellen Lebenslauf, stellt den Lebensabschnitt des Übergangs vom Status des Kindes zu dem des Erwachsenen dar. Jugendliche entwachsen der Kindheit und sind bemüht, sich vom Elternhaus zu lösen. Sie sind jedoch nicht sogleich in die Welt der Erwachsenen integriert, sondern befinden sich in einem Stadium des Umbruchs und Übergangs, das gekennzeichnet ist durch komplexe Entwicklungsaufgaben und spezifische Probleme der Lebensbewältigung (vgl. Havighurst, 1982). Die Verknüpfung von Entwicklungsaufgaben und damit zusammenhängenden Anforderungen kann als Besonderheit der Entwicklungssituation von Jugendlichen gedeutet werden. „Insofern scheint die Annahme plausibel, daß es sich um eine konzentrierte Phase multipler Bewältigungsleistungen handelt, die sowohl auf Resultaten früherer Aufgaben beruhen als auch Determinanten für die Auseinandersetzung mit Anforderungen des Erwachsenenalters darstellen." (Oerter & Dreher, 1995, S. 328)

In diesem Stadium des Umbruchs und Übergangs, also einem Zustand unabgeschlossener Prozesse, vermindert sich der aktuelle Einfluss von Schule und Familie, während die Bedeutung der Freundesgruppe zunimmt (Fend, 1990). Dies bedeutet nun nicht, dass die Familie irrelevant geworden ist. Vielmehr gilt es seit langem als gesicherte Erkenntnis, dass die innerfamiliär erfahrenen Anregungen und Unterstützungen nennenswerte Auswirkungen auf die Bildungslaufbahn und den Kompetenzerwerb von Jugendlichen besitzen (Helmke & Weinert, 1997). Die bisherigen Analysen im Rahmen der PISA-Studie beschränken sich auf die Betrachtung familiärer Strukturvariablen (Familientypen, Familiengröße, mütterliche Erwerbstätigkeit). Die Ergebnisse zeigen, dass das Aufwachsen in unterschiedlichen Familienkonstellationen in keinem durchgängigen Zusammenhang mit den Merkmalen des Bildungserfolgs der 15-Jährigen steht (vgl. Tillmann & Meier, 2003). Aufgrund vorliegender Forschung kann angenommen werden, dass die Kommunikationsprozesse in den Familien wesentlich bedeutsamer für die Persönlichkeitsentwicklung sind als die Strukturmerkmale und dass sie unter gleichen Strukturbedingungen teils eher positiv, teils eher negativ ausgeprägt sein können (Kreppner, 2000, S. 150). Denn solche Strukturvariablen geben Auskunft über die Rahmenbedingungen familiärer Kommunikation, jedoch nicht über die erzieherischen Interaktionen selbst. Eben diese Ausprägungen des Familienklimas sollen im Weiteren auf ihre Relevanz für das Schülerverhalten und den Kompetenzerwerb betrachtet werden. Dabei wird der Bedeutung der Sozialschichtzugehörigkeit und des Migrationshintergrunds der Familien sowie der im Rahmen von PISA gefundenen Geschlechter- und Schulformunterschiede bei den Basiskompetenzen entsprochen, indem nach diesen vier Faktoren differenziert wird.

Dies gilt auch für einen zweiten Untersuchungsbereich, der bei 15-Jährigen mehr oder weniger eng mit dem familiären und schulischen Kontext verknüpft ist: die Freundesgruppe. Die befragten 15-Jährigen befinden sich in einer Phase der Veränderung, in der als eine wichtige Entwicklungsaufgabe der Aufbau von Beziehungen zu Gleichaltrigen ansteht. Die Bewältigung dieser Entwicklungsaufgabe gelingt nicht allen Jugendlichen in der gesellschaftlich erwünschten Art und Weise: Abweichende Verhaltensformen können als spezifische Formen der Bewältigung und Auseinandersetzung mit diesen alterstypischen Entwicklungsaufgaben angesehen werden. Solche spezifischen unerwünschten oder gesundheitsgefährdenden Formen sind psychosomatische Beschwerden, Alkohol-, Zigarettenmissbrauch, der Konsum illegaler Drogen und gewaltförmige Verhaltensweisen. Im Zusammenhang mit der Bearbeitung dieser jugendspezifischen Entwicklungsthemen können sich auch explizit schuldistanzierte oder gar lernfeindliche Haltungen entwickeln (Hurrelmann, 1994). Wie die aktuelle Jugendforschung zeigt, kann die Gestaltung dieser Freundschaftsbeziehungen in Gruppen unterschiedliche Wertorientierungen und Interessen widerspiegeln. Die Spannbreite reicht von aggressiven Straßengangs bis zu Gruppen, in denen die eigene literarische Produktion einen hohen Identitätswert besitzt (Ferchhoff & Neubauer, 1997). Die Vermutung, dass das Wertklima der Freundesgruppe Konsequenzen für die Lernbereitschaft besitzt und auf diese Weise auch mit dem Kompetenzerwerb korreliert, wurde in bisherigen PISA-Analysen bestätigt: Es zeigten sich mittelstarke, negative Zusammenhänge zwischen den Basiskompetenzen im Lesen und in Mathematik und einer aggressiven Orientierung in der Freundesgruppe (Tillmann & Meier, 2001, S. 482–485). Zwar liegen mittlerweile eine ganze Reihe empirischer Studien vor, die den Zusammenhang von Familie, Clique und aggressivem und gewalttätigem Schülerverhalten untersucht haben (z.B. Fuchs, Lamnek, & Luedtke, 1996; Funk, 1995; Tillmann u.a., 1999). Es existieren bisher jedoch keine Arbeiten, in denen auf der Basis eines umfangreichen Datensatzes das Wirkgefüge von familialer Beziehungsqualität, Wertorientierung der Freundesgruppe, gewalttätigem Schülerverhalten und schulischem Kompetenzerwerb analysiert wurde. Genau dies soll im Folgenden geschehen.

Dazu werden zunächst bivariate Zusammenhänge für die einzelnen Untersuchungsbereiche separat untersucht. Die ermittelten Korrelationen bilden zumeist nur schwache Zusammenhänge ab. Korrelationskoeffizienten von $.10 < r \leq .30$ kennzeichnen schwache Effekte, Korrelationskoeffizienten von $.30 < r \leq .50$ mittlere Effekte und Korrelationskoeffizienten von r > .50 starke Effekte (vgl. Cohen, 1988). Diese Einteilung bietet jedoch keine klaren Grenzwerte, sondern kann bestenfalls als Orientierungshilfe verstanden werden. „*Wohlgemerkt:* wissenschaftlich sind auch Korrelationen von 0,20 interessant und beachtenswert. Ich füge noch eine Bedeutung hinzu: sie sind auch bildungs- und sozialpolitisch relevant. Nur eben praktisch, also im Einzelfall, nicht." (Dollase, 1984, S. 72; Hervorhebung im Original) Für die Interpretation des Koeffizienten sowie für das Schließen auf die Stärke des Zusammenhangs kann keine allgemeine Anleitung gegeben werden, da dies stets vor dem inhaltlichen Hintergrund der jeweils untersuchten Fragestellung erfolgen muss. Dies verweist auf die Relevanz der inhaltlichen Verknüpfung bei der Interpretation der Zusammenhänge, die nicht allein von der absoluten Größe des Koeffizienten abhängig ist. So kann das Ergebnis bedeutsam sein, dass nur ein schwacher linearer Zusammenhang zwischen dem aggressiven Klima in der Freundesgruppe und den Testleistungen im Lesen besteht. Da es jedoch im vorliegenden Beitrag auch um die Überprüfung multipler Zusammenhänge geht, reichen bivariate Analysen nicht aus. Bei der Untersuchung multivariater Zusammenhänge wird die Bedeutung von Merkmalskombinationen mit berücksichtigt, die bei der isolierten Betrachtung bivariater Zusammenhänge verloren gehen.

Im Rahmen von PISA 2000 wurden die Heranwachsenden sowohl nach ihrer Zugehörigkeit zu einer Gleichaltrigengruppe, dem Werteklima innerhalb dieser Gruppe, der Qualität der Beziehungen zu den Eltern und auch nach dem eigenen devianten und gewalttätigem Verhalten gefragt. Nicht übersehen werden darf dabei allerdings, dass in diesen Feldern jeweils nur einzelne Indikatoren erhoben werden konnten. Denn im Rahmen einer vergleichenden Schulleistungsstudie steht nur ein begrenzter Fragebogenplatz zur Verfügung. Für eine differenziertere Erforschung beispielsweise von Prozessen familiärer Sozialisation sind deshalb gesonderte Untersuchungen erforderlich (vgl. z.B. Walper & Pekrun, 2001). Eine weitere methodische Begrenzung der Analysen ergibt sich aus dem querschnittlichen Design der Studie. Dieses erlaubt keine Kausalaussagen, sondern lediglich Plausibilitätsprüfungen von Modellannahmen. Zudem bleibt bei der Momentaufnahme einer Querschnittuntersuchung unberücksichtigt, welche Veränderungen der erhobenen Merkmale sich im Verlaufe der Biographie der 15-Jährigen ergeben haben. Der Erkenntniswert der folgenden Analysen liegt darin, Leistungsunterschiede im Rahmen der PISA-E-Stichprobe im Zusammenhang mit Kontextfaktoren in außerschulischen Lebensbereichen (Familie, Freundesgruppe) und abweichendem Schülerverhalten darzustellen. Dabei soll untersucht werden, welche Unterschiede nach Sozialschicht und Migrationshintergrund existieren und welche schulform- und geschlechterspezifischen Differenzen vorhanden sind.

Familienklima und Kompetenzerwerb

Im Folgenden geht es nicht um familiäre Strukturvariablen, wie Familiengröße und Familienformen, sondern um die Gestaltung von Beziehungsformen zwischen Eltern und

Kindern. Diese Absicht wird umgesetzt, indem zwei unterschiedliche (oder gar gegensätzliche) Ausformungen der Qualität der Eltern-Kind-Beziehungen analysiert werden, die als „Akzeptierendes Familienklima“ und als „Restriktives Familienklima“ bezeichnet werden. Die Skala „Akzeptierendes Familienklima“ (Kunter u.a., 2002) besteht aus drei Items (Cronbachs $\alpha = .72$):

- „Wenn ich mal Probleme habe, sind meine Eltern für mich da.“
- „Meine Kinder würde ich so erziehen, wie ich von meinen Eltern erzogen wurde.“
- „Zu Hause fühle ich mich sehr wohl.“

Die Ergebnisse zeigen, dass die meisten Heranwachsenden ein tendenziell positives familiäres Beziehungsklima konstatieren, wobei nur geringe Unterschiede in der Schulformzugehörigkeit und dem Geschlecht vorhanden sind. Auf der 5-stufigen Antwortskala von „stimmt ganz genau“ (5) bis „stimmt gar nicht“ (1) stimmen 68 Prozent der Jugendlichen der Aussage „Wenn ich mal Probleme habe, sind meine Eltern für mich da“ zu (Addition der Antwortvorgaben „stimmt ganz genau“ und „stimmt überwiegend“). 74 Prozent der Mädchen und 76 Prozent der Jungen fühlen sich zu Hause sehr wohl. In Übereinstimmung mit Befunden der Studie von Tillmann u.a. (1999) bewerten die Jungen in allen Schulformen das Familienklima geringfügig positiver als die Mädchen. Die Effektstärken weisen jedoch darauf hin, dass die Unterschiede praktisch unbedeutend sind und lediglich beschreibenden Charakter haben (ohne Abbildung). Die praktische Relevanz des Faktors Schulform nimmt noch ab, wenn eine dreifaktorielle Kovarianzanalyse durchgeführt wird, bei der die Faktoren Schulform, Geschlecht und Migrationshintergrund und als Kovariate die Sozialschicht betrachtet werden. Im Ergebnis zeigt sich, dass allein der Haupteffekt Schulform und die Kovariate Sozialschicht signifikante Befunde liefern, die aber an den signifikanten Interaktionseffekten relativiert werden müssen[1].

Inhaltlich lässt sich das Ergebnis folgendermaßen beschreiben: Ob die Jugendlichen in Familien mit oder ohne Migrationshintergrund aufwachsen, ob als Junge oder als Mädchen, wird erst in Wechselwirkung mit den anderen Faktoren bedeutsam. Wichtiger erscheinen die Sozialschicht der Familie und damit zusammenhängend die Schulformzugehörigkeit. Gymnasium, Realschule, Integrierte Gesamtschule, Hauptschule und Schule mit mehreren Bildungsgängen, so lautet die Rangreihe der gemittelten Werte für das akzeptierende Familienklima. Dabei unterscheiden sich Hauptschulen und Schulen mit mehreren Bildungsgängen nicht signifikant voneinander. Dieser Befund bedeutet: Je „höher“ die Schulform, desto sozial besser gestellt ist die Schülerschaft – und desto eher wird das Familienklima als akzeptierend eingeschätzt. Dabei darf nicht unerwähnt bleiben, dass die aufgrund der Stichprobengröße signifikanten Unterschiede klein sind, dass die Effektstärken der Schulform und der Sozialschicht ebenfalls gering ausfallen und dass zudem die Haupteffekte an den signifikanten Interaktionseffekten relativiert werden müssen.

Dieses Muster signifikanter Haupteffekte der Schulform und der Kovariate Sozialschicht stellt sich bei der zweiten Dimension zum familiären Klima deutlich anders dar. Die Skala „Restriktives Familienklima“ (Kunter u.a., 2002) umfasst vier Items (Cronbachs $\alpha = .68$):

- „Eltern erlauben mir viel weniger als andere in meinem Alter dürfen."
- „Zu Hause hat es für mich schon so manches Mal Prügel gegeben."
- „Die hohen Erwartungen meiner Eltern an meine Schulleistungen setzen mich unter Druck."
- „Meine Eltern schreiben mir sehr stark vor, was ich zu tun habe."

Beim restriktiven Familienklima liegen in allen Schulformen die Werte der Jungen über denen der Mädchen. Die Unterschiede zwischen den einzelnen Schulformen fallen eher gering aus, wobei in den Hauptschulen die höchsten, in den Gymnasien die niedrigsten Werte für Jungen bzw. Mädchen angegeben werden (ohne Abbildung). Insgesamt muss sich nur eine Minderheit der 15-Jährigen mit restriktiven Erziehungsmaßnahmen ihrer Eltern auseinander setzen: 21 Prozent der Jungen und 19 Prozent der Mädchen stimmen der Aussage „Meine Eltern erlauben mir viel weniger als andere in meinem Alter dürfen" zu (Addition der Kategorien „stimmt ganz genau" und „stimmt überwiegend"). Nur 18 Prozent der Jungen und 12 Prozent der Mädchen empfinden die hohen Erwartungen ihrer Eltern an die Schulleistungen als Druck. Und für 7 Prozent der Jungen und 6 Prozent der Mädchen trifft die Aussage „Zu Hause hat es für mich schon so manches Mal Prügel gegeben" zu. Hier findet sich auch ein deutliches Gefälle zwischen den Schulformen: Im Gymnasium haben nur 5 Prozent der Jungen und 4 Prozent der Mädchen körperliche Gewalt in der Familie erfahren, während die Anteile in Hauptschulen auf 11 Prozent bei den Jungen und 10 Prozent bei den Mädchen steigen.

Das Ergebnis einer dreifaktoriellen Kovarianzanalyse (Faktoren: Schulform, Geschlecht und Migrationshintergrund; Kovariate: Sozialschicht) zeigt, dass einzig die drei Haupteffekte Schulform, Geschlecht und Migration signifikante Befunde liefern und somit einzeln interpretierbar sind. Die Sozialschicht besitzt keinen signifikanten Einfluss. Jugendliche aus Migrationsfamilien erleben strengere Erziehungsformen als

Schulform	Geschlecht		Akzeptierendes Familienklima	Restriktives Familienklima
Hauptschule	Jungen	(n = 3.475)	.08***	–.13***
	Mädchen	(n = 2.726)	.00	–.13***
Realschule	Jungen	(n = 3.865)	.05**	–.10***
	Mädchen	(n = 4.315)	.07***	–.15***
Gymnasium	Jungen	(n = 4.205)	.11***	–.19***
	Mädchen	(n = 5.322)	.04**	–.10***
Integrierte Gesamtschule	Jungen	(n = 1.504)	.10***	–.15***
	Mädchen	(n = 1.486)	.09**	–.15***
Schule mit mehreren Bildungsgängen	Jungen	(n = 1.527)	.07**	–.04
	Mädchen	(n = 1.330)	.00	–.05

** $p < .01$, *** $p < .001$.

Tabelle 7.1 Korrelationen der Lesekompetenz mit dem Familienklima nach Schulform und Geschlecht

die Heranwachsenden aus „deutschen" Familien, Jungen sind stärker betroffen als Mädchen, und die Rangreihe der Schulformen lautet: Hauptschule (M = 2,2), Integrierte Gesamtschule (M = 2,15), Schule mit mehreren Bildungsgängen (M = 2,13), Realschule (M = 2,1), Gymnasium (M = 1,99). Die Hauptschule unterscheidet sich nicht signifikant von der Integrierten Gesamtschule und die Schule mit mehreren Bildungsgängen nicht von der Integrierten Gesamtschule und der Realschule. Damit trifft auch hier zu, dass die Jugendlichen in Gymnasien ein besonders gutes, Jugendliche in Hauptschulen ein erkennbar schlechtes Familienklima wahrnehmen. Da die innerfamiliär erfahrenen Anregungen und Unterstützungen nennenswerte Auswirkungen auf die Bildungslaufbahn und den Kompetenzerwerb von Jugendlichen besitzen (Helmke & Weinert, 1997), kann auch für die PISA-E-Stichprobe davon ausgegangen werden, dass sich bei den beiden erhobenen Indikatoren innerfamiliärer Beziehungs- und Kommunikationsstrukturen Zusammenhänge zum Kompetenzerwerb konstatieren lassen.

Die in Tabelle 7.1 abgebildeten Korrelationen belegen, dass ein restriktives Erziehungsklima mit geringeren Leseleistungen einhergeht und gegenseitige Akzeptanz in der Familie positiv mit der Lesekompetenz kovariiert. Dabei ist der Zusammenhang zwischen der Leistung im Lesen und dem restriktiven Familienklima stärker ausgeprägt, mit Ausnahme bei den Jugendlichen an Schulen mit mehreren Bildungsgängen.

Im Vergleich zur Lesekompetenz sind die Zusammenhänge bei den Basiskompetenzen in Mathematik geringer (vgl. Tab. 7.2). Dies gilt sowohl für ein akzeptierendes als auch für ein restriktives Familienklima. Die Existenz eines wohlwollenden, verständnisvollen Elternverhaltens hat so gut wie keine Relevanz für den Erwerb mathematischer Kompetenzen. Die einzigen signifikanten Korrelationen treten bei den Jungen in der Hauptschule und im Gymnasium auf. Auch wenn sich die Anzahl der signifikanten Korrelationen beim restriktiven Familienklima auf fünf erhöht, so deuten die eher schwa-

Schulform	Geschlecht	Akzeptierendes Familienklima	Restriktives Familienklima
Hauptschule	Jungen (n = 1.842)	.07*	–.13***
	Mädchen (n = 1.408)	–.06	–.05***
Realschule	Jungen (n = 1.976)	–.04	–.04
	Mädchen (n = 2.301)	.04	–.12***
Gymnasium	Jungen (n = 2.201)	.08***	–.16***
	Mädchen (n = 2.750)	–.02	–.03
Integrierte	Jungen (n = 823)	.04	–.12***
Gesamtschule	Mädchen (n = 762)	.03	–.07*
Schule mit mehreren	Jungen (n = 797)	–.01	.05
Bildungsgängen	Mädchen (n = 745)	.02	–.03

* p < .05, *** p < .001.

Tabelle 7.2 Korrelationen der Mathematikkompetenz mit dem Familienklima nach Schulform und Geschlecht

chen Zusammenhänge auch hier darauf hin, dass die bivariate Analyse zu kurz greift. Wie aufgrund der kovarianzanalytischen Befunde erwartet werden konnte, weichen die Korrelationskoeffizienten nur geringfügig von den präsentierten Werten ab, wenn beim akzeptierenden Familienklima eine Partialkorrelation mit der Kontrollvariablen Sozialschicht gerechnet wird und beim restriktiven Familienklima nach dem Migrationshintergrund der Familie der Jugendlichen differenziert wird (ohne Tabelle).

Auch wenn die Vorzeichen der ermittelten Zusammenhänge zeigen, dass ein akzeptierendes Familienklima tendenziell mit höheren Leistungen im Lesen und in Mathematik verknüpft ist und ein restriktiver Erziehungsstil eher mit niedrigeren Kompetenzen der Jugendlichen einhergeht, so verweisen Determinationskoeffizienten mit maximal 4 Prozent Varianzaufklärung darauf, dass diese Zusammenhänge nicht überzubewerten sind. Aufgrund der relativ großen Stichprobe werden einige Zusammenhänge signifikant, doch wegen ihrer geringen Höhe sind sie fast unbedeutend – zumindest was die praktische Relevanz angeht. An dieser Stelle wird deutlich, dass die Bewertung der Stärke des Zusammenhangs stets vor dem Hintergrund der inhaltlichen Fragestellung gesehen werden muss. So sind die innerfamiliär erfahrenen Interaktionen in dieser Lebensphase nicht von zentraler Bedeutung, aber auch nicht gänzlich unbedeutend für den schulischen Lernprozess. Ihre Relevanz liegt aber wohl eher in der elterlichen Modellierung flankierender Rahmenbedingungen, die schulische Anforderungen abfedernd oder restriktiv-fordernd begleiten können. Weit wichtiger für den Kompetenzerwerb könnten die Beziehungen zu Freunden und Freundesgruppen sein, die mehr oder weniger selbstbestimmt gewählt werden.

Freundesgruppe und Kompetenzerwerb

Freundschaften zu knüpfen und sich in Gleichaltrigengruppen zu integrieren, wird als *eine* relevante Entwicklungsaufgabe des Jugendalters angesehen. Ergebnisse der Jugendforschung zeigen, dass die große Mehrheit der Heranwachsenden sich einer Clique zurechnet und dass Mädchen in ihrer Cliquenzugehörigkeit inzwischen mit den Jungen gleichgezogen haben (z.B. Tillmann u.a., 1999). Wie groß ist der Anteil der Schülerinnen und Schüler, die einer festen Freundesgruppe angehören? Sind es mehr Jungen, die Gruppenkontakte suchen und pflegen, oder gilt dies eher für die Mädchen? Welche Unterschiede gibt es zwischen den Schulformen hinsichtlich der Gruppenzugehörigkeit und dem Werteklima der Freundesgruppe? Befunde anderer Studien zur Einbindung von Schülerinnen und Schülern in informelle Cliquen finden in den PISA-E-Daten ihre Bestätigung. Die entwicklungstheoretisch bedeutsame Aufgabe, subjektiv befriedigende Beziehungen zu Gleichaltrigen aufzubauen, wird von den meisten Jugendlichen gut bewältigt: 76 Prozent der Befragten gehören einer festen Freundesgruppe an (61 % einer geschlechtergemischten und 15 % einer geschlechterhomogenen). Dabei ist der Anteil der Jungen mit 71 Prozent geringer als der der Mädchen (82 %). 77 Prozent der Jugendlichen aus „deutschen“ Familien und 68 Prozent der Heranwachsenden aus Migrantenfamilien haben eine Freundesgruppe, wobei die Schulformunterschiede zwischen 71 und 79 Prozent gering ausfallen.

Nun ist aus der Jugendforschung bekannt, dass in solchen Freundesgruppen oder Cliquen recht unterschiedliche Wertorientierungen vorherrschen können, die von aggressiven Grundmustern in entsprechenden Gangs bis hin zu intellektuell interessierten Zirkeln reichen (Behnken u.a., 1997). Der Hypothese, dass die Einbindung in solche Cliquen mit ihren je spezifischen Wertkonnotationen bedeutsam für die Lernbereitschaft und mithin für den Kompetenzerwerb sind, wurde im ersten deutschen PISA-Bericht nachgegangen (Tillmann & Meier, 2001, S. 482–485). Die dort gefundenen negativen Zusammenhänge der Zugehörigkeit zu einer aggressiv orientierten Freundesgruppe mit den Leistungen im Lesen und in Mathematik sollen im Folgenden vertiefend analysiert werden. Dazu wird kontrastierend zum aggressiven Werteklima der Gruppe die Dimension der Leseorientierung in der Freundesgruppe untersucht und als weitere Unterscheidungsmerkmale der Migrationshintergrund und die Sozialschicht aufgenommen.

Begonnen wird mit der Skala „Aggressive Orientierung in der Freundesgruppe“ (Kunter u.a., 2002), die drei Items umfasst (Cronbachs $\alpha = .63$):

- „Wenn wir Probleme mit anderen Gruppen haben, lösen wir die nicht mit Diskutieren.“
- „Um die Ziele und Interessen unserer Gruppe durchzusetzen, pfeifen wir auch schon mal aufs Gesetz.“
- „Im letzten Jahr hat es mit anderen Gruppen Kämpfe, Prügeleien oder ähnliche Auseinandersetzungen gegeben.“

Von den insgesamt 76 Prozent der Jugendlichen, die angeben, einer festen Freundesgruppe anzugehören, stimmt ein nicht unbeträchtlicher Teil den drei Statements zum aggressiven Klima ihrer Gruppe zu (Addition der Antwortkategorien „stimmt ganz genau“ und „stimmt überwiegend“). Die Werte liegen beim Item zur aggressiven Problemlösung zwischen 11 Prozent der Mädchen an Gymnasien und 28 Prozent der Hauptschüler, bei der illegalen Interessendurchsetzung zwischen 10 Prozent der Gymnasiastinnen und 38 Prozent der Hauptschüler und bei der Konstatierung kämpferischer Auseinandersetzungen zwischen 5 Prozent der Gymnasiastinnen und 37 Prozent der Hauptschüler. Diese Frequenzen verdeutlichen zugleich, dass massive Unterschiede zwischen den Schulformen und zwischen den Geschlechtern existieren. Dieser Sachverhalt kommt auch in den gemittelten Werten in Abbildung 7.1 zum Ausdruck. Das aggressivste Klima wird von Hauptschülern berichtet, während die Gymnasiastinnen die niedrigsten Werte erreichen. Die kovarianzanalytischen Ergebnisse zeigen, dass es deutliche Unterschiede zwischen den Schulformen und den Geschlechtern gibt, was das Vorkommen aggressiver Freundesgruppen betrifft. Der Migrationshintergrund der Jugendlichen spielt eine eher nachgeordnete Rolle, deren Wichtigkeit nach Schulform und Geschlecht variiert, während die Sozialschicht keinen signifikanten Einfluss ausübt[2].

Im Zusammenhang mit dem Kompetenzerwerb der 15-Jährigen kann somit davon ausgegangen werden, dass es unterschiedlich starke Verknüpfungen zwischen der ag-

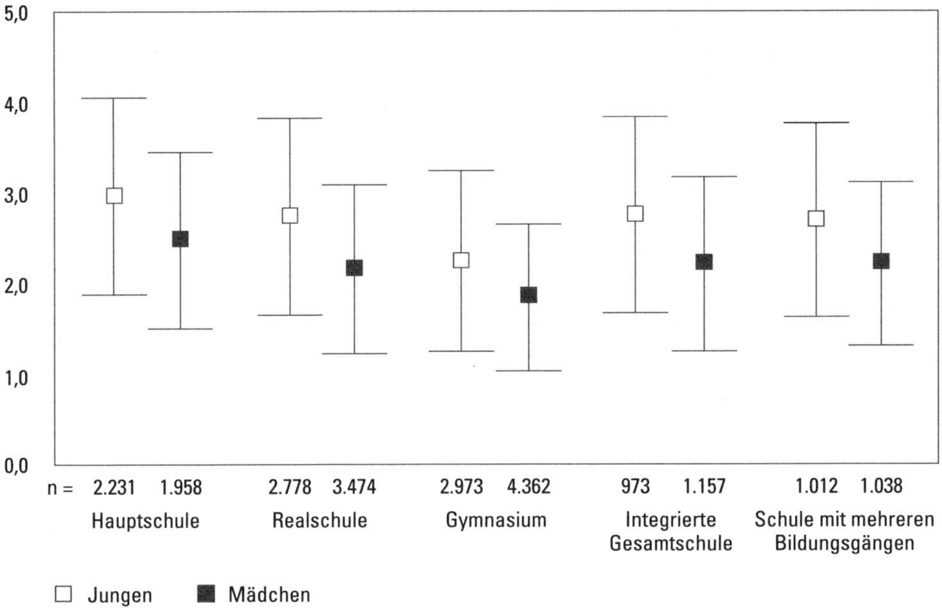

Die Effektstärken der Faktoren Schulform (η^2 = .06) und Geschlecht (η^2 = .05) sind gering.

Abbildung 7.1 Aggressive Orientierung in der Freundesgruppe (Mittelwerte und Standardabweichung)

gressiven Orientierung in der Freundesgruppe und den erworbenen Basiskompetenzen gibt, wenn nach Schulform und Geschlecht differenziert wird. Dabei wird erwartet, dass diese Korrelationen ein negatives Vorzeichen besitzen, weil die Einbindung in solche Cliquen oftmals mit schuldistanzierten Haltungen verknüpft ist, die eher lernhemmend als förderlich sind. Die in allen Schulformen negativen Korrelationen der aggressiven Orientierung mit der Lesekompetenz reichen von r = –.10 bei den Hauptschülerinnen bis r = –.26 bei den Gesamtschülern. In Mathematik sind diese Zusammenhänge etwas geringer ausgeprägt, aber auch hier allesamt negativ (vgl. Tab. 7.3). Wie schon in der ersten Analyse von PISA 2000 (Tillmann & Meier, 2001, S. 484), so zeigt sich auch in der erweiterten PISA-E-Stichprobe: In allen Schulformen geht die Einbindung in Freundesgruppen, deren Werteklima aggressiv geprägt ist, mit geringeren fachlichen Leistungen einher.

Nun definiert sich nicht jede Freundesgruppe der Jugendlichen über die genannten, eher schuldistanzierten Werte, sodass der Bereich der Freizeitaktivitäten der 15-Jährigen nicht prinzipiell mit den Anforderungen schulischen Lernens und Lebens konfligiert. Setzt man alle Heranwachsenden, die einer Freundesgruppe angehören, auf 100 Prozent, so gehören davon 31 Prozent einer Clique an, die mehr oder weniger stark ausgeprägte aggressive Orientierungen aufweist und gleichzeitig keinerlei Leseorientierung zeigt. Demgegenüber sind 12 Prozent in Freundesgruppen involviert, die mehr oder weniger intensiv leseorientiert sind, ohne ein aggressives Werteklima zu besitzen. Bei

Schulform	Geschlecht	Lesen		Mathematik	
Hauptschule	Jungen	(n = 2.231)	–.12***	(n = 1.142)	–.09***
	Mädchen	(n = 1.958)	–.10***	(n = 1.019)	–.07***
Realschule	Jungen	(n = 2.778)	–.17***	(n = 1.406)	–.09***
	Mädchen	(n = 3.474)	–.16***	(n = 1.821)	–.16***
Gymnasium	Jungen	(n = 2.973)	–.25***	(n = 1.544)	–.23***
	Mädchen	(n = 4.362)	–.18**	(n = 2.230)	–.08***
Integrierte Gesamtschule	Jungen	(n = 973)	–.26***	(n = 521)	–.21***
	Mädchen	(n = 1.157)	–.20***	(n = 609)	–.13***
Schule mit mehreren Bildungsgängen	Jungen	(n = 1.012)	–.20***	(n = 534)	–.09***
	Mädchen	(n = 1.038)	–.21***	(n = 581)	–.17***

** p < .01, *** p < .001.

Tabelle 7.3 Korrelationen der aggressiven Orientierung in der Freundesgruppe mit den Kompetenzen im Lesen und in Mathematik nach Schulform und Geschlecht

den verbleibenden 57 Prozent handelt es sich um Gruppen, in denen beide Verhaltensweisen mit unterschiedlicher Häufigkeit auftreten. Im Kontrast zu den Freundesgruppen, die normabweichende Verhaltensweisen favorisieren, stehen Cliquen, zu deren identitätsstiftenden und gruppenstabilisierenden Einstellungen eher Lerninteresse und Lesemotivation gehören. Dieses Klima wurde durch eine Skala „Leseorientierung in der Freundesgruppe“ (Kunter u.a., 2002) erhoben (Cronbachs $\alpha = .85$):

- „Die meisten Freunde/Freundinnen geben viel Geld für Bücher aus.“
- „Ich spreche oft mit meinen Freunden/Freundinnen über Bücher.“
- „Manchmal gehe ich mit meinen Freunden/Freundinnen in einen Buchladen.“
- „Manchmal gehe ich mit meinen Freunden/Freundinnen in eine Bibliothek.“

Insgesamt sind die Anteile der Jugendlichen, die diesen Statements zustimmen (Addition der Antwortkategorien „stimmt ganz genau“ und „stimmt überwiegend“), deutlich kleiner als bei den aggressiven Cliquen. Setzt man alle Heranwachsenden, die einer Freundesgruppe angehören, auf 100 Prozent, so können lediglich 3 Prozent bis maximal 12 Prozent der Jugendlichen hierzu gezählt werden. So verteilen sich die Häufigkeiten beim Item „Ich spreche oft mit meinen Freunden/Freundinnen über Bücher“ folgendermaßen: Von den Jungen bejahen dies 3 Prozent an Realschulen, jeweils 4 Prozent an Gesamtschulen und an Schulen mit mehreren Bildungsgängen, 5 Prozent an Gymnasien und 6 Prozent an Hauptschulen. Unter den Mädchen trifft dies für 4 Prozent an Haupt- und Realschulen, jeweils 5 Prozent an Gesamtschulen und Schulen mit mehreren Bildungsgängen und mit einem gewissen Abstand für 9 Prozent an Gymnasien zu. Diese Rangreihen finden auch in Abbildung 7.2 ihren Ausdruck.

Die kovarianzanalytischen Ergebnisse zeigen, dass es deutliche Unterschiede nach Schulform, Geschlecht und Migration gibt, wenn die Sozialschicht kontrolliert wird. Die

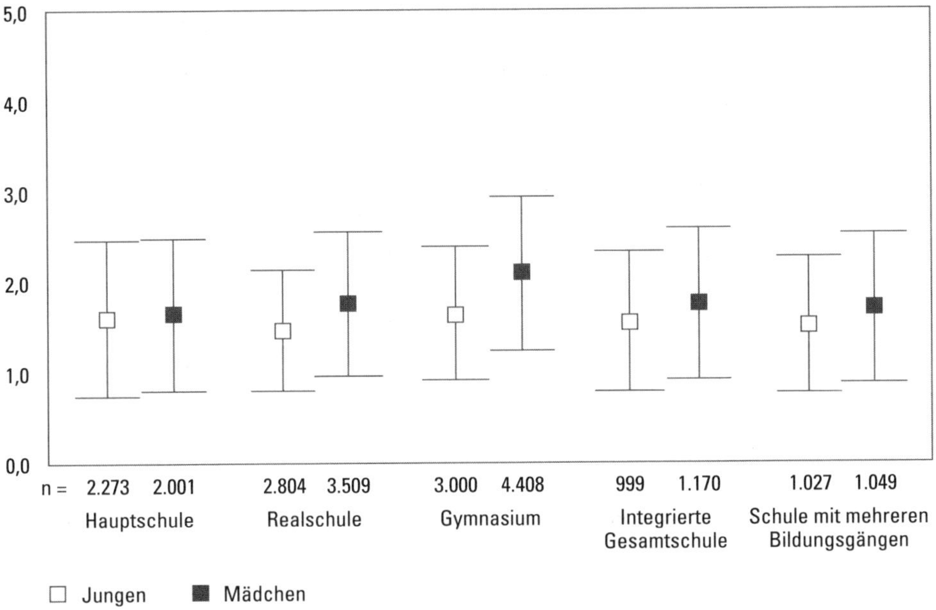

Die Effektstärken der Faktoren Schulform ($\eta^2 = .02$) und Geschlecht ($\eta^2 = .02$) sind gering.

Abbildung 7.2 Leseorientierung in der Freundesgruppe (Mittelwerte und Standardabweichung)

Freundesgruppen der Mädchen sind in allen Schulformen stärker leseorientiert, mit mehr oder weniger großen Mittelwertdifferenzen (vgl. Abb. 7.2). Die Unterschiede nach Migrationshintergrund lassen sich nur schulformspezifisch zuordnen, was mit der sozialen Zusammensetzung der Schülerschaft in den verschiedenen Schulformen zusammenhängt[3]. Im Gegensatz zu den eher aggressiv eingestellten Freundesgruppen wurde erwartet, dass die Zugehörigkeit zu einer leseorientierten Gruppe positiv mit dem Kompetenzerwerb verknüpft ist. In einer differenzierten Betrachtung nach Schulform und Geschlecht ergeben sich mehrmals positive Zusammenhänge, die jedoch nur schwach ausgeprägt sind (vgl. Tab. 7.4).

In allen Schulformen mit Ausnahme der Hauptschule besitzt die Leseorientierung der Freundesgruppe für die Mädchen mehr Relevanz beim Erwerb der Basiskompetenzen als für ihre männlichen Mitschüler. In Hauptschulen ergeben sich auch die einzigen signifikanten, negativen Korrelationen. Bei den Jungen in Hauptschulen geht die Leseorientierung der Freundesgruppe mit niedrigeren Kompetenzen im Lesen und in Mathematik einher.

Nun wird bei der Erfassung der Leseorientierung nicht danach gefragt, welche Bücher es sind, für die die meisten Freunde oder Freundinnen viel Geld ausgeben, über die mit den Freunden oder Freundinnen oft gesprochen wird und für die man mit Freunden oder Freundinnen manchmal in einen Buchladen oder eine Bibliothek geht. So kann vermutet, aber eben nicht empirisch belegt werden, dass die Bücher, für die Hauptschüler aus

Schulform	Geschlecht	Lesen		Mathematik	
Hauptschule	Jungen	(n = 2.236)	–.12***	(n = 1.146)	–.15***
	Mädchen	(n = 1.963)	–.02	(n = 1.021)	.04
Realschule	Jungen	(n = 2.782)	.01	(n = 1.406)	–.01
	Mädchen	(n = 3.477)	.17***	(n = 1.823)	.14***
Gymnasium	Jungen	(n = 2.974)	.12***	(n = 1.544)	.04
	Mädchen	(n = 4.364)	.19**	(n = 2.231)	.09***
Integrierte Gesamtschule	Jungen	(n = 973)	.01	(n = 521)	–.03
	Mädchen	(n = 1.156)	.15***	(n = 608)	.10*
Schule mit mehreren Bildungsgängen	Jungen	(n = 1.011)	–.02	(n = 533)	.00
	Mädchen	(n = 1.040)	.09**	(n = 582)	.15***

* p < .05, ** p < .01, *** p < .001.

Tabelle 7.4 Korrelationen der Leseorientierung in der Freundesgruppe mit den Kompetenzen im Lesen und in Mathematik nach Schulform und Geschlecht

leseorientierten Freundesgruppen viel Geld ausgeben und über die sie auch oftmals mit ihren Freunden oder Freundinnen reden, Informationen und Darbietungen enthalten, die wenig kompatibel mit den schulischen Lerninhalten sind. Die negativen, signifikanten Korrelationen deuten darauf hin, dass hier sogar eigene cliquenspezifische Leseinhalte und Informationen favorisiert werden, die antagonistisch zu schulischen Lerninhalten für den Kompetenzerwerb im Lesen *und* in Mathematik stehen. Gestützt wird diese Annahme dadurch, dass Jungen in Hauptschulen ebenso wie die Schüler aus Schulen mit mehreren Bildungsgängen auf die Frage, was sie wie oft lesen, angeben, am seltensten Sachbücher und Tageszeitungen zu nutzen, dafür aber Zeitschriften und – ebenso wie die Realschüler – Comics relativ häufig zu konsumieren. Wie die Befunde zeigen, trifft dies besonders auf männliche Jugendliche an Hauptschulen zu, also auf eine Gruppe, die in der Schule nicht selten Leistungsprobleme hat, in der ein vergleichsweise großer Anteil einen Schulformwechsel in Form eines „Abstiegs" hinter sich hat (Tillmann & Meier, 2001, S. 476 f.) und häufig aus einem intellektuell anregungsarmen familiären Umfeld kommt. So bilden bei der Angabe, wie viele Bücher zu Hause vorhanden sind, die Hauptschüler in der Kategorie „maximal 10 Bücher" die mit Abstand größte Gruppe. 16 Prozent der Hauptschüler schätzen den häuslichen Bücherbestand so ein. Im Vergleich dazu sind es im Gymnasium nur 1 Prozent der Schüler.

Die Befunde zeigen, dass die Zugehörigkeit zu einer Freundesgruppe und deren Werteklima mit den erhobenen Basiskompetenzen kovariiert. Bei den insgesamt nur schwach ausgeprägten Zusammenhängen fällt auf, dass mit Ausnahme der Hauptschule die Leseorientierung der Freundesgruppe bei den Mädchen bedeutsamer mit den Kompetenzwerten korrespondiert als bei den Jungen. In einem multivariaten Modell wurde überprüft, welche relativen Bedeutungen die Ausprägungen des Werteklimas der Freun-

	Lesen		Mathematik	
	Jungen	Mädchen	Jungen	Mädchen
Sozialschicht	.36	.33	.34	.30
Migrationshintergrund	–.10	–.12	–.12	–.13
Aggressive Freundesgruppe	–.24	–.20	–.20	–.16
Leseorientierte Freundesgruppe	n.s.	.15	n.s.	.14
R^2	23 %	24 %	20 %	19 %

Tabelle 7.5 Regression der Lese- und Mathematikkompetenzen auf Sozialschicht, Migrationshintergrund und Werteklima der Freundesgruppe

desgruppe für den Kompetenzerwerb der 15-Jährigen besitzen, wenn die Faktoren Migration (beide Eltern im Land geboren vs. beide Eltern im Ausland geboren) und Sozialschicht (ISEI) einbezogen werden. Diese multiplen Regressionsanalysen werden getrennt für die Geschlechter durchgeführt (vgl. Tab. 7.5).

Von den aufgeführten standardisierten Regressionskoeffizienten besitzt die Sozialschicht bei beiden Geschlechtern erwartungsgemäß den größten Erklärungswert für die Kompetenzen im Lesen und in Mathematik. Mit ansteigender sozioökonomischer Stellung der Familie in der sozialen Hierarchie steigen auch die Kompetenzwerte der Heranwachsenden. Auch beim Migrationshintergrund ergeben sich erwartungstreue Befunde: Sowohl bei den Jungen als auch bei den Mädchen erreichen Jugendliche aus Familien ohne Migrationshintergrund die besseren Leistungen. Beim Cliquenklima zeigen sich sodann typische geschlechterspezifische Wertigkeiten. Bei den Jungen überwiegt sowohl beim Lesen als auch in Mathematik der Einfluss der aggressiven Freundesgruppe, während die Leseorientierung in ihrer Bedeutung gegen null tendiert. Bei den Mädchen hingegen gibt es zusätzlich zu einer aggressiven Wertorientierung in der Freundesgruppe, die sich negativ auf den Kompetenzerwerb auswirkt, einen fast gleich starken positiven Effekt der Leseorientierung in der Clique. Insgesamt ist der recht hohe Anteil aufgeklärter Varianz (R^2) hauptsächlich auf den Faktor Sozialschicht zurückführbar.

All diese Angaben beziehen sich auf das Gros der Jugendlichen, nämlich die insgesamt 76 Prozent der 15-Jährigen, die einer Freundesgruppe angehören. Das verbliebene Viertel der Heranwachsenden, die angeben, nicht zu einer Freundesgruppe zu gehören, wurde bisher sinnvollerweise nicht berücksichtigt, wenn es um die Relevanz des Klimas der Clique ging. Doch ist es für diese Jugendlichen eher vorteilhaft, gemessen an den bisher erworbenen Grundfertigkeiten im Lesen und in Mathematik, nicht in Cliquen involviert zu sein, die aggressive Werte vertreten? Erreichen diese 15-Jährigen nicht solch gute Leistungswerte wie ihre Mitschülerinnen und Mitschüler, die feste Kontakte zu einer leseorientierten Freundesgruppe haben? Diesen Fragen wird nachgegangen, indem die Mittelwerte im Lesen und in Mathematik für Jugendliche mit und ohne Freundesgruppe verglichen werden. Dies geschieht exemplarisch für drei Subgruppen:

- erstens für Jugendliche ohne Freundesgruppe;
- zweitens für Heranwachsende, die einer Freundesgruppe angehören, deren aggressives Werteklima zum oberen Viertel der Skalenwerte gehört und der gleichzeitig keine Leseorientierung zugeschrieben wird;
- drittens für Jugendliche, die zu einer Freundesgruppe gehören, deren Leseorientierung im oberen Viertel der Skala lokalisiert ist und in der gleichzeitig kein aggressives Klima vorhanden ist.

Die Vergleiche zwischen diesen drei Gruppen werden differenziert nach dem Geschlecht und der Schulform vorgenommen. Der besseren Übersicht wegen enthält die Tabelle 7.6 nur drei Schulformen (Hauptschule, Realschule und Gymnasium).

Für die Realschulen und Gymnasien gilt, dass Jugendliche aus aggressiven Freundesgruppen die niedrigsten Testleistungen im Lesen und in Mathematik erzielen, gefolgt von den Heranwachsenden ohne Cliquenanbindung und den 15-Jährigen, die sich einer leseorientierten Gruppe zugehörig zählen. Diese Mittelwertdifferenzen sind im Gymnasium bei den Jungen durchweg signifikant, bei den Mädchen allerdings nur im Lesen. In der Realschule zeigen sich bei beiden Geschlechtern bei der Lesekompetenz signifikante Unterschiede zwischen aggressiven und leseorientierten Gruppen; bei der Mathematik gilt dies nur für die Mädchen. Ein anderes Bild ergibt sich für die Hauptschulen. Bei der Lesekompetenz haben sowohl die Jungen als auch die Mädchen ohne Gruppenanschluss die niedrigsten Werte. Wie in den anderen beiden Schulformen erreichen die Jugendlichen aus leseorientierten Gruppen die besseren Werte, wobei diese Differenzen nur bei den Mädchen überzufällig sind. In Mathematik gilt diese Rangreihe nur noch für die Jungen, ohne jedoch Signifikanz zu erreichen. Ein wesentlicher Grund für diese Rangfolge in Hauptschulen könnte sein, dass von den männlichen Jugendlichen ohne feste Gruppenkontakte 38 Prozent und von den Schülerinnen sogar 41 Prozent aus Familien mit Migrationshintergrund stammen. Im Vergleich dazu sind es in der Realschule 18 bzw. 23 Prozent und im Gymnasium 12 bzw. 13 Prozent. Aus früheren Analysen der

	Hauptschule		Realschule		Gymnasium	
	Jungen	Mädchen	Jungen	Mädchen	Jungen	Mädchen
Lesen						
Ohne Freundesgruppe	386 (4,4)	403 (4,9)	491 (3,0)	503 (4,0)	577 (2,4)	588 (3,0)
Aggressive Freundesgruppe	402 (4,0)	407 (6,1)	480 (4,2)	491 (3,9)	548 (4,4)	557 (7,0)
Leseorientierte Freundesgruppe	435 (13,8)	438 (9,3)	523 (7,0)	544 (4,8)	605 (3,7)	605 (1,9)
Mathematik						
Ohne Freundesgruppe	416 (5,6)	389 (6,4)	517 (4,0)	492 (6,5)	595 (4,2)	568 (4,4)
Aggressive Freundesgruppe	432 (5,8)	383 (7,5)	516 (7,6)	480 (6,4)	568 (6,8)	560 (9,2)
Leseorientierte Freundesgruppe	443 (20,8)	403 (15,6)	534 (10,1)	526 (5,6)	616 (6,1)	578 (3,4)

Tabelle 7.6 Mittelwerte der Lese- und Mathematikkompetenz nach Schulform, Geschlecht und Freundesgruppe (Standardfehler in Klammern)

PISA-Daten ist bekannt, dass „die Leistungsunterschiede zwischen Jugendlichen, die aus Migrationsfamilien stammen, und Jugendlichen, deren beide Eltern in Deutschland geboren wurden, in allen untersuchten Kompetenzbereichen erheblich" sind (Baumert & Schümer, 2002, S. 202). Differenzierte Analysen für die Schülerinnen und Schüler der Hauptschulen belegen, dass diese Interpretation für die Anbindung an feste Freundesgruppen und deren Werteklima zu kurz greift. Wie die in Abbildung 7.3 dargestellten Mittelwerte zur Lesekompetenz verdeutlichen, gibt es zwar diesen generellen Unterschied in den Testleistungen zwischen Jugendlichen aus Familien mit Migrationshintergrund und ohne Migrationshintergrund. Innerhalb dieser Subgruppen ist aber auch ein Geschlechtereffekt konstatierbar: Bei den Jugendlichen aus Familien *ohne* Migrationshintergrund sind es die Jungen, die ohne Gruppenanschluss niedrigere Testwerte erzielen als ihre Mitschüler, wobei die Werte zwischen den drei Gruppen nicht überzufällig differieren. Demgegenüber sind die Werte bei den Mädchen ohne Freundesgruppe und bei den Mitgliedern einer aggressiven Freundesgruppe fast gleich. Signifikante Differenzen ergeben sich zwischen den Mädchen aus leseorientierten und den Mädchen aus den beiden anderen Gruppen. Dieser Effekt findet sich bei Jugendlichen aus Familien *mit* Migrationshintergrund nicht. Die Unterschiede in den Mittelwerten der Lesekompetenz sind sowohl bei den Jungen als auch bei den Mädchen aus Migrationsfamilien nicht signifikant zwischen den jeweils drei Gruppen. Neben einem insgesamt schlechteren Abschneiden der Heranwachsenden aus Familien mit Migrationshintergrund zeigen sich geschlechterspezifische Unterschiede nur bei den Jugendlichen ohne Migrationshintergrund: Bei den 15-Jährigen, die keiner festen Freundesgruppe angehören, erreichen die Jungen schlechtere Leistungswerte als die Mädchen. Diese Differenz ist aber nur bei den Jugendlichen aus Familien ohne Migrationshintergrund signifikant.

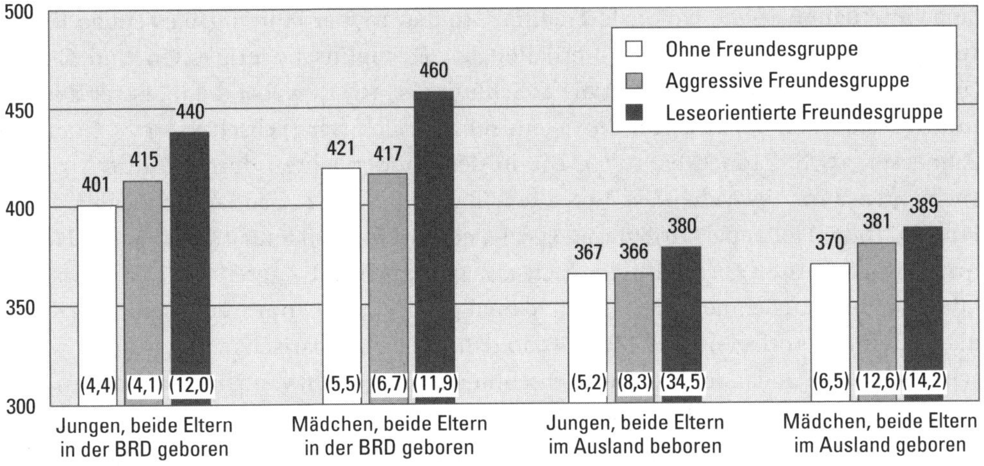

Abbildung 7.3 Mittelwerte der Lesekompetenz in Hauptschulen nach Geschlecht, Migrationshintergrund und Freundesgruppe (Standardfehler in Klammern)

Das aus den Auswertungen von PISA 2000 bekannte Ergebnis, „dass Jungen im Lesen und Mädchen in Mathematik, Physik und Chemie relative Schwächen aufweisen" (Stanat & Kunter, 2001, S. 257), findet sich auch in der vorliegenden Analyse der Zugehörigkeit zu einer Freundesgruppe. Die Mädchen erreichen im Lesen die gruppen- und schulformspezifisch besseren Werte, die Jungen in Mathematik. Dieser Schulform- und Geschlechtereffekt kann nun nicht nur dadurch erklärt werden, dass Mädchen in leistungsstärkeren Schulformen überrepräsentiert sind (etwa 56 % der 15-Jährigen in Gymnasien sind Mädchen) und Jungen häufiger leistungsschwächere Schulformen besuchen (etwa 55 % der 15-Jährigen an Hauptschulen sind Jungen). Jugendliche aus aggressiven Freundesgruppen erzielen die niedrigsten Testleistungen im Lesen und in Mathematik, gefolgt von den Heranwachsenden ohne Cliquenanbindung und den 15-Jährigen, die einer leseorientierten Gruppe angehören. Der Anreiz zur Mitwirkung in aggressiven Cliquen gründet sich auf einen schwachen schulformspezifischen, vor allem aber auf einen geschlechterspezifischen Effekt. Jungen treten hier weit häufiger in Erscheinung als Mädchen. In einer Vielzahl von Studien konnte übereinstimmend konstatiert werden, dass physisch gewalttätige Heranwachsende ganz überwiegend männlichen Geschlechts sind – und zwar in allen Schülerjahrgängen und Schulformen (Busch, 1998; Forschungsgruppe Schulevaluation, 1998; Fuchs, Lamnek, & Luedtke, 1996; Funk, 1995, Greszik u.a., 1995; Meier, 2004; Tillmann u.a., 1999; Todt & Busch, 1994).

7.4 Gewalt, Schuldistanz und Kompetenzerwerb

Die Erforschung abweichenden Schülerverhaltens in der Schule hat mittlerweile eine lange internationale wie nationale Tradition. In den 1970er Jahren gab es einige Untersuchungen zum abweichenden Verhalten, zu Disziplinschwierigkeiten und Gewalt (Brusten & Hurrelmann, 1973; Franz & Schlesinger, 1974), wobei die in dieser Zeit geführte Diskussion der heutigen in vielem sehr ähnlich war (Fellsches, 1978; Grauer & Zinnecker, 1978; Zinnecker, 1975). Die in den 1980er Jahren durchgeführten Untersuchungen zum abweichenden Verhalten (Bach u.a., 1984; Fend & Schneider, 1984; Hilgers, 1987; Holtappels, 1987) und spezieller zum Vandalismus (Klockhaus & Habermann-Morbey, 1986) beschäftigten sich nur punktuell mit Aggression und Gewalt an bundesdeutschen Schulen, sodass zum damaligen Zeitpunkt nur wenige empirisch fundierte Befunde vorlagen. Wie Meier (2004) in einer tabellarischen Darstellung veranschaulicht, sind in den letzten drei Jahrzehnten eine Vielzahl von Untersuchungen zum Thema durchgeführt worden, wobei die Mehrheit der Studien in den 1990er Jahren verwirklicht wurde. Trotz gewisser Methodenprobleme, die bei einer vergleichenden Betrachtung der Untersuchungen beachtet werden sollten (z.B. Definition und Operationalisierung des Gewaltbegriffs, Größen der einbezogenen Stichproben, unterschiedliche Antwortvorgaben, abweichende Probandengruppen und Erhebungszeiträume), lassen

sich aus den bisherigen Arbeiten studienübergreifend zentrale Trends aufzeigen (vgl. Busch, 1998; Forschungsgruppe Schulevaluation, 1998; Fuchs, Lamnek, & Luedtke, 1996; Funk, 1995; Lösel, Bliesener, & Averbeck, 1997; Meier, 2004; Schubarth & Melzer, 1995; Schwind u.a., 1997; Tillmann u.a., 1999). Körperliche Gewalthandlungen kommen am häufigsten in Sonder- und Hauptschulen bzw. Hauptschulzweigen vor und werden besonders oft von männlichen Heranwachsenden im Alter von 13 bis 15 Jahren ausgeübt. Dabei sind Jungen weit häufiger als Mädchen bei körperlichen Gewalthandlungen als Täter beteiligt, sodass körperliche Gewalt an Schulen als „Jungenphänomen" (Freitag & Hurrelmann, 1993) bezeichnet werden kann. PISA 2000 ist nun die erste internationale Vergleichsstudie, in der auch Formen abweichenden Verhaltens mit erhoben wurden. Dabei wurde sowohl nach körperlicher Gewalt gegen Personen und Sachen als auch nach Unterrichtsversäumnissen (Kunter u.a., 2002, S. 300 f.) gefragt. Zur Erfassung der Unterrichtsversäumnisse sollten die Jugendlichen auf einer vierfach gestuften Antwortskala (1 = „nie", 2 = „ein- oder zweimal", 3 = „drei- oder viermal", 4 = „fünfmal oder häufiger") angeben: „Wie oft ist es in den letzten 2 Schulwochen vorgekommen, dass du ...
- in der Schule gefehlt hast?
- Stunden geschwänzt hast?
- zu spät zur Schule gekommen bist?"

Wie die Vergleiche der Länder der Bundesrepublik Deutschland gezeigt haben, ist das Fehlen, Zuspätkommen oder Schwänzen unter 15-Jährigen weit verbreitet (Schümer, Tillmann, & Weiß, 2002, S. 211–213). Eine Addition der Antwortvorgaben „ein- oder zweimal", „drei- oder viermal" und „fünfmal oder häufiger" ergibt folgendes Bild: Erwartungsgemäß werden Verspätungen am häufigsten genannt, vor allem in Hauptschulen (38 % der Jungen und 32 % der Mädchen). In Gymnasien werden die geringsten Quoten erreicht (25 % der Jungen als auch der Mädchen). Nur geringfügig niedriger ist der Anteil der Jugendlichen, die im Verlaufe von zwei Wochen in der Schule gefehlt haben. Hierbei kehrt sich die Rangfolge der Geschlechter allerdings um: Die Mädchen treten hier häufiger in Erscheinung, und dies gilt für alle Schulformen. Von 38 Prozent der Mädchen gegenüber 30 Prozent der Jungen in den Hauptschulen bis zu 28 Prozent der Mädchen gegenüber 23 Prozent der Jungen in Gymnasien reicht die Spanne. Dabei ist zu beachten, dass nicht nach berechtigten oder unberechtigten Beurlaubungen oder krankheitsbedingtem Fernbleiben gefragt wurde. Der Anteil 15-Jähriger, die die Schule geschwänzt haben, ist deutlich geringer: 17 Prozent der Jungen bzw. 13 Prozent der Mädchen in Hauptschulen stellen die größten Kontingente, und 10 Prozent der Jungen bzw. 11 Prozent der Mädchen in Gymnasien bilden die kleinsten Anteile. Werden die drei Items zu einer Skala zusammengefasst (Cronbachs $\alpha = .52$), so ergeben sich die in Abbildung 7.4 dargestellten schulform- und geschlechterspezifischen Mittelwerte und Standardabweichungen.

Nun kann auch hier, wie schon beim restriktiven Familienklima und der aggressiven Orientierung in der Freundesgruppe, erwartet werden, dass Unterrichtsversäumnisse, sei es nun Zuspätkommen, Fehlen oder Schwänzen, negativ mit dem Kompetenzerwerb korrelieren. Die Zusammenhänge in Tabelle 7.7 bestätigen diese Annahme. Die allesamt

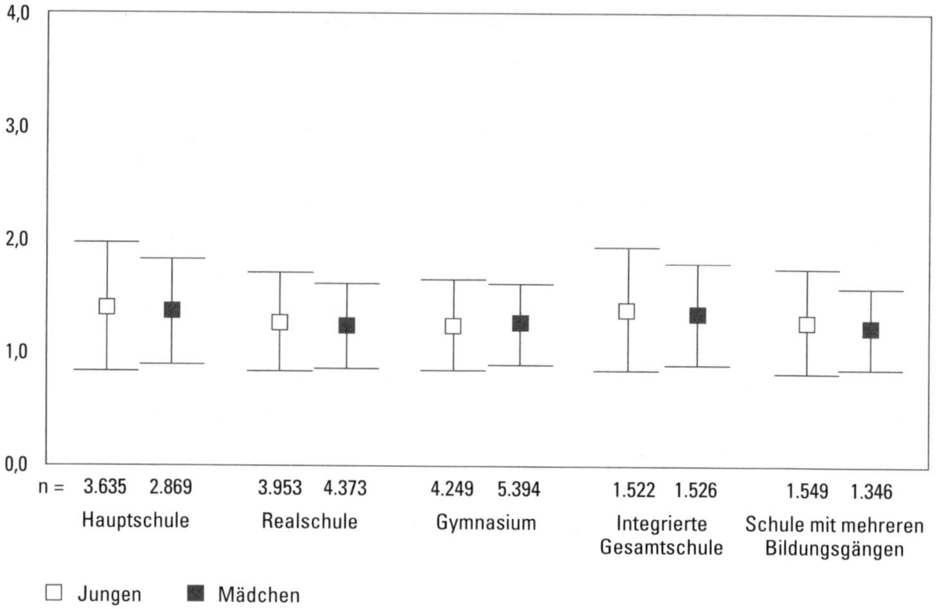

Die Effektstärken der Faktoren Schulform ($\eta^2 = .02$) und Geschlecht ($\eta^2 = .01$) sind gering.

Abbildung 7.4 Fehlen, Zuspätkommen, Schwänzen (Mittelwerte und Standardabweichungen)

Schulform	Geschlecht	Lesen		Mathematik	
Hauptschule	Jungen	(n = 3.635)	–.17***	(n = 1.815)	–.20***
	Mädchen	(n = 2.869)	–.24***	(n = 1.466)	–.20***
Realschule	Jungen	(n = 3.953)	–.12***	(n = 2.024)	–.09**
	Mädchen	(n = 4.373)	–.08***	(n = 2.317)	–.11***
Gymnasium	Jungen	(n = 4.249)	–.10***	(n = 2.216)	–.14***
	Mädchen	(n = 5.394)	–.04**	(n = 2.784)	–.05***
Integrierte Gesamtschule	Jungen	(n = 1.522)	–.17***	(n = 849)	–.17***
	Mädchen	(n = 1.526)	–.10***	(n = 793)	–.11***
Schule mit mehreren Bildungsgängen	Jungen	(n = 1.549)	–.18***	(n = 807)	–.23***
	Mädchen	(n = 1.346)	–.17***	(n = 756)	–.18***

** $p < .01$, *** $p < .001$.

Tabelle 7.7 Korrelationen der Unterrichtsversäumnisse mit den Kompetenzen im Lesen und in Mathematik nach Schulform und Geschlecht

negativen Korrelationen sind nur schwach ausgeprägt und erreichen bei der Lesekompetenz mit r = –.24 bei den Schülerinnen in den Hauptschulen und bei der Mathematikkompetenz mit r = –.23 bei den Schülern in Schulen mit mehreren Bildungsgängen die jeweiligen Höchstwerte. Unterrichtsversäumnisse gehen eher mit geringeren Leistungen der Jugendlichen einher. Die Erklärungskraft dieses einen Faktors ist allerdings gering.

Was die Richtung des Zusammenhangs anbetrifft, so wird auch für den zweiten Bereich des abweichenden Verhaltens, die Ausübung physischer Gewalt, erwartet, dass in allen Schulformen und für beide Geschlechter negative Verknüpfungen mit dem Kompetenzerwerb existieren. Zur Erfassung der Gewalt wurden vier Items eingesetzt, die zu einer Skala „Physische Gewalt gegen Sachen und Personen“ (Kunter u.a., 2002, S. 296) zusammengefasst wurden (Cronbachs $\alpha = .90$): „Wie oft hast du selbst in deiner Schule oder auf dem Schulweg in den letzen 12 Monaten Folgendes gemacht?
- ... mit anderen einen Jungen/ein Mädchen verprügelt.
- ... Sachen von anderen absichtlich kaputt gemacht.
- ... anderen auf dem Schulweg aufgelauert, sie belästigt, bedroht oder verprügelt.
- ... Sachen absichtlich zerstört, die der Schule gehören (z.B. Stühle, Bücher).“

Die Jugendlichen sollten auf einer 5-stufigen Antwortskala (1 = „nie“, 2 = „alle paar Monate“, 3 = „mehrmals im Monat“, 4 = „mehrmals wöchentlich“, 5 = „fast täglich“) Selbsteinschätzungen abgeben. Wie aufgrund der Ergebnisse größerer Studien zu Aggression

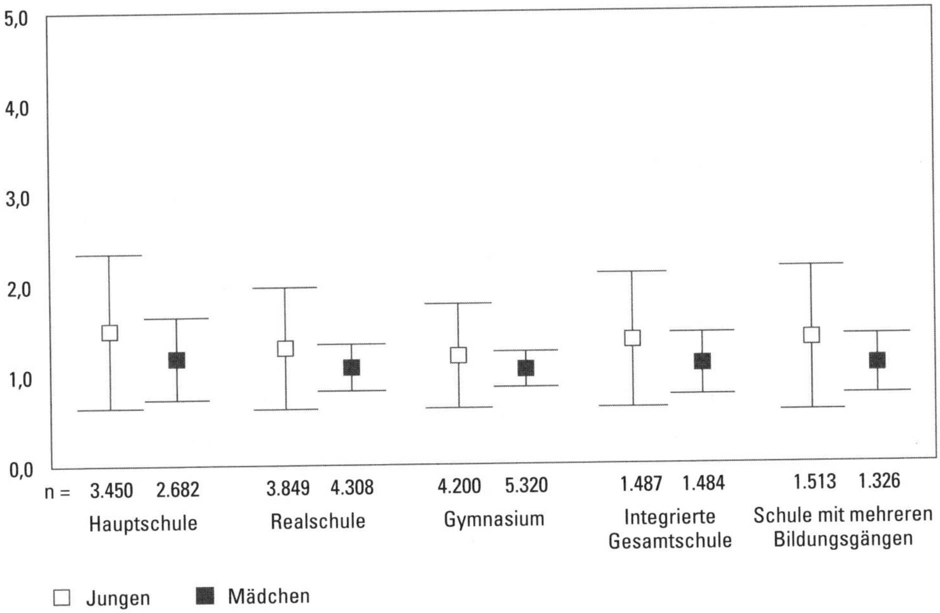

Die Effektstärken der Faktoren Schulform ($\eta^2 = .02$) und Geschlecht ($\eta^2 = .04$) sind gering.

Abbildung 7.5 Physische Gewalt gegen Sachen und Personen (Mittelwerte und Standardabweichung)

und Gewalt in der Schule aus den 1990er Jahren (Forschungsgruppe Schulevaluation, 1998; Fuchs, Lamnek, & Luedtke, 1996; Funk, 1995; Meier, 2004; Tillmann u.a., 1999) erwartet werden konnte, gibt es deutliche schulform- und geschlechterspezifische Unterschiede (vgl. Abb. 7.5). Am häufigsten werden Gewalthandlungen von männlichen Hauptschülern (M = 1,48) ausgeübt, am seltensten von Gymnasiastinnen (M = 1,03). Bei einer Skalenbreite von 1 bis 5 bewegen sich die gemittelten Häufigkeiten insgesamt auf einem recht niedrigen Niveau. Allerdings zeigen die im Gegensatz zu den Mädchen deutlich breiteren Streuungen bei den Jungen aller Schulformen, dass sich hinter diesen Mittelwerten massive Gewalthäufigkeiten von Mehrfachtätern verbergen können (Meier, 2004).

Die bivariaten Zusammenhänge in Tabelle 7.8 zeigen, dass es, mit Ausnahme der Mädchen an Gymnasien und ihren Mathematikkompetenzen, in allen Schulformen negative Korrelationen mit den Leistungen im Lesen und in Mathematik gibt. Bei den Mädchen liegen die Werte zwischen r = –.05 (Lesekompetenz Gymnasium) und r = –.22 (Lesekompetenz Gesamtschule), bei den Jungen zwischen r = –.05 (Mathematikkompetenz an Schulen mit mehreren Bildungsgängen) und r = –.20 (Lesekompetenz Gesamtschule).

Sowohl Unterrichtsversäumnisse als auch physische Gewalthandlungen gehen bei beiden Geschlechtern und in allen Schulformen mit geringeren fachlichen Leistungen einher. Wie schon beim familiären Klima und beim Werteklima der Freundesgruppe ergeben sich auch beim abweichenden Verhalten die erwarteten Zusammenhänge, die aber je für sich genommen nur schwache Ausprägungen erreichen und so nur geringe Beiträge zur Varianzaufklärung leisten.

Schulform	Geschlecht	Lesen		Mathematik	
Hauptschule	Jungen	(n = 3.450)	–.16***	(n = 1.826)	–.10***
	Mädchen	(n = 2.682)	–.21***	(n = 1.382)	–.09***
Realschule	Jungen	(n = 3.849)	–.19***	(n = 1.967)	–.13***
	Mädchen	(n = 4.308)	–.13***	(n = 2.293)	–.08***
Gymnasium	Jungen	(n = 4.200)	–.17***	(n = 2.200)	–.14***
	Mädchen	(n = 5.320)	–.05***	(n = 2.749)	.02
Integrierte Gesamtschule	Jungen	(n = 1.487)	–.20***	(n = 816)	.15***
	Mädchen	(n = 1.484)	–.22***	(n = 764)	–.12**
Schule mit mehreren Bildungsgängen	Jungen	(n = 1.513)	–.19***	(n = 792)	–.05
	Mädchen	(n = 1.326)	–.15***	(n = 745)	–.09**

** p < .01, *** p < .001.

Tabelle 7.8 Korrelationen der Gewalt gegen Sachen und Personen mit den Kompetenzen im Lesen und in Mathematik nach Schulform und Geschlecht

Vergleichende Betrachtung

In den bisherigen Abschnitten dieses Beitrags wurden die Ergebnisse aus den verschiedenen Kontexten der Jugendlichen im Großen und Ganzen isoliert dargestellt. Es kann jedoch vermutet werden, dass sich die im Rahmen der familiären Sozialisation erfahrenen Werthaltungen in der Wertehierarchie der Freundesgruppe und dem individuellen Verhalten gegenüber der Schule widerspiegeln. Für die Heranwachsenden, die das Erziehungsverhalten ihrer Eltern als restriktiv einschätzen, kann davon ausgegangen werden, dass gerade in der turbulenten Phase der Adoleszenz solche elterlichen Verhaltensweisen die Tür öffnen zur Einbindung in aggressive Cliquen und zu abweichend-schuldistanzierten Haltungen. Wenn zudem elterliche Restriktivität so weit geht, dass körperliche Züchtigungen eingesetzt werden, so können die Kinder Verhaltensdispositionen erworben haben, die sich dann in der Schule als Gewalt manifestieren (vgl. Tillmann u.a., 1999). Andererseits kann ein akzeptierendes Familienklima protektive Wirkung zeigen, was Gewalthandlungen und Unterrichtsversäumnisse anbetrifft, und über den Zugang zu nichtaggressiven Freundesgruppen bildungsorientierte und damit leistungsrelevante Formen annehmen.

Kontextübergreifende Analysen (Partialkorrelationen unter Kontrolle der Sozialschicht) zeigen, dass aggressive Werthaltungen in Cliquen häufiger von Jugendlichen berichtet werden, die aus Elternhäusern stammen, in denen ein restriktiver Erziehungsstil angewandt wird. Bei beiden Geschlechtern ist ein schwacher, positiver Zusammenhang ($r = .16$) vorfindbar, während ein akzeptierendes Familienklima negativ mit einem aggressiven Freundesklima korreliert (Jungen: $r = -.12$, Mädchen: $r = -.18$). Hinsichtlich der Leseorientierung in der Freundesgruppe zeigt sich nur bei den Mädchen ein nennenswerter Zusammenhang ($r = .11$) zum akzeptierenden Familienklima.

Was den Zusammenhang von erlebter familiärer Kommunikation mit den angesprochenen Formen abweichenden Verhaltens angeht, so zeigt sich: Ein Familienklima, in dem sich Jugendliche akzeptiert fühlen, korreliert negativ mit Gewalt (Jungen: $r = -.19$, Mädchen: $r = -.14$) und Unterrichtsversäumnissen (Jungen: $r = -.14$, Mädchen: $r = -.12$). Ein von den Heranwachsenden als restriktiv erlebter Erziehungsstil korreliert hingegen positiv mit Gewalthandlungen (Jungen: $r = .15$, Mädchen: $r = .09$) und Unterrichtsversäumnissen (Jungen: $r = .06$, Mädchen: $r = .08$). In allen Schulformen und für beide Geschlechter trifft zu, dass Jugendliche, die sich akzeptiert fühlen, die sich bei Problemen an die Eltern wenden können, die sich zu Hause wohl fühlen und die eigene Erziehung durch die Eltern positiv bewerten, weniger Gewalt ausüben und seltener Unterricht versäumen. Je häufiger jedoch die 15-Jährigen einen restriktiven Erziehungsstil in ihrer Familie erfahren, desto eher verhalten sie sich gewalttätig, desto eher fehlen sie in der Schule. Allerdings bilden die signifikanten Korrelationskoeffizienten nur schwache Zusammenhänge ab.

Für das Ausagieren gewaltförmiger Verhaltensweisen in der Schule sowie das Fehlen im Unterricht erweisen sich die Werthaltungen in der Freundesgruppe gegenüber dem elterlichen Erziehungsstil als dominierender Risikofaktor. Die Zugehörigkeit zu einer aggressiven Freundesgruppe korrespondiert bei den Jungen zu $r = .33$ mit physischer Gewalt und $r = .24$ mit Unterrichtsversäumnissen. Die Werte der Partialkorrelationen erreichen bei den Mädchen $r = .27$ (Gewalthandlungen) und $r = .22$ (Unterrichtsversäumnisse). Die negativen Zusammenhänge zur Leseorientierung in der Freundesgruppe sind deutlich geringer: Den Höchstwert erreichen die Mädchen mit $r = -.10$ (Zusammenhang mit Unterrichtsversäumnissen).

Auch wenn die Zusammenhänge relativ schwach sind und keine Aussagen über die Wirkrichtung ermöglichen, sind die genannten Tendenzen erkennbar. Jugendliche, die kaum Unterstützung und Wertschätzung von ihren Eltern oder Bezugspersonen erfahren, befinden sich häufiger in Freundesgruppen mit einem aggressiven Werteklima, agieren gewalttätiger in der Schule und fehlen häufiger im Unterricht. Anknüpfend an Ergebnisse zu den Zusammenhängen zwischen den Basiskompetenzen im Lesen und in Mathematik und einer aggressiven Orientierung in der Freundesgruppe (Tillmann & Meier, 2001, S. 482–485), kann vermutet werden, dass die Verknüpfung der genannten, tendenziell leistungshemmenden Bedingungen in den einzelnen Lebensbereichen der Jugendlichen Konsequenzen für die Lernbereitschaft besitzt und sich negativ auf den Kompetenzerwerb auswirkt. Demgegenüber könnten die Heranwachsenden, die die familiären Interaktionsformen positiv bewerten, deren Freundesgruppe deutlich stärker leseorientiert ist, die weniger oder keine Gewalthandlungen ausüben und kaum in der Schule fehlen, von diesen eher lernförderlichen Gegebenheiten profitieren. Dieser Spur soll nachgegangen werden, indem hinsichtlich der genannten Merkmale clusteranalytisch Gruppen zusammengefasst werden. Dabei soll jede Gruppe in sich möglichst homogen und die Gruppen untereinander möglichst heterogen sein. Durchgeführt wurde eine Variante der Clusteranalyse, das so genannte k-means-Verfahren, das sich für große Stichproben anbietet. Dabei wird die Anzahl der Cluster (k) anhand statistischer und inhaltlicher Kriterien a priori festgelegt. Als Variablen wurden eingesetzt: akzeptierendes Familienklima, restriktives Familienklima, aggressive Freundesgruppe, leseorientierte Freundesgruppe, physische Gewalt gegen Personen und Sachen und Unterrichtsversäumnisse. Da ein Bezug zum Kompetenzerwerb hergestellt werden soll, geschieht die Clusterbildung schulformspezifisch. In Tabelle 7.9 werden die Ergebnisse zusammengefasst.

Bei den Hauptschulen lassen sich zwei etwa gleich stark besetzte Gruppen unterscheiden. Cluster 1, der sich durch eine sehr hohe aggressive Orientierung in der Freundesgruppe, häufige Gewalthandlungen und ein restriktives Familienklima beschreiben lässt, wird mehrheitlich von Jungen gebildet und hat einen Migrantenanteil von etwa 30 Prozent. Bemerkenswerterweise gibt es zwischen beiden Gruppen keinen signifikanten Unterschied, was die sozioökonomische Stellung der Eltern anbetrifft, dafür aber signifikante Differenzen in den Leistungswerten zu Gunsten der Jugendlichen, die vergleichsweise wenig Gewalt ausüben und Akzeptanz in der Familie erleben – dies sind mehrheitlich Mädchen (Cluster 2).

Hinsichtlich der erreichten Kompetenzniveaus unterschieden sich auch die beiden Realschulgruppen signifikant in der erwarteten Richtung. Der Gruppe mit einem hohen

	Soziodemographische Merkmale			Leistungsmerkmale	
	Anteil von Jungen (in %)	Anteil von Migrantenfamilien (in %)	Sozioökonomische Stellung der Eltern[1]	Mittlere Lesekompetenz	Mittlere mathematische Kompetenz
Hauptschule					
Cluster 1: (n = 1.756) Sehr hohe aggressive Orientierung, viel Gewalt, restriktives Familienklima	65,1*	30,2*	41,7	393*	408*
Cluster 2: (n = 2.385) Wenig Gewalt, familiäre Akzeptanz	44,4*	27,1*	42,1	417*	418*
Realschule					
Cluster 1: (n = 2.580) Hohe aggressive Orientierung, restriktives Familienklima	56,9*	14,1*	48,6	489*	502*
Cluster 2: (n = 3.637) Geringe aggressive Orientierung kaum Gewalt, hohe familiäre Akzeptanz	35,2*	11,4*	48,7	519*	516*
Gymnasium					
Cluster 1: (n = 2.576) Restriktives Familienklima	49,6*	9,8*	57,7*	571*	575*
Cluster 2: (n = 4.758) Hohe Leseorientierung, kaum Gewalt, hohe familiäre Akzeptanz	35,4*	6,2*	59,4*	594*	586*

1 Höchster SES in der Familie.
* Signifikante Unterschiede mindestens auf 5 %-Niveau zwischen je zwei Clustern einer Schulform.

Tabelle 7.9 Gruppierung der Jugendlichen nach Schulform und Kontextmerkmalen (Gruppenmittelwerte)

aggressiven Potenzial in der Clique und einem restriktiven Familienklima (Cluster 1) gehören mehr Jungen als Mädchen an, und der Anteil Jugendlicher aus Migrantenfamilien ist nur geringfügig höher als in der zweiten Gruppe. Wie in den Hauptschulen, so finden sich auch keine signifikanten Differenzen hinsichtlich der sozialen Zusammensetzung der Gruppen.

Im Gymnasialbereich lassen sich zwei unterschiedlich stark besetzte Gruppen unterscheiden, die sich in ihrer sozialen Zusammensetzung überzufällig unterschieden. Die deutlich größere Gruppe (Cluster 2), die eine hohe Leseorientierung aufweist, kaum Gewalt ausübt und hohe familiäre Akzeptanz erfährt, wird zu zwei Dritteln von Mädchen gebildet. Die sozioökonomische Stellung der Eltern ist ebenso signifikant höher wie die erreichten Kompetenzniveaus im Lesen und in Mathematik.

Als Resümee der Clusteranalysen lässt sich festhalten, dass in allen drei Schulformen die mittleren Kompetenzniveaus zwischen den Gruppen erheblich differieren. Die signifikant besseren Werte erreichen jeweils die 15-Jährigen mit den günstigeren Gruppenmerkmalen. Diese Cluster bestehen zum überwiegenden Teil aus Mädchen, und der Migrantenanteil ist schulformspezifisch betrachtet signifikant kleiner. Mit Ausnahme des Gymnasialbereichs sind die sozialen Zusammensetzungen der Gruppen nicht signifikant verschieden. Dieser letzte Befund stimmt mit den Ergebnissen der Kovarianzanalysen zur Familie und Freundesgruppe (siehe oben) überein: *Allein* die sozioökonomische Stellung der Eltern ist kein Prädiktor für eher günstige oder eher ungünstige Ausprägungen, die sich hinderlich oder förderlich auf den Kompetenzerwerb auswirken. Es ist vielmehr so, dass das Familienklima, das Werteklima der Freundesgruppe und Formen abweichenden Verhaltens von Schülerinnen und Schülern zusätzlich zum sozialen Status Relevanz für das erreichte Kompetenzniveau besitzen.

Welche relative Bedeutung die einzelnen Dimensionen haben, soll abschließend untersucht werden, indem die Indikatoren aus den einzelnen Bereichen gemeinsam als unabhängige Variablen in statistische Analysen eingebracht werden, wobei die Kompetenzen im Lesen und in Mathematik als zu erklärende Variablen behandelt werden. Auf der Grundlage der zuvor referierten Befunde sollen in einer multiplen Regressionsanalyse die folgenden Indices als Prädiktoren eingeführt werden: restriktives Familienklima, aggressive Orientierung in der Freundesgruppe, Leseorientierung in der Freundesgruppe, Unterrichtsversäumnisse und Gewalt gegen Personen und Sachen. Zudem werden zwei Faktoren aufgenommen, die sich in bisherigen PISA-Analysen als bedeutsame Einflussgrößen für die Bildungsbeteiligung und den Kompetenzerwerb der 15-Jährigen herauskristallisierten: die Sozialschicht der Familie (sozioökonomische Stellung, ISEI) und der Migrationshintergrund (Baumert & Schümer, 2001). Es wird somit der Frage nachgegangen, ob neben diesen beiden dominanten Faktoren die Indikatoren zur Familie, der Freundesgruppe und dem individuellen Verhalten bemerkenswerte Bedeutung für die fachlichen Leistungen besitzen. Dabei wird der Relevanz des Geschlechts als weiterer wichtiger Einflussgröße entsprochen (Baumert & Schümer, 2001, S. 399),

	Lesen		Mathematik	
	Jungen	Mädchen	Jungen	Mädchen
Sozialschicht	.34	.30	.32	.28
Migrationshintergrund	–.16	–.18	–.16	–.19
Restriktives Familienklima	–.06	–.06	–.07	–.16
Aggressive Freundesgruppe	–.17	–.16	–.13	–.13
Leseorientierte Freundesgruppe	n.s.	.16	n.s.	.14
Unterrichtsversäumnisse	–.09	–.02	–.11	–.05
Physische Gewalt	–.12	–.12	–.07	–.07
R^2	29 %	29 %	24 %	23 %

Tabelle 7.10 Regression der Lese- und Mathematikkompetenzen auf Sozialschicht, Migrationshintergrund, familiäres Klima, Werteklima der Freundesgruppe und abweichendes Verhalten

indem die Regressionsanalysen getrennt für Jungen und Mädchen gerechnet werden. Die Ergebnisse werden in Tabelle 7.10 mitgeteilt.

Wie erwartet, zeigt sich ein erheblicher Einfluss der Sozialschicht und mit gewissem Abstand des Migrationshintergrunds. Ob Jugendliche aus Familien mit niedrigem Status in der sozialen Hierarchie unserer Gesellschaft stammen oder ob ihre Familie immigriert ist, stellt für sich genommen ein relativ großes Risiko für die Entwicklung schulischer Leistungen dar. Dieses Risiko verstärkt sich, wenn beide Bedingungen zusammenkommen. Doch bemerkenswert erscheint, dass die Zugehörigkeit zu einer aggressiven Clique in etwa gleicher Stärke wie der Migrationshintergrund negativ mit den schulischen Leistungen zusammenhängt. Dies trifft beim Lesen und – etwas abgeschwächt – bei der Mathematikkompetenz sowohl für die Jungen als auch für die Mädchen zu. Bei beiden Geschlechtern zeigt sich zudem ein negativer, gleich großer Effekt gewalttätigen Verhaltens auf den Erwerb der Basiskompetenzen im Lesen (–.12) und in Mathematik (–.07). Gilt dies für ein restriktives Familienklima auch beim Lesen (–.06), so ergeben sich hinsichtlich der Mathematikleistungen deutliche geschlechterspezifische Differenzen: Die negative Wirkung eines restriktiven Familienklimas tritt bei den Mädchen wesentlich deutlicher zu Tage als bei den Jungen. Für beide Leistungsdomänen ergeben sich beachtenswerte differenzielle Effekte zwischen den Geschlechtern bei den verbleibenden Dimensionen. So sind Unterrichtsversäumnisse für Jungen ein größerer Risikofaktor für den Kompetenzerwerb als für Mädchen. Der bedeutsamste Geschlechtereffekt lässt sich jedoch bei der Leseorientierung der Freundesgruppe konstatieren: Ist dieser Faktor bei den Jungen unbedeutend, so erreichen die positiven Beta-Koeffizienten bei den Mädchen ein ähnliches Niveau wie der Migrationshintergrund und die aggressive Freundesgruppe. Das Bestimmtheitsmaß R2 liegt bei den Analysen zur Lesekompetenz bei 29 Prozent. Mit den hier ausgewählten unabhängigen Variablen lässt sich knapp ein Drittel der Variation der Werte in der Lesekompetenz erklären. Bei der Mathematikkompetenz liegen die Werte etwas niedriger. Für Regressionen auf Individualebene sind dies aussagekräftige Ergebnisse.

Fazit

Die dargestellten Befunde haben verdeutlicht, welche Bedeutung die Bedingungen in der Familie und der Freundesgruppe sowie abweichende Verhaltensweisen der Jugendlichen für den Erwerb der Basiskompetenzen im Lesen und in Mathematik besitzen. Separate Analysen zu den einzelnen Bereichen erbrachten jeweils nur schwache bis mittelstarke Zusammenhänge mit den erreichten Kompetenzen, wobei die Zusammenhangsrichtungen erwartungskonform waren. So korrelieren zum Beispiel ein restriktives Familienklima, ein aggressives Werteklima in der Freundesgruppe wie auch gewalttätiges Schülerverhalten negativ mit den individuellen Leistungen.

In bereichsübergreifenden Analysen zeigte sich jedoch, dass die isolierte Betrachtung der einzelnen Dimensionen zu kurz greift. Stattdessen kann von kumulativen Effekten risikobehafteter Lebensbedingungen ausgegangen werden: Heranwachsende aus einem restriktiven Elternhaus gehören häufiger einer Freundesgruppe mit aggressivem Werteklima an, üben deutlich mehr Gewalt in der Schule aus und versäumen öfter den Unterricht. Dabei erweisen sich die Werthaltungen in der Freundesgruppe gegenüber dem elterlichen Erziehungsstil als dominierender Risikofaktor. Eine solche Anhäufung potenzieller Risikofaktoren bleibt nicht ohne Folgen für das erreichte Kompetenzniveau der 15-Jährigen: Jugendliche, die die familiären Interaktionsformen positiv und akzeptierend bewerten, einer eher leseorientierten Freundesgruppe angehören, wenige oder keine Gewalthandlungen ausüben und selten in der Schule fehlen, erzielen die signifikant besseren Testwerte im Lesen und in Mathematik. Diese Unterschiede sind in allen drei untersuchten Schulformen zu finden. Dabei spielt die soziale Zusammensetzung der clusteranalytisch gebildeten Gruppen keine statistisch nachweisbare Rolle. Die sozioökonomische Stellung der Eltern allein ist kein relevanter Prädiktor für eher schuldistanzierte oder eher bildungsorientierte Lebensbedingungen in der Familie, der Freundesgruppe oder im Verhalten der Heranwachsenden. Wesentlich bedeutsamer ist die geschlechterspezifische Zusammensetzung der Cluster: Vor allem in Haupt- und Realschulen sind überproportional viele Jungen in den Clustern, die sich durch ein restriktives Familienklima, aggressive Orientierung in der Freundesgruppe und körperliche Gewalthandlungen beschreiben lassen.

Die Zugehörigkeit zu einem der beiden schulformspezifischen Cluster ist also unabhängig von der sozialen Lage der Familie. Sowohl schuldistanzierte wie auch bildungsorientierte Bedingungen sind in allen Sozialklassen anzutreffen. Im Hinblick auf den Kompetenzerwerb besitzt die Sozialschichtzugehörigkeit hingegen eine herausgehobene Stellung. Neben der erwarteten, erheblichen Relevanz der Sozialschicht und mit gewissem Abstand des Migrationshintergrunds zeigt sich ein beachtenswerter, negativer Effekt der Zugehörigkeit zu einer aggressiven Clique. Dieser ist für beide Geschlechter gleich stark. Gilt dies in abgeschwächter Form auch noch für gewalttätiges Verhalten, so stellen Unterrichtsversäumnisse für Jungen einen größeren Risikofaktor für den Kompetenzerwerb dar. Der wichtigste Geschlechtereffekt lässt sich jedoch bei der Leseorientierung der Freundesgruppe feststellen: Ist dieser Faktor bei den Jungen unbedeutend, so erreichen die positiven Werte bei den Mädchen ein ähnliches Niveau wie der Migrationshintergrund und die aggressive Freundesgruppe.

Aus den dargelegten Befunden lassen sich Forderungen für die Verbesserung der Lern- und Lebensbedingungen von Kindern und Jugendlichen ableiten, wie die auf Verringerung sozialer Ungleichheiten in der Bildungsbeteiligung und den damit zusammenhängenden Zukunftschancen. Die Verbesserung der Erziehungssituation von Familien mit schwierigen Bedingungskonstellationen (Herlth u.a., 2000) und die Unterstützung primär-, sekundär- und tertiärpräventiver Maßnahmen zur Gewaltverminderung unter Berücksichtigung geschlechterspezifischer Aspekte (Tillmann u.a., 1999) zählen ebenso dazu. Denn neben der notwendigen Reduzierung potenzieller Risikofaktoren könnte ein vielversprechender Weg in der Stärkung protektiver Faktoren liegen: die Verbesserung der individuellen Leselust und damit verbunden der Leseorientierung in der Freundesgruppe. Da diese bei den Jungen kaum vorhanden ist und männliche Jugendliche überproportional häufig zu den schwachen Lesern gehören, gilt ihnen ein besonderes Augenmerk, ohne die Mädchen mit ihren Stärken, Schwächen und Problembelastungen zu ignorieren.

Anmerkungen

1 So sind die Wechselwirkungseffekte von Schulform × Geschlecht und Schulform × Migration und die Tripleinteraktion Schulform × Geschlecht × Migrationshintergrund statistisch bedeutsam. Der disordinale Charakter dieser Wechselwirkungen verweist darauf, dass die einzelnen signifikanten Effekte nur im Zusammenhang mit den übrigen Faktoren interpretiert werden sollten.

2 Im Ergebnis einer dreifaktoriellen Kovarianzanalyse (Faktoren: Schulform, Geschlecht, Migrationshintergrund; Kovariate: Sozialschicht) sind die Schulform und das Geschlecht die erklärungsstärksten Faktoren. Zwar ist auch der Haupteffekt Migration signifikant, ebenso wie die Interaktion Schulform × Migration, aber die Effektstärken ($\eta^2 = .01$) belegen die geringe Bedeutung. Die hybride Wechselwirkung der Faktoren Schulform und Migration lässt eine eindeutige Interpretation des Faktors Schulform zu, der Haupteffekt des Faktors Migration sollte nur in Kombination mit den anderen Faktoren gedeutet werden.

3 Alle drei Haupteffekte (Schulform, Geschlecht, Migrationshintergrund), die Kovariate Sozialschicht sowie die Interaktionen Geschlecht × Migration, Schulform × Geschlecht und die Tripleinteraktion Geschlecht × Migration × Schulform erreichen Signifikanz. Die ordinale Interaktion Schulform × Geschlecht lässt die Interpretation beider Haupteffekte zu, während die hybride Interaktion Geschlecht × Migration dies nur für das Geschlecht ermöglicht.

Literatur

Bach, H., Köbel, R., Arenz-Morch, A., & Rosner, A. (1984). *Verhaltensauffälligkeiten in der Schule. Statistik, Hintergründe, Folgerungen.* Mainz: v. Hase und Koehler.

Baumert, J., & Schümer, G. (2001). Familiäre Lebensverhältnisse, Bildungsbeteiligung und Kompetenzerwerb. In J. Baumert, E. Klieme, M. Neubrand, M. Prenzel, U. Schiefele, U. Schneider, P. Stanat, K.-J. Tillmann, & M. Weiß (Hrsg.), *PISA 2000. Basiskompetenzen von Schülerinnen und Schülern im internationalen Vergleich* (S. 323–407). Opladen: Leske + Budrich.

Baumert, J., & Schümer, G. (2002). Familiäre Lebensverhältnisse, Bildungsbeteiligung und Kompetenzerwerb im nationalen Vergleich. In J. Baumert, C. Artelt, E. Klieme, M. Neubrand, M. Prenzel, U. Schiefele, U. Schneider, K.-J. Tillmann, & M. Weiß (Hrsg.), *PISA 2000. Die Länder der Bundesrepublik Deutschland im Vergleich* (S. 159–202). Opladen: Leske + Budrich.

Behnken, I., Messner, R., Rosenbrock, C., & Zinnecker, J. (1997). *Lesen und Schreiben aus Leidenschaft. Jugendkulturelle Inszenierung von Schriftkultur.* Weinheim: Juventa.

Brusten, M., & Hurrelmann, K. (1973). *Abweichendes Verhalten in der Schule. Eine Untersuchung zu Prozessen der Stigmatisierung.* München: Juventa.

Busch, L. (1998). *Aggression in der Schule. Präventionsorientierte und differentielle Analyse von Bedingungsfaktoren aggressiven Schülerverhaltens.* Dissertation, Universität Gießen.

Cohen, J. (1988). *Statistical power analysis for the behavioral sciences.* New York: Wiley.

Dollase, R. (1984). *Grenzen der Erziehung.* Düsseldorf: Schwann.

Fellsches, J. (1978). *Disziplin, Konflikt und Gewalt in der Schule. Systematische Analyse und schulpraktische Folgerungen.* Heidelberg: Quelle + Meyer.

Fend, H. (1990). *Vom Kind zum Jugendlichen. Der Übergang und seine Risiken.* Bern: Huber.

Fend, H., & Schneider, G. (1984). Schwierige Schüler – schwierige Klassen. Abweichendes Verhalten, Sucht- und Drogenbelastung im Kontext der Schule. *Zeitschrift für Sozialisationsforschung und Erziehungssoziologie, 3,* 123–142.

Ferchhoff, W., & Neubauer, G. (1997). *Patchwork-Jugend. Eine Einführung in postmoderne Sichtweisen.* Opladen: Leske + Budrich.

Forschungsgruppe Schulevaluation. (1998). *Gewalt als soziales Problem in Schulen. Untersuchungsergebnisse und Präventionsstrategien.* Opladen: Leske + Budrich.

Franz, M., & Schlesinger, H. (1974). *Probleme der Arbeit in der Hauptschule.* Hamburg: Behörde für Schule, Jugend und Berufsausbildung.

Freitag, M., & Hurrelmann, K. (1993). Gewalt an Schulen. In erster Linie ein Jungen-Phänomen. *Neue Deutsche Schule, 45* (8), 24–25.

Fuchs, M., Lamnek, S., & Luedtke, J. (1996). *Gewalt an Schulen. Realität und Wahrnehmung eines sozialen Problems.* Opladen: Leske + Budrich.

Funk, W. (Hrsg.). (1995). *Nürnberger Schüler-Studie 1994: Gewalt an Schulen.* Regensburg: Roderer.

Grauer, G., & Zinnecker, J. (1978). Schülergewalt. Über unterschlagene und dramatisierte Seiten des Schülerlebens. In B. Reinert & J. Zinnecker (Hrsg.), *Schüler im Schulbetrieb* (S. 282–340). Hamburg: Reinbek.

Havighurst, R. J. (1982). *Developmental tasks and education* (1st ed. 1948). New York: Longman.

Helmke, A., & Weinert, F. E. (1997). Bedingungsfaktoren schulischer Leistungen. In F. E. Weinert (Hrsg.), *Enzyklopädie der Psychologie: Bd. 3. Psychologie des Unterrichts und der Schule* (S. 71–176). Göttingen: Hogrefe.

Herlth, A., Engelbert, A., Mansel, J., & Palentin, C. (Hrsg.). (2000). *Spannungsfeld Familienkindheit. Neue Anforderungen, Risiken und Chancen.* Opladen: Leske + Budrich.

Hilgers, E. (1987). *Eine Hauptschule äußert sich über Disziplinschwierigkeiten.* Jahresheft 5: Unterrichtsstörungen. Seelze: Friedrich Verlag.

Holtappels, H. G. (1987). *Schulprobleme und abweichendes Verhalten aus der Schülerperspektive. Empirische Studie zu Sozialisationseffekten im situationalen und interaktionellen Handlungskontext der Schule.* Bochum: Schallwig.

Hurrelmann, K. (1994). *Lebensphase Jugend.* Weinheim: Juventa.

Klockhaus, R., & Habermann-Morbey, B. (1986). *Psychologie des Schulvandalismus.* Göttingen: Hogrefe.

Kreppner, K. (2000). Die Bedeutung familialer Beziehungen und Kommunikationsmuster für die Persönlichkeitsentwicklung von Kindern. In A. Herlth, A. Engelbert, J. Mansel, & C. Palentin (Hrsg.), *Spannungsfeld Familienkindheit. Neue Anforderungen, Risiken und Chancen* (S. 136–154). Opladen: Leske + Budrich.

Kunter, M., Schümer, G., Artelt, C., Baumert, J., Klieme, E., Neubrand, M., Prenzel, M., Schiefele, U., Schneider, W., Stanat, P., Tillmann, K.-J., & Weiß, M. (2002). *PISA 2000. Dokumentation der Erhebungsinstrumente.* Berlin: Max-Planck-Institut für Bildungsforschung (Materialien aus der Bildungsforschung 72).

Lösel, F., Bliesener, T., & Averbeck, M. (1997). Erlebens- und Verhaltensprobleme von Tätern und Opfern. In H. G. Holtappels, W. Heitmeyer, W. Melzer, & K.-J. Tillmann (Hrsg.), *Forschung über Gewalt an Schulen. Erscheinungsformen und Ursachen, Konzepte und Prävention* (S. 137–154). Weinheim: Juventa.

Meier, U. (2004). *Aggressionen und Gewalt in der Schule. Zur Dialektik von Schülerpersönlichkeiten, Lernumwelten und schulischem Sozialklima.* Münster: LIT-Verlag.

Oerter, R., & Dreher, E. (1995). Jugendalter. In R. Oerter & L. Montada (Hrsg.), *Entwicklungspsychologie* (S. 310–395). Weinheim: Beltz.

Schubarth, W., & Melzer, W. (Hrsg.). (1995). *Schule, Gewalt und Rechtsextremismus* (2. Aufl.). Opladen: Leske + Budrich.

Schümer, G., Tillmann, K.-J., & Weiß, M. (2002). Institutionelle und soziale Bedingungen schulischen Lernens. In J. Baumert, C. Artelt, E. Klieme, M. Neubrand, M. Prenzel, U. Schiefele, U. Schneider, K.-J. Tillmann, & M. Weiß (Hrsg.), *PISA 2000. Die Länder der Bundesrepublik Deutschland im Vergleich* (S. 203–218). Opladen: Leske + Budrich.

Schwind, H.-D., Roitsch, K., Ahlborn, W., & Gielen, B. (1997). *Gewalt in der Schule – am Beispiel Bochum.* Mainz: Weisser Ring.

Stanat, P., & Kunter, M. (2001). Geschlechterunterschiede in Basiskompetenzen. In J. Baumert, E. Klieme, M. Neubrand, M. Prenzel, U. Schiefele, U. Schneider, P. Stanat, K.-J. Tillmann, & M. Weiß (Hrsg.), *PISA 2000. Basiskompetenzen von Schülerinnen und Schülern im internationalen Vergleich* (S. 249–269). Opladen: Leske + Budrich.

Tillmann, K.-J., Holler-Nowitzki, B., Holtappels, H. G., Meier, U., & Popp, U. (1999). *Schülergewalt als Schulproblem. Verursachende Bedingungen, Erscheinungsformen und pädagogische Handlungsperspektiven.* Weinheim: Juventa.

Tillmann, K.-J., & Meier, U. (2001). Schule, Familie und Freunde – Erfahrungen von Schülerinnen und Schülern in Deutschland. In J. Baumert, E. Klieme, M. Neubrand,

M. Prenzel, U. Schiefele, U. Schneider, P. Stanat, K.-J. Tillmann, & M. Weiß (Hrsg.), *PISA 2000. Basiskompetenzen von Schülerinnen und Schülern im internationalen Vergleich* (S. 468–509). Opladen: Leske + Budrich.

Tillmann, K.-J., & Meier, U. (2003). Familienstrukturen, Bildungslaufbahnen und Kompetenzerwerb. In J. Baumert, C. Artelt, E. Klieme, M. Neubrand, M. Prenzel, U. Schiefele, U. Schneider, K.-J. Tillmann, & M. Weiß (Hrsg.), *PISA 2000. Ein differenzierter Blick auf die Länder der Bundesrepublik Deutschland* (S. 361–392). Opladen: Leske + Budrich.

Walper, S., & Pekrun, R. (Hrsg.). (2001). *Familie und Entwicklung. Aktuelle Perspektiven der Familienpsychologie.* Göttingen: Hogrefe.

Zinnecker, J. (Hrsg.). (1975). *Der heimliche Lehrplan. Untersuchungen zum Schulunterricht.* Weinheim: Beltz.

Abbildungsverzeichnis

Abbildung 1.1	OECD-Modell von Beschreibungsbereichen des Bildungswesens	16
Abbildung 1.2	Das Bildungswesen als Angebots-Nutzungs-Konfiguration	18
Abbildung 2.1	Prozentualer Anteil von 15-Jährigen auf den einzelnen Kompetenzstufen in staatlichen und privaten Realschulen	48
Abbildung 2.2	Prozentualer Anteil von 15-Jährigen auf den einzelnen Kompetenzstufen in staatlichen und privaten Gymnasien	49
Abbildung 2.3	Prozentualer Anteil von Schülerinnen auf den einzelnen Kompetenzstufen in privaten koedukativen Realschulen und privaten Mädchenrealschulen	51
Abbildung 2.4	Prozentualer Anteil von Schülerinnen auf den einzelnen Kompetenzstufen in privaten koedukativen Gymnasien und privaten Mädchengymnasien	52
Abbildung 2.5a–b	Einschätzungen des Schulklimas durch die Schülerinnen und Schüler in staatlichen und privaten Realschulen (a) und Gymnasien (b) (Mittelwert ± 1 Standardabweichung)	61
Abbildung 2.6	Das pädagogische Profil der staatlichen und privaten Realschulen und Gymnasien	64
Abbildung 4.1	Kumulierte Repetentenquoten (Variable B) von 15-Jährigen nach Schulform und Schulstufe des erstmaligen Repetierens	121
Abbildung 4.2	Kumulierte Repetentenquoten (Variable B) von 15-Jährigen nach Schulform, Geschlecht und Schulstufe des erstmaligen Repetierens	122
Abbildung 4.3	Repetentenquoten (Variable A) nach Klassenstufe (in %) Schülerangaben und proportionale Zuordnung fehlender Werte	124
Abbildung 4.4	Repetentenquoten (Variable A) von 15-Jährigen nach Klassenstufe und Geschlecht	125
Abbildung 4.5	Verteilung der KFT-Werte von 15-Jährigen, die im Verlauf ihrer Schullaufbahn mindestens einmal nicht versetzt worden sind, nach Geschlecht	129
Abbildung 4.6	Verteilung der KFT-Werte von 15-Jährigen, die immer versetzt worden sind, nach Geschlecht	130

Abbildung 4.7	Kumulierte Repetentenquoten (Variable B) von 15-Jährigen nach Schulform, Migrationsstatus und Schulstufe des erstmaligen Repetierens	132
Abbildung 4.8	Kumulierte Repetentenquoten (Variable B) von 15-Jährigen aus einheimischen und zugewanderten Familien nach Geschlecht	134
Abbildung 4.9	Repetentenquoten (Variable A) von 15-Jährigen aus einheimischen und zugewanderten Familien nach Klassenstufen	135
Abbildung 4.10	Repetentenquoten (Variable A) von 15-Jährigen aus einheimischen Familien nach Klassenstufe und Geschlecht	136
Abbildung 4.11	Repetentenquoten (Variable A) von 15-Jährigen aus zugewanderten Familien nach Klassenstufe und Geschlecht	137
Abbildung 5.1	Jobben von 15-Jährigen in den alten und neuen Bundesländern nach Geschlecht	156
Abbildung 5.2	Mittelwertunterschiede in der Lesekompetenz von Nichtjobbern und Vieljobbern nach Schulform und Geschlecht	160
Abbildung 6.1	Häufige Unterstützung durch die Mutter oder den Vater nach deren eigenem Bildungsabschluss	172
Abbildung 7.1	Aggressive Orientierung in der Freundesgruppe	195
Abbildung 7.2	Leseorientierung in der Freundesgruppe	197
Abbildung 7.3	Mittelwerte der Lesekompetenz in Hauptschulen nach Geschlecht, Migrationshintergrund und Freundesgruppe	201
Abbildung 7.4	Fehlen, Zuspätkommen, Schwänzen	204
Abbildung 7.5	Physische Gewalt gegen Sachen und Personen	205

Tabellenverzeichnis

Tabelle 1.1	Schulische Faktoren und ihr Einfluss auf die Lesekompetenz in verschiedenen Ländern. Zuwachs an Kompetenzpunkten (gerundet) bei der Veränderung der Prädiktoren um eine Standardabweichung	32
Tabelle 1.2	Typologie von Prüfungsregelungen	35
Tabelle 2.1	Unterschiede zwischen staatlichen und privaten Schulen in Merkmalen, die zum *Matching* herangezogen wurden	44
Tabelle 2.2	Leistungen von Schülerinnen und Schülern privater und staatlicher Realschulen in Lesen, Mathemathik und Naturwissenschaften	47
Tabelle 2.3	Leistungen von Schülerinnen und Schülern privater und staatlicher Gymnasien in Lesen, Mathematik und Naturwissenschaften	49
Tabelle 2.4	Leistungen von Schülerinnen privater koedukativer Realschulen und privater Mädchenrealschulen in Lesen, Mathematik und Naturwissenschaften	51
Tabelle 2.5	Leistungen von Schülerinnen privater koedukativer Gymnasien und privater Mädchengymnasien in Lesen, Mathematik und Naturwissenschaften	52
Tabelle 2.6	Verteilung 15-Jähriger in staatlichen und privaten Schulen auf verschiedene Klassenstufen	54
Tabelle 2.7	Leistungen von 15-Jährigen in 9. Klassen in staatlichen und privaten Realschulen in Lesen, Mathematik und Naturwissenschaften	55
Tabelle 2.8	Schulbesuchshäufigkeit der Eltern	58
Tabelle 2.9	Zufriedenheit der Eltern mit dem Engagement der Lehrer	59
Tabelle 2.10	Generelle Schulzufriedenheit der Eltern	59
Tabelle 2.11	Verteilung der Schülerinnen und Schüler in staatlichen und privaten Realschulen auf unterschiedlich große Klassen	65
Tabelle 2.12	Verteilung der Schülerinnen und Schüler in staatlichen und privaten Gymnasien auf unterschiedlich große Klassen	65
Tabelle 3.1	Schulkarrieren der in Deutschland erfassten 15-Jährigen	76
Tabelle 3.2	Schulkarrieren der in Deutschland erfassten 15-Jährigen nach Schulform	77
Tabelle 3.3	Effekte von individuellen Lernvoraussetzungen und Schulmerkmalen auf die Leseleistungen von Schülern, alte Länder	86

Tabelle 3.4	Effekte von individuellen Lernvoraussetzungen und Schulmerkmalen auf die Leseleistungen von Schülern, neue Länder	90
Tabelle 3.5	Stärke der linearen Kompositionseffekte unter Berücksichtigung der individuellen Lernvoraussetzungen und der Schulformzugehörigkeit nach Region	92
Tabelle 3.6	Effekte der Konzentration von Schülern aus bildungsfernen Elternhäusern auf die Leseleistungen, alte Länder	95
Tabelle 3.7	Vergleich der Effekte ungünstig zusammengesetzter Schülerpopulationen (5. Quintil) mit den Effekten günstig zusammengesetzter Schülerpopulationen (1. Quintil), alte Länder	97
Tabelle 3.8	Vergleich der Effekte ungünstig zusammengesetzter Schülerpopulationen (5. Quintil) mit den Effekten weniger ungünstig zusammengesetzter Schülerpopulationen (4. Quintil), alte Länder	99
Tabelle 3.9	Prozentuale Verteilung der Schulen mit einer hohen Konzentration von Schülern mit ungünstigen Lernvoraussetzungen und niedrigen Leseleistungen auf die untersuchten Schulformen, alte Länder	100
Tabelle 3.10	Anteil der Schulen mit einer hohen Konzentration von Schülern mit ungünstigen Lernvoraussetzungen und niedrigen Leseleistungen an allen Schulen der einzelnen Schulform, alte Länder	101
Tabelle 4.1	Kumulierte Repetentenquoten (Variable B) von 15-Jährigen aus einheimischen und zugewanderten Familien nach Schulform und Geschlecht	134
Tabelle 4.2	Relatives Risiko des Sitzenbleibens von Migrantenkindern im Vergleich zu Nichtmigranten *(Odds Ratios)*	140
Tabelle 5.1	Arbeit im Familienhaushalt nach Schulform und Geschlecht	151
Tabelle 5.2	Prädiktoren für die Zeitdauer der häuslichen Arbeit	152
Tabelle 5.3	Jobben von 15-Jährigen nach Zeitaufwand, Schulform und Geschlecht	155
Tabelle 5.4	Handybesitz der 15-Jährigen nach Umfang des Jobbens, Schulformen und Geschlecht	158
Tabelle 5.5	Lesekompetenz von 15-Jährigen nach Umfang des Jobbens und Schulform	159
Tabelle 5.6	Prädiktoren der Lesekompetenz nach Geschlecht und ausgewählten Schulformen	161
Tabelle 6.1	Häufige Unterstützung („mehrmals im Monat" und öfter) durch Familienangehörige nach Schulform und Geschlecht	169
Tabelle 6.2	Häufige Unterstützung durch die Mutter oder den Vater nach Geschlecht des Schülers und Sozialgruppe der Eltern	170
Tabelle 6.3	Häufige Unterstützung durch die Mutter nach Schulform des 15-Jährigen und Sozialgruppe der Eltern	171
Tabelle 6.4	Häufige Unterstützung durch die Mutter nach Schulform, Geschlecht des Kindes und Bildungsabschluss der Mutter	173

Tabelle 6.5	Prädiktoren der Unterstützung durch die Mutter	177
Tabelle 6.6	Private Nachhilfe in Mathematik (zum Zeitpunkt der Befragung) nach wöchentlichem Zeitaufwand und Schulform	179
Tabelle 6.7	Korrelation der Fachnote mit dem Erhalt von privater Nachhilfe in Mathematik oder Deutsch	180
Tabelle 6.8	Korrelation zwischen der in PISA ermittelten Leistung und dem Erhalt von Nachhilfe in Mathematik und Deutsch	182
Tabelle 7.1	Korrelationen der Lesekompetenz mit dem Familienklima nach Schulform und Geschlecht	191
Tabelle 7.2	Korrelationen der Mathematikkompetenz mit dem Familienklima nach Schulform und Geschlecht	192
Tabelle 7.3	Korrelationen der aggressiven Orientierung in der Freundesgruppe mit den Kompetenzen im Lesen und in Mathematik nach Schulform und Geschlecht	196
Tabelle 7.4	Korrelationen der Leseorientierung in der Freundesgruppe mit den Kompetenzen im Lesen und in Mathematik nach Schulform und Geschlecht	198
Tabelle 7.5	Regression der Lese- und Mathematikkompetenzen auf Sozialschicht, Migrationshintergrund und Werteklima der Freundesgruppe	199
Tabelle 7.6	Mittelwerte der Lese- und Mathematikkompetenz nach Schulform, Geschlecht und Freundesgruppe	200
Tabelle 7.7	Korrelationen der Unterrichtsversäumnisse mit den Kompetenzen im Lesen und in Mathematik nach Schulform und Geschlecht	204
Tabelle 7.8	Korrelationen der Gewalt gegen Sachen und Personen mit den Kompetenzen im Lesen und in Mathematik nach Schulform und Geschlecht	206
Tabelle 7.9	Gruppierung der Jugendlichen nach Schulform und Kontextmerkmalen	209
Tabelle 7.10	Regression der Lese- und Mathematikkompetenzen auf Sozialschicht, Migrationshintergrund, familiäres Klima, Werteklima der Freundesgruppe und abweichendes Verhalten	210